WALZ · DEUTSCHLANDS EISENBAHN

Lokomotiven und Wagen
Geschichte und Organisation
Kritik und Hoffnung

WERNER WALZ

DEUTSCHLANDS EISENBAHN

MOTORBUCH VERLAG STUTTGART

Einband und Schutzumschlag: Gunar Braunke

Das Titelbild wurde freundlicherweise von der DB zur Verfügung gestellt.

ISBN 3-613-01042-9

1. Auflage 1991
Copyright © by Motorbuch Verlag, Postfach 10 37 43, 7000 Stuttgart 10.
Ein Unternehmen der Paul Pietsch-Verlage GmbH & Co.
Sämtliche Rechte der Speicherung, Vervielfältigung und Verbreitung sind vorbehalten.
Satz und Druck: Remsdruck, 7070 Schwäbisch Gmünd.
Buchbinderische Verarbeitung: E. Riethmüller, 7000 Stuttgart 1.
Printed in Germany.

Inhalt

6

I Die Welt wandelt sich

EINE FRAGE UND DIE ANTWORT

Warum hatte es die Eisenbahn bei uns so schwer? Sie feierte 1985 ihr 150jähriges Jubiläum des Bestehens und Fahrens in Deutschland. 1835, am 7. Dezember, rollte im Königreich Bayern der erste Zug als

DEUTSCHLANDS ERSTE EISENBAHN,

wie es auf dem Gedenkstein der Eröffnung lautet, von Nürnberg nach Fürth. Er wurde bewegt mittels einer Lokomotive, die nicht etwa »Löwe« hieß oder »Ludwig« – der Name des damaligen Königs –, sondern das ganze, zersplitterte Deutschland umfassend:

DER ADLER

Die Bahn hat Deutschland, das Agrarland, zu einem Haus der Kommunikation mit Treppen und Türen und Gängen (List) gemacht, sie hat die entscheidende große technische Evolution ausgelöst, sie hat um die Jahrhundertwende unser Land in die Reihe der Wirtschaftsgroßmächte befördert, nach zwei furchtbaren Weltkriegen den Wiederaufbau geschafft – alles dies ist wahr. Aber die Geschichte kennt keine Dankbarkeit.

NEUE ERFINDUNGEN

Neue, großartige technische Erfindungen – Auto, Flugzeug – haben der Bahn den Rang abgelaufen. Obwohl sie im Nahverkehr, im Schnell-Fernverkehr und in bestimmten Relationen des Güterverkehrs, vor allem bei Nahost-Ölembargos oder monatelanger Eisesstarre unverzichtbar ist: Immer wieder wird die Frage gestellt, ob sie angesichts ihres hohen Dauerdefizits nicht doch einfach stillgelegt werden könnte.
Die Eisenbahn zum alten Eisen?
Beim Jubiläum zum Jubeln also wenig Anlaß?
Aber doch zum Nachdenken. Dazu soll dieses Buch

Die erste deutsche Eisenbahn fährt in eine große Zukunft. Hier: Die Ludwigsbahn verläßt Nürnberg

verhelfen, es soll die anfangs gestellte Frage beantworten.

Wer wissen will, wohin eine so alte und vielfach bewährte Institution zieht, muß wissen, woher sie kommt. Unsere heutige Verkehrssituation kann nur verstehen, wer ihre Ursprünge kennt.

Die Geschichte der Eisenbahn betrifft uns alle. Sie ist unsere Geschichte, weit mehr als man bisher dachte, und sie ist über die Gegenwart hinaus wichtig für unsere Zukunft. Schon in den ersten Jahren hat die Bahn es schwer gehabt, aber sie hat alle Schwierigkeiten überstanden. Warum sollte sie die heutigen schweren Jahre nicht auch überstehen?

Und so beginnt auch die eigentliche Geschichte wieder mit einer Frage.

SCHIENE, RAD UND AUTOMAT

Man fragt sich nämlich mit Recht, warum es so lange dauerte, bis die Technik so weit war, ein Fahrzeug maschinell zu bewegen. Grundbestandteile sind das Rad, die Schiene und als Krönung des Ganzen: der Motor. Schiene, Rad und Motor zusammen komponiert ergeben den ersten Arbeit leistenden Automaten der Fortbewegung. Die Geschichte der Technik ist die Geschichte ihrer Pioniere. Hinter den mühsamen Entwicklungen, hinter dem technischen Fortschritt, stehen die Menschen, die Erfinder, durchaus nicht immer Ingenieure, oft genug Laien, Bastler, Tüftler. Kennt man sie, versteht man die Idee, ihre Entwicklung, den Fortschritt, aber auch Rückschläge besser, als wenn man nur von technischen Fakten, Daten und Tabellen ausginge.

Schon vor den Römern, den Meistern der Straßenbaukunst, waren kunstvolle Straßen, zum Teil sogar mit eingegrabenen oder in den Fels eingravierten Gleisen gebaut worden. Spuren, ja Spurweiten, die man auf Malta, in Griechenland, in Pompeji, auch in Kärnten heute noch sehen und messen kann.

Wagen mit Rädern gab es mindestens seit dem Beginn der ersten Hochkulturen im Zweistromland und in Ägypten, wie alte Bilderfriese und Stelenskulpturen beweisen. Aber nicht nur dort fuhr man auf Rädern: Felsbilder in der einstmals fruchtbaren Sahara zeigen den

Vorzeitliche Gleisspuren auf Malta

Einbruch der Seevölker um 1250 vor Christus nach Nordafrika. Sie fuhren vierspännig auf Streitwagen in fliegendem Galopp.

TREVITHICK

Wer ist nun der Erfinder dieser neumodischen Art von Fortbewegung? Im Gegensatz zu vielen anderen Erfindungen aus jenen Tagen steht es ziemlich unbestreitbar fest, daß es ein junger Engländer namens Richard Trevithick (1771–1833) war, der die Eisenbahn wie eine Oper komponiert hat.

Trevithick hatte in der Dampfmaschinenfabrik von James Watt gelernt. Dieser Watt, derselbe, dem zu Ehren heute eine elektrische Energieeinheit den Namen führt, dieser fleißige, intelligente Mechaniker hatte sich aus kleinen Anfängen zum Inhaber einer der ersten

Richard Trevithick (1771–1833)

großen Maschinenfabriken Englands heraufgearbeitet. Zusammen mit einem Teilhaber produzierte er Dampfmaschinen nach einem von ihm ausgearbeiteten Patent, das die primitive Newcomensche Maschine wesentlich verbesserte.

Die Dampfmaschine hat eine lange Geschichte hinter sich, die schon im Altertum beginnt.

Aus diesen rußigen, vom Lärm der Schmiedehämmer erfüllten Gewölben der Maschinenfabrik von Watt und

Murdocks Dampfwagenmodell 1786

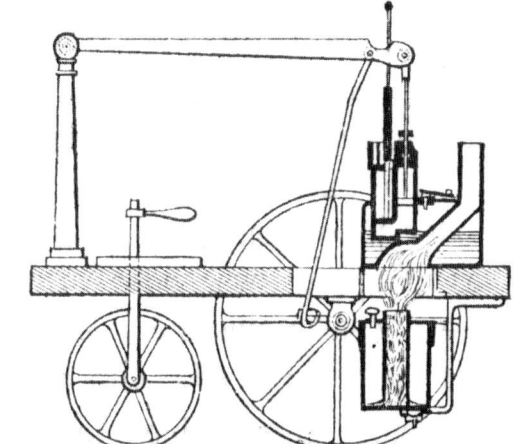

Boulton in Soho bei Birmingham gingen aber nicht nur Dampfmaschinen in alle Welt; aus ihr gingen auch eine ganze Anzahl begabter Ingenieure hervor.

Einer davon war Trevithick. Er hatte bei seinem Kollegen Murdock, einem ehemaligen Schraubenschneider, ein kleines Modell einer beweglichen Dampfmaschine gesehen. Von Watt, dem Chef und Meister, stammte ein in der Ecke der Fabrik verstaubendes Modell einer Dampfmaschine auf Rädern. Trevithick befragte Murdock nach diesem Modell. Murdock erzählte ihm, daß der »Alte« das Modell weggestellt hatte, weil es nicht richtig funktionierte. Sein, Murdocks Modell, dagegen lief. Er erzählte, daß er sein Modell gegenüber dem Wattschen verbessert hätte. Es laufe, mit heißem Wasser gefüllt und von Briketts aufgeheizt, mit Feuerzange und Kohlenschaufel ausgestattet, in Flur und Garten der Murdockschen Wohnung umher. Eines Abends hatte er es auf einem Feldweg entlang der Kirchhofsmauer losgelassen, um zu sehen, wie weit es rolle. Funken sprühend und fauchend begegnete das Teufelsding dem Ortsgeistlichen, der eben seinen Abendspaziergang machte. Schreckensschreie ertönten, exorzierende Formeln; der geistliche Herr flüchtete vor dieser dämonischen Erscheinung.

Trevithick studierte Murdocks Modell und fing an, selbst ein solches Modell zu bauen. Von Murdock übernahm er dabei das Prinzip des Hochdruckdampfes und des Schornsteinblasrohrs. Es waren zuerst Modelle zur Fortbewegung auf Straßen. Das genügte ihm nicht.

Da fiel ihm ein, daß er an seinem Arbeitsplatz – Pen-y-darran – eine eiserne Pferdebahn vor Augen hatte. Pferde zogen Rollwagen. Wie wäre es, wenn er dies bockige, schwer zu lenkende, immer wieder ausbrechende Dampfungeheuer auf Schienen setzte? Ihm war klar: Die Schienen, deren Vorgänger Holzbohlen in deutschen Bergwerken waren, würden die Last einer Lokomotive nicht aushalten. Also mußte er sein Modell umkonstruieren, die Leistungsfähigkeit der Maschine verstärken und zugleich ihr Gewicht verringern. Das gelang.

Wie der Komponist einer Oper, setzte Trevithick die einzelnen Motive zur Eisenbahn zusammen. Tatsächlich war es ein in der Geschichte der Technik einzigartiger Vorgang. Man kann es nur mit einer Komposition vergleichen.

Eine der ersten Pferde-Eisenbahnen auf den englischen Kohlenbergwerken 1767

Nach einer Abbildung aus der Zeit um 1800

Grubenrollwagen (Hund) auf Holzschienen mit Querholz

12

So beschaffen waren wohl die gußeisernen Winkelschienen, auf denen Trevithicks erster Zug lief

Das Geniale war: Alle diese Teile, den Motor, die Räder, die Schienenstraße, das alles gab es schon. Aber niemals zusammen.

»Am 25. Februar 1804 zog ein wirkliches Dampfroß auf einer eisernen Bahn und mit angehängten Wagen eine Last von zehn Tonnen mit einer Geschwindigkeit von vier englischen Meilen (6,4 km) die Stunde.

Außerdem fuhren noch etwa siebzig Personen mit; sie waren aufgestiegen oder aufgesprungen. Eine große Schar walisischer Bergleute und der Vorstand der Bergwerksgesellschaft sahen zu.« Es ging angeblich um eine Wette. Trevithick hatte seine 1803 erbaute Lokomotive dem Eigentümer des Bergwerks vorher gezeigt.

Trevithick hatte aus der bisher stehenden Dampfmaschine eine liegende Maschine gemacht. Ein riesiges Schwungrad wurde von einem waagerecht liegenden Zylinder angetrieben; es bewegte über ein Zahnradsystem die vier Räder der Lokomotive. Das war auf der Strecke zwischen Merthyr Tydfil und Abercynon. Der Bergwerkschef lachte über die komische Konstruktion und bot Trevithick eine Wette an, daß dieses Ungetüm sich niemals bewegen, geschweige denn Lasten ziehen würde. Trevithick gewann die Wette und damit 525 Pfund.

Es ist ein ungeheurer Augenblick der Weltgeschichte, diese erste gelungene Fahrt eines Eisenbahnzuges mit Personen und Gütern, die Lok voraus, die Wagen hinterdrein, den Zug auf Schienen. Die Eisenbahngeschichte vermerkt wohl diese Fahrt, läßt aber die Geschichte der Eisenbahn erst mit der Eisenbahn Stockton–Darlington, der ersten plan- und regelmäßig verkehrenden Eisenbahnlinie, beginnen, nämlich am 27. September 1825.

Daß es sich um eine Wette an jenem denkwürdigen 25 Februar 1804 gehandelt habe, wird bezweifelt. Den Skeptikern will nicht in den Kopf, daß ein für die Entwicklung der Weltwirtschaft, für den technischen Fortschritt, für die Kommunikation und für den Menschen so wichtiger Fakt eine so spielerische Komponente gehabt haben soll.

Und doch hat es sich wohl um eine Wette gehandelt. Weder den Wettpartnern noch den Zuschauern und den »Mitreisenden« war es bewußt, was eigentlich hier geschah. Nicht einmal dem genialen Komponisten Trevithick war dies klar.

Sonst hätte er Maschine und Gleise, die zu einem Dauerbetrieb nicht taugten, sofort verbessert und weiter vervollkommnet.

Statt dessen betrieb er einige Jahre später eine Art Dampfkarussell auf einem umzäunten Platz nahe Euston Square in London. Ein Anreißer schrie:

»Eine Fahrt mit Trevithick,
Nur ein Schilling,
Das ist schick!«

Das Geschäft blühte.

Trevithicks Karussell mit Lokomotive, die Trevithicks Schwester »Fang' mich doch« taufte

Aber an einem regnerischen Tag entgleiste die Lokomotive. Wagen und Lok stürzten um. Zwar wurde niemand verletzt, aber die Polizei verbot den Unfug.
Auch anderswo zogen auf Rummelplätzen und Jahrmärkten abenteuerliche Lokomotiven zur Belustigung der Zuschauer und Mitreisenden ihre Rundbahn. Es sah gerade so aus, als habe die neue Erfindung lediglich Unterhaltungscharakter. Noch 1835, also 30 Jahre später, wurde die erste Eisenbahnlinie Nürnberg–Fürth von skeptischen Berichterstattern als »Nürnberger Spielzeug« reicher Patrizier bezeichnet.
Trevithick war nicht der einzige Ingenieur, der Versuchslokomotiven baute. In Nordamerika bastelte Oliver Evans seit 1772 an einem Straßendampfwagen; die Probefahrt durch Philadelphia 1804 sollte die Tauglichkeit des Amphibienfahrzeuges erweisen: Es fuhr auch elegant über eine Lände in den Fluß und versank langsam vor aller Augen, um nie wieder aufzutauchen. Robert Fultons Dampfschiff fährt anstandslos von New York nach Albany; Versuche französischer Erfinder einige Jahre zuvor scheiterten am hohen Gewicht der Dampfmaschine.

ES IST DIE ZEIT . . .

Es ist die Zeit, da Napoleons Stern aufging. Im Jahre 1804, als Trevithick den ersten Zug auf die Schienen stellte, wird Napoleon erblicher französischer Kaiser. Ein Jahr später besiegt er die gegen ihn verbündeten Österreicher und Russen bei Austerlitz; er verliert seine Flotte bei Trafalgar. Goethe wird zum Geheimrat befördert; Eduard Mörike 1804 in Ludwigsburg geboren, Beethoven streicht die Widmung der „Eroica" an Napoleon; in Berlin wird die königliche Eisengießerei gegründet, von der später noch die Rede sein wird: Sie stellt die ersten zwei deutschen Lokomotiven her.
Von Trevithick ist nicht mehr viel zu berichten. Nach seinen ersten Versuchen mit Lokomotiven wandte er sich wieder dem Bau stationärer Dampfmaschinen zu; er folgte dem Ruf Perus, die von Wassereinbrüchen bedrohten Silberminen durch seine neuen Dampfmaschinen zu retten, geriet aber in den Krieg Perus gegen Spanien und verlor seine gesamte Habe. Völlig verarmt starb er 1833 zu Gartford in Kent. Freunde sammelten Geld, um die Kosten des Begräbnisses und die Schulden zu decken.

TRAGISCHE FIGUREN DER TECHNIK

Die Geschichte der Technik ist voll von tragischen Figuren. Eine der ersten ist Trevithick. Auf dem Proträt – wohl einer Bleiftiftzeichnung – ist er der liebenswürdige Junge voll Begeisterung für die Technik, bis zu einem Erfolg, den er aber nicht festzuhalten vermag; er ist genial, aber nicht zuverlässig. Er hat glänzende Ideen, aber zur Verwirklichung, zur kaufmännischen Verwertung, zur fabrikmäßigen Herstellung, zur Serienreife fehlen ihm Geduld und Einsicht.

Trevithick wird nicht der letzte dieser tragisch endenden Figuren in der Geschichte der Technik sein. Man wird im Verlauf dieser Darstellung noch anderen begegnen, Joseph Baader etwa, Friedrich List, Diesel, Daimler –, auch der Erfinder des Fahrrades, Freiherr von Drais, starb verbittert und arm und einsam.

GEORGE STEPHENSON

Der Name Trevithicks war längst vergessen, als man von einem ehemaligen Maschinenwärter namens George Stephenson hörte. Lord Ravensworth, Pächter der Killingworth-Gruben sollte diesen weithin unbekannten »Phantasten«, der erst mit 18 Jahren lesen, schreiben und rechnen gelernt hatte, das Geld für die Konstruktion einer Lokomotive gegeben haben.
Die Maschine »Mylord« – übrigens von den Arbeitern aus Begeisterung über den Sieg des preußischen Marschalls Blücher bei Waterloo über Napoleon »Blücher« benannt – »Blücher« dampfte also einige Jahre unter Aufsicht ihres Schöpfers, da hörte Stephenson, daß man eine hölzerne Pferdebahn von Stockton nach Darlington bauen wolle.
Stephenson, von seinen früheren Kollegen im Bergwerk »Geordie Steevie« genannt, war in allem das Gegenstück des eigentlichen Erfinders der Eisenbahn. Er war zuverlässig, sehr fleißig und nicht nur technisch, sondern auch kaufmännisch begabt. Er verstand etwas von der Werbung.
Er besaß den Weitblick, der Trevithick fehlte. Wenn Trevithick diese Schienenbahn letzten Endes als Jahrmarktsattraktion sah, so Stephenson als eine Technik, die den Verkehr der Zukunft bewältigen würde. Nicht nur das sah er voraus. In seinen späteren Jahren (er

George Stephenson (1781–1848)

starb 1848), als er schon längst als reicher Industrieller in seinem Landgut Weintrauben, Ananas, Tomaten und – ein Spaß – kerzengerade Gurken züchtete, da sagte er einem Besucher, er glaube, daß in ferner Zukunft der ganze Verkehr elektrisch fahren würde, vermutlich auch völlig lautlos.

Diese Äußerung stammt aus der Mitte des letzten Jahrhunderts, in der elektrische Bahnversuche ergebnislos endeten.

Stephenson wandte sich an den Planer der hölzernen Pferdebahn und machte ihm Vorschläge. Sie diskutierten einen durchaus möglichen Kanal. Zu teuer, eine Landstraße: Die Engländer waren auch exzellente Straßenbauer, – auch dies zu teuer und sie landeten endlich bei einer Schienenbahn, betrieben mit Loks aus Stephensons noch zu gründender Werkstatt.

Die Situation Englands war von der Deutschlands völlig verschieden. Während der, in wenige, große und

viele kleine Staaten zersplitterte Deutsche Bund, von den napoleonischen Kriegen erschöpft, nahezu handlungsunfähig, sich mit der Beseitigung der Kriegsfolgen im eigenen Lande, mit Hungerjahren und schlechten Ernten, mit widerspenstigen Bürgern und erklärten Revolutionären, Jakobinern oder schlicht Demokraten genannt, herumschlug, hatte in England das Zeitalter der Industrialisierung begonnen.

Seit die Dampfmaschine durch Trevithick das Laufen gelernt hatte und seit Stephenson in der neuen Werkstatt in Newcastle zusammen mit Sohn Robert serienmäßig begann, Lokomotiven zu bauen, fing man in England, aber auch auf dem Kontinent an, vorsichtig zu planen. Den stärksten Anstoß gab zweifellos der Bau der ersten Eisenbahn Stockton–Darlington.

Für Stephenson war die Lokomotive eine Leidenschaft. Er liebte sie und stattete sie mit allem aus, was sie begehrenswert machte.

Die Schauspielerin, der er sie vorführte, nannte diese erste vollkommene Maschine eine Stute; sie war versucht, sie zu tätscheln. Über dem Außerordentlichen, das diese Maschine und ihren Schöpfer umgab, verliebte sich die schöne junge Francis-Anne in den dreißig Jahre älteren Stephenson. Doch davon später.

So kam es, daß bei dem Rainhill-Trial, dem Wettrennen der neuesten Lokomotiven, als sich die vier Lokomotiven mit ihren Konstrukteuren einfanden, die Lokomotive Stephensons – der als krasser Außenseiter galt – allen anderen davonfuhr. Sie war nicht nur die tüchtigste, sie war auch die schönste von allen Lokomotiven, und Stephenson war unermüdlich dabei, ihre Leistung, aber auch ihr Aussehen zu verbessern.

Dies ist keine vergangene Romanze: Noch heute gibt es die Lokomotiv-Liebhaber, die Lokomotiv-Fans.

Ein Lokomotiv-Begeisterter (Maedel) hat in einem seiner Bücher bekannt, daß er, um eine vom ihm noch nie gesehene Lokomotiv-Schönheit zu erleben, sogar ein Rendezvous mit einem verehrten Mädchen versäumt habe.

Das ist überhaupt nicht lächerlich, es ist im Angesicht von Technik und Kunst nachdenkenswert. Es wäre sicherlich falsch, ein Buch über Eisenbahnen zu schreiben, ohne diesem Trieb, dieser Leidenschaft, diesem seltsamen Eros ein paar Zeilen zu widmen.

Nur so kann man verstehen, daß noch heute in unseren Tagen der apokalyptischen 90er Jahre ein Unter-

Originallokomotive »Locomotion«. Sie zog den ersten Zug der Welt von Stockton nach Darlington, 1825

nehmen, wie es die Nachahmung der Fahrt eines nostalgischen Expreßzuges um die Jahrhundertwende darstellt, dessen Leistung von den Fahrgästen nicht nur mit einem immensen Fahrpreis, sondern auch mit entsprechender Kleidung honoriert werden muß, auf Monate hinaus ausverkauft ist. Die Rede ist vom Orient-Expreß.

Zurück zur Stockton-Darlington-Bahn. Sie wurde am 27. September 1825 eröffnet. Tausende von Schaulustigen waren gekommen, um dieses unheimliche »Werkzeug des Teufels« zu sehen. Manche hofften dabeizusein, wenn es zur Hölle führe. Eine der ersten Lokomotiven aus Stephensons Werkstatt, »Locomotion«, zog den Zug. »Locomotion« ist im Original heute noch in der Station Darlington zu sehen. 34 Wagen beförderten 450 Fahrgäste und 90 Tonnen Güter.

Nun erkennt die Eisenbahnhistorie diese Linie zwar als die erste reguläre Eisenbahn an. Sie war freilich noch recht unvollkommen, insofern, als sie zum Teil als Pferdebahn betrieben wurde; auch wurden stärkere Erhebungen mittels stationärer Dampfmaschinen im Seilbahnbetrieb bezwungen. Erwähnenswert ist, daß die Konzession die Möglichkeit der Benutzung der Schienen durch andere, fremde Eigentümer mittels eisenbahntauglicher Fuhrwerke vorsah. Mit anderen Worten: Jedermann konnte mit seinem Pferdefuhrwerk, sofern es nur Eisenräder und die richtige Spur besaß, der Gesellschaft auf der Linie Konkurrenz bereiten. Es war so gedacht, daß diese Eisenstraßen zu behandeln seien wie andere Straßen auch.

Stockton–Darlington: Die stationäre Dampfmaschine zieht den Zug auf der einen Seite des Berges herauf und läßt ihn auf der anderen Seite wieder herab, wo die Lok steht

TRENNUNG VON NETZ UND BETRIEB?

Stephenson amüsierte sich in späteren Jahren oft darüber, daß man ihm auf der ersten Linie, der Stockton-Strecke, Konkurrenz gemacht hatte. Nach einigen gefährlichen Begegnungen hatten die Versuche allerdings von selbst aufgehört.

Bei der nächsten Bahn, der Liverpool-Manchester-Linie, war dies später durch eine Entscheidung eines Parlamentsausschusses 1840 verboten; es war auch nicht möglich; denn man fuhr dort schon viel zu schnell. Man sah ein, daß die Eisenbahn durch ihre besonderen maschinellen Eigenschaften nach einem geregelten Betriebssytem in *einer* Hand verlangte. So kam es zum Eisenbahnmonopol, das ein echtes Beförderungsmonopol war, bis die anderen Verkehrsmittel aufholten und in den Wettbewerb eintraten.

Doch steckt in diesem längst abgeschafften Recht ein Gedanke, der mindestens theoretisch recht aktuell ist: Kann man das Netz, also den Weg, die Schienenstruktur mit all ihren Anlagen, Bahnhöfen, Signalen und dergleichen vom Betrieb mit seinen Fahrzeugen, Lokomotiven und Wagen trennen? Ist bei der Eisenbahn das nicht möglich, was der Luftverkehr mit seinen vielen Luftfahrtgesellschaften auf den Luftstationen, sprich Flughäfen, mit ihren Towers und Startbahnen jeden Tag vorführt?

Was die Binnenschiffahrtsgesellschaften – wie die Einzelunternehmer – auf den Kanalnetzen mit Häfen, Schleusen und Signalsystemen tagtäglich praktizieren?

Oder die Autos – Pkw wie Lkw – auf den Straßennetzen, insbesondere den Gratis-Autobahnen und Landstraßen, die dem Staat oder den Kommunen zu eigen sind und von ihnen zum Beispiel mit Straßenmeistereien betrieben werden?

Würde nämlich der Staat, der ja Eigentümer der Bahn ist, das Netz, das Eisenbahnnetz, unterhalten und zum Verkehr zur Verfügung stellen, wie im Falle der Straßen, der Kanäle, und der Luftfahrthäfen, wäre es dann einem Betriebsunternehmen nicht möglich, mit seinen Lokomotiven und Wagen gewinnbringend zu fahren? Es wäre wahrscheinlich möglich. Damit ist diese Frage nicht abgehakt, die wir am Ende des Buches noch einmal aufgreifen. Allerdings müßten eine ganze Anzahl Voraussetzungen vorher geschaffen werden.

Experiment, der erste Eisenbahnpersonenwagen. So sahen auch die Wagen aus, die Stephenson Konkurrenz machten

LIVERPOOL – MANCHESTER
ERSTE LOKOMOBILE

Schon fünf Jahre später wurde Liverpool–Manchester (1825) eröffnet – auch wieder mit Stephenson-Spur, Stephenson-Schienen, Stephenson-Loks und Stephenson-Wagen.
Beim Rainhill-Trial (16. Oktober 1829) lief Stephensons »Rocket« allen anderen Lokkonstruktionen wie eine Rakete davon. Es war ein Wettrennen, genauer gesagt ein Wettbewerb unter mehreren Konstrukteuren, darunter anerkannten und akademisch ausgebildeten Ingenieuren, die ihre Herstellerfirmen vertraten. Angemeldet war auch eine Lokomotive »Cycloped«, durch deren Luftöffnung das Schnauben und Wiehern eines Pferdes klang:
Das arme Tier sollte es über ein Tretrad mit den vulkanisch feurigen Rossen aufnehmen. Aber das Komitee wußte sich Rat: Das Pferd wurde, weil es sich eben nicht um ein Pferderennen handelte, schlicht disqualifiziert.
Auf dieser Bahn machte später kein Wettbewerber der Gesellschaft mehr Konkurrenz. Man verstand inzwischen etwas mehr vom Eisenbahnbetrieb als im Falle Stockton–Darlington. Mit der neuen Bahn von Liverpool nach Manchester hatte das wahre Dampflokomotivzeitalter in Europa begonnen. Der Beginn war zugleich der Anfang der großen Eisenbahnsysteme. Doch auch die Dampflokomotive hatte noch einen heftigen Strauß zu bestehen. Zwar gab es noch keine Automobile, doch gab es auf der Straße fahrende Dampfmaschinen, sogenannte Lokomobile. Sie waren Kutschen, nur daß anstelle der Pferde entweder vorne oder hinten eine Dampfmaschine eingebaut war, die ein Heizer – auf deutsch Chauffeur – mit Brennstoff zu beschicken hatte. Der Fahrer saß, gleich dem Postillon, auf dem Bock und versuchte, das schwere und gefährliche schwankende Ungeheuer mittels eines Hebels, später mittels eines Lenkrades, zu steuern.
Schon bildeten sich Linien, die mit solchen Straßenkreuzern in Form von Omnibussen regelmäßig befahren wurden. Schon dachte eine Straßen-Omnibus-Gesellschaft, mit dem Herzog von Wellington an der Spitze, an ein Betriebsnetz, da verbot ein Locomotive Act von 1836 das Fahren von Lokomobilen auf der Straße; es sei denn im Schrittempo, wobei ein Mann

Stephensons »Rokket«, eine wahre Rakete

mit roter Fahne voranzugehen hatte. Als Grund waren im Parlament einige schwere Unfälle angegeben worden – im Hintergrund freilich spielten wohl auch die florierenden Aktien der neuen Lokomotiv-Gesellschaften und deren Aktionäre als Lobby eine gewisse Rolle.

OMNIBUS UND SCHIENE

Anstelle des schwerfälligen und gefährlichen Straßenlokomobils ist heute der Omnibus getreten. Er ist ein wendiges und billiges Straßenverkehrsmittel geworden. Allgemein bekannt ist, daß der Omnibus in Konkurrenz zur Schiene fährt, andererseits von Bahn und Post als Schienenergänzungsdienst eingesetzt wird.
Heute sind in der Bundesrepublik Deutschland die Organisationen des Bahnbusverkehrs innerhalb der Bundesbahn und des Postreisedienstes innerhalb der Bundespost nach einem Kabinettsbeschluß der Bundesregierung zum 1. Juli 1981 zusammengeführt und unter Leitung der Bundesbahn zu einer neuen einheitlichen Struktur »Unternehmensbereich Bahnbus (UBB)« zusammengefügt worden. Die Bundesbahn sieht in dieser neuen Form ein »Jahrhundertwerk«. Zusammen mit dem früheren Postreisedienst werde es jetzt möglich sein, die Interessen der Bahn am besten zu wahren, weil ihr nunmehr ein Gesamtangebot auf Schiene und Straße bei wirtschaftlichem Fahrzeugeinsatz ermöglicht werde. Der Busverkehr bilde in der Zusammenlegung der beiden Busdienste der Bundesunternehmen keine Konkurrenz mehr zur Schiene, sondern eine willkommene Ergänzung des Gesamtnetzes.
Noch vor Ablauf eines Jahres konnte schon zum 1. Juni 1982 für den Bereich Hessen in Kassel (Nördlicher Landesteil) durch Übernahme von 55 Postomnibussen und 99 Mitarbeitern des Postreisedienstes seitens der Bahn die neue Organisationsform verwirklicht werden. Inzwischen steht die Organisation.
Was ist gefährlicher: Straße oder Schiene?
Besonders die feierliche Eröffnung der Liverpool-Manchester-Linie, ihre unbestreitbaren Vorteile in Handel und Wandel, ihre hohen Dividenden überzeugten allmählich das europäische, interessierte Publikum; das nordamerikanische geriet in einen wahren Begeisterungssturm.

Feierliche Eröffnung der Liverpool-Manchester-Eisenbahn am 15. September 1830

Dennoch hatten die Schwarzseher, Skeptiker und Kritiker des neuen Weges nicht in allem unrecht. Schon die Eröffnung der Liverpool-Manchester-Bahn am 15. September 1830 war von einem tödlichen Unglücksfall überschattet worden.

Der liberale Abgeordnete Huskisson geriet beim Halt auf einer Zwischenstation unter die Räder einer Lokomotive. Es half auch nichts, daß Stephenson in einer Rekordfahrt nach Manchester, bei der die Maschine erstmals auf eine Geschwindigkeit von fast 60 Stundenkilometern kam, den Sterbenden nach Manchester brachte. Huskisson ist der erste Unfalltote der neuen Verkehrsepoche, die eine weitaus längere Liste aufweisen sollte als die relativ geringen Opfer aus den bisherigen Verkehrsepochen.

Die neue Kommunikation brachte riesige zivilisatorische und ökonomische Erfolge, aber sie war auch eminent gefährlicher geworden. Der Forschritt war gewaltig, aber er würde eine blutige Spur hinter sich herziehen. Baader, der Ingenieur und »Mechanikus«, hatte in Deutschland dem Unfall eine seiner Streitschriften gewidmet; freilich kam er dabei doch schließlich zu einer Anerkennung des Schienenverkehrs.

Es ist immer eine Kalamität, die makabre Unfallträchtigkeit der Verkehrsmittel miteinander zu vergleichen. Aber es muß doch schon hier deutlich gesagt werden, daß die Opfer der Bahn gegenüber den Zahlen der Opfer im Straßenverkehr geradezu minimal sind. Während der Straßenverkehr jedes Jahr eine Kleinstadt zwischen 10 000 und 15 000 Einwohnern auslöscht, von den Verletzten und auf Lebenszeit Behinderten gar nicht zu sprechen, beklagt die Bahn jährlich zwischen 10 und 50 solcher Unfälle. 1982 fielen allein 762 Kinder dem Straßenverkehr zum Opfer.

Aber kehren wir zurück zu den Schwierigkeiten der ersten Bahnen. Da gab es genug: die Anfeindung der Post und des Fuhrgewerbes, die Kleinstaaterei, die Schwierigkeiten der Zoll- und Mautgrenzen, die Kapitalnot, die Armut der Bevölkerung, vor allem der »niederen Stände«. Nach wie vor hält sich auch vor allem unter der älteren Bevölkerung in den Anfangsjahren der Bahn das Gefühl, daß sie mit diesem ungeheuerlichen Fortschritt der Technik, diesem seltsamen, feuerspeienden, kriechenden, schlangenartigen Geschöpf einer unbekannten und vielleicht überaus gefährlichen Macht ausgeliefert seien.

DIE EXPERTEN SPRECHEN

Indem ging es um die Erforschung der vorhandenen Systeme Straße, Kanal oder Eisenweg. Bevor man eine neue, noch weitgehend unerforschte Technik erprobe, sollte man untersuchen, was Straße und Wasserwege zu leisten vermöchten, wenn man sie technisch verbesserte. Die Experten machten sich daran, die Zustände zu beschreiben und darzulegen, auch Vorschläge zu machen.

Als erster ist hier wiederum der bayerische Ritter Joseph von Baader zu nennen. Auch für ihn gilt der Satz, daß die Biographie der frühen Eisenbahnen in Wahrheit die Biographie der Eisenbahnpioniere ist. Von den Straßen sagt er nur, es seien »wahrhaft elende Kommunikationen«.

Von Goethe bis zu Marie Ebner-Eschenach findet man viele Schilderungen aus der eisenbahnlosen, der

Joseph Ritter von Baader (1763–1835)

Fahrpost zwischen
Dresden und
Chemnitz 1793

Abgestürzter Postwagen (Holzschnitt)

schrecklichen Zeit. Schlamm, Pfützen, Schmutz, zerbrochene Kutschräder, abgestürzte Postwagen, Raubüberfälle, sei es in Hohlwegen, sei es in Gasthöfen – Schillers »Räuber« und Hauffs »Wirtshaus im Spessart« sind keine Phantastereien, sie sind weit eher Tatsachenberichte aus jener Zeit. Hohe Herrschaften, aber auch wertvolle Kaufmannsgüter wurden von Truppen oder angemieteten Gruppen schwerbewaffneter Reiter eskortiert.

Joseph von Baader stellt auch die Situation auf den Wasserwegen dar. Die Beschreibung, die von zeitgenössischen Autoren bestätigt wird, ist ebenso exakt wie schön:

»Wer nur einmal Gelegenheit gehabt hat, einen solchen Schiffzug auf der Donau, in Bayern oder in Österreich zu sehen, wo an einzelnen Stellen noch 30 und mehr der stärksten Pferde mit ebenso vielen Reutern auf ihren Rücken, einen besonderen Anführer mit einer langen Stange zum Sondieren des Grundes an ihrer Spitze, alle bis an die hölzernen Sättel im Wasser unter dem fürchterlichsten Geschrei und in ständiger Todesgefahr an einem oder einem paar geladener Schiffe so schwer, angestrengt und langsam schleppen, daß man zuweilen ihrer Bewegung kaum gewahr wird und in banger Ungewißheit schwebt, ob das Schiff von den Pferden vorwärts oder die Pferde von den Schiffen rückwärts gezogen werden und daß der Zug am längsten Tag kaum eine deutsche Meile zurücklegt, der kann gewiß von dem mechanischen Werte unserer Flußschiffahrt keine hohe Idee haben, und denjenigen nicht Unrecht geben, welche diese Schiffzüge eine beständige Satyre auf die Mechanik nennen . . .«

Wer ist dieser Baader? (1763–1835) Er hat, wie so viele andere bekannte oder namenlose Studiosi der Technik – in seinem Falle der Bergbautechnik –, die höheren Weihen der Maschinentechnik im gelobten Lande des Fortschritts als Zivilingenieur in Edinburgh und London während eines achtjährigen Aufenthalts erhalten. Mit dem feinen Gespür des technischen Talentes prüft er, der die Schwierigkeiten des Land-, Straßen- und Wasserweges in seinem Heimatlande kennt, die Riegelwege, Hundegestänge und Rollwagen (Hunde); die Rollwagen, die auf diesen hölzernen Railroads oder Tramroads fuhren, wurden von Pferden gezogen, welche zwischen jenen Stangen liefen.

1812 veröffentlichte er eine Denkschrift »Zur Einführung der eisernen Kunststraße im Königreich Bayern«. 1814 schlägt er in Anwendung der dargelegten Grundsätze ganz speziell den Ort vor, wo am billigsten und rentabelsten eine solche eiserne Kunststraße erprobt werden könne: nämlich zwischen den beiden, 6,4 km voneinander entfernten rivalisierenden Handelsstädten Nürnberg und Fürth.

Dann aber stürzt sich Baader, der inzwischen (1813) Oberstbergrat bei der Generaldirektion des Bergbaus und der Salinen geworden ist, in immer kompliziertere eigene Konstruktionen und Entwürfe, die man in seiner »fortschaffenden Mechanik« vorfindet. Als Baader aber 1819 in Weiterführung seines Planes einer Eisenbahnverbindung Nürnberg–Fürth auch noch damit »die künftige kommerzielle Verbindung der Donau mit dem Rhein oder Main« nachdrücklich den Königlichen Staatsministern des Innern und der Finanzen empfiehlt, da löst der Oberstbergrat eine Lawine aus, die ihn am Ende selbst begräbt.

So sehen bei Baader zwei sich begegnende »Güterzüge« aus

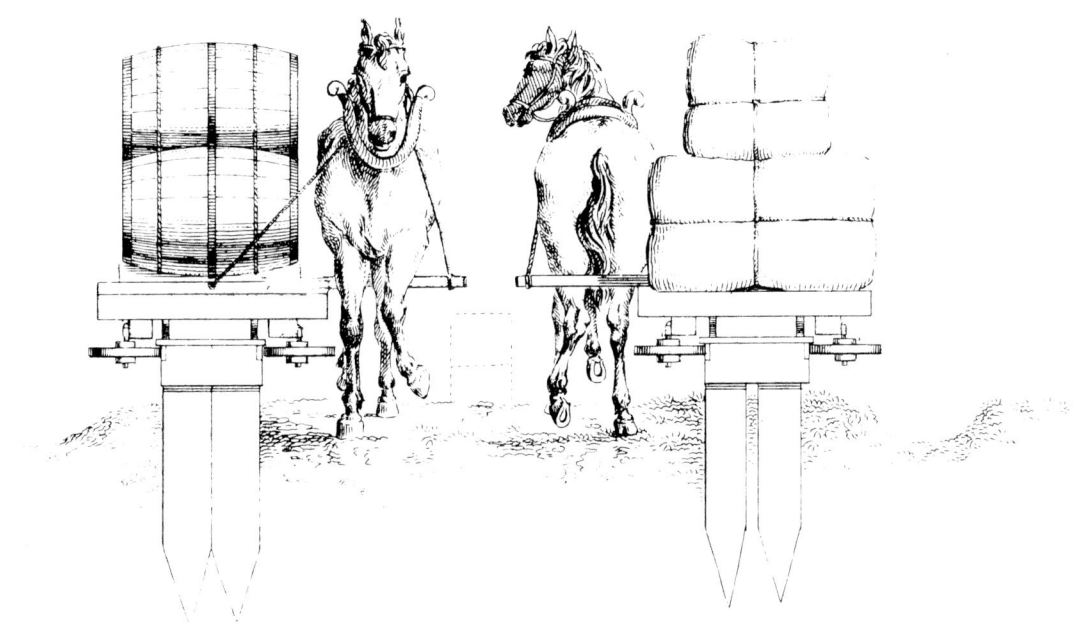

ZUR GESCHICHTE DES RHEIN-MAIN-DONAU-KANALS

Von Anfang an war, wie dies Baader richtig vorausgesehen hatte, ein Kanalprojekt der große Gegner der Eisenbahn. Es war der Ludwigskanal, als »Karlsgraben« geplant schon um 793, also kurz vor der Kaiserkrönung Karls des Großen.

Als der Erfolg der Ludwigsbahn nach der Eröffnung am 7. Dezember 1835 schon heranreifte, da tagt am Heiligen Abend 1835 der Ministerrat Bayerns, nachdem König Ludwig aus Griechenland zurückgehert, wohin er zur Inthronisierung seines Sohnes gereist war. Zuerst gerät das Gremium der Minister über der Ludwigsbahn ins Schwärmen: Eine Nordsee-Schwarzmeer-Verbindung wird angesprochen, München–Triest, München–Wien, München–Paris tauchen als Traumziele auf, ja, München als »Kern eines Teils des Welthandels« wird verkündet.

Aber der Ministerrat hat den Traum König Ludwigs als Nachfolger Karls des Großen, die fossa Carolina, den Nordsee-Schwarzmeer-Kanal, zu bauen, nicht vergessen. Eine starke Hofkamarilla, von Baader schlicht Canalisten oder Canalomanen genannt, setzt sich für dieses Objekt ein und verteufelt den schlichten Eisenweg-Mechanikus.

Der Kanal wird gebaut, er ist 1836 fertig, heute noch in Fragmenten zu sehen. Sein Schicksal: Er ist zu schmal, hat zuwenig Tiefgang, zu viele Schleusen, von Anfang an unrentabel: Immer weniger Schiffe fahren darauf – er versinkt in Vergessenheit.

Ist dies ein Omen für den neuen Rhein-Main-Donau-Kanal, der, fast fertig gebaut, heute in ein heftiges Kreuzfeuer von Gegnern und Befürwortern geraten ist?

auch er wird von Anfang an unrentabel sein, er wird der Bahn große Verluste bringen und wahrscheinlich die »Ostbilligflotten« auf sich ziehen.

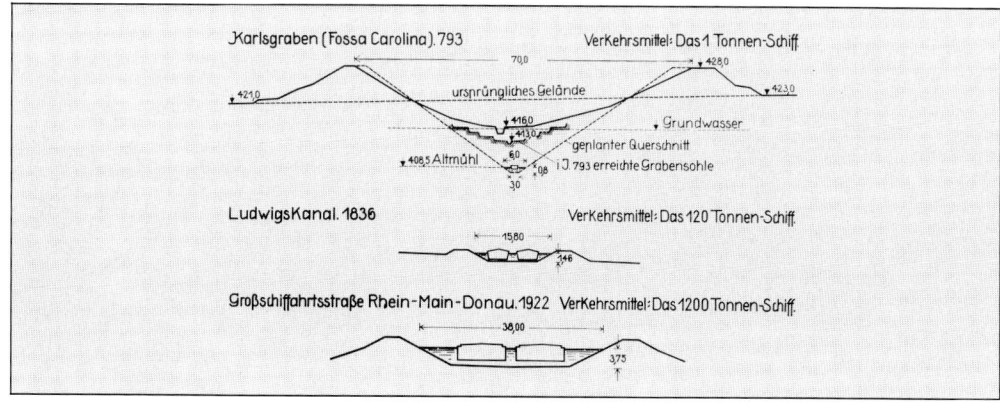

Die Rhein-Main-Donau-Verbindung im Wandel der Zeiten; Kanal-Querschnitte, Zeichnung (Dt. Museum München)

Ludwig-Süd-Nordbahn und Nürnberg-Fürther-Bahn mit dem Dooser-Brück-Kanal über die Regnitz

Immerhin führen die Aktivitäten Baaders, aber auch des Herausgebers der »Allgemeinen Handelszeitung«, Leuchs, in Nürnberg dazu, daß sich König Ludwig 1826 gegenüber dem Bürgermeister von Bäumen in Fürth für eine Eisenbahn zwischen den beiden Städten ausspricht. Er richtet deshalb anschließend an den Handelsvorstand von Nürnberg, Handelsvorsteher Platner, ein Schreiben, in welchem der Staat Bayern die Hauptlast des Eisenbahnbaues zwar einer privaten Gesellschaft überlassen möge, doch von Staats wegen die Planung und die Bauaufsicht übernehmen solle.

Dieser Plan wird zunächst vom Kollegium der Marktadjunkten, in dem auch ein gewisser Scharrer sitzt, 1827 abgelehnt.

Und hier treten wir in einen wichtigen Abschnitt unseres Buches über die Geschichte der deutschen Eisenbahnen ein. Es ist nicht gleichgültig, ob dieser oder jener nun die erste Eisenbahn in Deutschland eingeführt hat. Es ist auch nicht nur eine Frage der historischen Wahrheit oder Klarheit; es geht vor allem darum, einem großen Menschen Gerechtigkeit angedeihen zu lassen, einen großen Mann zu ehren, der unendliche Schwierigkeiten und Mühen auf sich genommen hatte, um ein von ihm als richtig erkanntes Ziel durchzusetzen. Wenn man sich schon entschlossen hat, einen großen Mann zu ehren, dann sollte man den richtigen ehren.

Mit den Namen Platner und Scharrer tauchen erstmals die beiden Namen auf, die in der Eisenbahnhistorie, ja in der Verkehrsgeschichte exemplarische Bedeutung haben. Bis zum heutigen Tag haben Geschichts- und Wirtschaftsexperten, aber auch manche Schreiber von Eisenbahnbüchern nicht begriffen, wer Platner war und was Deutschland diesem Mann verdankt. Noch immer gibt es Bücher, in denen zu lesen steht, daß die Nürnberger Bahn mit ihren sechs Kilometern Strecke eine Nürnberger »Spielzeugeisenbahn« gewesen sei. Wer in den Akten mitgelesen und den Kampf der beiden miteinander verbündeten Männer Platner und Scharrer miterlebt hat, der weiß, was für eine große geschichtliche Leistung hier vollbracht worden ist.

Ludwig I., König von Bayern (1786–1868)

WER WAR ES DENN NUN TATSÄCHLICH?

Die Gründung der ersten deutschen Eisenbahn ist während der 150 Jahre deutscher Eisenbahngeschichte zuerst dem Handelsvorsteher Platner, dann dem Marktadjunkten und späteren Direktor der Ludwigsbahn, Scharrer, zugeschrieben worden. Bei Scharrer ist man auch geblieben. Erst in unseren Tagen kehrt man vereinzelt wieder zu Platner als dem Initiator zurück. Hier muß deutlich gesagt werden, daß es sich, wie schon angedeutet, nicht um eine Rivalität gehandelt hat. Beide waren eng miteinander befreundet; der um vier Jahre jüngere Scharrer starb mit 59 Jahren. Am Grabe des Freundes sprach Platner davon, daß er Scharrers »Liebe und Freundschaft mit unverbrüchlicher Treue und Anhänglichkeit unter allen Verhältnissen seines vielbewegten Lebens erwidert habe«. Von daher also keine Eifersucht, kein Wettbewerb zwischen den beiden Großen, denen Deutschland und viele Nachbarstaaten den frühzeitigen Aufbruch in die zweite große technische Revolution verdanken.

Die Frage, wer es nun wirklich war, wird sich allerdings durch die genaue Beschreibung der Gründungsgeschichte dieser ersten Eisenbahn klären.

Georg Zacharias Platner, 1781, also noch in der vornapoleonischen Zeit geboren, ist der Sproß einer reichen, angesehenen Nürnberger Kaufmannsfamilie. 1803 zählte Nürnberg noch zu den zwölf unabhängigen Reichsstädten, die der Reichsdeputationshauptschluß übriggelassen hatte. Doch durch die große Flurbereinigung Napoleons wurde mit der Rheinbundakte am 12. Juli 1806 die Freie Reichsstadt Nürnberg samt ihrem Territorium dem Königreich Bayern einverleibt, besser gesagt zugeschlagen.

Wie schwer das den Bürgerstolz der Reichsstädter traf, welche Erbitterung, ja Zorn in den Bürgerhäusern herrschte, erhellt sich aus der uns überlieferten Reaktion einer braven Kaufmannsfrau.

Als nämlich die Glocken Nürnbergs aus Anlaß der Übergabefeierlichkeiten Nürnbergs an das Königreich Bayern läuteten, fiel die Frau des Kaufmanns Wolfgang Merkel ihren beiden Knaben weinend um den Hals und rief: »Meine armen Kinder, jetzt seid ihr Fürstenknechte!«

Tatsächlich war es mit der Souveränität der Stadt zu Ende. Der Anteil der Bürgerschaft an der neu dekretierten Verwaltung bestand in der beratenden Funktion eines Munizipalrates, der in den wenigen zustande gekommenen Sitzungen nichts zu sagen hatte, ja nicht einmal aus Protest zurücktreten durfte.

Nach dem Ausschalten des Patriziats war es die begüterte Kaufmannschaft, die in den Stadtratskollegien der zwanziger und dreißiger Jahre ihren Einfluß ausübte. Dazu gehörte Platner als Mitglied des Handelsvorstandes und als einer der vier Marktvorsteher, umgeben von den Marktadjunkten, deren einer Johannes Scharrer war.

Dennoch würde man sich täuschen, wenn man Nürnberg um 1835 pauschal als eine reiche Stadt bezeichnen wollte.

Neben der zahlenmäßig kleinen Elite der Patrizier und Kaufleute gab es den in den Zünften repräsentierten Handwerkerstand; eine breite Unterschicht von zugewanderten Bauernsöhnen, Taglöhnern und Gelegenheitsarbeitern lebte von der Hand in den Mund, geriet in den Jahren der Teuerung und der Hungersnöte von 1816/1817 in den Kampf ums Dasein, ums pure Überleben.

Die Nachwirkungen des Dreißigjährigen Krieges, die napoleonischen Durchmärsche, die Verlagerung des ostindischen Handelsweges, kalte, schneereiche Sommer und daraus herrührend Hungerjahre hatten die einst so reiche Stadt verarmen lassen. Sie brachte beim Übergang nach Bayern neun Millionen Goldgulden Schulden mit, eine riesige Summe.

Die große Anzahl Auswanderer wurde durch zugezogene Bauernsöhne ersetzt, die sich als Handwerksgesellen in der gewerbefleißigen Stadt mit ihren etwa 70 000 Einwohnern verdingten.

Noch standen die Mauern um die Stadt, die Stadttore wurden abends geschlossen, morgens geöffnet, wer eintraf, wurde visitiert – vor allem die Fürther Juden, die ihr Geschäft in der regen Stadt suchten: Händler, Transporteure, Makler, Inhaber von Fuhrbetrieben und Kutschtaxen-Fiakern – innerhalb und zwischen den Städten Fürth und Nürnberg. Den Juden war das Wohnen in der Stadt Nürnberg verboten.

Fürth war kleiner, nicht einmal halb so groß, etwa 25 000 Einwohner, doch rege und immer in Konkurrenz mit der großen Schwesterstadt. Beide Städte freilich biedermeierlich gelassen, und am Abend, wenn die Stadttore schlossen, still; nur der Ruf des Nachtwächters, der die Stunden zählte, unterbrach das Schweigen der Nacht.

Groß waren die Unterschiede zwischen den einzelnen Ständen. Der Bürgermeister Bäumen von Fürth sagte einmal, als es um den Tarif für die ersten Eisenbahnfahrten ging, ein großer Teil der Bevölkerung seiner Stadt, nämlich der ärmere, ginge sommers aus Ersparnisgründen barfuß.

Der oberste Stand freilich, die Patrizier, die Handelsherren, zu denen auch Platner gehörte und gewissermaßen als Homo novus auch Scharrer, litt niemals Not.

PLATNER

Ein Portrait in Öl aus diesen Jahren zeigt Platner als einen kräftigen, mittelgroßen Mann; er ist 1833, als alles begann, wie er in einem Lebensbericht an den Hof schreibt, 51 Jahre alt.

»Im Jahre 1833 begann ich unter unsäglichen Schwierigkeiten, Sorgen und Risiken das Unternehmen der Herstellung einer Eisenbahn mit Dampfkraft zwischen Nürnberg und Fürth. Unbekannt mit allen Erfordernissen, die zu einer solchen in Deutschland noch nicht bekannten Anstalt notwendig sind, kostete es große Anstrengungen von mir und einigen Freunden, das Vertrauen des Publikums dafür zu gewinnen und ohne besondere Unterstützung der königlichen Regierung das ganze zur Ausführung im Dezember 1835 gelangen lassen zu können.«

Man sehe ihn sich an: Es ist ein Mann des Vertrauens. Er ist zugleich im Gegensatz zu dem Pionier Baader und anderen Pionieren wie Friedrich List und Gerstner senior ein Mann der Tat. Alle reden, Platner tut es. Das Vertrauen hat er sich übrigens redlich verdient.

In den Hungerjahren sorgte er für die Herbeischaffung von Getreide aus den russischen Provinzen und ließ Brot backen und verteilen. Nach dem Bau der ersten Eisenbahn in Deutschland 1835 ließ er 1846 in Nürnberg die erste Gasfabrik erstellen und sorgte für die Beleuchtung der Stadt mit Gas. Er setzte sein großes Vermögen für die Förderung aller dem öffentlichen Wohl dienenden Veranstaltungen, insbesonders dem Bau eines Krankenhauses ein. Auch stiftete er Kindergärten.

Um die Jahrhundertwende wurde sein Name noch als Wohltäter der Stadt erwähnt. Doch inzwischen

Georg Zacharias Platner (1781–1862)

ist das Andenken an ihn, wie es scheint, geschwunden.

Im Vestibül des Verkehrsmuseums findet man seinen Namen nicht, obwohl er so gut wie alle anderen eine Büste verdient hätte, wenn man schon solche Ehrenhallen einrichtet.

EIN AUFRUF UND DIE WIRKUNG

Das seit 1827 vor sich hindösende Projekt des Eisenbahnbaues wird am 1. Januar 1833 durch einen Ruf, »einen Aufruf zur Gründung einer Eisenbahn von Nürnberg nach Fürth« wiedererweckt. Es ist Erhard Friedrich Leuchs in der von ihm redigierten »Allgemeinen Handelszeitung« in Nürnberg.

Er schildert die allgemeine Situation und den Vormarsch der Eisenbahn in Europa; er gibt eine genaue Kalkulation des Streckenbaus – man erkennt darin Baaders und Lists Gedankengänge; zum Schluß äußert er die Hoffnung, »Süddeutschland werde der

Ruhm des Bauens der ersten Eisenbahn zufallen«.
Der Aufruf wendet sich an die beiden Städte und deren Honoratioren. Der Augenblick ist gut gewählt. 1833 gründet Preußen unter Einschluß der schon bestehenden Zollvereine zwischen Bayern und Württemberg und dem Mitteldeutschen Handelsverein den Deutschen Zollverein, jedoch ohne Österreich.

Platner führt erste inoffizielle Gespräche mit den Bürgermeistern und den Prominenten beider Städte. Er ist dabei gedeckt durch einen positiven Beschluß des Handelsvorstandes vom 5. 1. 33.

Aber Platner ist – anders als der idealistisch schwärmende Scharrer – vor allem Geschäftsmann, Inhaber der größten Farbenhandelsfirma in Nürnberg und Chef der Lotzbeckschen Zigarrenfabrik; er betreibt Filialen in Hamburg und Rotterdam, hat Geschäftsfreunde in Köln, London und Liverpool, spricht fließend englisch und französisch. Er ist einer der letzten großen Handelsgestalten, wie sie in Wien, Augsburg, Ulm oder Ravensburg tätig waren.

Er überblickt Risiko und Ruhm einer solchen Unternehmung, und er weiß, daß er Fachleute braucht, die, was Eisenbahnen betrifft, so selten sind wie Solitäre. Immerhin ist auch sein Adjunkt Scharrer ein Mann mit technischen Kenntnissen, war er doch Gründer und Vorstand der Polytechnischen Schule, der Vorläuferin der Technischen Universität.

Kasten IV

SCHARRER

Johannes Scharrer, geboren 1785 in Hersbruck, stammt aus einer Gastwirtsfamilie, die eine Metzgerei und eine kleine Bierbrauerei betrieb. Schon früh schied er aus dem elterlichen Betrieb aus und wandte sich dem Hopfenhandel zu, den er mit seinem Bruder zusammen unterhielt. Seit 1823 zweiter Bürgermeister von Nürnberg ließ er Albrecht Dürer ein Standbild errichten und – für Hungerzeiten – einen Kornspeicher bauen; auch kümmerte er sich intensiv um die Verbesserung des Schulwesens.

Insgesamt hatte er wohl seine Kräfte überschätzt und sie erschöpft: Er wurde 1829 abgewählt, was König Ludwig I., der sowohl Scharrer wie Platner für Fachleute hielt, der Stadt Nürnberg übelnahm. Der König unterstützte Scharrer drei Jahre lang mit einer Remuneration von jährlich 1000 Gulden. Andeutungen in der Grabrede des Pfarrers zu Scharrers frühem Tod deuten darauf hin, daß Scharrer von schwacher Gesundheit war, ein Umstand, der, wie man später sehen wird, in einer für den Bahnbau entscheidenden Stunde schwer ins Gewicht fiel.

Es scheint, daß Platner, der Scharrer sehr schätzte, später deshalb auf den ihm zustehenden Posten des Direktors der Eisenbahn verzichtete und sich mit dem Posten des Kassierers begnügte.

Johannes Scharrer (1785–1844)

ERSTE MARKTFORSCHUNG
– KALKULATION

Allgemein wird angenommen, daß Marktforschung, also Marktbeobachtung und Marktanalyse eine amerikanische Erfindung des 20. Jahrhunderts sei. Ein großer Irrtum. Platner, der genau wissen wollte, um was und um welchen Umfang es sich bei dem Projekt Nürnberg–Fürth handele, wollte der Hauptversammlung der von ihm vorgesehenen Aktiengesellschaft in dem Einladungsprospekt für die Subskription der Aktien genaue Zahlen angeben. Also läßt er den Verkehr zählen, eine ebenso einfache wie geniale Idee. Deutlich gesagt: Er will es genau wissen.

Auf Veranlassung von Platner schickt Bürgermeister von Bäumen den Fürther Drexlermeister Mutz für zwei Tage auf die Straße mit dem Auftrag, Personen und Transporte zu zählen. Wenig später fällt Platner ein, daß zwei Tage zu wenig, heute würde man sagen, nicht repräsentativ genug seien. Also wird Mutz vierzig Tage lang zählen: Er kommt dabei auf 2000 Personen und 100 Transporte pro Tag.

Kein schlechtes Ergebnis. Und wahrhaftig, längst vor den Erfindern des Marktmachens, des Marketings, hat Platner ein echtes Marketing betrieben, geradezu ein Schulbeispiel und dazu noch ein erfolgreiches. Es sollte, was bisher nicht geschehen ist, in die Geschichte des Marketings eingehen.

Die Anfänge der Marktforschung sieht man nach Professor Hundhausen in den Arbeiten von C. C. Parlin 1911. In den USA wurde 1929 zum ersten Mal die Luftfahrtindustrie untersucht.

Als erster, der eine Marktforschung in einer Verkehrsfrage durchführen ließ, kann Platner die Erfindung dieser neuen Art von Erkundung eines Marktes für sich in Anspruch nehmen.

Das genaue Ergebnis der Zählung des Verkehrs zwischen Nürnberg und Fürth lautete für ein Jahr

612 470 Personen zu Fuß und in Wagen,
39 420 Fuhrwagen mit 86 140 Pferden.

Außer diesen Zahlen enthielt der von Scharrer verfaßte Gründungsprospekt auch noch die Kalkulation für die Bahn.

Scharrer beziffert in seinem Einladungsprospekt die gesamten Anlagekosten für Grunderwerb, Streckenbau, Gebäude, zwei Lokomotiven und sechs Perso-

nen- nebst zwei Transportwagen auf insgesamt
132 000 Gulden.
Bei jährlichen Betriebskosten von 12 800 Gulden und Einnahmen jährlich 29 200 Gulden ergab sich ein Überschuß jährlich von 16 400 Gulden, was einer Verzinsung von 12,5 Prozent auf das Anlagekapital entspräche.

DIE GEGNER DER BAHN MELDEN SICH

Nun setzt Für und Wider gegen die neue Erfindung ein: Stephenson hätte hier seine Erfahrungen mit dem Parlament 1825 anläßlich der Bahn Liverpool–Manchester einbringen können.

»Und was ist«, fragte man ihn damals, »wenn der Zug auf eine Kuh im Gleise trifft?«

»Das ist«, antwortete Stephenson, »wenn der Lokomotivführer nicht mehr halten kann, bestimmt schlimm: für die Kuh«.

Platners Gegner kämpften mit Presse und Mundpropaganda gegen das neue Vorhaben. Das Königlich-Bayerische Obermedizinalkollegium, das vermutlich nie existiert hat, jedenfalls nie ein Gutachten über die Gefahren der Eisenbahn von sich gegeben hat, wurde überall zitiert und diskutiert. Die Geschwindigkeit der Beförderung, so soll es konstatiert haben, werde eine Art von Gehirnkrankheit erzeugen. Daß der Rauch der Lokomotive die Reisenden in den offenen Wagen belästige, war allerdings unbestreitbar. Doch war die Belästigung auf dieser ersten Strecke ohne Tunnel nur gering. (Einmal soll der riesige Strohhut einer eleganten Dame Feuer gefangen haben.)

Viel schlimmer waren Nachrichten aus England, daß dort Straßendampfwagen den öffentlichen Verkehr auf der Straße ohne Schienen bedienten. Die Meldung der «Augsburger Allgemeinen Zeitung« vom 23. 8. 34 besagt, daß Straßendampfwagen das Privateigentum nicht berühren und das Land nicht verunstalten, wie dies die Eisenbahn tut. Diese Notiz machte viele Aktionäre schwankend.

Wozu dann Schienen? Wenn die Nürnberger und Fürther allerdings den Zustand ihrer Straßen außerhalb der Städte bedachten, so mußten sie zugeben, daß ein eventuell funktionierender Schienenverkehr besser war. Aber unheilvoll klangen Nachrichten aus Österreich, wonach die Investitionen für Eisenbahnen verlo-

Dampfwagen.

(Albion.) Wir haben wiederholt behauptet, daß die wohlthätige Anwendung des Dampfes zur Fortbewegung der Wagen auf den gewöhnlichen Fahrstraßen vollkommen möglich ist, ohne dabei mit dem Privateigenthume in Berührung zu kommen und das Land zu verunstalten, wie bis von der Ausführung der Eisenbahnen, die jetzt so sehr an der Tagesordnung sind, unzertrennlich ist. Ein Beleg von der Richtigkeit dieser Meynung ist so eben zu unserer Kenntniß gelangt. Es fuhr nemlich in der letzten Woche ein kleiner Dampfwagen auf der Straße von Stratfort, der, wie wir hören, von Hrn. Walter Hancock auf eine Bestellung aus Oestreich gebaut worden ist. Er wiegt, mit Einschluß von Wasser und Brennmaterial für neun englische Meilen, nicht über 2½ Tonnen; dennoch hat er vier bis fünf Fahrten des Tags mit einer Sicherheit und Regelmäßigkeit gemacht, die alles Vorhergehende übertreffen. Die Geschwindigkeit dieses Wagens ist im Durchschnitt vier bis fünf Stunden in der Stunde, und obgleich die Straße meilenweit neu beschottert war, so glitt er doch über dieses Hinderniß mit einer erstaunlichen Leichtigkeit, und wurde dann bergan mit derselben Schnelligkeit fortgetrieben. Er war mit vielen angesehenen Ausländern besetzt und wurde von dem Eigenthümer, Hrn. Voigtländer, Mechaniker aus Wien, mit vieler Gewandtheit geleitet.

Notiz in der »Augsburger Allgemeinen Zeitung« vom 23. August 1834

ren gewesen seien. Endlich liefen die Posthalter, die Fiakerunternehmer, die Landboten und die großen und kleinen Fuhrhalter Sturm gegen diese völlig unerprobte und für Bayern überhaupt nicht passende Bahn. Blendwerk, Teufelszeug! Auch die in Fürth wohnenden Juden, die viel Geld in den Fiakerverkehr zwischen Nürnberg und Fürth investiert hatten, rieten vom Aktienkauf ab.

Endlich warnte Baader, der einzige weithin bekannte Eisenbahnfachmann in Bayern, vor dieser Bahn; in erster Linie, weil er sein System nicht erproben durfte.

Er hatte sich zwar bis zum Schluß darum bemüht, den Eisenbahnbau – selbst unter Verzicht auf seine schwierigen Konstruktionen – in die Hand zu bekommen. Platner lehnte aber im Einverständnis mit den anderen Mitgliedern des Gründungskomitees sein Angebot ab.

Baader sollte die Bahn nicht mehr im Betrieb sehen. Er, der als erster 1814 den Finger auf die Stelle legte,

wo die erste Bahn Deutschlands fahren sollte, konnte es nicht verwinden, daß andere »seine Bahn« bauten. Baader starb 13 Tage vor Eröffnung der Bahn in München.

GRUNDSÄTZLICHE SCHWIERIGKEITEN BEIM ERSTEN BAU EINES EISENWEGES

Ein halbes Jahr war verstrichen, die Hälfte des Aktienkapitals war gezeichnet. 55 Prozent entfielen dabei auf Nürnberger; auf die Fürther, schon zahlenmäßig in der Minderheit, entfielen nur 10 Prozent. Die Juden hatten keine einzige Aktie gezeichnet, der bayerische Staat ganze zwei Aktien!

Übringens hielten viele der Honoratioren, an die sich Platner persönlich gewandt hatte, das gezeichnete Geld für glatt verloren.

Am 18. November 1833 fand die erste Aktionärsversammlung statt. Nach Genehmigung von Geschäftsnamen, Statut und Aktienschein gab es zwei wichtige Erklärungen: Bürgermeister Binder von Nürnberg gab bekannt, daß die nicht abgesetzten Aktien im Betrag von 26 000 Gulden von Platner persönlich übernommen würden. Da damit eine Bedingung des Königs – Zeichnung des gesamten Kapitals – erfüllt worden sei, erhalte die Bahn huldvollst die Erlaubnis, sich Ludwigsbahn nennen zu dürfen. Anschließend wurde das Direktorium gewählt. Es setzte sich zusammen aus den Herren Binder, Mainberger, Meyer, Merkel, Platner, Scharrer und Wellmer sowie Ersatzmännern.

Drei Tage später wurden vom Direktorium gewählt der Marktvorsteher Platner zum Direktor und Kassier, der Marktadjunkt Scharrer zum Vertreter des Direktors und drittens der Buchhändler Mainberger zum korrespondierenden Sekretär.

Noch am Tag seiner Wahl zum Generaldirektor gibt Platner dem Juristen im Direktorium, dem Landrichter Wellmer, den Auftrag, das »Privilegium zur Erbauung einer Eisenbahn von Nürnberg aus . . . dann eventuell im ganzen Königreich . . .« zu beantragen. Nach wiederholten höflichen Mahnungen wird das Privileg 1834 durch Veröffentlichung im Regierungsblatt wirksam. Vom Weiterbau allerdings steht nichts im Privileg. Ob das niemandem aufgefallen ist?

Soweit schien alles gut zu gehen. Tatsächlich war ja die Frage des Weiterbaues, der Anknüpfung kommen-

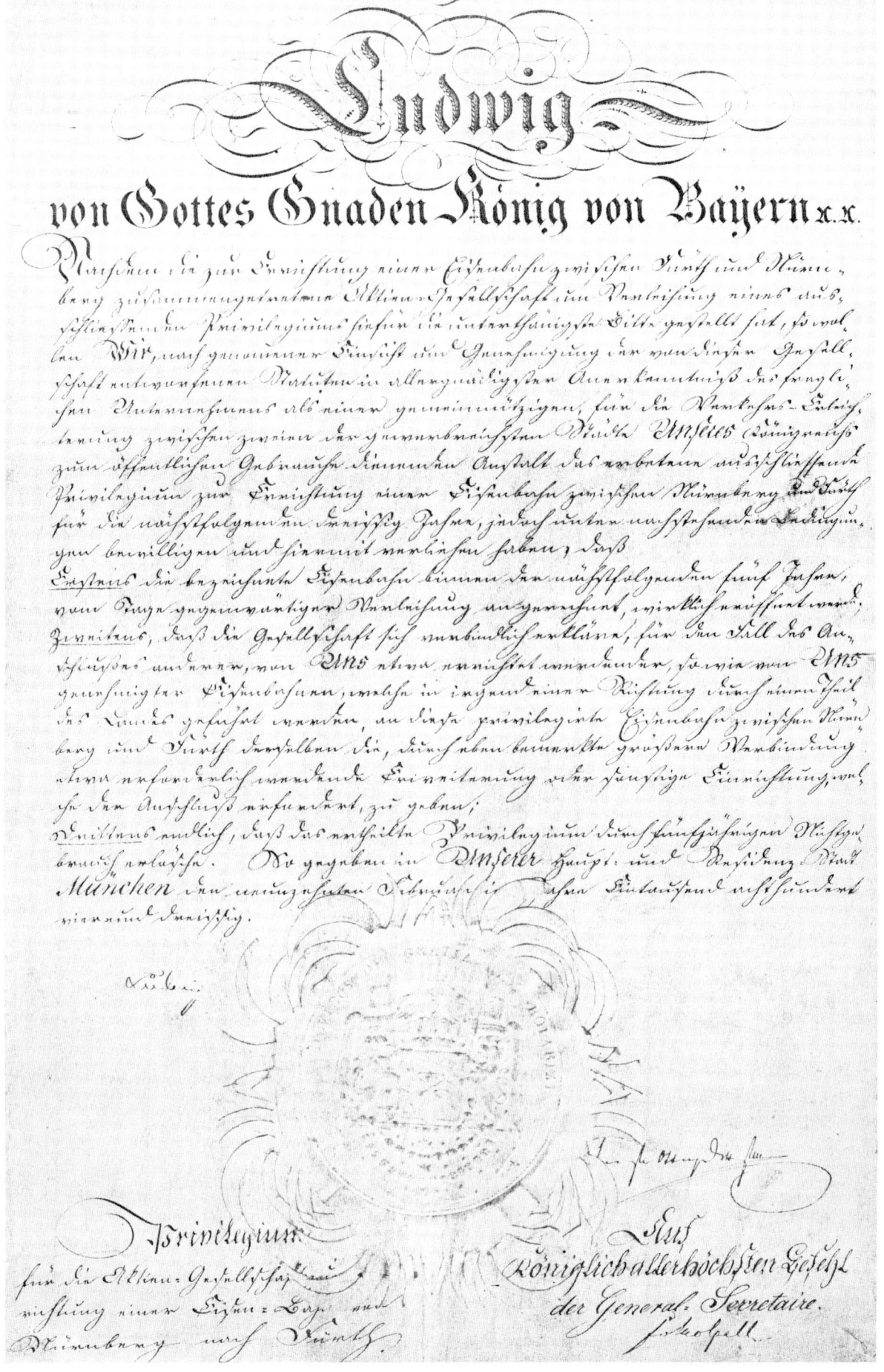

der Bahnen, also die Frage, ob die Fürth-Nürnberger-Bahn nicht ein Einzelfall, sondern gewissermaßen die Mitte oder der Anfang eines ganzen Netzes sein sollte, eine den Erbauern äußerst wichtige Grundfrage. Wahrscheinlich hat man sich gesagt: Hauptsache, wir können die erste Strecke einmal bauen. Das Weitere wird sich schon finden.

Nun brannte Platner der eigentliche Bahnbau auf den Nägeln, die Zeit schien ihm davonzulaufen. Im August 1835, so hatte man terminiert, zu Königs Geburtstag, sollte der erste Zug laufen.

Jetzt erst wurde Platner klar, daß er mit allem, was den Bahnbau betraf, der erste war, und dazu weder ein Bauingenieur noch ein Mechanikus. So wandte er sich wegen eines Bahnbauers über seine Londoner Geschäftsfreunde an Stephenson, der auch prompt ein Angebot machte: Doch der angebotene Ingenieur war viel zu teuer.

Hier half der Kontakt zu dem Oberbaurat Ritter von Klenze bei der bayerischen Regierung, der ja auch Aktien gezeichnet hatte. Klenze empfahl den eben von einer Studienreise nach England und Nordamerika zurückkehrenden königlichen Bezirksingenieur Paul Denis (1795–1872), der für die Verwaltungsstelle des Isarkreises vorgesehen war. Denis war gleich damit einverstanden.

Dies war für einen jungen Ingenieur eine ungeheure Sache, etwa so, wie wenn man heute einem jungen und begabten Techniker anbieten würde, als Astronaut auf den Mond zu fliegen.

Daß Platner einen jahrelangen, ermüdenden Kampf mit der bayerischen Bürokratie um den Verbleib des Denis beim Bahnbau führen mußte, war gewissermaßen das Entgelt dafür, daß die bayerische Verwaltung mit Zustimmung des Königs den Beamten Denis gratis auslieh. Man darf diese noble Geste des Königs und seiner Verwaltung nicht überschätzen, sie war nur die eine Seite der Medaille, die andere Seite war eine ständige Behinderung des Baus und schließlich auch des Betriebs.

Denis, übrigens von liebenswürdiger Gemütsart, ergänzte das Duo Platner – Scharrer hervorragend. Er wartete die Rückkehr Platners von seiner Reise nach Hamburg, wo Platner seine Filiale besuchte und von Leipzig, wo er Messegast war, nur ab, um mit dem Dammbau zu beginnen. Platner hatte sich unterwegs mit Eisenbahnexperten aus verschiedenen Ländern unterhalten können, die ihm allesamt von dem ihm von List vorgeschlagenen hölzernen amerikanischen Leichtbau abgeraten und dafür den englischen stabileren Oberbau mit Stahlschienen auf Metallstühlen empfohlen hatten.

Die Entscheidung war richtig, und Denis begann im Oktober 1834; er wollte Ende April 1835 damit fertig sein. Wenn man inzwischen die Schienen, die Eisenteile, die Lokomotive und die Wagen beschaffe, könne der Termin vom August 1835 gehalten werden: so Denis im Direktorium.

Die Wagen konnte man im Zollvereinsgebiet, vor allem im Nürnberger Raum, bei Wagnerhandwerkern und Stellmachermeistern bestellen, auch noch die Eisenteile. Schienen zu beschaffen war schon schwieriger, weil die meisten Fabriken keine Einrichtungen zum Walzen besaßen. Lokomotiven endlich gab es, so mußten Platner und Genossen lernen, nirgends auf dem Kontinent, auch nicht bei Cockerill in Lüttich, den der Konsul Bartels in Köln empfahl. Cockerills Inge-

Paul Camille von Denis (1795–1872)

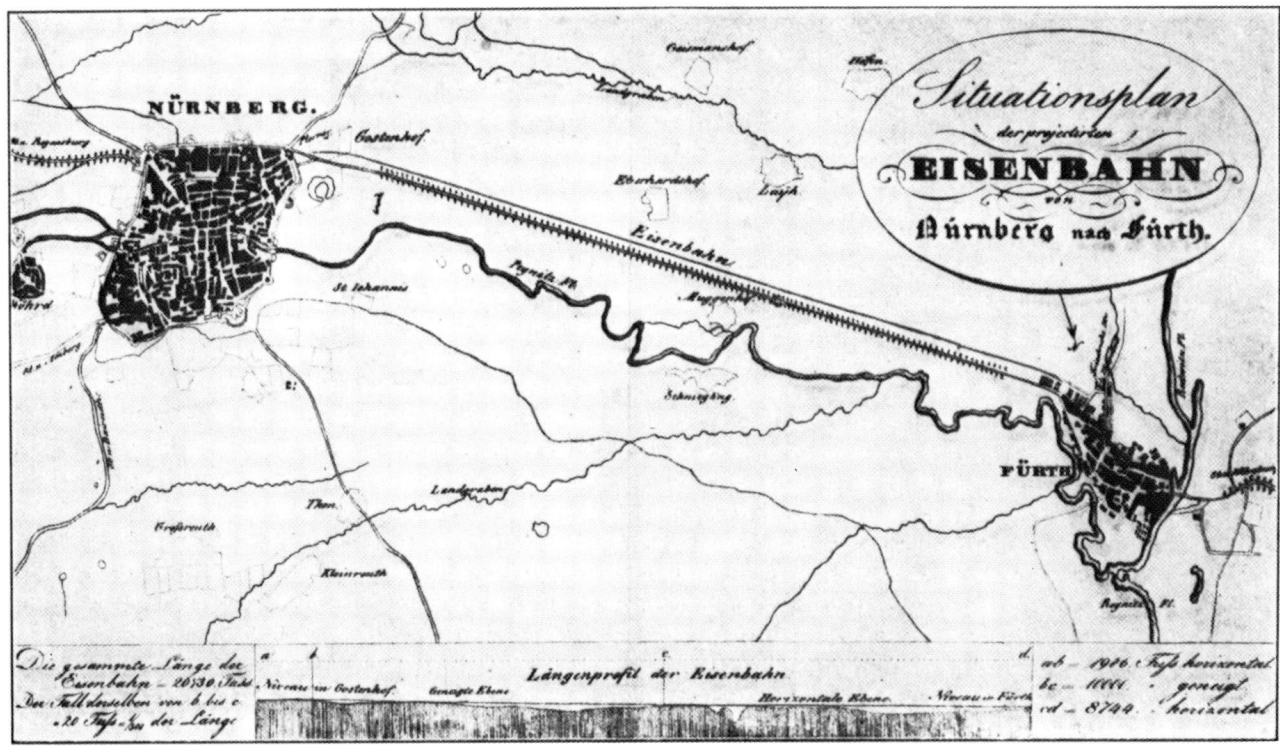

Strecke Nürnberg–Fürth nebst Längenprofil

nieure studierten erst Modelle aus Stephensons Fabrik. Doch der gute Bartels gab weiterhin den Rat, auf einer Reise ins Rheinland, notfalls in Belgien, das seine Eisenbahn nahezu fertig hatte, Lieferanten zu erfragen. Zuallerletzt freilich blieb übrig, nach England zu reisen und dort den Löwen in seiner Höhle, sprich Stephenson in Newcastle, aufzusuchen und eine Lokomotive für das Nürnberger Vorhaben zu bestellen.

Die Sitzung des Direktoriums am 18. 4. 1835 glich einer Katastrophe. Platner und Scharrer mußten bekennen, daß zwar der Dammbau so gut wie fertig sei – alles andere aber fehle.

»Wir haben getan, was wir konnten«, sagte Platner, »aber von überall her kamen nur Absagen. Von einer Eröffnung im August zu Königs Geburtstag kann keine Rede mehr sein«. Platner sieht sich um: Überall bedrückte Mienen. »Da haben wir uns auf was Schönes eingelassen.«

Einen Augenblick lang – wie Platner selbst später bekennt – fühlt er sich »wankend«, dann erinnert er sich an die Freunde, an die Helfer, an die Aktionäre, aber

auch an das dem König gegebene Wort. Es ist die Ehre des großen Kaufmanns und Bürgers, um die es hier geht.

Und so sagt er: »Ich werde selbst auf die Reise gehen und das, was fehlt, besorgen. Doch brauche ich ein oder zwei sachverständige Begleiter – ich denke in erster Linie an Freund Scharrer.«

Doch Freund Scharrer – so das Protokoll – erwidert, »daß seine Geschäfte ihm dies durchaus nicht gestatten«. Er schlägt Buchhändler Mainberger als Schriftführer und den Eisenwerksbesitzer und Mechanikus Gemeiner von Lohr als Begleiter vor.

AUGENBLICK DER WAHRHEIT

Dies ist der Augenblick der Wahrheit. Alles steht auf dem Spiel: Der Ruf Nürnbergs, ja Bayerns, das altangesehene Haus Platners, aber auch das Gesicht Scharrers. Vor kurzem hatte er die Eisenbahn St. Etienne–Lyon besichtigt. Er ist Vorstand der Polytech-

Erste französische Dampflok von Marc Séguin (Blasebälge und Flammrohrkessel)

nischen Schule, er hat Sachverständnis. Aber er verweigert sich.

Ich habe in meinem Buch »Erlebnis Eisenbahn« – Geschichte der Bahn – (Stuttgart) dies dargestellt, ohne es zu werten. Doch könnte man unschwer das Verhalten als Untreue eines Freundes, ja als schändliches »Imstichlassen« deuten. Nach nochmaligem Abwägen aller Umstände und weiterer Recherchen bin ich heute der Ansicht, daß Scharrer dieser Aufgabe sich einfach gesundheitlich nicht gewachsen fühlte. Platner verstand, daß sein Freund öffentlich diesen Grund nicht angeben konnte.

Platner hat Scharrer darauf nichts erwidert; er hat ihm sein Verhalten nicht übelgenommen. Ihm war wohl klar, weshalb Scharrer sich die Strapazen dieser abenteuerlichen Reise ins Ungewisse nicht zutraute. So begeben sich also zwei Laien, was die Technik betrifft, auf die Reise. Der vorgesehene Dritte, Eisenwerksbesitzer Gemeiner aus Lohr, allenfalls ein Ersatz-Sachverständiger, erschien am vereinbarten Treffpunkt in Frankfurt nicht.

Nach tagelangen, qualvollen Kutschfahrten – es gab ja noch keine Eisenbahn – gelangten die beiden nach Köln, wo Freund Bartels sie auf die Eröffnung der belgischen Eisenbahn am 5. Mai hinweist. Unterwegs glückt es ihnen, wenigstens den Schienenauftrag an die Firma Remy zu vergeben.

Am 1. Mai treffen die beiden in Brüssel ein; ein Zusammentreffen mit Stephenson kommt zustande.

Zwar hatte der 63jährige Stephenson die Alltagsarbeit in seiner Lokomotivfabrik dem erfolgreichen Sohn Robert überlassen, doch fuhr er zu jeder Eisenbahneröffnung, zu der er die Lokomotiven gebaut hatte. Für die Strecke Brüssel–Mecheln hatte er die drei Eröffnungsmaschinen geliefert sowie das ganze Zubehör. Die Lokomotiven trugen die Namen »Blitz«, »Elefant« und »Stephenson«. Stephenson wußte genau, wen er da am Tisch im Gasthof von »Flandern« vor sich hatte. Es würden wohl seine nächsten Kunden sein. Zwar gab es in England inzwischen noch mehr Lokomotivfabriken, doch keine, die so preiswerte und gute Fahrzeuge lieferte wie Stephensons Werkstatt.

33

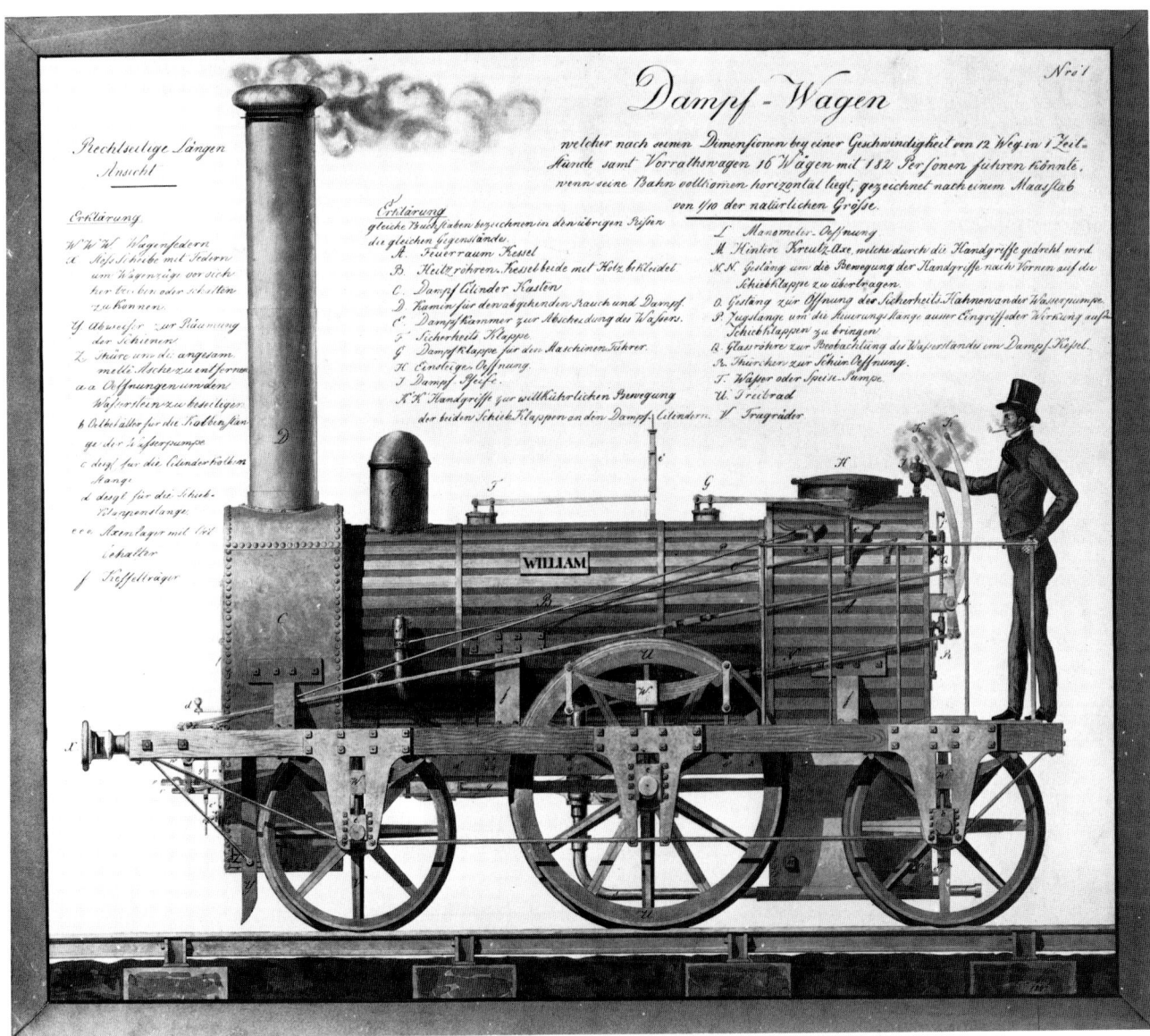

Patentee-Typ, ein verbesserter Typ mit dritter Laufachse unter dem Stehkessel

Stephenson studierte erst die von Denis gegebenen Pläne und Unterlagen – dann kam die Rede auf die Lokomotiven. Er bot ihnen eine etwas schwächere Ausführung des Patentee-Typs an, die er zur Zeit nicht nur an die überall entstehenden Eisenbahngesellschaften, sondern auch an Maschinenfabriken verkaufte, wohl wissend, daß seine Maschinen als Modelle für den Nachbau dienten.

Die Lokomotive sollte sechs Tonnen wiegen, 40 PS leisten und zirka 800 Pfund frei Rotterdam kosten.

HISTORISCHE ENTSCHEIDUNG

Beiläufig fügte Stephenson noch hinzu, daß die Spurweite 4 Fuß 8^1/$_2$ Zoll englisches Maß betrage.
Warum? Stephenson antwortete: »Nun, dieses Maß hat sich durchgesetzt. Und wir liefern alles in dieser Spurweite, Maschinen und Wagen und Zubehör. Auch die belgische Bahn fährt morgen auf dieser Spur.«
Platner und Mainberger sahen sich an. Platner hatte sich auf seiner letzten Reise nach Leipzig mit List auch

Die Schwierigkeiten des Umladens von Breitspur auf Normalspur zeigt dieses Bild

darüber unterhalten. Ihm wurde blitzartig klar, daß hier, wenn er zustimmte, und er würde zustimmen müssen, die Entscheidung über die Spurweite des deutschen Eisenbahnnetzes gefallen war. Tatsächlich ist die Spur die heutige Normalspur mit 1435 Millimetern.

Freilich gab es Ausreißer, wie die Badischen Staatsbahnen, die unter dem Einfluß einer anderen englischen Firma 1840 eine größere Spurweite (1600 mm) bauten, weil sie glaubten, daß »niemals ein badischer Eisenbahnwagen auf der württembergischen Eisenbahn fahren würde«. (von Göler) Die Badener mußten nach wenigen Jahren (1854) umnageln.

Genauso erging es Brunels Breitspur-Luxus-Linie in England. Seine 7-Fuß-Spurweite = 2134 Millimeter waren grandios – doch 1869 zwang das britische Parlament die Great Western Bahn, auf Normalspur umzustellen (vergleiche Kasten Spurweiten).

Kasten V

SPURWEITEN

Es ist leicht zu merken: Die 1435 Millimeter-Spurweite bezeichnet man als Normalspur. Alles, was breiter ist als Normalspur, heißt Breitspur, was schmäler, nennt sich Schmalspur.

Tatsächlich gibt es zwischen 381 Millimetern und 3000 Millimetern etwa zwei Dutzend Spurweiten, von denen nur die wichtigsten hier kurz genannt seien:

Das sind einmal mit 600 Millimeter die deutschen Kolonialbahnen und die deutschen Heeresfeldbahnen; mit 750 Millimetern die Schmalspurbahnen in Deutschland; mit 914 Millimetern eine größere Anzahl von amerikanischen Schmalspurbahnen und die Schmalspurbahnen in Mexiko; mit 1000 Millimetern die ostafrikanische Hauptbahn, die Chiemseebahn und die berühmte, leider aufgelassene Härtsfeldbahn Aalen-Neresheim-Dillingen; mit 1067 Millimetern die südafrikanischen Eisenbahnen sowie die Hauptbahnen in Japan; mit 1524 Millimetern die Hauptbahnen Rußlands; mit 1600 Millimetern die badischen Bahnen, die von Irland und Ulster sowie die Hauptbahn Australiens und mit 1672 Millimetern die Hauptbahnen in Spanien und in Portugal; schon genannt mit 2134 Millimetern die Great Western Railway und als besonders interessant, aber nie ausgeführt, die von Hitler zu Beginn des Zweiten Weltkrieges geplante Bahn mit 3000 Millimetern, die durch ganz Europa, womöglich bis Sibirien führen sollte.

Großartiger Beginn des Eisenbahnzeitalters in Belgien. Brüssel am 5. Mai 1835

Die Eröffnung der belgischen Eisenbahn in Brüssel am 5. Mai 1835 konnten die beiden Abgesandten mitmachen, wobei sie den Aufmarsch der drei Lokomotiven mit je zehn Wagen sehr bewunderten. Dann aber stellte sich doch Ermüdung und Enttäuschung über das geringe Ergebnis ihrer Reise bei Platner ein. Es äußerte sich in heftigem Fieber und Rheuma: Er konnte daher am Festbankett, bei dem Stephenson vom belgischen König zum Ritter der Krone geschlagen wurde, nicht mitmachen, sondern mußte mehrere Tage das Bett hüten.

Zurückgekommen bestellte Platner nach Rücksprache mit dem Direktorium am 15. Mai 1835 die Lokomotive nebst Chassis zu einem Personen- und Güterwagen gemäß dem Angebot Stephensons. Bedingung war: Lieferung baldmöglichst.

UNGEWÖHNLICHE REISE EINER LOKOMOTIVE

Weiterhin Schwierigkeiten um Schwierigkeiten. Denis hatte sich auf bayerische Fuhrwerkspurweite eingestellt und mußte umnageln. Die Lok kam, in Einzelteile zerlegt, erst am 17. September nach Rotterdam: Kö-

nigs Geburtstag war längst vorbei. Spediteure und Dampfbootgesellschaften machten wegen des hohen Gewichtes und des niedrigen Wasserstandes des Rheins Schwierigkeiten oder verweigerten sich. Am 9. Oktober war man endlich so weit, daß man das Schiff abends im Hafen von Köln hatte. Es war regnerisch – plötzlich riß der Himmel auf, und der große Komet strahlte als helles Licht mit riesigem Schweif aus dem wolkenumrandeten, dunklen Himmelsloch. Es war taghell.

Eine große Volksmenge hatte sich am Ufer versammelt: Es gab erst Murmeln, dann laute Schreie: Ein Unglück! Die Maschine bringt uns nur Unheil! Schmeißt die Maschine in den Rhein!

Komet Halley 1835. Wiedererscheinen 1910

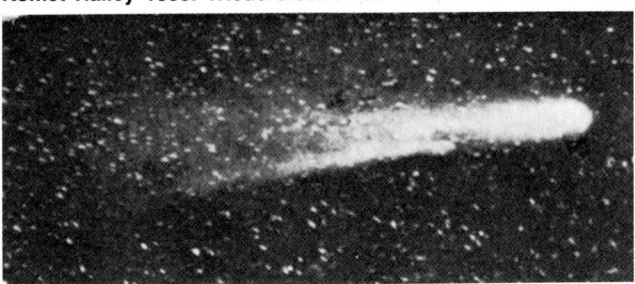

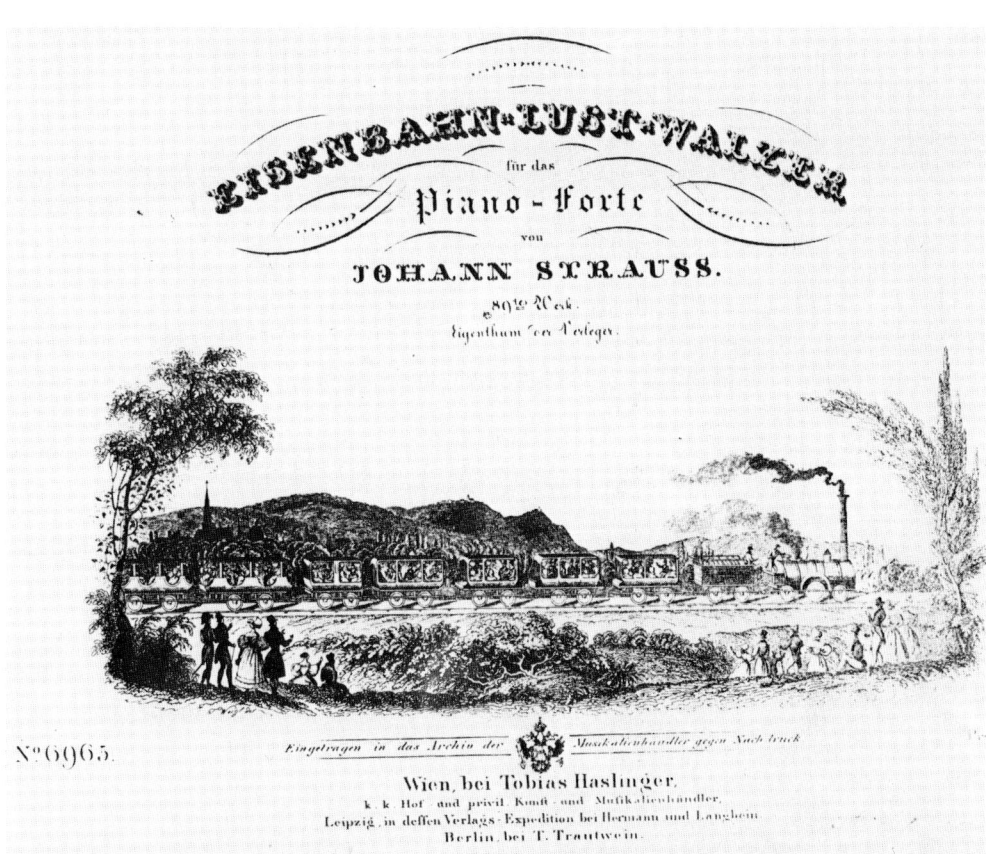

Eine aufziehende Wolkenwand verdeckte den Kometen, der Spediteur brach die Verladung ab, die Menge verlief sich. Es war der Komet Halley, der 1910 wiedererschien und den man 1986 von neuem gesehen hat. Damals hieß es, daß er Revolution, Hungersnot und Krieg ankündige.

Schwierigkeiten mit dem Kölner Zoll, der die Kisten öffnen und nach Eisen, Schmiedeeisen und Gußeisen, nach Kupfer- und Messinganteilen verzollen wollte, Transportschwierigkeiten auf dem Landweg – für den Wasserweg waren die Kisten zu schwer: Kurz, acht Transportfuhrwerke brauchten für den Transport von Offenbach bis Nürnberg dreizehn Tage; sie kamen am 26. Oktober 1835 an.

Endlich, nach langem Studieren und Zusammensetzen der Teile in der Späthschen Werkstätte auf dem Dutzendteich, wobei der von Stephenson mitimportierte Lokomotivführer Wilson, obwohl des Deutschen unkundig, fachmännisch half, wurde nach etlichen Probefahrten und Abwarten eines Kälteeinbruchs der Eröffnungstermin auf den 7. Dezember 1835 festgelegt. Am 6. Dezember verlief die Aktionärsversammlung turbulent wegen einer Streitschrift Wellmers, der von den Dämpfen, insbesondere vom Dampfwagen, überhaupt nichts hält. Aber dann versöhnt man sich wieder und feiert bei Platner in seinem gastfreundlichen Haus bei tric-trac und Tanz den bevörstehenden Tag. Die Kapelle spielt den »Eisenbahn«-Lust-Walzer von Johann Strauss.

DENKMAL UND NAMEN

Merkwürdigerweise ist keinem der Beschreiber und Kommentatoren der großen technischen Verkehrsrevolution aufgefallen, daß der Gedenkstein mit der Aufschrift:

Deutschlands erste Eisenbahn
mit Dampfkraft
7. Dezember 1835

mit der Taufe der ersten Lokomotive auf den Namen

37

»Der Adler« eng zusammenhängt. Hierzu muß man bemerken, daß die in Nürnberg ausgestellte Nachbildung des »Adlers« den Namen der Maschine zur Zeit unvollständig wiedergibt insofern, als sie nicht »Adler«, sondern »Der Adler« heißt. Vielleicht mögen manche das für eine Kleinigkeit oder Kleinlichkeit halten, doch ist wahrscheinlich, daß in der weniger hektischen Zeit des Biedermeier über solche Dinge lange nachgedacht worden ist und daß sie eine außerordentliche Bedeutung besitzen. Uns, die wir die Geschichte der ehemals freien Reichsstadt Nürnberg kennen, ist erklärlich, daß diese beiden Dinge miteinander korrespondieren.

Bekanntlich ist das Wappentier Bayerns und seines Königs der Löwe. Der Adler ist jedoch das Symbol des preußischen Staates, der Doppeladler das des österreichischen Hauses und mithin des Deutschen Bundes, der in jener Zeit von Österreich geführt wird.

Erinnern wir uns, daß die Ehefrau des Nürnberger Kaufmanns Merkel weinend ihren Knaben um den Hals fiel? »Ihr armen Kinder, jetzt seid Ihr Fürstenknechte.« Zwischen ehemaligen Reichsstädten, freien, souveränen Gebieten, wie etwa dem Deutschen Orden in Mergentheim, und den neuen Machthabern, den Fürsten, den Königen von Bayern und Württemberg zum Beispiel gab es Spannungen, ja blutige Aufstände, die nur mit Waffengewalt niedergezwungen werden konnten.

So ist dieses von Bürgern getragene, finanzierte und wunderbar vollendete Werk nicht die erste Eisenbahn Bayerns, sondern Deutschlands, und die erste Lokomotive heißt nicht »Löwe« oder »Bavaria« oder »Ludwig«, sondern mit besonderem Nachdruck »Der Adler«.

Das hören und lesen die Bürger mit großem Interesse und Wohlgefallen, jeder weiß, was gemeint ist, niemand spricht es aus.

Jedenfalls hat Platner zu diesen zwei Namensgebungen die einstimmige Billigung seines Direktoriums erhalten. Es ist eine sublime Rache der Nürnberger für viel vom Königshaus und vor allem vom Hof und seinen Schranzen erlittene Unbill.

Viel später, als der König, der zu den Eröffnungsfeierlichkeiten abgesagt hatte, sich am 17. August 1836, also über ein halbes Jahr später, die königlich privilegierte Ludwigsbahn ansah, da mußten die Nürnberger feststellen, daß der König die Ludwigsbahn keineswegs als sein Lieblingskind betrachtete. Die Nürnberger, alleinige Fachleute im Eisenbahnwesen, wurden zu den Besprechungen über künftige Eisenbahnen nicht hinzugezogen. Der König war am 17. August nach Betrachtung der Eisenbahn gleich weitergeeilt, um ein Brückenbauwerk des Ludwigkanals einzuweihen, und der königliche Rechnungshof beanstandete die übertriebenen Vorbereitungen für den Königsbesuch bei der Ludwigsbahn!

DER 7. DEZEMBER 1835 – JUBILÄUMSTAG

Obwohl eingeladen, fehlen König, Hof und alle obersten Regierungsbeamten. Sie vertritt der Regierungspräsident des Rezatkreises, von Stichaner. Punkt 8.30 Uhr trafen die Aktionäre, die königlichen Militär- und Zivilbehörden, die städtischen Beamten von Nürnberg und Fürth, an der Spitze die Bürgermeister, ein und nahmen, wie in der Einladung vorgeschrieben, auf der eigens errichteten Tribüne oder in dem Hofraum, also im Bahnhof, dem Ort der »Gesellschaftslokalitäten«, Platz. Die Routine der Eröffnung gleicht anderen Eröffnungen: Schulkinder, Ehrenjungfrauen mit Blumensträußen, ein Chor, Militärkapellen – die Kapelle des königlichen Landwehrregiments der Stadt Nürnberg hatte die Ehre – und vor allem Redner, hier der Bürgermeister Binder von Nürnberg mit der Festrede, die, ebenfalls Routine, mit dem »Hoch auf den König und das ganze königliche Haus« endet. Es folgt die Nationalhymne. Dann der große Moment: Der Gedenkstein wird enthüllt: Die Inschrift wird für alle deutlich vorgelesen:

Deutschlands erste Eisenbahn
mit Dampfkraft
7. Dezember 1835

Ein ungeheurer Jubel bricht aus: Das Ereignis ist da. Ohne König, ohne Regierung, allein aus dem Willen und der Kraft der Nürnberger und Fürther: eine Bürgerinitiative. Für spätere ist klar: Hier kündet sich schon der Vormärz an, die politischen Spannungen scheinen auf, 13 Jahre später wird der König davongejagt, und niemand wird ihm nachtrauern. »Bleiben Sie bei Ihrer Stola, bleibe ich bei meiner Lola«. Gemeint ist die schöne Tänzerin Lola Montez, die dem König in den letzten Jahren seiner Regierungszeit den Kopf verdrehte und der er 1848 letztlich seinen Sturz ver-

Professor Heims Eröffnungsgemälde, recht unhistorisch

dankte. Den Vers soll Ludwig dem Bischof von München und Freising ins Gesicht gesagt haben, als der ihm das anstößige Verhältnis zur Lola vorhielt. Ludwig reimte in poetischen Augenblicken schlecht, aber gern. Da steht der erste Zug Deutschlands auf dem Gleis: Die Honoratioren drücken sich die Hände und beglückwünschen sich. Wichtigster Mann: Platner. Alle anderen treten in den Hintergrund. Der höchste Regierungsbeamte und Vertreter des Königs, von Stichaner, ist ein Bewunderer Platners. Er wird das in einem drastischen Rüffel des Königs noch büßen müssen.

König Ludwig I. und Lola Montez, später Gräfin von Landsfeld, zuletzt des Landes verwiesen

Scharrer und Denis werden gelobt. Sie haben ihre Sache gut gemacht.

Jetzt Tusch und Kanonenschuß. Der lange Engländer, Wilson, aufrecht auf dem Stand vor dem Kessel stehend, blickt sich um: sind alle eingestiegen? Kann man abfahren?

Alle winken ihm zu. Da setzt er die Maschine in Gang. Ich verwende jetzt die Ausdrücke und Beschreibungen der Journalisten, die den Vorgang gewissermaßen atemlos beschreiben, denn vielleicht nur ihnen und der kleinen Zahl von Experten ist bewußt, daß dies ein Jahrtausendereignis ist, ein Ereignis bis weiß wohin, vielleicht über die Meere und in die Luft, in den Himmel? Man denke an Gottfried Kellers Gedicht – kurz, der lange Wilson fährt langsam an, unter Kettenklirren folgen die Wagen, die Ausatmungen des Schlotes werden schneller, das Ganze ist dem Schnauben eines vorsintflutlichen Stieres vergleichbar – woher weiß der Berichterstatter, wie ein vorsintflutlicher Stier aussah? Und Wilson selbst? Er ließ sich den Triumph, als einziger und allein die Maschine zu beherrschen, nicht nehmen, von einem Heizer ist nicht die Rede; er tritt auch erst auf dem unhistorischen Ölbild des Professors Heim in Erscheinung, auf dem Platner im Hintergrund steht. Auf diesem Bild ist so ziemlich alles falsch.

39

»Jede Schaufel Steinkohlen, die Wilson nachlegt, brachte er mit Erwägung des richtigen Maßes, des rechten Zeitpunktes, der gehörigen Verteilung auf den Herd ... Er erscheint als der regierende Geist der Maschine.«

Platner sieht am 5. Mai 1835 in den drei belgischen Zügen »den Anbruch einer durch diese wundervolle Erfindung herbeigeführten, großen Epoche in der Kulturgeschichte der Menschheit«. Und der Zivilisation und der Technik wäre noch hinzuzufügen.

Ja, es ist wirklich ein säkularer Anblick, und man sollte einen Moment lang darüber nachdenken.

Erstmals erreicht hier der Mensch die Geschwindigkeit schneller Raubtiere, der Vögel und mancher Insekten, er übertrifft sie bald, zu Anfang des 20. Jahrhunderts, und kommt über Autos, Düsenflugzeuge, Raketen und Raumschiffe zu kosmischen Geschwindigkeiten. Allerdings entstammen diesem entscheidenden technischen Ereignis auch die apokalyptischen Atomraketen.

Ein farbenprächtiger Anblick, dieser erste Zug. Der Dampfwagen ist eine Komposition aus grün – der Kessel – und rot: Räder und Rahmenwerk.

Der hohe Schlot ist schwarz mit goldenen Ringen. Alle neun Wagen sind grellgelb gestrichen und sehen, zumindest die der ersten Klasse, aus wie auf Eisenräder gesetzte Postkutschen. Was sollten die Wagner und Stellmacher auch anderes produzieren? Diese Wagen haben Dach und Fenster und sind innen mit blauem Tuch ausgeschlagen.

Der Zug zieht mit Tender und neun Wagen davon; er hinterläßt eine begeisterte, endgültig überzeugte Menge jubelnder Menschen. Trotz der Kälte des klaren Wintertages bleiben die meisten stehen, um die Rückkunft des Zuges von Fürth zu erwarten.

Auch in Fürth eine Ehrenpforte, Schulkinder, Jungfrauen, Behördenbegrüßung durch Bürgermeister von Bäumen, kurz, all das, was man später davon abgeleitet sprichwörtlich »einen großen Bahnhof« nennt.

Die in Nürnberg Zurückbleibenden sehen, wie der weiße »Rauchdampf« sich senkt und schließlich auf den Feldern liegenbleibt. Das wird wenig später, als die Kartoffelkrankheit grassierte, zu der Vermutung bei den Bauern führen, der Rauch der Lokomotive sei an dem Unheil schuld. Aber der Rauch blieb, und die Krankheit verschwand, wie sie gekommen war.

Eine große Schar Unzufriedener, von den Fuhrleuten

Titel von Lists Schrift »Allgemeines deutsches Eisenbahnsystem

bis zu den Fiakereigentümern, bleibt eine Weile schimpfend zurück. Doch dann gewöhnt man sich daran, und nach kurzer Zeit fängt man an, die Vorteile des neuen Verkehrsmittels zu preisen.

Die Ludwigsbahn floriert, aber der Grundgedanke ihrer Väter, erstes Stück eines Netzes, eines Systems zu sein, ein Gedanke, der ursprünglich von List stammt und der in List's Schrift »Über ein sächsisches Eisenbahnsystem als Grundlage eines allgemeinen deutschen Eisenbahnsystems« dargestellt ist, dieser Grundgedanke – immer wiederholt – macht auf König und Regierung wenig Eindruck. List denkt natürlich dabei in erster Linie an die von ihm favorisierte Strecke Leipzig–Dresden. Davon mehr im nächsten Kapitel.

Das beim Fest nach Eröffnung der Bahn vorgetragene

Ludwigseisenbahnhof vor Nürnberg

Festgedicht enthält den Wunsch der Bahnerbauer: »Und soll's nach Ost und Westen weitergehen, so knüpft man eben an . . .«

Alle Bitten, Gesuche und Pläne zu diesem Punkt werden abgelehnt, und beim sogenannten Nordgrenzen-Projekt, nämlich der Bahn von Süd nach Nord, von der Nordgrenze bis zum Bodensee, nimmt der König eine verstrichene Frist zum Anlaß, die Bahn nicht mehr zu beteiligen.

So geht die Bahn ihrem Höhepunkt und ihrem Niedergang entgegen. 1860 ist der Personen- und Güterverkehr am stärksten, 1862 werden Pferdezüge eingestellt, ein zweites Gleis wird gebaut; nebenan entsteht eine Straßenbahn, die 1898 elektrifiziert wird und der Ludwigsbahn zunehmend die Kunden entzieht.

Am 1. Januar 1922 stellt die Bahn den Betrieb ein. Erinnerungsstücke sind im Verkehrsmuseum zu sehen, vor allem der nachgebaute »Adler« (mit falscher Aufschrift), Gedenktafeln, ein Beispiel des Oberbaues und Wagen aus der ersten Zeit.

Die Ludwigsbahn, von der nicht einmal mehr die Trasse vorhanden ist – die neue Untergrund – und S-Bahn-Strecke hat die Trasse weitgehend zerstört – existiert nicht mehr. Aber sie hat Großes bewirkt. Davon mehr im nächsten Kapitel.

II Die Bahn breitet sich aus

DEUTSCHLAND – EIN AGRARLAND; FRIEDRICH LIST

Zu dieser Zeit befindet sich ganz Deutschland im Zustand eines typischen Agrarlandes. Die Landwirtschaft bestimmt mit ihrer damaligen völligen Abhängigkeit vom Wetter die großen Geschicke des Landes. Mehr noch als Kriege können schlechte Ernten das Gros der Bevölkerung zur Verzweiflung treiben. So wird Friedrich List – aufmüpfiger Professor in Tübingen – voll Begeisterung für Eisenbahn und Zollverein im Deutschen Bund – vom König von Württemberg nach Heilbronn geschickt, um Auswanderer nach Amerika zurückzuhalten. Aber List erntet bei den Auswanderungswilligen nur Hohn und Spott. Der Hunger, die Überschuldung und die Brutalität der Steuereintreiber veranlassen Bauern und Handwerker, lieber den Tod in der Fremde als das armselige Leben im Lande sich zu wünschen. In Nürnberg läßt Scharrer Kornspeicher bauen, Platner richtet Suppenküchen und Wärmestuben ein.

Der schlechten Straßen und der allzu teuren Transporte wegen kam es immer wieder vor, daß in Sachsen oder Pommern die Kornkammern gefüllt waren, während in Süddeutschland bitterste Not herrschte.

Die Stimmung in den einzelnen Ländern war ausgesprochen schlecht, die Wogen der Aufklärung hatten in Deutschland auch die unteren Schichten der Bevölkerung erreicht, und die Ereignisse der französischen Revolution hatten überall aufrührerische Gruppen, vor allem in der schmalen Schicht der Intellektuellen, aber auch in der breiten Schicht der selbstbewußten Stadtbürger, der Bauern und Arbeiter entstehen lassen. Wenn in der bisherigen Eisenbahnhistorie auf Lithographien fröhlich winkende Landleute den vorbeidampfenden, ersten Zug begrüßen, so entspricht dies zwar einem biedermeierlichen Bedürfnis, einem Traum, doch nicht der Wahrheit.

Die Öffentlichkeit war in ihrem Urteil durchaus gespalten: Die Liberalen, unter ihnen viele Universitätsprofessoren, zum Beispiel Rotteck und Welcker in Freiburg, begrüßten die neue Kommunikation; auch die bedeutenden Dichter der Nation, von Goethe über Uhland bis Heine, erhofften sich eine Besserung der Verhältnisse. Die Fürsten und die konservativen Kräfte waren eher skeptisch, ja, befürchteten von dieser besseren Kommunikation Unruhe und letztlich Aufruhr angesichts der gespannten Lage in den Ländern, die unter der Fuchtel Metternichs standen. 1835 stirbt Kaiser Franz von Österreich; aber die politische Atmosphäre, diese Atmosphäre der Verdächtigung und der Verfolgung der sogenannten Demokraten, ändert sich nicht.

Noch fährt keine zweite Bahn im Deutschen Bund, jedenfalls keine mit Dampfkraft.

Platner und seine Freunde haben sich den Wortlaut auf dem Gedenkstein, auf Prospekten und Einladungen – »Eisenbahn mit Dampfkraft« – genau ausgedacht: Denn tatsächlich fahren mindestens schon zwei Bahnen in Österreich-Ungarn: Seit 1830 gibt es eine »Kohlenbahn« von Prag nach Lána. Und 1832 eröffnet Franz Anton Ritter von Gerstner eine auf 127 Kilometer Länge geplante Bahn von Budweis nach Linz.

Aber beide Bahnen, mit denen wir uns noch beschäftigen werden, sind Pferdebahnen, und obwohl bei der Strecke Nürnberg–Fürth der Einsatz von Pferden, weil scheinbar billiger, mitgeplant war und ausgeführt wurde, so liegt beim Bau und der Bezeichnung der Bahn doch der Hauptton auf dem Wort: Dampfkraft.

DIE BAHN LÄSST INDUSTRIEN ENTSTEHEN

Dampfkraft hieß auch das Schlagwort unter den Fortschrittlichen jener Tage. Jetzt erst, da der Zug Nürnberg–Fürth fuhr und jeden Tag größere Menschenmengen bewältigte – das Doppelte von dem, was man errechnet hatte –, jetzt da die Marktweiber mit ihren Körben fuhren, »weil sie sich mehr an den Schuhen abreißen, als der Fahrpreis beträgt«, als Pendler, Studenten des Politechnikums, Schüler, Angestellte und Arbeiter die Bahn benutzten, da wurde auch dem

Dümmsten klar, daß eine neue Zeit ihren Einzug gehalten hatte.

Die Späthsche Werkstatt, in der die Lokomotive zusammengebaut wurde, ist die Keimzelle der Nürnberger Industrie; Kramer-Klett ist ein weiterer Name für diesen aufwachsenden Gewerbezweig, dessen Krönung im bayerischen Raum die M.A.N, die Maschinenfabrik Augsburg–Nürnberg, die Kraus-Maffei-Werke sind; alle entstanden aus Lokomotivwerkstätten.

Auch die Wagner und Stellmacher, die sich wohl zunächst über die zunehmenden Eisenbahnwagen und abnehmenden Kutschenbauaufträge wunderten, wurden zu größeren Polsterbetrieben und Waggonwerkstätten. Inwieweit überhaupt die sich immer mehr ausdehnenden Eisenbahnen das Handwerk und die Industrie beflügelten, wäre der genauen Erhebung wert. Etwa von der Jahrhundertmitte an gibt es Aufstellungen über die an die Industrie für Lieferungen gezahlten Beiträge; sie erreichen bereits Millionenhöhe. Heute kann ein einzelner Auftrag der Deutschen Bundesbahn an eine Elektrofirma den Betrag von einer halben Milliarde übersteigen (Siemens).

Ob List, der vom württembergischen Staat wegen Ungehorsams Ausgebürgerte, seinen Besitz in Nordame-

**Dr. Friedrich List
(1789–1846)**

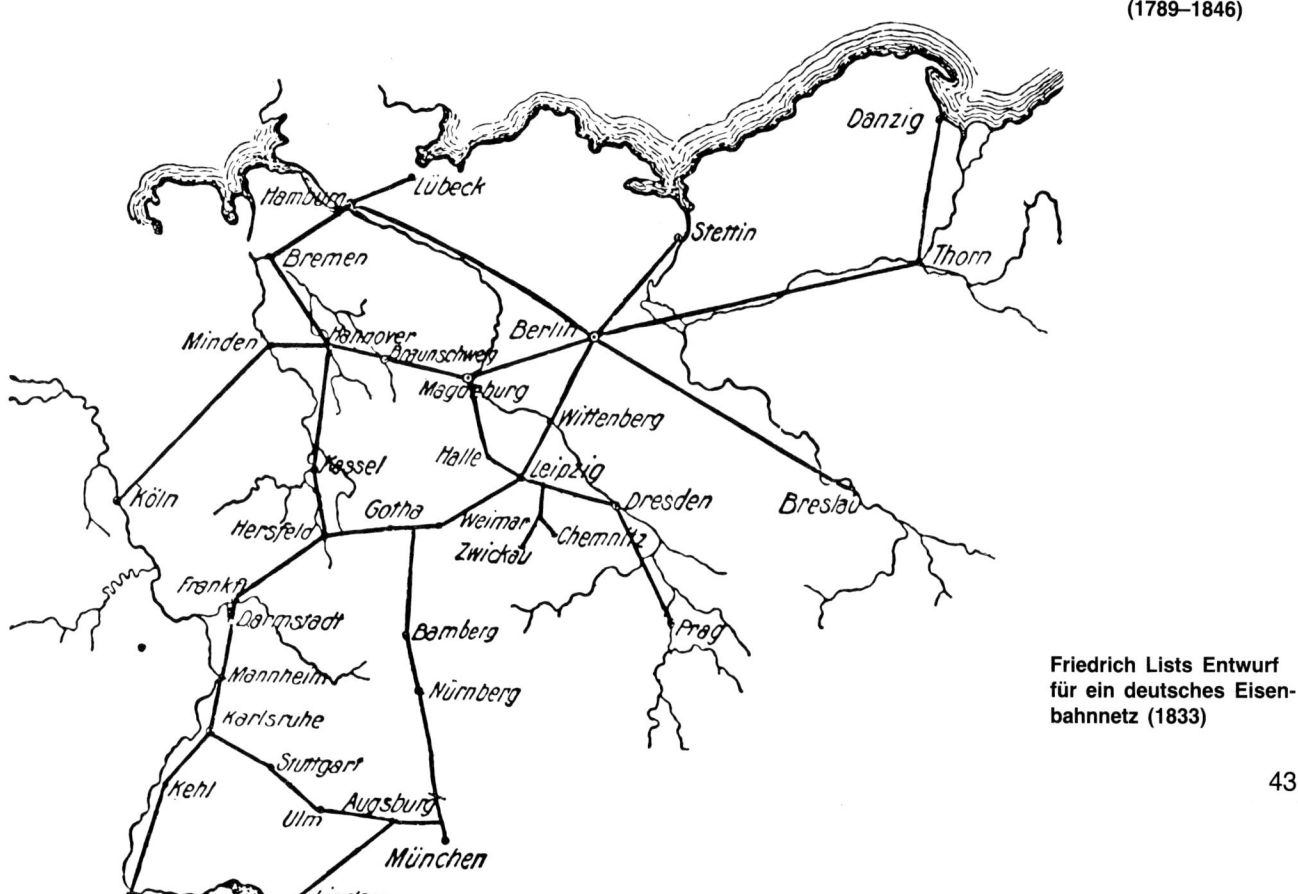

**Friedrich Lists Entwurf
für ein deutsches Eisenbahnnetz (1833)**

43

rika, Ländereien, Kohlenbergwerke und eine Eisenbahn so leichten Herzens aufgegeben hätte, wenn er gewußt hätte, wie man ihn in Deutschland nach seiner Rückkehr behandelte? In Bayern und Württemberg im Briefwechsel ausgenützt und hingehalten, in Baden wegen Negoziierung einer Eisenbahn von Mannheim über Karlsruhe nach Basel abgewiesen, versucht er bei der Bahn Leipzig–Dresden sein Glück. Als es dort aber endlich zum Eisenbahnbau kommen soll, wird er kläglich entschädigt und auf eine schmähliche Art verabschiedet. Den wohlverdienten Sitz im Direktorium, der ihm versprochen worden war, nehmen andere ein. Sein ganzes Leben lang hat er für seine Idee eines durch Eisenbahn und Zollverein geeinigten Vaterlandes gekämpft. Dieser geniale Journalist fühlt sich müde und überanstrengt. Er hat es gewissermaßen zu nichts gebracht: Er ist ein Versager. So macht er auf der Reise in den Süden, von einem Schneesturm überrascht, am 30. November 1846 in Kufstein seinem Leben ein Ende.

Ein heute noch lesenswerter Wirtschaftsphilosoph, ja ein Prophet, der Recht behalten hat – »ein Land ohne Kommunikationen ist ein Haus ohne Treppen, Türen und Gänge«. Er sieht die Einheit Deutschlands durch stählerne Schienenbande gesichert, ja, er glaubt, Eisenbahnen seien sogar »Kriegsverhinderungsmittel« wegen ihres völkerverbindenden Charakters.

Hier allerdings schwelgt er in idealistischen Illusionen. Die Eisenbahnen haben nicht die Einheit der Deutschen im 19. Jahrhundert bewirkt, und sie waren auch kein Kriegsverhütungsmittel.

DAS MILITÄR ENTDECKT DIE EISENBAHN

Anonyme Schriften, hinter denen sich intelligente, aufstrebende Offiziere verbergen, wie zum Beispiel der junge Moltke, wiesen darauf hin, daß angesichts der Schnelligkeit der Beförderung und der hohen Kapazität von Personen- und Güterwagen die Eisenbahnen hervorragende taktische, womöglich sogar strategische Operationsmittel vor und in einem Kriege sein könnten. So kam es, daß sich unter die ersten Besucher der Ludwigsbahn neben dem Hochadel, etwa der Kaiserin von Rußland und dem Kronprinzen von Preußen, dem Großherzog von Baden, dessen Inkognito man an seinen uniformierten Begleitpersonen sofort durch-

schaute, auch Experten, Abgeordnete und Abgesandte von Komitees und Eisenbahnkommissionen aus aller Herren Länder, insbesondere aber auch Sachsen, Mecklenburg und Württemberg, kamen.

Die Nachricht vom Besuch des Großherzogs von Baden und des Erbgroßherzogs von Sachsen, die von hohen Offizieren begleitet waren, ließen vor allem den Hof in München aufhorchen. Jeder derartige Besuch mußte gemeldet werden. Jetzt dachte der bayerische Generalstab darüber nach, was wohl die besuchenden

Aktie der Ludwigs-Eisenbahn-Gesellschaft von 1835

Militärs an dieser winzigen, »unbedeutenden« Bahnstrecke so interessant finden könnten.

Der Besuch der Prinzessinnen von den Niederlanden und Württemberg mit Kindern und Hofdamen war freilich ein unmilitärischer und unpolitischer Besuch, der mit einer reich gedeckten Kaffeetafel im Haus des liebenswürdigen Gastgebers Platner endete. Der Besuch des königlich-württembergischen Obersten von Berger, eines Militäringenieurs, von der württembergischen Regierung ausgesandt, wurde mit höchster Aufmerksamkeit registriert. Dachte man doch damals schon an den Wettlauf der drei süddeutschen Länder zum Bodensee, zur Schweiz und nach Italien. Hier würden Bahnen in bestimmten Linien einem dieser drei Länder den Transitverkehr bringen, von dem List nur erst träumte. Daß dann zwar Württemberg als erstes Land den Bodensee erreicht und trotzdem zweiter Sieger blieb, das war eine von der Natur vorherbestimmte Fügung.

1836 zahlte die Ludwigsbahn 20% Dividende, in den folgenden Jahren nie weniger als 16%, später, bis in die 50er Jahre nie weniger als 12%, meist mehr. Der Postamtssekretär Fabri, der sein gesamtes Vermögen in Aktien angelegt hatte, hatte also richtig disponiert.

DAS EISENBAHNFIEBER

Auch wenn die Stimmung in Bayern, ebenso wie in den anderen Ländern, schlecht war und die Bevölkerung dem Eisenbahngedanken noch kritisch gegenüberstand – man sah ja, wer auf der Eisenbahn fuhr: alles betuchte Leute – so war doch unter den Begüterten, den Kaufleuten, Handelsleuten und Handwerkern eine erregte Stimmung entstanden: das Eisenbahnfieber.

Vor allem »der mäßig wohlhabende Mittelstand, aber nach Ausbruch des Eisenbahnfiebers auch Personen aus den niedersten Ständen« beteiligten sich am Aktienkauf für kommende Eisenbahnlinien.

In Dresden wird – die Linie Dresden–Leipzig ist erst in der Planung – am 14. Mai 1835 ein Aktienkapital im Betrag von 1,5 Millionen Taler an einem Tag gezeichnet.

Während die zweite bayerische Bahn, die 60-Kilometer-Strecke München–Augsburg, unter Denis seit 1838 im Bau war und am 4. Oktober 1840 zugleich mit dem Oktoberfest eröffnet wurde, löste die nördliche Reichsgrenzenbahn, von List 1828 als Linie Bamberg – Nürnberg – Augsburg – Lindau geplant, einen wahren Ansturm aus. Die auf den 7. Dezember 1837 festgesetzte Subskription führte zu der von der Regierung getadelten »Agiotage«. Die Zeichnungsbeträge mußten auf 5000 Gulden beschränkt werden. Trotzdem waren am Abend dieses Tages statt der vorgesehenen und voraussichtlich erforderlichen acht Millionen Gulden insgesamt 24 Millionen gezeichnet.

So wie an dieser wilden Eisenbahnbörse im Saal »Zum goldenen Adler« in Nürnberg ging es im weiteren Verlauf an vielen großen Plätzen in Deutschland zu.

Sachsen, Bayern, Preußen beschlossen Eisenbahngesetze, die noch zur Sprache kommen werden. Berühmt das preußische Eisenbahngesetz vom 3. November 1838, das geradezu prophetische Bestimmungen enthält, oder »die Fundamentalbestimmungen für sämtliche Eisenbahnstatuten in Bayern«. Zwei Gesetze, die vom Bau der Eisenbahnen durch Aktiengesellschaften, also durch die private Hand ausgehen.

ERSTE EISENBAHNKRISE

Doch das half alles nichts gegen die wilde Wut der Spekulanten. Ebendies mochte manches unsolide Unternehmen reizen, erst einmal Geld zu kassieren und dann weiterzusuchen. So kam es zu Konkursen erster Eisenbahnunternehmen, auch zu Zusammenbrüchen von Unternehmen, die den Eisenbahnbau beliefern wollten. Diese erste Eisenbahnkrise dauerte von 1839 bis 1844. Manche Regierung konnte die Verelendung der Massen, weil es nicht gelang, genug Getreide zu importieren, auf die Folgen der Spekulation und des Schiebertums zurückführen. Auch in jenen Jahren nämlich folgte Mißernte auf Mißernte, was, wie man heute weiß, dem Einbruch einer »kleinen Eiszeit« zwischen den zwanziger und fünfziger Jahren zuzuschreiben war.

Dann allerdings war die Kommunikation, sprich der Eisenbahnverkehr, so weit, daß allen Witterungsunbilden zum Trotz größere Eisenbahntransporte von Nahrungsmitteln aus weniger betroffenen Gegenden herangeführt werden konnten.

ist zu erinnern, daß 1835 Kaiser Franz I. von Österreich stirbt. Er war bis 1806 letzter römisch-deutscher Kaiser. Ihm folgt Ferdinand I., Kaiser von Österreich; sein leitender Minister und Staatskanzler heißt Metternich (1806–1848), der nationale und liberale Bewegungen verfolgt. Die Bücher des »jungen Deutschland« wurden verboten. Die Schriften Büchners, Börnes, Gutzkows und Heines beschlagnahmt – Büchner (Dantons Tod) flieht in die Schweiz. Pfarrer Oberlin im Steintal (Elsaß) kämpft gegen die Kinderarbeit. August von Platen (Lyrik) stirbt. Mark Twain wird geboren, Jakob Grimm schreibt die deutsche Mythologie, Anderson seine Märchen. Richter malt »die Überfahrt am Schreckenstein«, Colt erfindet den Revolver, Darwin sinnt auf den Galapagos-Inseln über Evolution nach; in England herrscht das Manchestertum, Huber in Preußen greift das Problem der Arbeiterwohnung auf, und der Komet Halley findet sich pünktlich ein. Die Frauen tragen fußfreie Glockenröcke, gebauschte Ärmel und einen Kapotthut; als Tanz verdrängt Polka den Walzer.

Kasten VI

ERSTE EISENBAHNEN IN DEUTSCHLAND (ausschließlich mit Dampfkraft)
7. 12. 1835 Nürnberg–Fürth
24. 4. 1837 Leipzig–Dresden (erste Teilstrecke) 7. 4. 1839 Gesamtstrecke
29. 10. 1838 Berlin–Potsdam
1. 12. 1838 Braunschweig–Wolfenbüttel (erste Staatsbahn)
20. 12. 1838 Düsseldorf–Erkrath
29. 6. 1839 Magdeburg – Halle – Leipzig (erste Teilstrecke) 18. 8. 1840 Gesamtstrecke
2. 8. 1839 Köln–Aachen (erste Teilstrecke) 1. 9. 1841 Gesamtstrecke
1. 9. 1839 München–Augsburg (erste Teilstrecke) 4. 10. 1840 Gesamtstrecke
26. 9. 1839 Taunusbahn Frankfurt–Wiesbaden (erste Teilstrecke) 19. 5 1840 Gesamtstrecke
12. 9. 1840 Mannheim–Heidelberg

Wenn Friedrich List einer derjenigen Eisenbahnpioniere war, die mit dem Vorschlag eines bayerischen Eisenbahnnetzes 1828 und eines sächsischen Eisenbahnnetzes 1833, als Grundlage eines allgemeinen deutschen Eisenbahnsystems, anschließend 1835 für die Rheinstrecke von Karlsruhe nach Basel als Grundlage eines badischen Systems vorausschritten, so ist dies weder Traum noch Spekulation. Baader regte den Bau der Fürth-Nürnberger Strecke schon 1814 an.

So mögen viele Ungenannte später sich Systeme oder rentable Einzelstrecken erdacht und in Vorschlag gebracht haben. Aus manchen wurden Spekulationsobjekte, aus anderen neue, rentable Strecken. Sicher ist nur, daß die private Initiative dem Bau der Eisenbahnen mehr genutzt als geschadet hat. Jedenfalls wird die erste Staatsbahn Braunschweig–Wolfenbüttel erst 1838 registriert. (Sie wird später privatisiert.) Die erste große Staatslinie mit der Absicht, auch weitere Linien staatlich zu bauen, entsteht 1840 mit der Strecke Mannheim–Heidelberg im Großherzogtum Baden.

Ob aber Staat oder private Bauherren: die Behandlung der Bauarbeiter war immer gleich schlecht. Die daraus entstehenden sozialen Probleme kamen allerdings erst mit dem Bau der großen Linien auf. Von sozialen Problemen beim Bau der ersten Bahn Nürnberg–Fürth ist nirgends die Rede.

Die ermüdende Aufzählung der einzelnen Strecken und Linien, wie sie sich in den folgenden Decennien entwickelte, soll dem Leser erspart bleiben. Sie geht aus den Karten des Zustandes von 1850 und 1870 sowie von 1898 sehr deutlich hervor.

Es ist ganz klar, daß die eigentlichen, wichtigen Bauten in den neu entwickelten Industriezentren der großen Städte, zumeist der Residenzstädte, aber auch im Revier und in den Hafenstädten, insbesondere den Hansestädten, erfolgten. Es ist wohl ungleich interessanter und wichtiger, sich zuerst den Menschen zuzuwenden, die jenes weit verzweigte Netz, das wir um die Jahrhundertwende vorfinden, geschaffen haben. Aus der Beschreibung ihrer Tätigkeiten wird sich viel deutlicher ein Bild jener außerordentlichen Bauleistungen ergeben, die damals überall stattfanden. Da ist für Nürnberg–Fürth an erster Stelle Paul Camille von Denis zu nennen. Zwar hatte Platner zuerst die Idee, einen eng-

Die Deutschen Eisenbahnen 1850

—————— *Von 1835 bis Ende 1845 eröffnete Eisenbahnen*

══════ *„ 1846 „ „ 1850 „ „ „*

Die deutschen Eisenbahnen 1850

lischen Ingenieur anzuheuern, doch die Forderung Robert Stephensons, der für einen Spezialisten 7200 Gulden jährlich verlangte, war für die kleine Bahn unbezahlbar. So klingt Platners Bitte an den König, über Klenze, einen »Inländer« mit der Ausführung der ersten Eisenbahn im Königsreich Bayern zu beauftragen, wie das Echo des Leuch'schen Paukenschlags am 2. Januar 1833 in der »Nürnberger Allgemeinen Zeitung«: »Eilen wir uns, Süddeutschland den Ruhm der ersten Eisenbahn zu sichern«.

Denis erledigte seinen Auftrag bekanntlich in kürzester Zeit und in mustergültiger Weise. So wurde er auch zum Erbauer der zweiten bayerischen Eisenbahn München–Augsburg. Am 24. Juni 1836 beauftragten ihn die Vereinigten Münchner und Augsburger Eisenbahnkomitees mit der speziellen Planung und dem Bau. Auch bei der sogenannten Nordgrenzen-Bahn wird Denis wieder, allerdings zusammen mit Pauli, der bei Nürnberg–Fürth schon Voruntersuchungen betrieben hatte, beauftragt. Aber die beiden vertrugen sich nicht miteinander, und so schied Denis ein Jahr später aus. Denis sollte noch viele weitere Bahnen bauen. Er steht hier als Beispiel für die großen Eisenbahnbaumeister der ersten Zeit, die gerade im süddeutschen, wenig eisenbahngeeigneten, weil gebirgigen Gelände ihre Triumphe feierten, wie zum Beispiel Etzel im württembergischen und Gerwig im badischen Eisenbahnraum. Von diesen beiden wird noch zu reden sein.

Zu Denis: Auch die Taunusbahn verzeichnet ihn als Erbauer. Seit 1842 Kreisbaurat in Speyer leitete er den Bau der pfälzischen Bahnlinien; 1856 wurde er zum Direktor der bayerischen Ostbahn ernannt, deren Netz er bis 1866 ausbaute. Er starb auf seinem Ruhesitz Dürkheim 1872.

Brachten die ersten großen Bauten den Ingenieuren Ruhm, Anerkennung und reichen Sold, so erging es den untersten Beschäftigten beim Bau elend genug. Wahre Arbeiterheere von zehn- bis zwanzigtausend Mann tummelten sich bei der Errichtung der Dämme, Tunnels, Brücken und Viadukte.

Handelte es sich um eine von einer privaten Gesellschaft gebauten Linie, was in den ersten Jahrzehnten überwiegend der Fall war, so war die Arbeit folgendermaßen organisiert: Das ganze Projekt unterstand einem – nennen wir ihn – Oberingenieur, zum Beispiel im Falle der Köln-Mindener-Eisenbahn 1844–1847 einem königlichen Regierungsbaurat.

Er gewann, wenn er für diese Arbeit beurlaubt wurde und wenn im Regiebau gearbeitet wurde, also die eigentlichen Bauunternehmer ausfielen, eine unternehmerähnliche Stellung. Diesem Mann unterstanden die Abteilungsleiter für die Bauabteilung, die ihrerseits wieder in Bausektionen unter Sektionsbaumeistern gegliedert waren. Darunter lag die Ebene der Aufsichtsbeamten, die polizeiliche Funktionen hatten; Unruhen bei der Stettin-Stargarder Eisenbahn zeigten, daß die örtlichen Polizeikräfte nicht ausreichten, weswegen die Eisenbahngesellschaften gehalten waren, solche Beamten zu stellen. Die Sektionsbaumeister kontrollierten die Schachtmeister, die wiederum die Arbeiter als die unterste Ebene der Organisation einsetzten.

Vorab muß festgestellt werden, daß der Eisenbahnbau in den meisten Gegenden die große Hoffnung der Arbeitslosen oder der in den dürftigsten Verhältnissen lebenden Armen war: Landarbeiter, Tagelöhner, Handwerker und Gesinde, in Westfalen vor allem Spinner, Weber und Heuerlinge. Heuerlinge entstanden aus der Gruppe der abgehenden Kinder eines Bauern oder aus

Gesinde, das mit der Pacht eines kleinen Landstückes eine Arbeitsverpflichtung (Heuer) zugunsten eines Bauern einging.

Die Aufhebung der Kontinentalsperre gegenüber England bewirkte einen ungeheuren Importdruck auf die deutschen Länder, der zum Erliegen zahlreicher Manufakturen und zur Arbeitslosigkeit führte. Es sind also keineswegs nur neue soziale Mißstände bei der Schilderung der Verhältnisse im Eisenbahnbau zu beschreiben. Es wurde in den schlimmsten Fällen nur das Überangebot der Arbeitslosen ausgenutzt, um die Löhne zu drücken. Eine auch bei anderen öffentlichen Arbeiten festzustellende, beklagenswerte Ungerechtigkeit.

Insgesamt war es so, daß der Eisenbahnbauarbeiter im Lohn gering über den Löhnen der gewöhnlichen Tagelöhner oder der beim Straßenbau beschäftigten Erdarbeiter lag.

Nur die besonderen Umstände der Arbeit beim Eisenbahnbau verschlimmerten die Lage der Bauarbeiter. Zum einen kam es immer wieder zu Unruhen, wenn die einheimischen Arbeitslosen durch den Zuzug oder das Angebot zum Beispiel schlesischer, später auch ausländischer, zum Beispiel italienischer Arbeitsloser, im Lohn gedrückt wurden.

Ein Tag im Leben eines Eisenbahnbauarbeiters sah etwa so aus: Spätestens, wenn im nahen Dorf die Hähne krähten, erhob sich der ehemalige Weber von seinem Strohlager in der Scheune, für das er teuer bezahlen mußte, nahm seine Schippe in die Hand und marschierte in Regen und Nacht der Arbeitsstelle entgegen.

Er hatte Glück, wenn sein Weg verhältnismäßig eben und nur eine Stunde weit weg war. Es gab Arbeiter, die bis zu zwei Stunden marschieren mußten und bei der ungenügenden Ernährung schon halb erschöpft an der Arbeitsstelle ankamen.

Der Arbeitstag war, von kurzen Zwischenpausen abgesehen, im allgemeinen 15 bis 16 Stunden lang. Die Pausen bestimmte die Gesellschaft; sie hatte dabei keine Schwierigkeiten mit den Arbeitern, denn sie wollten und mußten bei dem kargen Lohn, bei dem nach Abzug aller Vorschüsse nichts oder fast nichts, übrig blieb, bis zur völligen Erschöpfung arbeiten. Die Vorschüsse bestanden im Schachtmeistergroschen (zehn Pfennige), in der Leihgebühr für das Arbeitsgerät,

Ludwig-Süd-Nordbahn, Bahndamm bei Rentershofen (gez. v. Herrle im August 1853)

Schaufel oder Spaten, zweirädriger Karre, Zottel (Zugseil) und den Kosten für Essen und Trinken bei der Marketenderei sowie der Miete für die Schlafstelle, die im allgemeinen sieben bis acht Silbergroschen betrug. Meist bot der Schachtmeister am Morgen zu teurem Preis ein Glas Schnaps an: Weh dem, der diese Wohltat nicht annahm! Er wurde bei der nächstbesten Gelegenheit entlassen. Der Tageslohn betrug 1844 zwischen zwölf bis fünfzehn Silbergroschen. 1847, in einem ausgesprochenen Hungerjahr, wurde trotz der inzwischen auf das Doppelte gestiegenen Lebensmittelpreise nur fünfzehn Silbergroschen als ein »hoher Lohn« ausgezahlt. Ein Hausmannsbrot kostete 1847 einen Silbergroschen, vier Pfennig, ein Quart Bier einen Silbergroschen, drei Pfennig. Zusammengerechnet blieb dem Arbeiter, der nicht das Glück hatte, in der Nähe bei seiner Familie wohnen zu können, so gut wie nichts übrig.

Immer wieder wurden Arbeiter wegen »Blutspuckens« oder völliger körperlicher Erschöpfung entlassen. Denn Spinner wie Weber waren der harten Arbeit zusammen mit dem hohen Arbeitstempo und der schlechten Ernährung nicht gewachsen.

Zum Arbeitstempo eine Stelle aus den Denkwürdigkeiten eines Arbeiters: »Schnell den Wagen rumgedreht und passend hingestellt, mit einer Hand den Zottel von der Schulter und mit der anderen schon nach der Schippe gelangt, dann ging das Werfen wieder los, bei der letzten Schippe voll sagte einer ›gut‹, und da ließen sie die Schippe bloß aus der Hand fallen, und im Nu hatten sie schon beide den Zottel auf der Schulter und zottelten wieder los.«

Bei Dämmerung, also nach mindestens fünfzehn Stunden Arbeit, schlich der Mann zu seiner Schlafstelle, total erschöpft.

So ist es nicht unverständlich, daß bei dieser Fronarbeit Unruhen ausbrachen, vor allem, wenn die Arbeiter glaubten, übervorteilt worden zu sein.

Denn die Schlußabrechnung über Vorschüsse und verdientes Geld fand zwischen Ingenieur und Schachtmeister unter Ausschluß der Arbeiter statt. Es ist leider nach den Akten nicht sicher, ob den Arbeitern nicht oft einfach zu wenig ausbezahlt wurde. In den meisten Fällen wurde nach Stück- oder Akkordlohn gearbeitet, vergütet wurde die Masse der abgetragenen oder aufgeschütteten Erde. Sie wurde geschätzt, und »Schätzen kann fehlen«. So kam es zu Unruhen beim Bau der Geislinger Steige im Württembergischen, in Pommern bei der Stettin-Stargarder Linie oder bei der letzten Stufe der Köln-Mindener-Bahn.

Der Aufstand am Viadukt von Schildesche war spektakulär. Über ihn war in der »Kölnischen Zeitung« und im »Westfälischen Dampfboot« berichtet worden, wahrheitsgetreue Berichte, die den Arbeitern halfen. Es muß auch festgestellt werden, daß die Aufsichtsbehörde in Köln jeweils der Eisenbahngesellschaft strenge Weisung erteilte, die Unregelmäßigkeiten, zum Beispiel bei der Lohnauszahlung, abzustellen.

BERICHT ÜBER DEN AUFSTAND AM VIADUKT VON SCHILDESCHE

Der Aufruhr, dem unter anderem verweigerte Nachzahlungen zugrunde lagen, begann am 10. Juli 1845 damit, daß am Viadukt von Schildesche, aber auch an anderen Schächten die Arbeit eingestellt wurde.

Ein Trupp Streikender zog mit einer Fahne und einem Klarinettisten von Schacht zu Schacht. Ein Gendarm und ein Polizeidiener wurden tätlich angegriffen, ein von diesen beiden festgenommener Arbeiter befreit. Der Bahnaufseher Ruhmann wurde halb tot geschlagen und der Amtmann Brewitt wäre massakriert worden, wenn er nicht gewarnt worden wäre. So zerschlug die inzwischen angewachsene Menge seine ganze Wohnungseinrichtung. Erst dem zu Pferde auftauchenden Landrat und dem Bielefelder Bataillon unter Oberstleutnant von dem Horst gelang es, die Wütenden zu beruhigen.

Die Rädelsführer wurden streng bestraft. Doch hatte der Aufruhr auch positive Wirkungen für die Arbeiter. Sie bekamen Lohn nachbezahlt – die Eisenbahngesellschaften wurden verwarnt.

Es gab auch seltene Augenblicke des Glücks bei dieser Gesellschaft von Elenden und Hungernden. So an einem warmen Juniabend, als die Arbeit durch ein heftiges Gewitter abgebrochen werden mußte und auch des aufgeweichten Bodens wegen nicht fortgesetzt werden konnte.

Da lud ein gutmütiger Schachtmeister seine Arbeiter in die Marketenderei am Waldrand ein; es musizierten Zigeuner, die in der Nähe lagerten. Eine schöne Zigeunerin tanzte dazu, sie tanzte auch mit den Arbeitern und »trieb Spaß mit ihnen, was sie sich gut gefallen ließen«.

Ganz ohne Auswirkungen waren die Aufstände, Protestaktionen und Demonstrationen nicht geblieben. Sie hatten den »Übermut der Ämter« gestoppt.

Aber auf der Seite der Eisenbahnbauarbeiter war im Grunde nichts bewirkt worden. Das lag weniger an den Arbeitern als an den Umständen. Zu einer Solidarisierung oder etwa zu den Anfängen einer Gewerkschaft reichten die Anstöße nicht, zu oft wechselte der Schauplatz der Ereignisse, die Bauten rückten vor, alte Arbeiter gingen, neue wurden eingestellt, die Fluktuation war, je nach der Art des Bauwerks und je nach den Spezialisten, die gebraucht wurden, sehr groß.

So sind diese Unruhen eine Art Wetterleuchten vor den großen Aufständen, die sich im Verlauf der Jahre 1847/48/49 ereigneten.

VOM BAU DER ERSTEN BAHNEN
DAS EISENBAHNFIEBER STEIGT

Inzwischen sind in Süd und Nord die ersten Eisenbahnen »mit Dampfkraft« gebaut. Als zweite deutsche Eisenbahn wird dabei die Eisenbahn Dresden–Leipzig, an deren Idee und Planung ja Friedrich List hervorragend beteiligt war, in der Reihe der frühen Bahnen registriert. Sie ist aber zweite nur mit der ersten Stufe des Ausbaus bis zum Dorfe Althen im April 1837. Was die Fertigstellung der Strecke zwischen den beiden großen Städten betrifft, rangiert sie mit der Eröffnungszeit vom 7. April 1839 später als Berlin–Potsdam (29.

Erster Zug auf der Teilstrecke Leipzig–Althen am 24. April 1837

Oktober 1838), Braunschweig–Wolfenbüttel (1. Dezember 1838) und Düsseldorf–Erkrath (20. Dezember 1838). Man sollte freilich über solche Sachen nicht streiten, so wichtig sind sie nicht.

Statt dem Rat Lists zu folgen, die Bahn eine gerade Strecke über Meißen und das Bergland der Mulde zu führen, wählte man, ratlos wie man war, den Weg über Risa, der zwar einen Einschnitt bei Machern und den Tunnel von Oberau bedingte, aber der Forderung der Eisenbahnexperten, voran Stephenson, eher genügte: eine Eisenbahnlinie möglichst eben und geradeaus zu führen.

Aber leider lagen in den wenigsten Fällen die Strecken so günstig wie bei der Linie Nürnberg–Fürth. So begannen auch schon die ersten Schwierigkeiten: Die leichte Erhebung bei Machern, die man heute nicht mehr beachten würde oder inzwischen einfach nach oben öffnen würde: Sie wurde zum Schaustück.

Der Einschnitt Machern und der Tunnel von Oberau waren ein Kunststück der Knappen von Freiberg: Vier Schächte wurden von der Oberfläche niedergebracht und so der Tunnel von innen her durchgebrochen.

Beim ersten Zug standen die Bergleute mit Fackeln Spalier und bewillkommneten den Zug mit einem jubelnden Glückauf!

Auch diese erste Lokomotive samt Führer kam von England. Sie wurde eine Weile zur Schau gestellt, dann besann man sich auf ihre Funktion und ließ sie bei den Erdarbeiten die Loren ziehen. 20 erdbeladene Loren zog die Maschine auf einmal! Die Reihen der Zuschauer rissen nicht ab, denn noch immer war die erste Lokomotive in einer Gegend ein außergewöhnliches Schauspiel; die Leute konnten sich daran nicht satt sehen.

Erster Tunnel bei Oberau

Anfänge des sächsischen Eisenbahnwesens. Oben: der erste Bahnhof in Leipzig; unten: einer der ersten Züge 1837

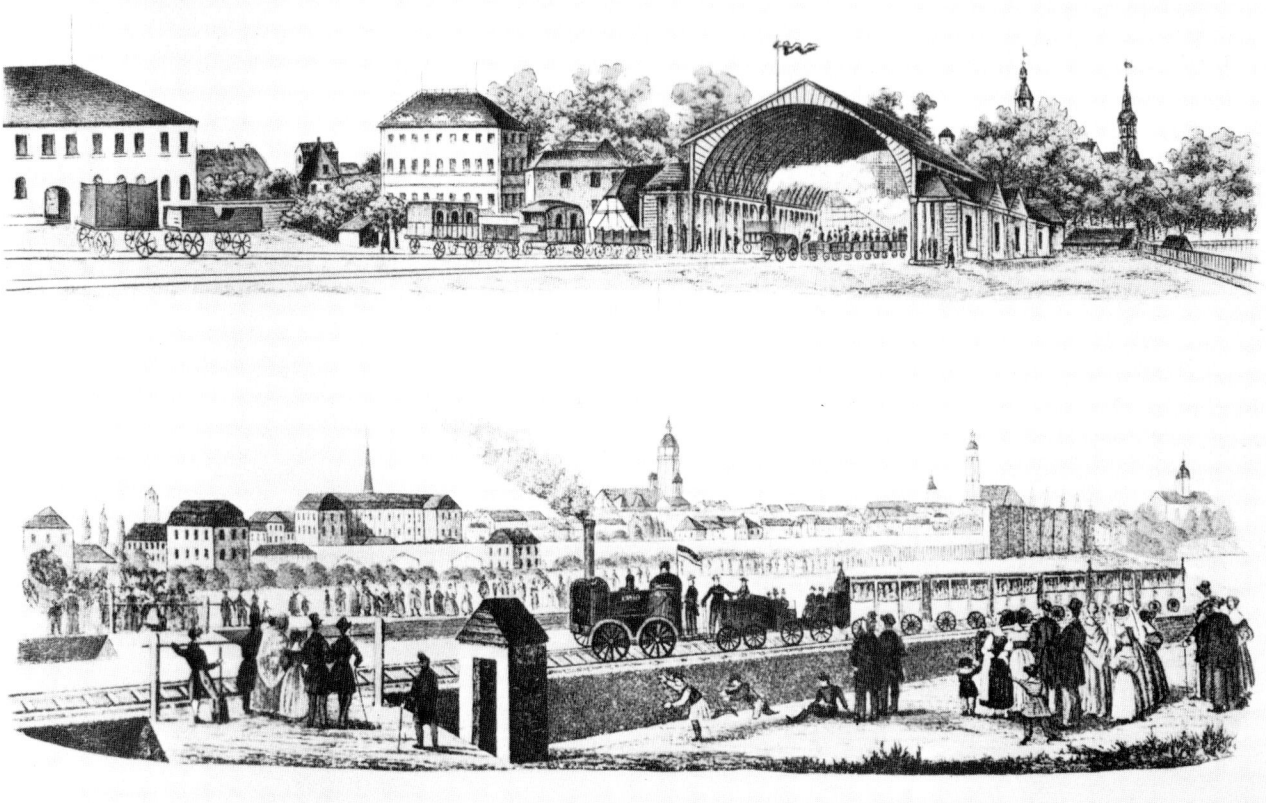

DIE ANFÄNGE DES SÄCHSISCHEN EISENBAHNWESENS

So genaue Berechnungen wie im Nürnberger-Fürther Fall waren dem Bau der Leipzig-Dresdener-Linie nicht vorangegangen. List hatte es in seiner Schrift dem Komitee Leipziger Geschäftsleute wahrscheinlich gemacht, daß Leipzig als die deutsche Messestadt und die Stadt des Binnenhandels genügend Verkehr aufbringen würde, zumal im Zusammenhang mit dem nicht geringen Personen- und Warenverkehr zwischen Leipzig und der Haupt- und Residenzstadt Dresden. Hinzu kam der Beitritt Sachsens zum deutschen Zollverein.

»Der Erfolg«, berichtet Treitschke, »übertraf alle Erwartungen. Im Jahre 1828 beherbergten die Dresdener Gasthöfe 7000 Fremde, in den ersten drei Vierteljahren 1839 bereits 36 000. Im ersten Jahr beförderte die Bahn 412 000 Personen.« Auch über die Zunahme des Güterverkehrs berichtet er Erstaunliches.

Anfänglich trauten die Spediteure der Eisenbahn nicht, auch scheuten sie das Umladen. Doch immer mehr erleichterte die Bahn Zu- und Abfuhr. Die Schnelligkeit des Transports nahm zu, bald überstiegen die Einnahmen aus dem Güterverkehr die aus dem Personenverkehr.

Der hochberühmte Wissenschaftler und Verkehrsprophet François Arago (1786—1853), der seinerzeit weit bekannter als List war, hatte die Eisenbahn für den Personenverkehr vielleicht als tauglich erklärt, doch kaum für den Güterverkehr. Im Falle Nürnberg–Fürth erwies sich die Voraussage als richtig. Wußte Arago doch nicht, daß König Ludwig den Initiator das Versprechen abgenommen hatte, den Ludwigskanal nicht zu konkurrenzieren; daher die nur geringen Anstrengungen der Bahn, an Güter zu gelangen. Später, als feststand, daß sie nirgends angeschlossen würde, erschwerte der kurze Weg bei zweimaliger Umladung eine Beteiligung am Güterverkehr.

Insgesamt galt für die meisten Bahnen nach Überwindung der Anfangsschwierigkeiten und Ausbau der Zufahrtsstraßen, daß der Güterverkehr gegenüber dem Personenverkehr die größeren Einnahmen brachte.

Arago, dieser französische Gelehrte, Politiker und Kriegsminister, mag als Physiker und Astronom seine Meriten haben, als Verkehrsexperte erwies er sich mit seinem törichten Gerede als professoraler Wichtigtuer. Unter anderem hatte er auch vorausgesagt, daß Schienen, Räder und Wagen durch die ungeheure Reibungshitze in kurzer Zeit unvermeidbar in Brand gerieten.

Grotesker, ja, auch amüsanter, wenngleich ebenso falsch, erwiesen sich bei dieser zweiten Bahn die Voraussagen, die sich auf das Durchfahren des ersten Tunnels bezogen. Tödliche Schlaganfälle, Blutstürze und vor allem moralische Anfechtungen sollten vorauszusehen sein. Junge Mädchen banden sich daher ihre Kopftücher vor den Mund, ältere Damen hielten Stecknadeln im Munde, um sich des Zugriffs stürmischer Liebhaber erwehren zu können. Die Durchfahrt dauerte etwa eine Minute. Über tatsächlich vorgefallene Angriffe wird nichts berichtet. Wohl soll aber ein Student beim Wegfahren von einer Station mit einem Glas Bier in der Hand hohnlachend dem Kellner davongefahren zu sein, ohne zu bezahlen.

Alle diese bösen Voraussagen erwiesen sich nach Inbetriebnahme der ersten beiden Strecken als Hirngespinste, verglichen mit den Voraussagen Friedrich Lists. »Daß die Eisenbahn alles in Gold verwandele, was an ihrem Schienenstrang liege«, wurde ebenso wahr wie der Ausspruch, daß »Zollverein und Eisenbahn siamesische Zwillinge seien«. Es war jedenfalls gültig für das Deutschland jener Jahre bis zur Jahrhundertwende.

Wenn jetzt, vergleichbar dem englischen »Eisenbahnwahn«, auch in Deutschland das Eisenbahnfieber stieg, so fehlte dem zum Teil überstürzten Bahnbau weithin die Planung. Hätte man sich doch an Lists erstes System eines bundesdeutschen Netzes (1833) gehalten! Belgien hatte seinen Ratschlägen gehorcht. In Belgien entstand ein Netz von Bahnen, die alle wichtigen Städte verbanden.

Aber Deutschland war ein Gebilde aus 39 Staaten, Stätchen und Stadtstaaten (Hamburg, Bremen, Lübeck, Frankfurt). Der Herzog Alexander von Anhalt-Bernburg, einem Zwergstaat, rief aus: »Ich muß eine Eisenbahn haben und wenn sie mich 1000 Taler kosten sollte!« Er bekam sie, aber nicht um diesen Preis.

So ist das Linien- und Streckengewirr der folgenden Jahre zu erklären, das erst 1850 eine durchgehende Ost-West-Linie aufweist, Fragmente und im Leeren endende Linien zeigt, vor allem aber interessanterweise einen Bruch zwischen den süddeutschen Staaten und den norddeutschen erkennen läßt.

Es zeigt sich in dieser Karte von 1850 eine Distanzierung von Nord und Süd, die politische Gründe haben muß. Es ist in Wahrheit der Auftakt zum Bruderkrieg von 1866: Preußen und einige norddeutsche Staaten gegen Süddeutschland und Sachsen und Österreich. Dies war die Zeit, in der die 39 Staaten des Deutschen Bundes, allzumal mehr oder weniger Agrarstaaten, in den Status der Industriestaaten umzuschwenken begannen. Die Städte begriffen, daß sie an der Eisenbahnstrecke liegen müßten, wenn sie sich behaupten, geschweige denn gedeihen wollten.

So erklären sich die überall emporschießenden Eisenbahnkomitees, die in einem Fall, zum Beispiel in Bayern, zum Erfolg führen, im anderen, in Hessen zum Beispiel, zumindest zunächst nicht reüssieren.

Überall hat der Landesfürst seine Hand im Spiele und kann, wie in Hessen, »alles verderben«. (Treitschke) Dennoch geht es, wenn auch mit Schwierigkeiten voran: so in Baden, wo ein Eisenbahngesetz staatliche Bahnen voraussieht, weil man den Privaten nicht so wichtige Dinge wie Eisenbahnstrecken anvertrauen darf. So Staatsrat Carl Friedrich Nebenius in Baden 1838. 1833 stand er noch auf dem Standpunkt: »Die Eisenbahn steht noch in weitem Felde; sie gehört nicht zu den dringenden Bedürfnissen in unserem Lande.« (Sitzung der Zweiten Kammer am 22. Oktober 1833) Welcher Wandel in fünf Jahren!

Doch alsbald stolpert Baden, obwohl oder auch weil es eine Kommission nach England schickt, vermutlich unter dem Eindruck der von dem Ingenieur Isambart Kingdom Brunell seit 1833 bei der Great Western Bahn eingeführten Breitspur (2135 Millimeter) in eine von der Firma Sharp, Roberts & Co. in Glasgow vorgeschlagene Breitspur von 1600 Millimeter hinein.

So kommt Freiherr von Göler bekanntlich 1846 dazu, zu erklären, daß sowieso niemals ein badischer Wagen auf der württembergischen Bahn fahren würde. Noch 1845, bei den Anschlußverhandlungen mit Württemberg wollte Baden dem württembergischen Unterhändler Etzel die badische Spurweite von Pforzheim bis Ulm vorschreiben. Etzel allerdings schloß damals aus dieser Bedingung nur, daß es seinen Kontrahenten nicht Ernst sei mit der Verhandlung.

Tatsächlich mußte die badische Eisenbahn 1854 umnageln; sie schaffte es in einem Jahr und ohne Unfall: eine hervorragende Ingenieursleistung! Übrigens mußte auch die Great Western Bahn aufgrund eines Parlamentsbeschlusses 1869 ihre Bahn auf Normalspur (Stephensons 1435 Millimeter) umstellen. Zu unbequem war das häufige Umsteigen und Umladen geworden.

Inzwischen wachsen Streckenteile, Ausläufer in allen

Badische Breitspurlok »Löwe« der Firma Sharp, Manchester, 1840

54

Bereichen des Deutschen Bundes. Von einem Netz, geschweige einem System kann man jedoch immer noch nicht sprechen. Doch Lists veröffentlichtes Grundnetz hat mit den Jahren eine gewisse Berühmtheit erlangt und der eine oder andere Eisenbahnbauer betrachtete es im stillen und machte dann seiner Regierung oder dem Kabinett entsprechende Vorschläge. Nicht nur in Baden 1840, auch in Württemberg hatte man sich nach langem Zögern für eine Staatsbahn entschieden. Auch hier hatte sich übrigens, wie neueste Forschungen ergaben, Friedrich List als Fachmann für Beratung und Bau angeboten; er war recht unfreundlich behandelt und abgewiesen worden. Aber natürlich hatte man sich seiner Ratschläge und Ausführungen bedient.

Der württembergische Geschäftsträger von Maucler in München berichtete, daß »der Herr Doktor (List) bemerkt habe, daß der Prophet im eigenen Vaterlande nichts gelte«. Wie wahr!

Offenbar hat List auch noch von einem persönlichen Besuch sich etwas versprochen, freilich vergebens. Er soll dabei durch einen unglücklichen Sturz im Weggehen sich auch noch den Arm gebrochen haben.

Zuvor allerdings war im Norddeutschen schon eine Staatsbahn entstanden. Am 1. Dezember 1838 war Braunschweig–Wolfenbüttel eröffnet worden. Hier war der Finanzdirektor Philipp-August von Amsberg der Initiator. Während sonst die Finanzminister, wie zum Beispiel Herdegen in Stuttgart äußerst widerwillig ihre Kassen für die Bahnbelange öffneten, war Amsberg, der schon lange eine Eisenbahnverbindung zwischen Hamburg, Hannover und Braunschweig angeregt hatte, in seinem Staatsministerium unablässig am Werk, für diese Verbindung zu werben und Mittel zu sammeln. Ihm kam die Meldung zu Hilfe, in Hannover beabsichtige man, eine Bahn über Halberstadt nach Magdeburg zu bauen, wobei man Braunschweig südlich umgehen wolle.

Jetzt konnte er seine Gegner überzeugen. Er schlug vor, einen Strich durch die Hannoversche Rechnung zu machen, indem man eine Bahn nach Harzburg über Wolfenbüttel baue. Das geschah, und zwar in solcher Eile, daß diese erste Staatsbahn zugleich die vierte Bahn im Deutschen Bund war. Am 1. Dezember war man in Wolfenbüttel, am 31. Oktober wurde in Harzburg eröffnet.

Philipp August von Amsberg, der Schöpfer der ersten Staatsbahnlinie Braunschweig–Wolfenbüttel, 1838

STAATSBAHN ODER PRIVATBAHN?

Dennoch war die Braunschweigsche Bahn nicht richtungsweisend für Baden oder Württemberg. Es war die belgische Staatsbahn, die Rotteck und Nebenius als Vorbild gegolten hatte.

Staatsbahn oder Privatbahn, dieser Streit wogte in jenen Zeiten der politischen Unruhe, des »Vormärz«, wie man heute sagt, hin und her. So hätte ein Großstaat wie Preußen nur allzu gerne seine Bahnen als Staatsbahnen erbaut; das schon erwähnte fortschrittliche (im Sinne des Staates) Eisenbahngesetz von 1838 sah diese Möglichkeit in Form eines Ankaufs bereits vor, allerdings erst dreißig Jahre, nachdem die Bahn erbaut war.

Konzessionserteilung, strenges Aufsichtsrecht, Genehmigung der Streckenführung, Sonderbesteuerung, unentgeltliche Postbeförderung und das Recht für die Krone, das Gesetz einseitig (zugunsten der Krone natürlich) abzuändern.

Man hatte buchstäblich an alles gedacht. Man hatte aus der wilden Agiotage gelernt, man hatte das militärische Operationselement vor Augen (Streckenführung), kurz, alles war auf das Beste bestellt –, nur jetzt selbst bauen und betreiben, das kam im Gesetz nicht vor.

Warum? Ein Staatschuldengesetz von 1819 band die Aufnahme von Schulden an die Zustimmung der Stände. Das bedeutete in den Augen der preußischen Könige schon den Anfang der konstitutionellen Verfassung. Wie hieß das Losungswort der Liberalen? Konstitution und Maschine.

In diesem Gesetz hatte der Staat begriffen, daß die Eisenbahn – siehe das Füllhorn der Nürnberg-Fürther Dividenden! – eine Einnahmequelle erster Qualität werden würde. Zwar bedürfte es hoher Investitionen, doch hernach schüttete es ganz beträchtlich. Der warme Regen war unübersehbar.

Inzwischen wachsen weitere Streckenteile, Ableger, Ausläufer in allen Bereichen des Deutschen Bundes. Von einem Netz, geschweige von einem System, kann man jedoch immer noch nicht sprechen.

Die Karte »Deutsche Eisenbahnen 1850« zeigt, daß es 1845 nicht nur die erste preußische Bahn Berlin–Potsdam, sondern auch Berlin–Stettin gibt. Man konnte von Berlin aus über Halle und Leipzig oder Dresden Zwickau erreichen, auch nach Magdeburg, Braunschweig und Hannover fahren.

München begann über Augsburg nach Norden und Süden Schienenarme auszubreiten, Stuttgart plante seinen Vorstoß an den Bodensee, Karlsruhe, mit den Städten Heidelberg und Mannheim verbunden, war

Bahnstation um 1850

Berlin-Anhaltische Eisenbahn.

Fahr-Plan für die Sommer-Monate 1842.

Fahrplan der Berlin-Anhaltischen-Eisenbahn für die Sommermonate, 1842

Personenzüge von Berlin.

(Mit Eilfracht.)

Abfahrt von	1ster Zug	2ter Zug
„ „ Berlin	7 Mrgs	11½ Vorm
„ „ Trebbin	7½ „	12½ „
„ „ Luckenwalde	8½ „	1 Nchm
„ „ Jüterbog	8½ „	1½ „
„ „ Zahna	9½ „	2 „
„ „ Wittenberg	9½ „	2½ „
„ „ Koswig	10 Vorm	2½ „
„ „ Roßlau	10½ „	3½ „
„ „ Deßau	11 „	3½ „
Ankunft in Cöthen	11½ Mtgs	4½ „

Abfahrt von Cöthen nach Leipzig 12½ Mtgs und 5½ Abds.
„ „ Leipzig nach Dresden 4 Nachmittags
„ „ Cöthen nach Magdeburg 12½ Mtgs und 5½ Abds.

Personenzüge von Cöthen.

(Mit Eilfracht.)

Abfahrt von	1ster Zug	2ter Zug
„ „ Cöthen	8 Mrgs.	1 Mtgs.
„ „ Deßau	8½ „	1½ „
„ „ Roßlau	8½ „	1½ „
„ „ Koswig	9½ „	2 Nchm.
„ „ Wittenberg	9½ „	2½ „
„ „ Zahna	10 Vorm.	2½ „
„ „ Jüterbog	10½ „	3½ „
„ „ Luckenwalde	11½ „	4 „
„ „ Trebbin	11½ „	4½ „
Ankunft in Berlin	1 Mtgs.	5½ Abds

Ankunft in Leipzig 2½ Nachm. und 7½ Abends.
„ „ Dresden 7½ Abends.
„ „ Magdeburg 2½ Nachm. und 7 Abds.

Güterzug für die Zwischen-Stationen

womit auch Personen in II. und III. Wagenklasse befördert werden.

Von Berlin nach Cöthen.

Abfahrt von	Berlin	6½ Abends
„ „	Großbeeren	6½ „
„ „	Ludwigsfelde	7 „
„ „	Trebbin	7½ „
„ „	Luckenwalde	7½ „
„ „	Jüterbog	8½ „
„ „	Zahna	9 „
Ankunft in	Wittenberg	9½ „
Abfahrt von	Wittenberg	5½ Morgens
„ „	Koswig	5½ „
„ „	Roßlau	6½ „
„ „	Deßau	6½ „
Ankunft in	Cöthen	7½ „

Von Cöthen nach Berlin.

Abfahrt von	Cöthen	5½ Abends
„ „	Deßau	6 „
„ „	Roßlau	6½ „
„ „	Koswig	7 „
Ankunft in	Wittenberg	7½ „
Abfahrt von	Wittenberg	6½ Morgens
„ „	Zahna	6½ „
„ „	Jüterbog	7½ „
„ „	Luckenwalde	8½ „
„ „	Trebbin	8 „
„ „	Ludwigsfelde	9½ „
„ „	Großbeeren	9½ „
Ankunft in	Berlin	10½ Vormit

Güterzug zwischen Berlin, Magdeburg und Leipzig.

Abfahrt von Berlin 7 Uhr 10 Min. Morgens.
Abfahrt von Leipzig 6½ Morgens
Abfahrt von Magdeburg 6½ Morgens

Die mit diesen Zügen verladenen Güter treffen noch an demselben Tage an ihren Bestimmungsorten ein.
Mit denselben werden weder in der Richtung von Berlin noch von Cöthen Personen mit befördert; sie laden auch auf keiner andern Zwischenstation, als Wittenberg und Deßau, Güter ein oder ab.
An den Montagen (außer in den Meßzeiten) fällt dieser Güterzug aus.

Fahrtaxe in Silbergroschen, für eine Person.

	nach Berlin.			nach G. Beeren.		nach Ludws. flde.		nach Trebbin.			nach Luckwlde.			nach Jüterbog.			nach Zahna.			nach Wittnbrg.			nach Koßwig.			nach Roßlau.			nach Deßau.			nach Coethen.		
Wagenklasse	I	II	III	II	III	II	III	I	II	III	I	II	III	I	II	III	I	II	III	I	II	III	I	II	III	I	II	III	I	II	III	I	II	III
von Berlin	—	—		10	6	13	8	30	20	12	40	27	17	55	35	22	70	45	28	80	52	32	90	60	36	100	68	42	105	70	44	120	80	50
Gr. Beeren	—	10	6		—	4	2½	—	8	5	—	—	—	—	—	—	—	—	—	—	—		—	—	—	—	—	—	—	—	—	—	—	—
Ludwigsfelde	—	13	8	4	2½	—	—	—	5	3	—	—	—	—	—	—	—	—	—	—			—	—	—	—	—	—	—	—	—	—	—	—
Trebbin	30	20	12	8	5	5	3	—	—	—	14	9	6	25	16	10	40	27	17	50	35	21	60	40	25	75	50	32	78	52	32	95	63	39
Luckenwalde	40	27	17	—	—	—	—	14	9	6	—	—	—	12	8	5	30	20	12	40	27	16	48	32	20	63	42	26	67	45	27	82	55	34
Jüterbog	55	35	22	—	—	—	—	25	16	10	12	8	5	—	—	—	18	12	7	30	20	12	38	25	16	50	34	21	55	37	23	72	48	30
Zahna	70	45	28	—	—	—	—	40	27	17	30	20	12	18	12	7	—	—	—	12	8	5	21	15	9	35	23	14	40	27	16	55	37	23
Wittenberg	80	52	32	—	—	—	—	50	35	21	40	27	16	30	20	12	12	8	5	—	—	—	10	7	4	25	16	10	30	20	12	45	30	19
Koswig	90	60	36	—	—	—	—	60	40	25	48	32	20	38	25	16	21	15	9	10	7	4	—	—	—	15	10	6	20	14	8	35	24	15
Roßlau	100	68	42	—	—	—	—	75	50	32	63	42	26	50	34	21	35	23	14	25	16	10	15	10	6	—	—	—	6½	4½	3	21½	15½	10½
Deßau	105	70	44	—	—	—	—	78	52	32	67	45	27	55	37	23	40	27	16	30	20	12	20	14	8	6½	4½	3	—	—	—	15	11½	7½
Coethen	120	80	50	—	—	—	—	95	63	39	82	55	34	72	48	30	55	37	23	45	30	19	35	24	15	21½	15½	10½	15	11½	7½	—	—	—

Fahrbillete von Berlin nach Magdeburg, Leipzig und Halle, (ohne Umladung des Gepäcks in Cöthen,) können nur von Berlin ab gelöst werden, auf den Zwischenstationen aber nicht weiter als bis Cöthen, wo dann neue Billete zu lösen sind.

	Personengeld in Sgr.			Gepäck-Ueberfracht. 40 Pfund à Person sind frei, für Mehrgewicht ist zu zahlen:		
	I	II	III	von 1 bis 60 Pfd.	von 61 bis 110 Pfd.	von 111 bis 160 Pfd.
Von Berlin nach Magdeburg	140	95	60	13½	26½	40
Berlin nach Halle	149	99	61½	12½	25	37½
Berlin nach Leipzig	165	110	70	14½	29	43½

Der Betrag für Gepäck-Ueberfracht nach und von allen Zwischenstationen ist aus den besonderen Anschlägen zu ersehen.

Tarif für Equipagen-Transport (in Thalern).

von	nach Berlin.			nach Jüterbog.			nach Wittenberg.			nach Deßau.			nach Coethen.			nach Magdeburg.			nach Halle.			nach Leipzig.		
	I	II	III	I	II	III	I	II	III	I	II	III	I	II	III	I	II	III	I	II	III	I	II	III
Berlin	—	—	—	9	7½	6	12½	10½	8½	16½	13½	10½	18	15	12	25	20½	16½	22½	18½	15	27	21½	18
Jüterbog	9	7½	6	—	—	—	5	4½	3½	10	8½	6½	12½	10½	8½	—	—	—	—	—	—	—	—	—
Wittenberg	12½	10½	8½	5	4½	3½	—	—	—	5	4½	3½	8	6½	5½	—	—	—	—	—	—		—	—
Deßau	16½	13½	10½	10	8½	6½	5	4½	3½	—	—	—	3	2½	2	—	—	—	—	—	—	—	—	—
Coethen	18	15	12	12½	10½	8½	8	6½	5½	3	2½	2	—	—	—	7	5½	4½	4½	3½	3	9	6½	6

I bedeutet schwere Equipagen, II gewöhnliche leichtere 4 räderige, III Einspänner und 2 räderige.

Tarif für Güter zur ordinairen Fracht, für 1 Cntr. (110 Pfd.)

in Silbergroschen. (Vom 1. April 1842 ab.)

von	nach Berlin.	nach Gr. Beeren.	nach Ludws. felde.	nach Trebbin.	nach Lucken. walde.	nach Jüter. bog.	nach Zahna.	nach Witten. berg.	nach Koßwig.	nach Roßlau.	nach Deßau.	Güterfr. nach Cöthen.	Eilfracht nach Cöthen.
Berlin	—	2½	3	3½	4½	6	7	8	9	10½	10½	12	20
Gr. Beeren	2½	—	2	2½	3½	4½	5½	6½	7½	8½	9½	11	—
Ludwigsfelde	3	2	—	2	3	4	5½	6½	7	8½	8½	10½	—
Trebbin	3½	2½	2	—	2	3	4½	6	6½	7½	8	9½	—
Luckenwalde	4½	3½	3	2	—	2	3½	4½	5½	6½	7	8½	—
Jüterbog	6	4½	4	3	2	—	2½	3½	4½	6	6½	7½	—
Zahna	7	5½	5½	4½	3½	2½	—	2	3	4½	4½	5½	—
Wittenberg	8	6½	6½	6	4½	3½	2	—	2	3	3½	5½	—
Koswig	9	7½	7	6½	5½	4½	3	2	—	2	2½	4½	—
Roßlau	10½	8½	8½	7½	6½	6	4½	3	2	—	2	3	—
Deßau	10½	9½	8½	8	7	6½	4½	3½	2½	2	—	2½	—
Cöthen	12	11	10½	9½	8½	7½	5½	5½	4½	3	2½	—	20

In vorstehenden Sätzen sind überall 6 Pf. pro Centner für Auf- und Abladen, und bei den Sendungen von und nach Berlin noch 6 Pf. für Transport der Güter nach oder von dem Berliner Bahnhofe mit inbegriffen.

von	nach Magdeburg.		nach Halle.		nach Leipzig.	
	ord. Fracht.	Eilfracht.	ord. Fracht.	Eilfracht.	ord. Fracht.	Eilfracht.
Berlin	14	22½	14 *	22½	16	26
Wittenberg	10	—	8½	—	11½	—
Deßau	7½	—	5½	—	8½	—

In nebenstehenden Sätzen für die Touren zwischen Berlin, Magdeburg, Halle und Leipzig sind 1½ Sgr. mit inbegriffen für Auf- und Abladen, und Transport der Güter von oder nach den beiderseitigen Bahnhöfen; in den Sätzen für die Touren zwischen Wittenberg, Deßau — und den jenseitigen Stationen ist aber nur 1 Sgr. Spesen berechnet, indem der Transport der Güter von oder nach den Bahnhöfen zu Wittenberg und Deßau nicht von der Eisenbahn-Gesellschaft besorgt wird.

* Der bisherige Frachtsatz zwischen Berlin und Halle hat von 13 auf 14 Sgr. erhöht werden müssen, weil der Ausschuß der Magdeburg-Leipziger Ges. den gewöhnlichen vollen Frachtsatz von 2½ Sgr. und 9 Pf. Spesen zwischen Cöthen und Halle nicht ermäßigen zu können erklärt hat.

schon bis Freiburg vorgedrungen, im Westen waren Köln–Aachen und Düsseldorf miteinander verbunden, im Norden bauten die Dänen Altona–Kiel und Rendsburg. In Schlesien waren Breslau, Freiberg und Gleiwitz durch die Schienenwege erreichbar.

Wie man sieht, haben die Reviere schon sehr früh den Nutzen der Eisenbahn erkannt. 1835 sechs Kilometer – 1840 schon das Hundertfache davon.

Die Privatbahngesellschaft Berlin-Stettin bat zum 10. November 1846 zehn Eisenbahnverwaltungen zu sich, um über dringend notwendige gemeinschaftliche Vereinbarungen zu beraten.

Das war wohl die Keimzelle zu einem Netz. Eisenbahner, die modernen Reisenden und Wegbereiter einer neuen technischen Zeit, trugen die Kunde von dieser Konferenz in alle Lande.

So viele neue Eisenbahnen, so viele Probleme: Da half nur Zusammenarbeit. Ein neuer Gedanke angesichts des Mißtrauens, der Feindschaften und des Unfriedens unter 39 Riesenzwergen.

Industrie keimt auf. Vor allem dort, wo Bodenschätze lagern, Kohle und Eisen. Das ist an der Ruhr, im Kohlenpott, im Saargebiet, in Lothringen, in Oberschlesien. Der Rhein, die Donau werden zu Industriestraßen, im Umkreis der großen Häfen an Nord- und Ostsee regt es sich, Werften entstehen; Hafenanlagen werden ausgebaut.

Zuerst langsam, dann aber zunehmend schneller begreift auch der kleine Mann den Vorteil dieses neuen Verkehrs. Das Wort Tourismus wäre viel zu hoch gegriffen für die Ausflüge des Sonntags und an Feiertagen mit dem neuen Verkehrsmittel. Die »Sommerfrische« bürgert sich ein; man besucht Verwandte, Freunde und Bekannte. In Stundenschnelle erreicht man Ziele, die man früher nur mit mehrtägigen Reisen in den Kutschen der Post erfahren konnte. Fahrpläne werden perfektioniert; das erste (private) Kursbuch erscheint 1845.

Langsam wandelt sich der Charakter des Agrarlandes Deutschland – ein Industriestaat ist es noch lange nicht, doch die Industrialisierung hat mächtig begonnen.

Kasten VII

EINTEILUNG DER EISENBAHNEN
Vorab sei gesagt:
Die Einteilung in Staatsbahnen und Privatbahnen hat mit dem folgenden Schema nichts zu tun. A, B und C können staatlich oder privat betrieben werden

A Hauptbahnen (vollspurige Bahnen)

B Nebenbahnen (Bahnen untergeordneter Bedeutung mit Normal-, zuweilen auch Schmalspur) (Zubringer zu A)

C Kleinbahnen (Schmalspurbahnen für den lokalen Verkehr) Nebenbahnähnliche Kleinbahnen
Spezialbahnen
Straßenbahnen

III 1848, genannt »Das tolle Jahr«

DER EISENBAHNBAU SETZT SICH FORT – MITTEN IM AUFRUHR

Man werde ja sehen, sagten 1833 die Gegner der Schiene in Baden, wer mit der Eisenbahn fahren werde, Butterweiber, Prozeßkrämer und reiche Faulenzer, auch die ganze Hautevolee, ein Wort, das man heute am besten mit Schickeria oder Jet Set, da es ums Reisen geht, übersetzen würde. Das sagten 1833 die Gegner der Schiene.

Tatsächlich waren mehr als zwei Drittel der Einwohner Badens Landbevölkerung. Vor allem die im Untergrund anwachsende revolutionäre Bewegung, die von der Bewegung des Vormärz (Büchner) ausging, war gegen die Eisenbahn. Doch gab es keine einheitliche Stimmung. Die Liberalen in Baden, Rotteck und Welker, befürworteten die Eisenbahn, in Württemberg war es Uhland. Im Hinblick auf die wachsende Spannung im ganzen Bundesgebiet verhielten sich die Spitzen der Länder und Stadtstaaten eher abwartend. Die Unruhe wuchs vor allem im süddeutschen Land.

Der Aufruhr der Eisenbahnbauarbeiter machte die Regierung nicht nur nachdenklich, sie suchte nach Gegenmaßnahmen. Aber die Revolutionäre fanden keinen Anschluß an die Arbeiterschaft. Sie waren »Schriftsteller« oder »Heuerlinge«, tausend Meilen voneinander entfernt. Es gibt kaum ein literarisches Zeugnis vom Elend der Eisenbahnbauarbeiter, es sei denn in den Berichten der Regierungsbeamten über die aufrührerischen Arbeiter.

Und so blieb diese Vorankündigung der Revolutionsversuche von 1847/48/49 ohne Echo. Dennoch hatten die Aufstände Wirkung. In den Jahren 1847 bis 1849 stagnierte in den deutschen Ländern der Eisenbahnbau. So brachen beim Bau der ersten Bergbahn Deutschlands, der Geislinger Steige, also dem Albaufstieg zwischen Stuttgart und Ulm, Unruhen aus, als italienische Arbeiter zu einem billigeren Lohn ihre Arbeitskraft offerierten. Blutige Schlägereien waren die Folge. Ebenso war es beim Bau der Köln-Mindener-Bahn, als schlesische Arbeiter die ohnehin zu niedrigen Löhne drücken wollten.

Freilich waren dies Krawalle nicht nur aufgrund der schlechten Arbeitsbedingungen. Es waren Preiskämpfe zwischen den Hungernden, den Elenden und den Arbeitgebern. Doch führten sie zur Arbeitsniederlegung und zu Stillstand, so daß die Leiter der Privatbahngesellschaften und vor allem die den Staatsbahnbau betreibenden Baumeister eingreifen mußten. So brauchte zum Beispiel der Baumeister Knoll im Württembergischen für die relativ einfache, weil im Voralbgebiet fast ebene Strecke im Keuperbergland zweieinhalb Jahre. Die Strecke Plochingen–Geislingen, begonnen 1846, wurde erst 1849 eröffnet.

In der Zwischenzeit erlebten König und Ministerialen in Württemberg gefährliche Zeiten. Am 19. März 1848 gab der König in Stuttgart, wie in Preußen König Wilhelm IV. und in anderen Hauptstädten andere Fürsten, nach und ernannte ein liberales Kabinett.

1849 wurde, um im Beispiel zu bleiben, in Württemberg die Abschaffung aller Privilegien beschlossen, König Wilhelm unterzeichnete die Reichsverfassung, genausowie sie das Frankfurter Parlament beschlossen hatte.

Auf Extrablättern wurden Gerüchte verbreitet in allen Staaten, der König oder der Fürst sei geflohen. Man erzählte sich, König Wilhelm von Württemberg habe sein Silber und seine Familie nach Holland in Sicherheit gebracht, er äße im Exil von Ludwigsburger Porzellan, nicht gerade dem schlechtesten Porzellan.

Schlimme Zeiten für die Fürsten, denen die Erinnerung an die französische Revolution von 1789 und die Guillotinierung von König und Königin stets vor Augen stand. Wer das nicht glaubt, lese in Bismarcks »Gedanken und Erinnerungen« nach, in dem der König von Preußen seinem Ministerpräsidenten vorhersagt: »Da drunten (auf dem Platz vor dem Schloß) wird man zuerst Ihnen und dann mir den Kopf abschlagen.« Tat-

König Wilhelm IV. von Preußen

König Wilhelm von Württemberg

sächlich mußte auch dieser König, wie der badische Großherzog oder der sächsische Potentat, ungewöhnliche Demütigungen ertragen, bis der – im Grunde durch preußische Truppen erzwungene Stillstand der revolutionären Bewegungen – erfolgte. In Österreich waren bekanntlich russische Truppen zu Hilfe gekommen. Der Opfertod der Revolutionäre, zum Beispiel in Rastatt, erreichte eine gemäßigte Restauration in Form eines Sieges der Bürgerlichen und auch der feudalen Kräfte. Immerhin, Metternich kam nicht wieder.

ZWEITE EISENBAHNKRISE

Indessen ging der Bau der Kommunikationslinien weiter, wenn auch beträchtlich verzögert. Es ist einleuchtend, daß solch sensationelle Ereignisse, wie zum Beispiel der Sturz König Ludwigs I. von Bayern, die Flucht des Großherzogs von Baden, der hastige Umzug des gesamten österreichischen Hofes nach Innsbruck ins Exil die Regierungsstellen und die Privatgesellschaften zum Nachdenken über die Möglichkeit eines Weiterbaues veranlaßten.

Kredite wurden gekündigt, Arbeiten eingestellt, Angestellte entlassen, Konkurse angemeldet. Wieder verloren viele gläubige Eisenbahnaktionäre ihr Geld.

Dies ist die zweite große Eisenbahnkrise 1848/49. Sie ist nicht so schwer, und sie dauert auch nicht so lange wie die erste Krise von 1839–1844; mit der dritten großen Eisenbahnkrise von 1872 läßt sie sich überhaupt nicht vergleichen.

Alle Eisenbahnkrisen sind übrigens Baukrisen. Sie entstehen aus der Spekulationswut der leichtgläubigen Bürger und der dubiosen Unternehmer, die schnell reich werden wollen. Mit dem Jahre 1848 geriet freilich – und das ist die Besonderheit dieser Krise – mit Blitzesschnelle alles ins Wanken. Da sah man abgehärmte, demütige Könige und an ihrer Seite weinende Königinnen, wie in Preußen, flüchtende Herzöge und Fürsten; selbst der österreichische Kaiser mit seinem Hof floh in einer sinnlosen Verzweiflung zweimal, einmal nach Salzburg und einmal nach Olmütz: Es war für die Deutschen ein politisches Erdbeben, das sie in solcher Stärke noch nicht erlebt hatten.

Dennoch, die alten Mächte kehrten wieder, doch nicht in alter Stärke. Revolutionäre und liberale Bürger hatten zwar den entscheidenden Augenblick des Zugriffs versäumt, jedoch die alte Strenge und der Glaube an die von Gott eingesetzten Fürsten kehrten nicht zurück.

Jetzt fing man auch in den Eisenbahnbüros wieder an, die Pläne hervorzuziehen; wenigstens die seriösesten unter all diesen Plänen wurden weiterverfolgt: Es wurde wieder gebaut.

Heute würde man sagen, daß diese Massenflucht »der Herrlein, Kleinherzöge und Däumlingskönige« (Büchner) einen gewaltigen Imageverlust mit sich brachte. Man hatte an den Höfen sehr wohl bemerkt, welche Kraft der gefesselte Riese, der hier mit den Ketten gerasselt hatte, in Wirklichkeit besaß. Mitten im Aufruhr hatten Marx und Engels ihr kommunistisches Manifest veröffentlicht. Es bezog bereits die Eisenbahnen und die Eisenbahner als Kommunikationsmittel für die kommunistische Idee ein. Diese Ideen, die zu einer Bewegung führten, gehörten mit zu der Bewußtseinsveränderung, zu einer freiheitlicheren Gesinnung, die dem bösen Wort »Demokrat« allmählich zu einem positiveren Klang verhalf. Denn noch immer stand in den Personalakten mancher Eisenbahner in Klammern »Demokrat«, was so viel wie Staatsfeind bedeutete. Jetzt erst erkennen die Deutschen den Unterschied zwischen Fürstenland und Vaterland (Schubart, Hölderlin).

BEWUSSTSEINSVERÄNDERUNGEN

Von einer mindestens ebenso bedeutsamen Bewußtseinsveränderung muß hier die Rede sein. Zwar hatte sich das Staunen, das Bewundern des Unbegreiflichen, des zweckmäßigen Handelns des Automaten bei Land- und Stadtbevölkerung gelegt. Die stationäre Dampfmaschine, die fand man inzwischen überall; im Grunde war solch eine Wattsche Dampfmaschine ja nicht viel anderes als ein komisches Mühlenrad, das man ja schon immer begriffen hatte.

Daß dieses Zauberding aber neuerdings nach wenigen Jahren in der Geschwindigkeit das beste Pferd bei weitem übertraf, das grenzte an Wunder.

Was sich hier auf der Schiene abspielte, wiederholte sich fünfzig Jahre später beim ersten Auto auf den Straßen. Bei den Lokomobilen erkannte jedermann in diesem schwerfälligen Straßendampfwagen die Lokomotive wieder. Aber eine Kutsche ohne Deichsel, ohne Pferde? Davon wird noch zu berichten sein.

Ein zweites und völlig neues war das Fahren auf diesen Vehikeln. Viel beschrieben und gerühmt wird »das wundersam stille, schöne Gleiten auf den ebenen (!) Schienen«, wozu man sagen muß, daß die Schienen damals zwar eben waren, der Schienenstoß aber sicherlich recht stark zu spüren war, dies zusammen mit dem ruckweisen Anfahren jedes einzelnen Wagens; die Wagen waren durch Ketten anstelle der heutigen Kupplung miteinander verbunden. Und endlich die primitive Federung! Oh, all dies einbegriffen, wird das Fahren gelobt!

Da kann man sich eine Vorstellung von der damaligen Kutschenreise machen. Goethe: »Höchst ungeschickt warf der Kutscher den Wagen um. Mein Begleiter wurde an der Stirn verletzt.« Annette von Droste-Hülshoff: »Was man nicht alles auf einer Tagfahrt bewundern könnte. Der Himmel über mir, die Pfützen unter mir.«

Im Umkreis der Großstädte, in den Handelsstädten selbst, waren zum Teil gute Straßen vorhanden. Napoleon hatte für Chausseen auf seinen Vormarschstraßen gesorgt, und manche gerade Pappelallee, die wir heute in Süddeutschland sehen, verdankt ihm ihr Dasein. In Baden und Württemberg, wo im Gefolge der napoleonischen Flurbereinigung Staaten entstanden, die um den alten Kernstaat herum aus vielerlei neu hinzugekommenen geistlichen und weltlichen Herrschaften zusammengestückt waren, in diesen neuen Gesamtstaaten war es vor Beginn der Eisenbahn wichtig, gute Straßen zu den Errungenschaften zu haben.

Württembergs Straßenbaumeister Eberhard von Etzel schuf solche Straßen, die das Alte mit dem Neuen verbinden sollten. Aber das war insgesamt eine große Ausnahme.

Seinem Sohn, Karl Etzel, werden wir in einem anderen Kapitel wieder begegnen.

BEWUSSTSEINSVERÄNDERUNG: GESCHWINDIGKEITSRAUSCH

Zu dem »wundersam stillen, schönen Gleiten« auf den Schienen kommt hinzu das besondere Erlebnis des Fahrens mit großer Geschwindigkeit. Auch dies bewirkt eine Bewußtseinsveränderung. Sie ist von großer Bedeutung, nicht nur für die Bahn, sondern für alle Fahrzeuge, vom Automobil bis zur Achterbahn.

Was Geschwindigkeit, der Rausch der Geschwindigkeit bewirken kann, lehren uns die japanischen und die neuen französischen Schnelltriebwagen. In vielen Fällen werden hier die Hauptkonkurrenten Auto, Bus, ja, das Flugzeug ausgeschaltet. So ist es interessant, der Geschichte dieses Geschwindigkeitserlebnisses nachzugeben. Es beginnt mit einer kleinen – oder vielleicht auch großen – Liebesgeschichte: Eine große Seltenheit, denn die Eisenbahnpioniere und Erbauer haben leider wenig oder gar nichts über ihre Frauen hinterlassen, und die Historie, auch die Eisenbahnschreiber von einst und heute haben nichts Bemerkenswertes darüber berichten können. Mit einer Ausnahme.

Ganz im Gegensatz zu den Autopionieren. Sie sind die späten, aber erfolgreichen Konkurrenten der Bahn. Sie waren nicht nur elegant gekleidet, sie hatten sich auch mit schönen und klugen Frauen umgeben. Das hat ihnen nicht geschadet – im Gegenteil. Die damals junge Fotografie hat mit Erfolg darüber berichtet. Wir werden das im Rahmen der Eisenbahnhistorie auch tun.

DIE LIEBESGESCHICHTE

Zur Zeit des Baues der Liverpool-Manchester-Linie spielte am Theater in Liverpool eine berühmte Schönheit die Titelrolle in Shakespeares »Romeo und Julia«. Shakespeare sagt von Julia im Original: »She was not yet fourteen.« Nun, ein wenig älter als 14 wird sie schon gewesen sein, die Francis Anne Kemble. Abend für Abend konnte sie einen rauschenden Erfolg ver-

zeichnen; das Theater war jeden Abend ausverkauft. Die gefeierte Schauspielerin – unter Obhut des Vaters, der eine Nebenrolle spielte – interessierte sich für diese neue Eisenbahn.

George Stephenson, der für public relations und nicht nur für diese einen wachen Sinn hatte, inszenierte für berühmte Persönlichkeiten Probefahrten.

Wir besitzen von Max Maria von Weber, dem Sohn des Komponisten Carl Maria von Weber, der von seinem Vater zwar nicht die Musikalität, aber eine oft geleugnete Verwandte, die Begabung für Mathematik und Physik, geerbt hatte und ein bedeutender Eisenbahningenieur geworden war, die Briefe, die Francis Anne Kemple an die Freundin über diese technische Sensation geschrieben hat.

Die Briefe sind so sensibel, so gescheit, so natürlich und so hautnah, daß es geradezu ein grober Fehler wäre, sie in ihren wichtigsten Partien nicht weiterzugeben. Es kommt darin eben das zum Ausdruck, was wir als Bewußtseinsveränderung bezeichnen und beschreiben wollen. Daß wir auf diese Weise Francis, aber auch Stephenson näher kennenlernen, ist ein unschätzbarer Vorteil, noch dazu, wenn es sich um ein Eisenbahnjubiläum handelt.

Francis teilt ihrer Freundin mit: »Zuerst wurde die muntere, kleine Maschine vorgestellt, sie (denn der zärtliche englische Sprachgebrauch macht die kuriosen, lieben, kleinen Feuerrosse alle zu Stuten) besteht aus einem Kessel, einem Ofen, einer Bank und hinter der Bank einem Fasse mit genug Wasser, um ihren Durst während des Rennens von 15 Meilen zu stillen – das Ganze ist nicht größer als eine gewöhnliche Feuerspritze . . .

Dieses schwankende, kleine Tier, das ich mich immer versucht fühlte, zu tätscheln, wurde nun vor unseren Wagen gespannt, und, nachdem Mr. Stephenson mich zu sich auf die Bank des Dampfrosses genommen hatte, fuhren wir ungefähr mit zehn Meilen die Stunde ab.«

Die lieben kleinen Feuerrosse, die »Stuten«, das ist ein erstaunlicher Beweis von Mut und Sachlichkeit vor einer Maschine, vor der alles zu flüchten gewohnt war. Der Beobachter des »Stuttgarter Morgenblattes« verglich am 17. September 1835 die Maschine, die erheblich kleiner war als die englische, mit einem antediluvianischen Stier!

»Die Zaubermaschine ...
zwischen diesen Felsen-
mauern« Francis Anne in
der »Liebesgeschichte«

»Wir passierten das Moor
mit 25 Meilengeschwindig-
keit, und wir sahen das
Wasser auf der Oberfläche
bei unserem Vorüberfah-
ren zittern ...«
(Francis Anne)

Doch, was sie nun weiter schreibt, ist nichts weniger als eine Welturaufführung; es ist die Definition jenes außerordentlichen Gefühls, das man nur mit Hilfe neuer technischer Mittel erleben kann. Dieses Gefühl bewirkt eine Bewußtseinsveränderung durch den Rausch der Geschwindigkeit. Francis Anne vermag diese Empfindung durch Worte zu beschreiben:

»Wie sonderbar, auf der Bahn zu reisen, ohne irgendwelche sichtbare Ursache der Fortbewegung als die Zaubermaschine vor uns mit ihrem weithin wehenden weißen Atem und unwandelbar rhythmischen Schritten zwischen diesen Felsenmauern, die bereits mit Moos und Farnkräutern und Gras bekleidet sind.«

Inzwischen erreichen die beiden Reisenden das für die Erbauung so kritische Moor.

»Wir passierten es mit 25 Meilen Geschwindigkeit, und wir sahen das Wasser auf der Oberfläche desselben bei unserem Vorüberfahren zittern.

Dann fuhren wir davon mit der größten Geschwindigkeit der Maschine – 35 Meilen in der Stunde – schneller als ein Vogel fliegt (denn wir machten das Experiment an einer Schnepfe). Es gibt keinen Begriff davon, was das Durchschneiden der Luft für ein Gefühl war. Und dabei ist die Bewegung so sanft wie möglich. Ich hätte lesen oder schreiben können. Ich stand auf, nahm den Hut ab und trank die Luft vor mir. Der Wind war stark, oder war es unser Anfliegen gegen ihn? Er drückte mir unwiderstehlich die Augen zu.

Als ich sie geschlossen hatte, war das Gefühl des Fliegens ganz zauberisch und sonderbar über jede Beschreibung – aber trotzdem hatte ich das Gefühl vollkommener Sicherheit und nicht die geringste Furcht.«

Wir wissen nicht, wie dieses abenteuerliche Stück zu zweien, eine empfindsame Reise auf dem nach allen Seiten offenen Führerstand der besten Lokomotive der Welt ausging. Es ist in Wahrheit eine Liebesgeschichte von seltenem Reiz.

Francis: »Nun noch ein Wort über den Meister all der Wunder. Ich bin in ihn ganz verzweifelt verliebt! Er ist ein Mann, 50 oder 55 Jahre alt; sein Gesicht ist edel, obwohl von Sorgen gefurcht, und trägt den Ausdruck tiefer Gedankenarbeit. Die Art, seine Ideen darzulegen, ist eigentümlich und sehr originell, treffend und eindringlich, und obwohl seine Sprache deutlich seine nordgrafschaftliche Abkunft bekundet, ist sie doch fern von jeder Gemeinheit oder Plumpheit. Er hat mir in der Tat gänzlich den Kopf verdreht!«

In einem späteren Brief schreibt Francis dann: »Die Eisenbahn soll am 15. nächsten Monats eröffnet werden. Der Herzog von Wellington wird herkommen ... und ich denke, daß dies bei der Neuheit des Schauspiels eine Szene von nie vorher dagewesenem Interesse geben wird. Die Direktoren haben meinen Eltern und mir freundlichst drei Plätze für die Eröffnung angeboten, was eine große Gunst ist, denn ich höre, daß man Unglaubliches für einen Platz zahlt ...« Wenn da nicht Stephenson seine Hand im Spiele hatte!:

Fast alle, die Gelegenheit hatten, mit Stephenson eine Probefahrt auf dem Stand der Maschine zu machen, hatten gewisse Bedenken, so der Politiker Thomas Thomascheevy 1829: »Es ist wirklich ein Flug, und es ist unmöglich, sich von der Vorstellung eines sofortigen Todes aller bei dem geringsten Unfall zu lösen.«

Die Todesfurcht fehlt, das muß man noch einmal betonen, bei Francis Anne Kemble vollkommen. Sie wird als Furcht ausdrücklich bestritten mit der Begründung, sie habe das Gefühl vollkommener Sicherheit gehabt. Über den Ausgang der Liebesgeschichte ist leider nichts bekannt.

GESCHWINDIGKEIT – SICHERHEIT

Geschwindigkeit und Sicherheit sind ein Problempaar bei allen modernen Verkehrsmitteln. Während man im Flugverkehr, vor allem bei den Fernzielen, den Eindruck hat, daß die Geschwindigkeitsgrenze, jedenfalls die ökonomische Grenze, erreicht ist, weshalb die Concorde keinerlei Erfolg gehabt hat, ist bei den Landverkehrsmitteln die obere Grenze, jedenfalls im Reiseverkehr noch nicht erreicht.

Die Bahn jedenfalls hat eine, man könnte fast sagen, ideale Entsprechung zwischen den beiden Prinzipien Geschwindigkeit und Sicherheit erreicht. Das hängt mit der eigenen Trasse und damit zusammen, daß es auf dieser eigenen Trasse nur eigene Verkehrsfahrzeuge gibt, die nach ganz bestimmten Plänen, den Fahrplänen, fahren und bei denen, durch ausgeklügelte elektronische Sicherheitssysteme, Unfälle so gut wie ausgeschlossen sind. Um dies Lesern, die wenig oder gar nicht mit der Bahn fahren und daher auch von ihr so gut wie nichts wissen, klar zu machen, genügt es, die Unfallzahlen etwa im Straßenverkehr mit denen auf der

Schiene zu vergleichen. Sicherlich sind solche Vergleiche makaber, aber sie müssen um der Ehrlichkeit willen doch gezogen werden.

Auch die Geschwindigkeit hat eine Geschichte aufzuweisen. Jahrtausende lang war die Geschwindigkeit des Zugtiers die Höchstgeschwindigkeit, die man erreichen konnte, wenigstens im Landverkehr. Doch auch die ersten Züge fuhren nicht viel schneller als die Eilposten und so wurde erzählt, daß auf der Berlin–Potsdamer Eisenbahn die Reisenden in laufender Fahrt von Krücken schwingenden, neben der Bahn herhumpelnden Invaliden belästigt wurden, die einen durchs offene Fenster hindurch anbettelten.

Das ist sicherlich eine boshafte Übertreibung. Doch ist nach allgemeinem Zeugnis die Geschwindigkeit der ersten Züge mit nicht mehr als 20 bis 30 km/h anzusetzen. Francis Anne Kemple gibt eine genaue Angabe, wobei man bedenken muß, daß in ihrem Fall nur die Lokomotive mit Kohlentender fuhr: Es sei die Geschwindigkeit einer Schnepfe gewesen, die man nach Auskunft von Jägern mit etwa 60 km/h ansetzen darf. Auch als Stephenson wenig später bei der Eröffnung der Strecke Liverpool–Manchester den von einer Lok überfahrenen Abgeordneten Huskisson in einem Sondertransport nach Birmingham fuhr, erreichte dieser Eiltransport 60 km/h, was manchen Zeitungen, der Reihenfolge der Überschriften nach zu schließen, wichtiger war als der Tod des Abgeordneten.

»Das zauberhafte Gefühl des Fliegens« so hübsch vor beinahe 200 Jahren definiert, es hat sich nicht nur als Reiz durchgesetzt bei modernen Sportarten wie Radfahren, Skilaufen, Motorrad- und Auto-, ja Flugzeug- und Raketenstarts. Wer diese schnellen Sportarten als Sport – in Rennen oder Rekordflügen – der Schnelligkeit halber betreibt, wobei auf die Sicherheit relativ wenig Wert gelegt wird, der erntet Staunen und Erfolge. Auch bei Olympiaden oder anderen Sportwettbewerben ist ja beim Schnelligkeitswettbewerb der am meisten begehrte Titel der des Sieges im Kurzstreckenlauf.

Dieser Rausch, der nicht nur beim Fahren, Mitfahren oder Gefahrenwerden, sondern auch durchaus im Zuschauer beim Anblick des dahinsausenden Fahrzeugs entstehen kann, wie dies Augenzeugen zum Teil in dichterisch überhöhter Form berichten, ist dem normalen Eisenbahnreisenden nicht mehr bewußt. Der Autor

hat eine solche Wirkung noch Anfang der sechziger Jahre in einem kleinen Ort erlebt, in dem der TEE, der mit dem haifischähnlichen Kopf, mit hoher Geschwindigkeit allabendlich durchfuhr. Damals sammelte sich Publikum an den geschlossenen Schranken, und Rufe der Bewunderung wurden laut.

Bei der Fahrt im Shinkansen-Expreß der Japaner oder im TGV (train á grand vitesse = Zug mit großer Geschwindigkeit) der Franzosen kann man ähnliches erleben. Soviel zum psychologischen Teil der Eisenbahnreise, der damit freilich noch lange nicht erschöpfend dargestellt ist.

RAUM UND ZEIT

Der ökonomische Teil der neuen Beförderungsart scheint freilich gewichtiger: Es ist die völlig veränderte Position von Raum und Zeit.

Schon der erste, den Atlantischen Ozean überquerende Dampfautomat, das Dampfschiff, bewies die Ersparnis an Zeit. Man sprach von einer »Halbierung des Ozeans«.

Ludwig Börne berechnet für die Reise von Memel nach Triest neun Monate, so daß also ein Memeler Flitterwöchner, den er mit seiner Angetrauten in Frankfurt im Postwagen traf, in Triest die Eltern mit einem Nachkömmling würde begrüßen dürfen. Memel–Triest mit der Eisenbahn heute und um die Jahrhundertwende nicht mehr als 48 Stunden. Kürzere Strecken, die früher Mehrtagesreisen waren, wie Hannover–Hamburg oder Frankfurt–Stuttgart wurden selbst zur Jahrhundertwende in wenigen Stunden zurückgelegt.

Dieses Zusammenschrumpfen des Raumes ist eine Folge des Einsatzes des neuen Fortbewegungsautomaten namens Lokomotive, der seinen eigenen Weg, seine ebenso gerade wie harte Straße mit sich bringt. Dampfmotor, Rad und Schiene bilden eine Einheit.

Nicht nur der Raum, auch die Zeit hat sich durch die Novation Eisenbahn verändert.

Was die Stunde geschlagen hat, wurde zuerst den Einwohnern der Stadt Fürth bewußt. Reisende beschwerten sich, daß die Kirchenuhr falsch gehe, so daß sie den Zug in Fürth verpaßt hätten. Der Regierungspräsident verfügte, daß in Zukunft die Kirchenuhr nach der Bahnhofsuhr gestellt werden müsse (»Erlebnis Eisenbahn«, Stuttgart, 1977).

Dieses aus einem Geographiebuch des letzten Jahrhunderts stammende Lehrbild will optimistisch Fabrikstadt (Smog!) mit schöner Landschaft (Vordergrund) vereinen. Uns heute erfüllt das Bild mit eher düsteren Vorahnungen

So wurde klar, daß Raum und Zeit sich verändert hatten und daß in Zukunft voraussichtlich beide nach den Maßen, die das neue Verkehrsmittel setzte, genau und wohl immer genauer gemessen werden würden.

Wirtschaftlich gesehen brachte die Technisierung von Raum und Zeit nicht nur den Anfang einer Bewußtseinsveränderung, sie brachte vor allem Zeit- und Raumgewinn in Form von geringeren Transport-, aber auch Lagerkosten. Das Geld floß bereitwilliger in immer neue Investitionen.

Kleine und mittlere Gewerbebetriebe wurden gegründet, Manufakturen wurden zu Großbetrieben, vor allem zu Maschinenfabriken, in den Grundstoffrevieren entstanden neue Gruben, Schachtanlagen, Gießereien; selbst rohstofferne Betriebe wurden gegründet: Der Einsatz billiger Arbeitskräfte zusammen mit den billigeren Transportpreisen machte die Produktion rentabel.

»Nach den Erfahrungen dürfte ein allgemeines Eisenbahnsystem . . . in den ersten Jahren den gesamten Wert des Grundvermögens . . . und die gesamte Nationalproduktion um zehn Prozent vermehren.« (List)

Kasten VIII

ERSTE EISENBAHNEN IN EUROPA		
1825 England	Stockton–Darlington	44 km
1830 Österreich-Ungarn	Prag–Lána (Pferdebahn)	35 km
1832 Österreich	Budweis–Linz (Pferdebahn)	127 km
1832 Frankreich	St. Etienne–Lyon	56 km
1835 Belgien	Mecheln–Brüssel	17 km
1835 Deutschland	Nürnberg–Fürth	6 km
1837 Rußland	St. Petersburg–Zarskoje Selo	27 km
1839 Holland	Amsterdam–Haarlem	18 km
1839 Italien	Neapel–Portici	8 km
1844 Schweiz	Basel–St. Louis Grenze	1,6 km
1846 Polen	Warschau–Tschenstochau	251 km
1847 Dänemark	Kopenhagen–Roskilde	30 km
1848 Spanien	Barcelona–Mataró	28 km
1854 Norwegen	Oslo–Eidsvoll	68 km
1856 Schweden	Nora–Ervalla	15 km
1856 Portugal	Lissabon–Carregado	36 km

DIE FÜRSTEN BEGREIFEN:
EISENBAHNEN SIND WICHTIG

Die Revolutionsjahre 47/48/49 hatten die Fürsten und ihre Kabinette einiges über die Eisenbahn gelehrt. Hatten schon die vormärzlichen Unruhen beim Bau der Eisenbahnen die Aufmerksamkeit der Staatsorgane erregt, so noch viel mehr, was auf den Eisenbahnen während der eigentlichen revolutionären Unruhen geschah. Schon bei den Märzaufständen in Baden, später auch in der Pfalz, im Rheinland, in Württemberg, in Sachsen und in Österreich stürmten Aufständische die Bahnen und ließen – leider ohne zu bezahlen! – Freischärler zur Verstärkung mit der Bahn nachkommen.

Der Aufstand, die Revolution kam per Bahn! Recht paritätisch beförderte zum Beispiel im Dresdner Maiaufstand – bei dem auch Richard Wagner auf den Barrikaden gegen die Königstreuen kämpfte – die königlich sächsische Bahn die Freischärler ebenso pünktlich wie die königliche Garde. Und als zu gleicher Zeit in Jüterbog preußische Regimenter verladen werden sollten, um dem sächsischen König bei der Niederschlagung der Revolte zu helfen, da verweigerten die Eisenbahner die Abfertigung mit der Begründung, die Strecke sei durch Anschläge unbekannter Täter unbefahrbar gemacht.

Jetzt erst begriffen die Potentaten, daß man diese Eisenbahn, gegen die man sich abwartend oder ablehnend verhielt, wie in Baden und Württemberg, wankelmütig wie in Bayern, verquer wie in Hessen und unschlüssig wie in Hannover oder in Wien (»Die G'schicht mit der Eisenbahn wird sich eh net lang halten.«), daß man diese Eisenbahn in den Griff bekommen mußte. Wahrhaftig, die Badener, Württemberger, die Braunschweiger Vettern waren keine Dummköpfe, als sie beschlossen, die Bahnen als Staatsbahnen zu bauen. Auch der bayerische König war, schon vor seinem Sturz 1848 plötzlich für Staatsbahnen.

Nun mußte man nur die Eisenbahner in die Hand bekommen, was im Zuge der nach 1849 beginnenden Restauration zugunsten der Potentaten am besten dadurch geschah, daß man verdächtige Personen (Demokraten) entließ und dafür sorgte, daß zum Beispiel Lokomotivführer sowie alle für den Betrieb oder die Aufrechterhaltung der Ordnung bei den Bahnlinien Beamte wurden.

Der Lokomotivführer mußte eine Kaution stellen, erhielt aber außer seinem Gehalt noch Prämien, Meilen- und Übernachtungsgelder.

Es hatte sich herumgesprochen, daß in jenem Maiaufruhr 1849 in Dresden der Lokomotivführer Bernstein sich geweigert hatte, einen Zug mit Truppen des Alexanderregimentes zum Kampf mit den Aufrührern zu fahren. Offiziere zwangen ihn mit vorgehaltener Waffe auf die Lokomotive; auf dem Tender saß ein Soldat, das Gewehr im Anschlag auf den Lokomotivführer.

Die Angst der »Herrlein, Kleinherzöge und Däumlingskönige« hatte ihre tiefen Wurzeln. Die Ereignisse der französischen Revolution hatten ihren Eindruck hinterlassen. Nur die Uneinigkeit und die Unentschlossenheit der Frankfurter Nationalversammlung, die auf ihrer Zusammensetzung beruhte, brachte, zusammen mit den außenpolitischen Geschehnissen und den immerwährenden Spannungen zwischen den beiden Großmächten Österreich und Preußen, die Wiederherstellung der alten Machtverhältnisse.

Nachdem auch die Truppen der Fürsten in allen Staaten über die Revolutionäre gesiegt hatten, ging man daran, den Staat und dabei auch die Eisenbahnen besser zu organisieren. Man hatte verstanden, daß die Eisenbahnen, anders als das System der Postkutschen in jüngster Vergangenheit, anders auch als der Verkehr auf den wenigen Wasserstraßen, eine Staats-

Otto von Bismarck 1858

angelegenheit von eminenter politischer, wirtschaftlicher, aber vor allem hoher militärischer Bedeutung war. So Bismarck schon 1847 vor dem Vereinigten Landtag in Berlin:

»Ich glaube an die Nützlichkeit der Eisenbahn, wenn auch nicht vom materiellen oder provinziellen Standpunkt aus, so doch von dem der Konsolidierung unserer politischen und militärischen Verhältnisse!«

Man entsann sich dieser Worte nach der Niederwerfung des Aufruhrs.

BISMARCK BENÜTZT DIE EISENBAHN

Die Voraussicht Bismarcks bestätigte sich vor allem in den zwei letztgenannten Punkten. Die Konsolidierung der politischen Verhältnisse wollte Bismarck hauptsächlich durch die enge Verbindung der weit entlegenen Landesteile mit der Zentrale Berlin und durch die Herstellung von militärischen Transportlinien zu den kommenden Gegnern auf politischem Gebiet erreichen.

Das waren, und auch das sah er vollkommen richtig voraus: Österreich und Frankreich. Es galt, diese beiden Gegner in der richtigen Reihenfolge und unter Ausschaltung der anderen Großmächte, vor allem Rußland und England, zu »behandeln«.

Praktisch hieß das Linien zu bauen, die zum Aufmarsch gegen Österreich tauglich waren; zunächst einmal überhaupt Bahnen, mittels deren man alle Teile des Königreichs Preußen per Bahn erreichen konnte.

Die Karte von 1850 zeigte, inwieweit das geglückt war. Schlesien, Pommern und die Ost- und Nordseehäfen waren angeschlossen, im Westen führte eine Linie nach Aachen an die Grenze, von Gießen über Zwickau bis Dresden klaffte nach Süden eine Lücke; der einzige Übergang nach Österreich hieß Oderberg (mit Umsteigen).

Andererseits hatten auch gewissermaßen als Antwort die süddeutschen Staaten (ausgenommen Augsburg–München) ihre Linien alle von Süd nach Nord gerichtet; sie waren im Einverständnis mit Österreich, was sich bald offenbaren sollte.

Freilich war die Nord-Süd-Richtung zugleich auch marktwirtschaftlich insofern vorgegeben, als zwischen den drei Südstaaten, Baden, Württemberg und Bayern, ein heftiger, interner Konkurrenzkampf entbrannte,

dessen erstes Ziel der Bodensee war, mit der Absicht, den Transit nach der Schweiz und Italien als erster zu erreichen und damit den anderen beiden Konkurrenten abzuschneiden.

Während Baden und Bayern an die Unmöglichkeit glaubten, daß es dem württembergischen Eisenbahnbauer Etzel so rasch gelingen würde, das schwäbische Mittelgebirge, die Alb, und den Albaufstieg zu schaffen, erreichten es die Württemberger tatsächlich, durch einen Inselbetrieb Ulm–Friedrichshafen und den danach geglückten Aufstieg über die Geislinger Steige, als erste das Rennen zum Bodensee zu gewinnen. Freilich, im Endergebnis nützte es ihnen nichts.

Die Badener, im Besitz der idealen, fast ebenen Rollbahn entlang dem Rhein, schlossen sich nach Bezwingung des Isteiner Klotzes an die schweizerischen Bahnlinien an; die Bayern eroberten mit der Linie nach Lindau, aber auch nach österreichischen Grenzübergängen via Brennerpaß den begehrten Transit in den Süden.

Inzwischen verstärkten sich die Spannungen im Deutschen Bund. Zwar führten Österreich und Preußen noch den gemeinsamen Schlag gegen Dänemark: Es ging um Schleswig-Holstein, und sie erreichten auch 1864 ihr Ziel. Die Preußen erstürmten die Düppeler Schanzen, die Österreicher marschierten in Jütland ein. Damit wird die erste dänische Bahn, Altona–Kiel, eröffnet 1844, nach 20 Jahren deutsch. Es war eine Ostsee-/Nordseeverbindung.

Nachdem 1866 die Friedensverträge Preußens mit Österreich und seinen Verbündeten in Kraft getreten waren und Schleswig-Holstein Preußen zugefallen war, wird die Privatbahn 1884 von Preußen verstaatlicht. Sie hatte sich zu einer recht rentablen Linie entwickelt.

BRUDERKRIEG 1866

Krieg 1866: In dem Dezennium zwischen 1860 und 1890 ist nicht nur in der allgemeinen Geschichte, sondern auch in der speziellen Eisenbahngeschichte der preußische Abgeordnete Bismarck, der spätere Ministerpräsident Preußens und seit 1871 der Reichskanzler Bismarck, die dominierende politische Figur. Er bestimmt die Geschicke der deutschen Bahnen.

Das ganze Jahr 1865 bis zum Vorsommer 1866 lag über Mitteleuropa eine Stimmung wie vor einem großen Gewitter. In den Amtsstuben der Kriegsministerien, in den Generaldirektionen der Eisenbahnen herrschte ein fieberhafter Betrieb. Alle Eingeweihten waren sich im klaren darüber, daß eine grundsätzliche Auseinandersetzung zwischen den beiden großen deutschen Staaten Preußen und Österreich unvermeidbar war. Ganz Deutschland war in die Parteiung einbezogen. Neben Preußen standen seine Alliierten, die meisten norddeutschen Staaten, ausgenommen Hannover, Kurhessen und Sachsen, Gewehr bei Fuß. Österreich hatte sich der vier Königreiche Hannover, Württemberg, Bayern und Sachsen sowie der Mittelstaaten versichert. In Erinnerung bleibt aus Bismarcks »Gedanken und Erinnerungen« jene Unterhaltung Bismarcks mit dem hessischen Kurprinzen in Berlin, in der Bismarck dem ungeduldig auf Heimfahrt mit dem fahrplanmäßigen Zug Drängenden die Vorteile eines späteren, extra bestellten Zuges und einer damit noch längeren Diskussion vorschlug: »Der kurhessische Thron ist doch allemal einen Extrazug wert.« Doch der störrische Kurprinz ließ sich weder zum Extrazug noch zum Beitritt an Preußens Seite überreden; er hatte nach Kriegsschluß als Staatsgefangener auf der preußischen Festung Stettin sicherlich mehrfach Zeit, sich an einen bestimmten Extrazug, der nicht gefahren war, zu erinnern.

Karl Etzel

WEITERER AUSBAU DER BAHNEN IM SÜDEN ÜBERWINDUNG DER ALPEN

Die gespannte Situation vor dem Kriegsausbruch führte zu Planungen im Eisenbahnbau, die nicht nur wirtschaftspolitisch, sondern vor allem auch militärisch von Nutzen sein konnten. So interessierte sich Bismarck, schon an den übernächsten Gegner denkend, für einen Alpentunnel durch die Schweiz, Württemberg für die Erschließung Oberschwabens, über die Schwäbische Alb und Österreich für den Weg nach Triest, über den Semmering.

Auch Baden, zwar auf Seiten Österreichs, versuchte ebenfalls vor dem Krieg durch seinen Minister Roggenbach Bismarcks Meinung, und damit die Meinung Preußens, zu erkunden, wegen einer Eisenbahnlinie durch die Alpen und weiter nach Italien.

Dazu muß man wissen, daß der Gedanke, die Hochalpen mit Steilrampen und Tunnels zu durchqueren, erst seit dem wagemutigen Albaufstieg Etzels 1850 ausführbar erschien. Der schwäbische Ingenieur Carl Etzel erhielt im Verlauf des Wettrennens der drei süddeutschen Staaten an den Bodensee und damit an den Fuß der Alpen die Aufgabe zugeteilt, angesichts des raschen Fortbaues der badischen und bayerischen Konkurrenten den Steilaufstieg auf die Schwäbische Alb mit Lokomotiven zu planen. Es war 1847 mit dem Beginn der Planung gewissermaßen das erste Projekt einer europäischen Bergbahn.

Mit einem zweiten, wenngleich umfangreicheren Unternehmen, nämlich der Überquerung des Semmerings, hatte die österreichische Regierung den Ingenieur Ghega beauftragt. Hier hatte man zuvor Altmeister Stephenson zu Rate gezogen, dessen Rezept hieß: Möglichst gerade und möglichst eben zu fahren, Höhen mittels eines Tunnels zu bezwingen. Den Semme-

Carl Ritter von Ghega

ringplan, dessen größte Steigung 1:45 war, bezeichnete er als »Unglücksexperiment« und warnte ausdrücklich davor. Man hatte deshalb Gutachten eingeholt: Zwei Seilebenen mit stationären Dampfmaschinen schlug der preußische Ingenieur Beyse vor; der berühmte Vignoles wiederum war für das längst als utopisch erkannte atmosphärische System, dessen gefettete Druckluftklappen sich als Delikatesse für Ratten herausgestellt hatten.

Etzel überzeugte die Kommission mit einem kühnen Vorschlag, der in der Fassung der Kommission lautete: »Die gesamte Strecke Heilbronn–Ulm, auch der Albaufstieg, ist mit Lokomotiven zu betreiben.«

UND SO GESCHAH ES.

Es ist wirklich die erste Gebirgsbahn Europas, diese Geislinger Steige, und der Mut Etzels und seines Ge-

hilfen Knoll bleibt zu bewundern. Knoll war ein guter Sachbearbeiter und hatte die Trasse bis zum Albaufstieg trotz vieler Schwierigkeiten, die politischer Art waren und über die schon berichtet wurde, vorangetrieben. Aber er hatte für die kurze Strecke von Plochingen bis Geislingen, die man relativ eben nennen kann, zweieinhalb Jahre gebraucht.

Hätte man Knoll nach dem Grund gefragt, so hätte er geantwortet, daß es schwierig sei, in Revolutionsjahren mit einer aufrührerischen und dauernd zur Meuterei geneigten Arbeitsschar zu werken.

Beim Albaufstieg selbst mußte Etzel immer wieder nachhelfen und Rat geben.

Ein 40 000 Tonnen schwerer Fels stand im Wege: Etzel machte aus der Sprengung eine Art Volksfest: Die Schulen, die Einwohner der Stadt Geislingen und der Ortschaften bis Ulm durften zuschauen von einem sicheren Standpunkt aus. Die Pioniere der Reichsfestung Ulm, die gerade umgebaut wurde, waren geladen, um den Absturz des Felsriesen zu beobachten.

Die Straße Cannstatt–Ulm, die unter dem Felsriesen verlief, war eine Hauptstraße der Herren von Thurn & Taxis, die das Postmonopol als Erbmannsthronlehen in Deutschland besaßen. Cannstatt war ein Oberpostamt, von dem viele wichtige Linien ausgingen. Es ist für den immer populärer werdenden Gedanken der Eisenbahn bezeichnend, daß die hohen Herren der Post sofort damit einverstanden waren, daß ihre Hauptlinie für einige Tage, die man zur Trümmerbeseitigung brauchte, über »Weiler Hochsträss« umgeleitet wurde.

Jetzt konnte man die mit Kurven reichlich versehene Bergstrecke, sechs Kilometer mit einer Steigung von 1:44,5 in Betrieb nehmen, aber mit welchen Lokomotiven? Die Amerikaner-Loks der Firmen Baldwin und Norris kamen dafür nicht in Betracht. Kessler, damals Leiter der Lokomotivfabriken in Karlsruhe und Esslingen, beauftragte seinen Konstrukteur Joseph Trick mit der Albmaschine, nachdem er einen Vorschlag der Firma Baldwin als ungeeignet abgelehnt hatte.

Er verhält sich anders als Ghega, der am Semmering eine Art Rainhill-Rennen veranstaltet hatte. Ghega hatte, wie seinerzeit die Liverpool-Manchester-Gesellschaft ein Preisausschreiben für eine Lokomotive ausgesetzt, die den Semmering-Anstieg bezwingen sollte. Dieser Semmeringwettbewerb war so bekannt und für

Gedenkstein für Robert Gerwig am Bahnhof Triberg der Schwarzwaldbahn

viele Eingeweihte interessant, daß sogar Bismarck als Zuschauer daran teilnahm. Er wäre, was wiederum weniger bekannt ist, um ein Haar in eine tiefe Felsspalte abgestürzt.

Während nun Ghega 1851 noch mit vier verschiedenen Loks experimentierte und dabei feststellte, daß die Reibung Rad auf Schiene auch bei diesem Steigungsverhältnis ausreichte, einen Zug zu ziehen – ausgenommen Herbstlaub und Glatteis –, operierten Etzel und Klein, der Maschinenobermeister, mit der von Trick entworfenen C-Alb-Lokomotive.

Von der C-Alb-Maschine, die großen Einfluß auch auf die Lokomotivkonstruktionen anderer Länder hatte, deren Leistungen Ghega bei seinem »Semmering-Experiment« ermutigten, wird im Kapitel V, Abschnitt Entwicklung der Dampflokomotive, noch einmal zu sprechen sein.

So waren auch die St.-Gotthard-Pläne aufgrund dieser Erfahrungen schon 1865 so weit gediehen, daß es im Einvernehmen mit der Schweiz – zu einem Zusammentreffen des preußenfreundlichen badischen Verkehrsministers Roggenbach und des schweizerischen Nationalrats Escher mit Bismarck in Baden-Baden, wo König Wilhelm I. von Preußen zur Kur weilte, gekommen war.

In diesem Zusammenhang sei des genialen badischen Eisenbahnbaumeisters Robert Gerwig (1820–1885) gedacht, des Erbauers der Schwarzwaldbahn (1865–1873) und Erfinders der Doppelschleifen und Kreiskehrtunnels, die er auch bei der Planung der Gotthardbahn (seit 1862) einbrachte, wodurch die erst vorgesehenen störenden Spitzkehren entfielen.

Die Begegnung in Baden-Baden war, wie man damals schon sagte, höchste Eisenbahn. Denn einen Monat später, Oktober 1865, als die Spannungen zunahmen, wurde Roggenbach durch einen österreichfreundlichen Nachfolger in Baden ersetzt.

Escher bezeichnete später diese Besprechung als für die Schweiz »von größter Bedeutung«, was nichts anderes als das »Inaussichtstellen« von Zuschüssen zum Bau der Gotthard-Linie in Millionenhöhe bedeutete. Tatsächlich trat das Deutsche Reich 1871 dem Gotthard-Vertrag zwischen der Schweiz und Italien bei. Vorgesehen war eine Subvention deutscherseits von 85 Millionen Schweizer Franken.

Für Bismarck, der im Hinblick auf die kommende Aus-

einandersetzung mit Österreich einen geheimen Vertrag mit Italien im April 1866 geschlossen hatte, der in einer bestimmten Frist einen gemeinsamen Angriff auf Österreich vorsah, gab dieser Vertrag zugleich eine Art Rückendeckung gegen Frankreich, das sich nicht ungern an der Auseinandersetzung zwischen Preußen und Österreich beteiligt hätte, zumindest um die Hand in diesem europäischen Spiel zu haben.

So ging das Interesse Bismarcks und damit Preußens dahin, einen neutralen Weg nach Italien zu erhalten, wofür es nicht nur militärische, sondern auch handelspolitische Argumente vorzutragen wußte.

VORGEPLÄNKEL MIT PREUSSEN – ES GEHT UM HOHENZOLLERN

Eine zweite – für Württemberg wichtige – Angelegenheit wurde ebenfalls im Vorfeld des Bruderkrieges von 1866 verhandelt und abgeschlossen. Es war allgemein bekannt, daß die süddeutschen Staaten, insbesondere Baden und Württemberg, an den Ernstfall gar nicht glaubten, ihn sozusagen gar nicht für möglich hielten. Sie waren deshalb auch nicht gerüstet. Es gab keinerlei militärische Aufmarschpläne, keinerlei genaue Absprachen mit dem voraussichtlichen Hauptverbündeten Österreich. Nur so konnte man sich auch die Verhandlungen mit Preußen um ein Durchmarschrecht vorstellen, die gewiß entweder lächerlich oder sinnlos gewesen wären, wenn Württemberg wirklich an einen nahe bevorstehenden Krieg geglaubt hätte.

So verhandelte man in aller Unschuld mit Preußen, über die hohenzollerischen Lande, die Einsprengsel im württembergischen Gebiet waren, wegen eines Vertrags, der die Durchfahrt durch preußisches Gebiet gestattete. Zuvor waren die Verhandlungen mit Preußen wegen der Führung der oberen Neckarbahn durch das hohenzollerische Gebiet bei Horb gescheitert. Das war um 1860 und wohl eine Folge der Konferenz in Lindau vom Oktober 1850, wo sich Württembergs König Wilhelm I. von Preußen losgesagt und Österreich zugewandt hatte. Österreich hatte seine Aufstände in Österreich selbst und Ungarn zum Teil mit russischer Hilfe blutig niedergeschlagen; es fühlte sich stark wie selten zuvor.

Preußen, das den Gesinnungswandel wohl kannte, ließ sich trotzdem 1865 überraschenderweise auf Verhand-

72

Hechingen mit der Burg Hohenzollern

lungen mit Württemberg ein: Württemberg mußte aber das Durchfahrtsrecht durch die preußische Provinz, die als Enklave, als Nagel im Fleisch des Landes Württemberg lag, teuer bezahlen.

Der Vertrag von 1865 gestattete fünf durch hohenzollerisches Gebiet führende Eisenbahnstrecken.

Dieser Vertrag, der der preußischen Provinz große Vorteile brachte, insofern, als er diese reine Agrarprovinz an die große »süddeutsche Eisenbahnkommunikation«, um mit List zu sprechen, anschloß, setzte in kargen Worten fest, daß Württemberg alle Kosten dieser Linien zu tragen hatte.

Wahrhaftig, eine gewaltige Gegenleistung für das bloße Durchfahrtsrecht, das die unerbittlichen preußi-

schen Unterhändler unter Augenzwinkern zugestanden.

Wahrscheinlich wußten sie, daß Württemberg für den Fall des Sieges Österreichs über Preußen, den man im Süden für sehr wahrscheinlich hielt, sich die Annexion Hohenzollerns ausbedungen hatte.

1849 war aus den Fürstentümern Hohenzollern-Hechingen und Hohenzollern-Sigmaringen die preußische Provinz Hohenzollern mit Hauptort Sigmaringen entstanden. (Heute gehört Hohenzollern zum Land Baden-Württemberg.)

Innenpolitisch – und dies gilt für die ganzen süddeutschen Staaten in diesem Zeitraum – drängten jetzt die Städte, die Handelsvorstände, die gesamte Presse den Monarchen und die Regierungen, endlich überall die Eisenbahn einzuführen. Unter diesem Druck überreichte die Regierung der Öffentlichkeit eine Karte, in der neben bestehenden oder im Bau befindlichen Eisenbahnen die vorgeschlagenen Bahnen und eine Anzahl von Bahnen eingezeichnet waren, deren Bau in späterer Zeit, je nach Umständen in der einen oder anderen Richtung möglich oder zu empfehlen war. Ähnliche Petitionen gab es in den norddeutschen Staaten.

An diesem Beispiel erkennt man den außerordentlichen Umfang des Gesinnungswandels in den deutschen Landen. Die Eisenbahn war selbstverständlich geworden.

IV Zwischen zwei Kriegen

MOLTKE UND DIE BAHN

In Preußen hatte man die universelle Bedeutung der Eisenbahn frühzeitig erkannt. Bekanntlich hatte der junge Offizier Helmuth von Moltke (1800–1891) in einer Schrift von 1842 auf die Bedeutung der Bahn als »militärisches Operationselement« hingewiesen. Er war sich der Unterstützung des Hofes sicher, sprach doch König Wilhelm IV. von Preußen bei der Einweihung der ersten preußischen Bahn Berlin–Potsdam 1838, an der eine Anzahl Offiziere teilnahm, von dem »eisernen Karren«, den kein Menschenarm mehr aufhalten könne.

Dieser eher weichherzig denkende Monarch hatte mit seiner Prophezeiung, die aus einem sensibel beobachtenden Gemüt stammte, ins Schwarze getroffen.

Schon 1832 war Moltke aufgrund hervorragender Leistungen in den Generalstab gerufen worden. 1842

Die Eisenbahn zwischen Berlin und Potsdam

Helmuth von Moltke (1800–1891)

Dazu ließ Moltke Anweisungen ausarbeiten, die den Direktionen der einzelnen Bahnen vorschrieben, wie Truppentransporte zu organisieren waren.

Auch gab es für den Ernstfall Alarmpläne, nach denen Betrieb und Verkehr überwiegend oder allein dem militärischen Zweck zu dienen hatten.

Dies alles wurde vervollkommnet durch die Weisung, auf Hauptlinien, soweit nicht vorhanden, ein zweites Gleis zu legen.

Bekanntlich waren in den Revolutionsjahren 1847/49 schon Truppen per Bahn befördert worden. Bei den kriegerischen Auseinandersetzungen mit Dänemark, insbesondere im Jahre 1864, hatte Moltke in die von ihm bearbeitete Planung die in nördliche Richtung führenden Eisenbahnlinien schon einbezogen.

Auch in der bevorstehenden Auseinandersetzung mit Österreich wurde die Eisenbahn gemäß Moltkes Plänen eingesetzt. Im Verlaufe von sieben Wochen vollzog sich der Truppenaufmarsch gegen die deutschen Staaten, die auf der Seite Österreichs kämpften. Es waren fünf Strecken, auf denen täglich 40 Militärtransportzüge verkehrten.

Im Verlauf des Krieges, der ja nur vom 14. Juni bis 23. August 1866 dauerte, wurden von Moltke auch die westlichen Staatsbahnen Sachsens völlig für Militärtransporte in Anspruch genommen. Das war aufgrund des raschen Vormarsches des preußischen Heeres, das schon Ende Juni ganz Sachsen besetzt hielt, ebenso möglich wie die Benutzung der hannoverschen und kurhessischen Linien. Die Regierungen dieser drei Staaten hatten die Aufforderung Bismarcks, bei Kriegsanbruch sich auf die Seite Preußens zu stellen, bekanntlich abgelehnt.

Erst im Herbst 1866 konnten die Eisenbahnen in Preußen und den okkupierten Gebieten wieder ihren regelmäßigen Dienst aufnehmen.

wurde er Major im Generalstab, machte sich inzwischen einen Namen als Reformator der türkischen Armee und wurde 1858 zum Chef des Generalstabes ernannt, einem Posten, den er bis 1888 – also bis zum Tode Kaiser Wilhelms I. – bekleidete.

Moltke hatte schon vor 1858 sein besonderes Augenmerk auf die Eisenbahnen gerichtet. Er empfahl, bei neuen Bahnen auch die strategische Situation zu berücksichtigen. Zivile Bahnen mußten auch für militärische Belange technisch ausgerüstet und geeignet sein. Wichtige strategische Linien sollten gebaut werden, auch wenn der zivile Nutzen nur gering zu werden versprach.

Seit 1858 konnte Moltke diese Überlegungen in die Tat umsetzen; er hatte dabei die volle Unterstützung der Regierung.

Oberste Voraussetzung war dabei die Planung eines Eisenbahnnetzes, das die Einheit Deutschlands unter preußischer Führung festigen sollte.

PREUSSENS SIEG
GRÜNDUNG DES DEUTSCHEN BUNDES
LAGE DER EISENBAHNEN

Der verlorene Krieg bekam denen, die sich Preußen verweigert hatten, schlecht. Schleswig-Holstein fiel an Preußen. Noch wichtiger freilich war für den Sieger, der sich schon in einem früheren Vertrag ein Durchmarschrecht durch Kurhessen ausbedungen hatte, um die Verbindung mit den westlichen Landesteilen nicht zu verlieren, daß die Früchte des Sieges Preußens Kommunikationslinien bedeutend vergrößerten und verstärkten. Der Zuwachs an Eisenbahnstrecken betrug über 1100 Kilometer.

Die Annexion Hannovers, Kurhessens, Nassaus und der freien Stadt Frankfurt gab jetzt die Möglichkeit, ein in Norddeutschland bis zur Mainlinie geschlossenes Staatsgebiet in den von Bismarck angestrebten und nach Überwindung einiger Schwierigkeiten gegründeten Norddeutschen Bund einzubringen.

Hatte Moltke, ganz im Sinne Bismarcks, mit den überlegen geführten preußischen und verbündeten Truppen unter vollem Einsatz der Eisenbahnen und mit Hilfe von technischen Innovationen, deren wichtigste das Zündnadelgewehr war, den Krieg gewonnen, so versuchte Bismarck jetzt, in Verhandlungen auf diplomatischem Wege die Lage aufs Beste auszunützen und zu stabilisieren.

Hier interessieren vor allem die in den Verträgen vorgesehenen Eisenbahnfakten und -daten. Doch sind sie nicht verständlich, wenn man die größeren Zusammenhänge nicht kennt.

So mußten die süddeutschen Staaten zwar eine angemessene Kriegsentschädigung bezahlen, kamen jedoch ohne Gebietsabtretung davon. Die Kriegsentschädigung war übrigens nicht höher als die Einnahme über ein Jahr aus der Administration Eisenbahn. Die Staaten behielten auch ihre Souveränität und mußten sich lediglich verpflichten, bei einem etwaigen Kriegsausbruch ihre Truppen unter preußischen Oberbefehl zu stellen. Sie behielten auch die Verfügung über ihre Eisenbahnen. Das Großherzogtum Hessen allerdings, mußte für den oberhessischen Teil der Main-Weser-Bahn eine Einflußnahme Preußens zugestehen. Sie ergab sich schon daraus, daß der kurhessische und Frankfurter Teil der Linie durch die Annexionen zu Preußen kam.

Im übrigen respektierte Preußens Politik die Mainlinie, schon um Frankreichs Begehrlichkeit nicht zu reizen. Napoleon III. hatte während der Zeit der innerdeutschen Spannungen immer wieder versucht, sich einzumischen, wobei er die Interessen der süddeutschen Staaten und Österreichs zu wahren behauptete.

Dem norddeutschen Bund war in der von Bismarck ausgearbeiteten Verfassung in Artikel 41 bis 47 das Eisenbahnwesen zur alleinigen, gänzlichen Regelung übergeben worden.

Bismarcks Grundidee, die er auch später weiterverfolgte, war für die damalige Zeit unerhört modern: Die deutschen Eisenbahnen, ob staatlich oder privat, sollten wie ein einheitliches Netz verwaltet werden. In heutigen Worten bedeutet das, daß Betrieb und Verkehr von einer großen Zentrale aus gesteuert werden, wie dies praktisch heute bei allen großen nationalen Netzen geschieht. Das heißt, daß durchaus regionale Betriebsleitungen bestehen, die aber miteinander aufs engste verflochten sind und der zentralen Betriebsleitung und deren Weisungen unterstehen.

Zusätzliche, aus strategischen Gründen erwünschte Bahnen konnten gebaut werden, selbst wenn der jeweilig betroffene Bundesstaat widersprach. Auch sonst war Weisungen der Bundesorgane auf eisenbahnmilitärischem Gebiet zu entsprechen. In diesen letzten Fällen sollte es allerdings Subventionen vom Bund geben.

Seit 1868 bereitete Moltke unter dem Eindruck der zunehmenden Spannung zwischen Deutschland und Frankreich einen Operationsplan gegen Frankreich vor. Er beruhte als Aufmarschplan auf den Erfahrungen, die Moltke in den vorherigen Feldzügen mit der Eisenbahn gemacht hatte.

Dazu gehörte vor allem der Ausbau der Eisenbahnlinien in Preußen, der verstärkte Bau in den annektierten Gebieten und der Wunsch Preußens, auch die süddeutschen Staaten und Sachsen sollten den Weiterbau, vor allem in militärischem Sinne, betreiben.

Wieweit dies geschah, zeigt die Karte »Eisenbahnen 1870«.

Das Wichtigste: 1870 standen 11 Eisenbahnlinien zur Verfügung, davon vier Linien von Berlin an die Westgrenze:

Berlin – Hannover – Köln

Berlin – Kreiensen – Dortmund – Köln

Berlin – Halle – Kassel – Koblenz – Neunkirchen (Saar)

Berlin – Halle – Bebra – Frankfurt und über die Pfalz.

Am 19. Juli 1870 erklärte Frankreichs Napoleon III Preußen den Krieg. Sofort erklärten alle süddeutschen Staaten den Bündisfall für gegeben.

Frankreich, das mit der Unterstützung durch Österreich und Italien gerechnet hatte, blieb isoliert.

Die Deutschen Eisenbahnen
1870

——————— Von 1835 bis Ende 1865 eröffnete Eisenbahnen
————————— „ 1866 „ „ 1870 „ „

Die deutschen Eisenbahnen 1870

»Die ohne alle Störung bewerkstelligte Beförderung der Heeresmassen auf der Eisenbahn, der Aufmarsch der drei Armeen am Rhein sowie die Leitung der Kriegsoperationen selbst, erfüllten alle Welt mit Bewunderung und Vertrauen.« Tatsächlich wurden in 14 Tagen mit täglich 60 Zügen 380 000 Mann nebst Pferden und Ausrüstung auf elf Eisenbahnlinien befördert. Eine hervorragende Leistung.

Auch Bismarck bewunderte diese Leistung. Er wurde erst ärgerlich, als er im zweiten Teil des Feldzuges vor Paris feststellen mußte, daß der Fortgang der Operation bei Cagny, wo die Eisenbahnverbindungen unterbrochen waren, gänzlich stockte. In Ermangelung von Eisenbahnmaterial mußten zur Beförderung der Belagerungsgeschütze für Paris 4000 Pferde herbeigeschafft werden.

Doch steckten nicht nur Transportschwierigkeiten hinter dieser Stagnation. König und Kronprinz, aus persönlichen Gründen, aber auch Moltke, aus strategischen Gründen, wirkten hemmend.

Schon 1866 hatte Moltke den ihm allzu zahm erscheinenden Friedensbedingungen widerstrebt. Moltke

Truppenentladung und Bahnbewachung

wollte den perfekten Sieg.

Bismarck, mit weiterreichenden Plänen, strebte die Versöhnung mit Österreich und den süddeutschen Staaten an. Es gelang ihm auch, im Krieg gegen Frankreich das Primat der politischen vor der militärischen Führung durchzusetzen.

So ist das deutsche Kaiserreich unter preußischer Dominanz aus den Ideen dieser zwei genialen Menschen entstanden, dem auf Perfektion bedachten militär-strategischen Genie Moltkes und dem psychologisch fundierten diplomatisch-planenden Genie Bismarcks.

Paris fiel am 28. Januar 1871. Die Kaiserproklamation fand zehn Tage zuvor im Spiegelsaal von Versailles statt.

Kaiserproklamation von Versailles

79

POKERSPIEL

Ihr ging ein langwieriges Pokern mit den süddeutschen Staaten, in dem es auch um die Eisenbahnen ging, voraus. Zunächst war es Bayern, das aus seinem Beitritt zum Norddeutschen Bund und zum neuen Kaiserreich Vorteile vor allem aus dem Landgewinn des 70er Krieges zu erreichen versuchte. Dazu muß man wissen, daß dem Verlierer Frankreich die hohe Entschädigungssumme von fünf Milliarden Goldfranken auferlegt worden war. Zugleich mußte es das Elsaß ohne Belfort und Lothringen einschließlich Metz abtreten. Die strategischen Forderungen Moltkes waren weitergehend – doch Bismarck setzte sich durch in der trügerischen Hoffnung, irgendwann den Ausgleich mit Frankreich zu finden.

Bayern verlangte in den Verhandlungen vor Gründung des neuen Reichs einen Länderaustausch mit Baden (zum Beispiel die alte Kurpfalz gegen Elsaß-Lothringen und anderes) und Ausnahmerechte. Auch Württemberg – auf seine verwandtschaftlichen Beziehungen zu Rußland gestützt – versuchte, möglichst viel herauszuhandeln.

Indem Bismarck nun Bayern nachgab und ihm volle Souveränität über die Armee, die Eisenbahnen, die Post und anderes zugestand, konnte er die Anforderungen Württembergs wesentlich niedriger bewilligen: Armee, Eisenbahn und Post nebst Telegrafenverwaltungen verblieben in eingeschränktem Umfang dem Königreich.

Für die Einigung mit Bayern und vor allem dafür, daß Bayerns König Ludwig II. mit einem »Kaiserbrief« im Namen der deutschen Fürsten König Wilhelm I. die deutsche Kaiserkrone anbot, versprach Bismarck, die immensen persönlichen Schulden des bayerischen Märchenkönigs aus dem in Hannover bei der Annek-

Erfrischung von Truppen an der Wasserstation der Köln-Mindener-Bahn bei Düsseldorf, August 1870

Trevithicks Lokomotive

Überfall im Höllental
(Schwarzwald)

Dampfwagen London–Birmingham 1833, ein Vorläufer des heutigen Busses

»Der Adler« zwischen Nürnberg und Fürth

Bezwinger des Isteiner Klotzes

Max Beckmann: Der neue
Bahnhof in Frankfurt, 1888

Adolf von Menzel: Berlin-Potsdamer-Bahn

2C1-Schnellzuglok der
bayerischen Staatsbahn
S 3/6 Maffei 1907/08, Typ
Pazific. Sie gilt als
schönste Lok. Entschei-
den Sie selbst!

Salonwagen Ludwig II.
von Bayern

Innenansicht des Salon-
wagens Ludwig II. von
Bayern

Salonwagen Bismarcks

88

Ludwig II., König von Bayern

tion beschlagnahmten »Welfenfonds« zu decken, was auch geschah. Einige Historiker bezeichnen dies als »wenig würdig«. Von einem modernen Standpunkt aus allerdings ist diese Beurteilung kaum haltbar. Einmal war Ludwig II., von gelegentlichen Ausfällen abgesehen, kein Feind der nationalen Sache, zum zweiten aber haben sich die Traumschlösser, erst von Kunstkritikern verachtet (in Kunstführern nicht erwähnt) als großartige touristische Anziehungspunkte für dieses an sich schon schöne Land mit seinen Seen und Bergen erwiesen. Der König, der ein wenig glückliches, einsames Leben führte, hat mit dem besonderen und durchaus einheitlichen Stilgefühl auch einen Salonzug gestalten lassen, der seinesgleichen sucht. Er wird in Kapitel V vorgestellt.

ZWEI FOLGENSCHWERE HYPOTHEKEN

Auf die Errichtung des deutschen Kaiserreiches folgte eine 44jährige Epoche des Friedens. Man sollte nicht verschweigen, daß zwei schwere Hypotheken dieses Deutschland belasteten.

Einmal der Revanchegedanke Frankreichs: »Immer daran denken, nie davon sprechen.« (Gambetta, 1872) Zum zweiten war die Hoffnung vieler Deutscher auf eine großdeutsche Lösung – mit Österreich – für lange Zeit begraben.

Diese vier Dezennien der Ruhe, in die am 18. März 1890 wie ein Donnerschlag Bismarcks Entlassung fällt, bringen dem Deutschen Reich einen ungeheuren Aufschwung auf allen Gebieten. Während Deutschland wirtschaftlich in die Reihe der Weltmächte eintritt, sieht die politische Entwicklung nicht so günstig aus. Moltke und Bismarck waren ausgeschieden. Einer der Nachfolger Bismarcks, Caprivi, bekannte offen, daß er »dem Spiel mit fünf Kugeln« (Rußland, England, Frankreich, Italien, Österreich) nicht gewachsen sei.

Die ersten Jahre nach dem Siege über Frankreich sind gekennzeichnet durch einen ungeheuren Boom, eine wirtschaftliche Euphorie über alle Maßen. Sie endet mit einem Katzenjammer, einer Weltwirtschaftskrise sondergleichen.

IN DIESEN JAHREN . . .

In diesen Jahren wird Rom zur Hauptstadt Italiens, die »Internationale« wird zur sozialistischen Hymne, Zola beginnt seine Familienromanserie »Rougon-Macquart«, und das Ende des Kirchenstaates fällt zeitlich zusammen mit dem Dogma von der Unfehlbarkeit des Papstes; der französische Maler Corot malt »die Dame mit der Perle«, und der Maler Moritz von Schwind stirbt. In Kairo wird Verdis Oper »Aida« anläßlich der Eröffnung des Suez-Kanals uraufgeführt; Monier, ein französischer Gärtner, erfindet den Stahlbetonbau, Schliemann findet die Stelle, wo das antike Troja stand, Hansen entdeckt den Lepra-Bazillus, Maxwell erkennt das Licht als elektro-magnetische Welle, Stanley trifft den längst verschollenen Livingstone in Ostafrika. Deutschlands Einwohnerzahl steigt auf 41 Millionen, die Reichsbank (1876) wird gegründet, sie ist Zentralnotenbank; Darwin deutet »die Abstammung des Menschen« aus der tierischen Hominiden-Gruppe, an der Universität Zürich gibt es erste Medizinstudentinnen, und in der Frauenmode verdrängt die Tournüre den Reifrock und die feinere Krinoline.

Die fünf Milliarden Goldfranken Kriegsentschädigung, die Frankreich an Deutschland zu zahlen hatte, waren überraschend schnell aufgebracht worden. Die Kaution: Besetzung der französischen Ostprovinzen durch das Militär wurde aufgehoben.

DRITTE EISENBAHNKRISE / DER FALL STROUSBERG

Die fünf Milliarden erwiesen sich im weiteren Verlauf der Geschichte als wahres Danaer-Geschenk. Sie bewirkten die stärkste Wirtschaftskrise dieses Jahrhunderts in Deutschland, eine Krise, die sich ansteckend, wie Krisen sind, in eine Weltwirtschaftskrise verwandelte. Von der Geschichte der Eisenbahnen her gesehen war es die dritte Krise nach der ersten 1839/40 und nach der zweiten 1848/49.

Wieder verloren unzählige gutgläubige Bürger, aber ebenso gewiefte Kaufleute ihre mühsam ersparten Groschen. Einer davon war der berühmte Maler Adolph Menzel. Er war ein Maler der Historie, und

mancher wird sich an seine Bilder »das Flötenkonzert von Sanssouci« mit Friedrich dem Großen als Flötist oder an sein Gemälde, das die »Abreise König Wilhelm I. zur Armee (1871)« zeigt, erinnern.

Die Eisenbahn behandeln unter anderem die Themen »Berlin-Potsdamer-Bahn« und »Nach durchfahrener Nacht«.

Alle die berühmten Honoratioren, die Bilder bei ihm kauften oder Porträts bestellten, spekulierten. Worin? In Eisenbahnaktien. Die Milliarden, die in Festungsbauten und wichtigen öffentlichen Bauwerken, aber auch in militärischen Eisenbahnlinien angelegt werden sollten, fanden ihren Weg an die Börse, an der zum Beispiel die Aktien neuer Eisenbahnlinien gehandelt wurden.

Beim Ankauf des zweiten Bildes sprach Menzel den Käufer, einen Unternehmer, Manager, Makler von Eisenbahnaktien an. Er hatte sich vorher über diesen Newcomer, Bethel Henry Strousberg, erkundigt. Strousberg, aus einer Schutzjudenfamilie in Neidenburg stammend, war über London, wo er sich als Jour-

Adolf von Menzel: Nach durchfahrener Nacht

nalist mehr schlecht als recht ernährte, nach Berlin gekommen. Das dort blühende Eisenbahngeschäft faszinierte ihn. Die kleinen Sparer wie auch die großen Magnaten, der Fürst von Hohenzollern, der Herzog von Ratibor, der Graf Lehndorf suchten Beteiligungen und wandten sich dabei an Strousberg.

Strousberg war nach dem deutschen Sieg in die Wilhelmstraße umgezogen, er unterhielt seine Büros in der Jägerstraße. Ständig sammelten sich dort Leute aus allen Ständen, die in Kohle, Eisenbahn oder »Sandschollen« einsteigen wollten.

Menzel wird zur Einweihungssoirée in das neue Haus Strousbergs zusammen mit vielen anderen potenten Kunden und Ministerialen eingeladen. Er fragt ihn nebenbei im Wintergarten nach den Aussichten. Strousberg rät ihm ab. Spekulationen dieser Art sind nichts für kleine Anleger.

Doch Menzel, der körperlich kleine, doch große, weil weltberühmte Maler engagiert sich in Aktien der Rügen-Eisenbahn, die von Bergen aus gebaut werden soll.

Inzwischen baut Strousberg die Berlin-Görlitzer, die rechte Oderufer-Bahn, die Märkisch-Posener, die Halle-Sorauer, die Hannover-Altenbekener-Bahn. Im Ausland die Brest-Grajewo-Bahn, die ungarische Nord-Ost-Bahn und rumänische Strecken; zusammen etwa 3000 Kilometer.

Strousberg finanziert die Bauten damit, daß er die Bauunternehmer mit Aktien der zu bauenden Bahnen bezahlt. Doch hört man nichts davon, daß er etwa schlecht oder schlampig bauen würde.

Im Gegenteil: Er hat Ideen, die ihm aus dem Zukauf der Eisenbahn verwandter Objekte kommen: So erwirbt er die Egestorffsche Lokomotivfabrik zu Minden bei Hannover und führt dort beim Bau der Lokomotiven die rationalisierende Beschränkung auf bestimmte Normalbauarten ein; er kauft Gruben, Hütten, ganze Herrschaften, wie zum Beispiel Zbirow in Böhmen. Er sah sich als eine Art Napoleon des Eisenbahnwesens. Zweifellos hatte er sich dabei übernommen.

Als oberstes Unternehmen mußte die Berlin-Nordeisenbahngesellschaft, die den Bau der Strecke Berlin-Neustrelitz-Stralsund unternommen hatte, ihre Insolvenz anmelden. Weitere Bahnen folgten. Das war kein Wunder: In Sachsen gab es zwischen 1872 und 1873, als der »Gründertaumel« auf der Höhe war, allein 50

neue Konzessionen; im norddeutschen Raum, überwiegend in Preußen, 22 neue Gesellschaften.

Jetzt zeigte sich, daß die stabile Verfassung der Staatsbahnen, deren Garant der jeweilige Staat war, dem unseriösen Aktienhandel und -schwindel weit überlegen war.

Das behaupteten jetzt auch Börseninstitute, die ihrem vorherigen Verhalten zuwider dem preußischen Staat vorschlugen, die wertlosen Aktienpakete, auf denen sie saßen, zum Zwecke der Institution von Staatsbahnen anzukaufen.

Aber zurück zu Strousberg. Als es an der Börse zu kriseln begann und man von Börsenkrach und -skandal zu sprechen anfing, hielt sich Strousberg in Moskau auf. Er wird auf ein Fahndungsersuchen hin verhaftet und an Preußen ausgeliefert. Verzweifelt bittet er den Untersuchungsrichter, ihn freizulassen, damit er den drohenden Konkurs seiner Unternehmungen in Deutschland und Österreich verhindern könne. Er erklärt ihm die Bedeutung der Begriffe Kredit und Risiko: »Wenn sie es jetzt riskieren, meine Unternehmen, die allein auf meinen Kopf und Namen gestellt sind, verwaist zu lassen, ist mein Kredit verloren – ist alles verloren.«

Strousberg verliert gegen Eduard Lasker, den Abgeordneten und Initiator eines neuen Aktiengesetzes. Im Reichstag erhebt Lasker gegen Strousberg die schwersten Vorwürfe von »Komplizentum und Bestechung des Adels und der Beamten bis zu Lug und Betrug, wohin man greift«.

Der Sündenbock ist gefunden. Die Strousbergschen Firmen gehen in Konkurs; er selbst ist erledigt und verbringt seine letzten Jahre, Denkschriften verfassend, in kümmerlichen Verhältnissen.

Menzel hat seine Ersparnisse verloren; der Hauptaktionär der Rügenbahn, Fürst Putbus, büßt acht Millionen Goldmark ein.

Das Ergebnis eines parlamentarischen Untersuchungsaussschusses ist aufschlußreich: Bei der Errichtung privater Bahnen kommt es zu Spekulationen, »zur wilden Agiotage«, zu Konkursen und Zusammenbrüchen von Baugesellschaften, zu »Lug und Betrug«. Das Votum: Man baue Staatsbahnen.

Man stelle die vorhandenen Privatbahnen unter strengere Aufsicht oder kaufe die Bahnen an und übernehme sie damit in Staatsbesitz. Denn dort, wo das

Staatsbahnprinzip von Anfang an herrschte, wie etwa in Baden oder Braunschweig, Oldenburg oder Württemberg, gab es keine Skandale.

So plant Bismarck, der die Entwicklung aufmerksam verfolgt hat, ein Reichseisenbahngesetz. Es entspricht dem Artikel der Reichsverfassung von 1871, der wiederum aus der Verfassung des Norddeutschen Bundes stammt, wonach alle Eisenbahnen des Reiches als ein einheitliches Netz verwaltet werden sollten.

Aber Bismarck scheitert damit 1875. Der Grund: Die süddeutschen Staaten wollen ihre angestammten Rechte auf Bahn und Post nicht preisgeben. Sie kämpfen verzweifelt und erbittert um diese Rechte. Ein besonders drastisches Beispiel bietet Württemberg.

Württemberg war, wie Baden, 1870 dem Norddeutschen Bund beigetreten. Das Ministerium das badischen großherzoglichen Hauses und der auswärtigen Angelegenheiten war die vorgesetzte Stelle der neugeschaffenen Generaldirektion der badischen Staatsbahnen.

Auch in Württemberg unterstand die Generaldirektion der Staatseisenbahnen dem Ministerium der auswärtigen Angelegenheiten.

Nun hatte, wie schon angedeutet, der Norddeutsche Bund, dessen Verfassung Bismarcks Handschrift trug, Grundsätze der alten Reichsverfassung von 1849, die weitsichtig in Artikel VI, §§ 29–31, dem Reich die Oberaufsicht und die Gesetzgebung über Eisenbahnen der Bundesstaaten übertrug, auf die neue Verfassung übernommen. Bismarck hatte diesen liberalen Gedanken, der ihm ins Konzept paßte, mit aller Absicht in die neue Verfassung des Norddeutschen Bundes übernommen, wohl wissend, daß er damit eine größere Resonanz erwarten konnte.

Diese von Bismarck noch deutlicher im Interesse der Landesverteidigung formulierten Artikel enthielten den Grundsatz, daß deutsche Eisenbahnen im Bundesgebiet der Beaufsichtigung und Gesetzgebung des Reiches unterliegen müssen. So gelangten die Bestimmungen unverändert auch in die Reichsverfassung vom 16. April 1871.

Auch hatte Bismarck den widerspenstigen Bayern auf diesem Gebiet größere Zugeständnisse gemacht: Artikel 41–46 und Artikel VI, 8 sollten für Bayern, wenn es um das Interesse des allgemeinen Verkehrs ging, nicht gelten. Mit anderen Worten: Das Reich hatte im Frie-

den Bayern in diesen Angelegenheiten nichts dreinzureden.

Allerdings hatte Bismarck in den Verhandlungen Bayern klargemacht, daß im Krieg Bayern Sonderbestimmungen oder Ausnahmen nicht geltend machen könne.

Um was ging es dabei?

Nach Artikel 42 waren sämtliche Bundesstaaten, also auch Baden und Württemberg – Bayern ausgenommen – verpflichtet, »die Eisenbahnen im Interesse des allgemeinen Verkehrs wie ein einheitliches Netz zu verwalten und auch die neu herzustellenden Bahnen nach einheitlichen Normen anlegen und ausrichten zu lassen«.

Nach Artikel 43 waren übereinstimmende Betriebseinrichtungen und gleiche Bahnpolizeivorschriften vorzusehen. Artikel 45 gab dem Reich die Tarifhoheit.

Artikel 47 aber bestimmte – hier wörtlich zitiert – »daß den Anforderungen der Behörden und des Reiches in Betreff der Benutzung der Eisenbahn zum Zweck der Verteidigung Deutschlands sämtliche Eisenbahnverwaltungen unweigerlich Folge zu leisten haben. Insbesondere ist alles Kriegsmaterial zu gleichen, ermäßigten Sätzen zu befördern«.

Liest man diese Sätze und vergegenwärtigt man sich, daß fast alle Fürsten der Bundesstaaten, einschließlich des neugewählten Kaisers fast stets in Uniform auftraten, so kann man sich des Eindrucks nicht erwehren, daß hier das Militär mit all seinem Gepränge, Uniformen, Schaftstiefeln und Säbelrasseln die Szene beherrschte. Man betrachte nur das Bild von der Reichsgründung in Versailles, wobei allerdings zu bemerken ist, daß damals Kriegszustand herrschte. Noch war die Festung Paris nicht gefallen. Überdies hätten zu jener Zeit ähnliche Großveranstaltungen in europäischen und außereuropäischen Staaten wohl genauso ausgesehen.

Deshalb täusche man sich nicht: Wohin man auch bei den Nachbarn blickt, es ist dasselbe Schauspiel: Kriegsvorbereitungsgespräche, Manöver und vor allem Rüstung zu Wasser und zu Lande, wobei dem Bau militärischer Eisenbahnlinien, vorzüglich in Frankreich und Rußland, der erste Rang gehört.

DAS MUTET RECHT MODERN AN.

Nachzutragen ist, daß in Deutschland in den Kriegsleistungsgesetzen von 1873 und 1898 die Anforderungen an die Bahnen speziell festgelegt waren.

Bismarck,der schon aus moralischen Gründen den Krieg nicht herbei wünschte, ihn auch mit der Zeitverzögerung, die solchen soliden, weil psychologisch fundierten Vertragskonstruktionen innewohnt, 44 Jahre lang von Deutschland fernhielt, Bismarck nützte die Zeit, indem er die Verfassungsermächtigungen ausschöpfend noch im Norddeutschen Bund das Betriebsreglement (1. Oktober 1870) und das Bahnpolizeireglement in Kraft treten ließ. Das ist heute die Eisenbahnverkehrsordnung und die Eisenbahnbau- und -betriebsordnung.

Was Bismarck damit für die Sicherheit, Schnelligkeit und Flüssigkeit des Eisenbahnverkehrs bewirkt hat, kann nur der ermessen, der weiß, daß rund 80 Bahnen größeren Umfangs ungeachtet der zahlreichen Privatbahnen und zusammen mit den staatlichen Netzen recht verschiedene Normen in Betriebsweise und Verkehr, in Tarifen und dem technischen Apparat, also zum Beispiel in Wagen, Lokomotiven, Signalen und Bahnhofseinrichtungen aufwiesen.

DAS REICHSEISENBAHNAMT

Mit Gesetz vom 27. Juni 1873 wurde das Reichseisenbahnamt eingesetzt. Sein Sitz war Berlin. Den Plan dazu trug Bismarck schon lange mit sich herum. Nun war es ihm, abgesehen von einigen Ausnahmen und Abschwächungen, gelungen, das Eisenbahnwesen in die nacheinander folgenden Verfassungen des Bundes und des Reiches zu integrieren.

Was die süddeutschen Staaten betraf, so sah er größere und kleinere Schwierigkeiten bei allen Fragen voraus, welche die Souveränität dieser sogenannten Mittelstaaten auch nur leise berührten.

Ein mächtiger Gegner, aber zugleich auch ein Freund, den er hoch schätzte, war ihm in dem württembergischen Staatsminister Mittnacht erstanden.

Nachdem Mittnacht, seit 1870 Ministerpräsident, 1873 auch noch das Ministerium für die auswärtigen Angelegenheiten übertragen bekam, ein Ministerium, das wie in Baden schon seit geraumer Zeit die Generaldirektion der Staatseisenbahnen umfaßte, war Bismarck klar, daß er das ausführende Organ, sozusagen die Hand, die den Bestimmungen der Reichsverfassung Wirkung geben sollte, auch Streitigkeiten schlichten sollte, erst nach Zustimmung aller betroffenen Bundesstaaten einsetzen konnte. So sondierte Bismarck die zuständigen Regierungen, wobei er erwartungsgemäß nur in Württemberg Widerstand fand.

Mittnacht hatte die Verhandlungen in Versailles und Berlin über den Eintritt Württembergs in das Deutsche Reich geführt. Von daher kannte Bismarck den Ministerpräsidenten recht genau.

Vergeblich versuchte Bismarck, ihm klarzumachen, daß schöne Grundsatzbestimmungen in der Reichsverfassung nur auf dem Papier stünden, wenn keine Reichsbehörde in diesen Punkten die Aufsicht über die Eisenbahnen führe.

Mit dem trockenen Humor, der Bismarck eigen war, spielte er im Reichstag Württemberg aus, indem er den Antrag des württembergischen Abgeordneten Dr. Elben auf Errichtung eines Reichseisenbahnamtes unterstützte. Dr. Otto Elben war Herausgeber der angesehenen Stuttgarter Zeitung »Schwäbischer Merkur«.

Das Gesetz passierte den Reichstag mit Mehrheit. Auch im Bundesrat, dem Bismarck präsidierte, wurde es gegen den Widerstand Württembergs und der beiden Länder Mecklenburg angenommen.

Das Reichseisenbahnamt begann am 16. September 1873 seine Tätigkeit. Sein Aufgabenbereich war hoch angesetzt, was ganz dem Bismarckschen Interesse an einem großen deutschen, einheitlich geführten Reichseisenbahnnetz entsprach.

Zuständig war das Amt für die Aufsicht über das Eisenbahnwesen im allgemeinen. Wichtigster Punkt war für das Amt der Auftrag, »die Ausführung der Bestimmungen der Reichsverfassung von 1871 sowie der Eisenbahngesetze und -vorschriften, insbesondere die mit der Landesverteidigung zusammenhängenden Bestimmungen«.

Gegenüber den Privatbahnen hatte das Amt dieselben Aufsichtsrechte, wie sie die einzelnen Bundesstaaten gegenüber diesen Bahnen vertraglich ausgehandelt oder im Wege der Gesetzgebung festgesetzt hatten. »Natürlich«, möchte man beinahe sagen, unterstand

MITTNACHT

Hermann von Mittnacht, am 17. März 1825 in Stuttgart geboren, Sohn eines Vermessungsbeamten. Nach einem Jurastudium wurde er 1861 Landtagsabgeordneter, 1868 Justizminister, 1870 Ministerpräsident bis 1900.
Zusammen mit Bayern erreichte er zwar keine Sonderstellung der beiden Länder, doch gewisse Reservatrechte bei Militärverwaltung, Post- und Telegrafenwesen sowie vor allem bei der Eisenbahn.

Hermann von Mittnacht

das Amt dem Reichskanzler (zu diesem Zeitpunkt Bismarck) direkt.
In seinem § 5 kündigte das Gesetz den Erlaß eines Reichseisenbahngesetzes an.

REICHSEISENBAHNEN

Nebenbei gesagt, den Begriff »Reichseisenbahnen« gab es schon. Es waren die im Frieden von Paris von Frankreich an das deutsche Kaiserreich abgetretenen Bahnen von Elsaß-Lothringen. Sie erhielten den Namen »Reichseisenbahnen« und unterstanden in Form der Generaldirektion der Reichseisenbahnen in Straßburg dem Reichskanzler direkt (!). Erst 1879 gehörten sie zum Bereich des preußischen Ministers der öffentlichen Arbeiten, mithin dem Handelsministerium, nachdem man ein besonderes Reichsamt für die Verwaltung dieser Bahnen gegründet hatte.

Zu guter Letzt führte man im Gesetz über das Reichseisenbahnamt die Institution eines »verstärkten Reichseisenbahnamtes« ein. Eine seltene Institution. Es ist ein wohl einmaliges Eisenbahnobergericht, eine Beschwerdeinstanz, bestehend aus dem Präsidenten des Reichseisenbahnamtes nebst zwei Räten unter Beiziehung von drei richterlichen Beamten, um über Gegenvorstellungen gegen eine Maßregel des Reichseisenbahnamtes zu entscheiden. Dieses seltsame Verwaltungsgebilde ist nie zusammengetreten. Es war zweifellos eine Erfindung Bismarcks, um den Vorwürfen der Gegner eines Reichseisenbahnsystems den Wind aus den Segeln zu nehmen, wie etwa dem badischen Vorwurf: »Jetzt ist schon wieder ein Stück badischer Souveränität den Rhein hinabgeschwommen« (ins Preußische nämlich). Der Vorwurf meinte damit die Anordnung, wonach die bislang olivgrünen badischen Güterwagen mit dem preußischen Güterwagenbraun zum Zeichen der Angehörigkeit zum Staatsbahnwagenverband überpinselt werden mußten.

Preußische Uniformen der Eisenbahner. Unten links: Inspektor Hannover 1843

Aber was viel trauriger war: Das auch im Gesetz über die Errichtung des Reichseisenbahnamtes angekündigte Reichseisenbahngesetz kam nicht zustande.

Das Reichseisenbahnamt hatte den ersten Entwurf dazu geliefert. Er wurde ebenso wie ein zweiter Entwurf von den Ländern nicht akzeptiert. Dann setzte man eine besondere Kommission ein. Aber auch sie scheiterte mit ihren ersten Entwürfen und entschlief mit den zweiten sanft.

Hinzu kam ein weiterer Mißerfolg auf dem Tarifgebiet. Das Reichseisenbahnamt wollte eine Tarifreform entrieren. Aber die Eisenbahnen selbst kamen dem zuvor, indem sie durch ihren schon bestehenden Tarifverband einen einheitlichen deutschen Gütertarif, den sogenannten Reformtarif von 1877 zustande brachten. Übrigens hatte sich Bismarck selbst für die Einführung des sogenannten Einpfennigtarifs bei Massengütern eingeschaltet. Das hieß einen Silberpfennig für den Zentner und die Meile, was gleich 2,2 Markpfennigen für die Tonne und den Kilometer bedeutete. Man willfahrte Bismarck, indem die Regierungen dieser Forderungen durch Aufnahme einer Bestimmung in die Eisenbahnkonzessionen nachkamen.

BISMARCK GIBT NICHT AUF

Trotz des Scheiterns des Reichseisenbahngesetzes und dem Mißerfolg mit der Tarifreform gab Bismarck nicht auf. Die Bestimmungen in Artikel 4 der Reichsverfassung zusammen mit Artikeln 41–47 gaben dem Reichskanzler die Ermächtigung, sich innerhalb der ihm von der Verfassung gebotenen Möglichkeiten mit den Eisenbahnangelegenheiten der Länder zu beschäftigen.

Man hat oft Bismarcks Führungskraft und sein politisches Geschick anerkannt. Bei der Linken wegen sturem Konservatismus verschrien, wozu Kulturkampf und Streit um das Sozialistengesetz beitrugen, hat man fast immer übersehen, wie modern dieser angeblich borniert Junker und säbelrasselnde Kürassier sich gegenüber den Erscheinungen einer rasend vorwärts schreitenden Technik einstellte.

Denn der Gedanke einer Einheit des deutschen Eisenbahnwesens entspricht dem Grundgedanken des modernen Verkehrs, der keine Länder-, keine Zoll-, keine Währungsschranken kennt. Es gibt kaum noch Ge-

währsleute dafür, daß man ohne Paß und Ausweis im ersten Jahrzehnt des zwanzigsten Jahrhunderts mit ein paar Goldstücken in der Tasche sich in Europa frei bewegen konnte.

Man kann den Minister Mittnacht bewundern, der zusammen mit Bayern Bismarck daran zu hindern versuchte, seinen Traum von einem einheitlichen Netz von Staatsbahnen so zu verwirklichen, wie es in der Reichsverfassung vorgeschrieben war, aber modern, also dem Wesen der Technik entsprechend und wirtschaftlich klug war dies nicht. Sogar während Mittnachts Amtszeit, die bis 1900 währte, waren die Handelskammern und Wirtschaftsverbände gegen den Mittnachtschen Kurs. Sie sahen in der Mitnachtschen Politik eine Fortsetzung der Einschränkungen des freien Handels und der unerträglichen Kleinstaaterei, um nicht zu sagen, der Kleinkrämerei.

Die Bevölkerung war, wenn man den Pressemeldungen folgt, eher auch dieser Ansicht. Ja, selbst im Kabinett des Königs von Württemberg scheint dies die vorherrschende Ansicht gewesen zu sein, sonst hätten 1901 nicht vertrauliche Gespräche in Stuttgart zwischen Reichseisenbahnamt, Reichseisenbahnen, Baden, Bayern und Württemberg unter Beteiligung des Königs von Württemberg stattfinden können. Wir kommen darauf noch zurück.

Das Interesse Bismarcks an der Entwicklung der Eisenbahnfrage war so groß, das Gewicht, das er diesem Problem beimaß, so gewaltig, daß Bismarck fast alle wichtigen Eisenbahnangelegenheiten im Reich als persönliche Angelegenheit im Kanzleramt bearbeiten ließ.

So ließ er sich auch durch die Enttäuschungen nicht abschrecken; er hatte vielmehr jetzt die Idee, das Problem des Reichseisenbahnnetzes in der Weise zu lösen, daß das Reich selbst einen größeren Eisenbahnkomplex erwerben sollte.

So kam es zu einem preußischen Gesetz vom 4. Juni 1876, wonach Staatseisenbahnen kaufweise dem Deutschen Reich übertragen und die Eisenbahnaufsichtsrechte auf das Reich übergehen sollten.

Doch zeigte sich rasch bei Sondierungen, daß Bayern, Sachsen und Württemberg sich entschieden dagegen aussprachen, die schon jetzt schwer lastende Macht des Kaiserreiches durch das Eigentum an einem größeren Netz von Eisenbahnen zu stärken.

Bismarck mußte sich zu seinem Erstaunen auch davon überzeugen, daß es auf große Hindernisse stieß, die eigenen preußischen Eisenbahnen für das Reich zu erwerben. Nicht nur im eigenen Hause – Bismarck war in Personalunion preußischer Ministerpräsident – gab es Schwierigkeiten ob allzu großer Forderungen. Auch die größeren Bundesregierungen wandten sich gegen dieses Vorhaben. Ihr bisheriger Widerstand verstärkte sich eher.

So gab Bismarck die Weiterverfolgung auch diese Planes auf. Und zu guter Letzt kam er wiederum auf eine neue Idee: Wir werden zunächst einmal den preußischen Eisenbahnbesitz mehren.

DIE NEUE IDEE: PREUSSEN KAUFT

Das geschah folgendermaßen: Am 1. April 1878 wird Maybach, der langjährige Mitarbeiter Bismarcks, zum Handelsminister ernannt. Maybach gelingt ein Jahr später der Ankauf von drei der mächtigsten Privateisenbahnen; er setzt diese Politik mit Erfolg fort.

Am 1. April 1879 hatte das preußische Eisenbahnnetz einen Umfang von 18 537, davon 5255 Kilometer Staatsbahnstrecke; auf Privatbahnen entfielen 13 282 Kilometer.

Ein Menschenalter später, am 1. April 1912, betrug der Umfang des preußischen Eisenbahnnetzes 42 098 Kilometer, davon 39 150 Kilometer Staatsbahnstrecke.

Ein stolzes Ergebnis, das beweist, daß Bismarcks Eisenbahnpolitik nach seinem unfreiwilligen Abschied von den Nachfolgern fortgesetzt wurde.

Die einzelnen Stationen dieses Hürdenlaufes, wie man diese Politik Bismarcks nennen könnte, zeigen auch, daß Bismarck vom gemischten System Staatsbahn und Privatbahn sich abwendend zum Verfechter des reinen Staatsbahnsystems geworden ist.

Die neue Idee, mit Preußen zu beginnen und gewissermaßen im eigenen Hause einmal erst reinen Tisch zu machen, war einleuchtend. Hier war Bismarck Herr, hier konnte er anordnen. Sein erster Vorschlag an das Staatsministerium, die Verwaltung der »Reichseisenbahnen«, also der früheren Elsaß-Lothringischen Bahnen, in eine nähere Verbindung zu den preußischen Staatsbahnen zu bringen, wird 1879 von Preußen akzeptiert. Schließlich unterstanden die Bahnen Bis-

marck direkt, und der neue Chef, der preußische Minister der Öffentlichkeitsarbeiten, folgte dem Vorschlag nur allzu gern.

Maybach wurde zugleich oberster Herr der »Reichseisenbahnen«. Diese Personalunion blieb auch unter den Nachfolgern Maybachs bestehen.

Des weiteren bereitete der Ankauf und damit die Verstaatlichung der zum Teil außerpreußisches Gebiet durchziehenden Privatbahnen keinerlei Schwierigkeiten. Die Bahnen hatten mit Mühe die schwere Wirtschaftskrise durchgestanden: Sie waren froh, einen Käufer zu finden.

1885 beginnen die Versuche, in Süddeutschland mit dieser Taktik Fuß zu fassen. Um den Ankauf der hessischen Ludwigsbahn wird verhandelt. Die Verhandlungen werden erfolgreich mit dem Staatsvertrag zwischen Hessen und Preußen am 13. Juni 1896 über die gemeinschaftliche Verwaltung des beiderseitigen Eisenbahnbesitzes. Es handelt sich dabei um eine Betriebs- und Finanzgemeinschaft. Gemeinsame Eisenbahndirektion ist Mainz.

Im Artikel 22 des Vertrages wird bestimmt, daß die Gemeinschaft andere Eisenbahnverwaltungen des Deutschen Reichs jederzeit aufnehmen kann, also eine offene Beitrittsklausel. In dieser Klausel offenbart sich Bismarcks nie fallengelassene, geheime Idee eines deutschen Reichseisenbahnnetzes.

Tatsächlich schließt sich nur die Main-Neckar-Bahn an. Der Wunsch Württembergs aufgenommen zu werden, von vielen Seiten unterstützt, stieß auf ebenso viele Ablehnungen. So unterblieb der Anschluß Württembergs.

Bis zum Beginn des Ersten Weltkriegs ist die Verstaatlichung der Hauptbahnen in Deutschland tatsächlich im wesentlichen vollzogen.

Waren nun im ersten Dezennium des neuen Jahrhunderts den Richtlinien der Reichsverfassung entsprechend die Grundvoraussetzungen dafür gegeben, daß die Bahnen des Reichs wie ein einheitliches Netz verwaltet, Bau und Betrieb nach einheitlichen Normen gestaltet und gleichmäßige, bei besonderen Gütern auch ermäßigte Tarife eingeführt wurden?

Die Fragen sind mit nein und ja zu beantworten. Die wohl wichtigste Frage nach dem einheitlichen Netz ist zu verneinen. Es gelang nicht, die einheitliche Leitung aller Netze der Länder durchzusetzen. Das hatte im

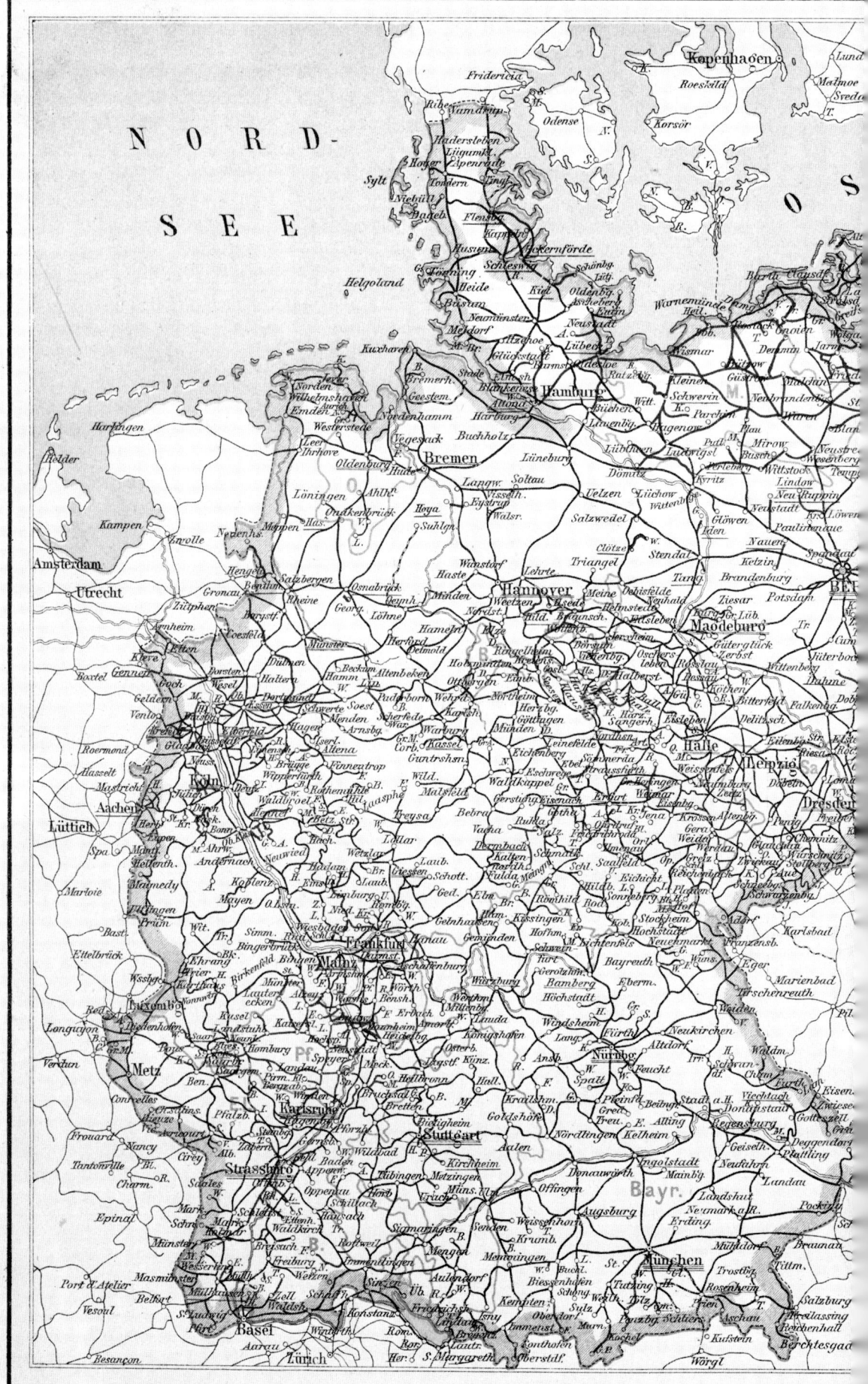

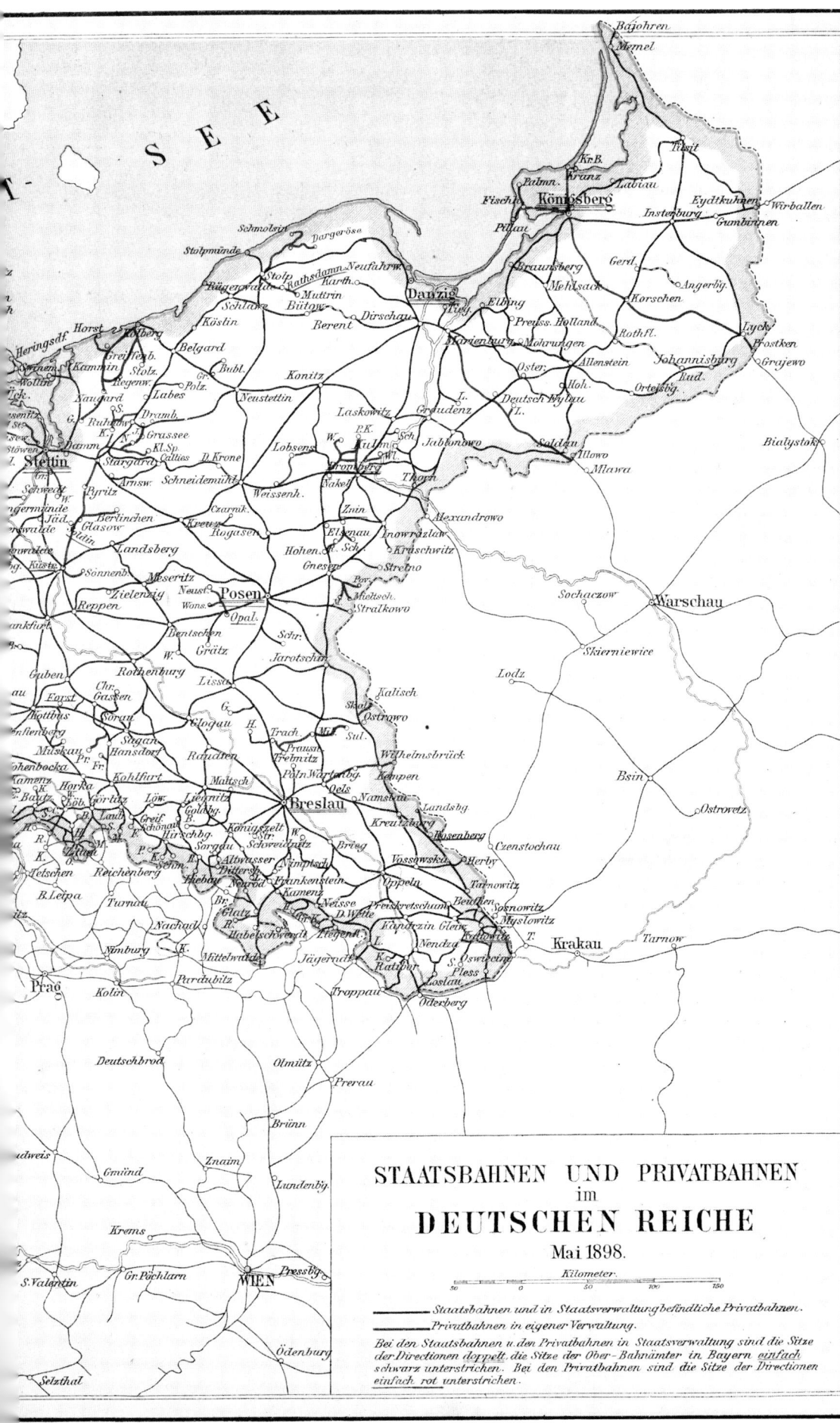

Staatsbahnen und Pri-
vatbahnen im Deut-
schen Reich 1898

STAATSBAHNEN UND PRIVATBAHNEN
im
DEUTSCHEN REICHE
Mai 1898.

Kilometer.

——————— Staatsbahnen und in Staatsverwaltung befindliche Privatbahnen.
- - - - - - - Privatbahnen in eigener Verwaltung.

Bei den Staatsbahnen u. den Privatbahnen in Staatsverwaltung sind die Sitze
der Directionen doppelt, die Sitze der Ober-Bahnämter in Bayern einfach
schwarz unterstrichen. Bei den Privatbahnen sind die Sitze der Directionen
einfach rot unterstrichen.

Hessische Lud-
wigs-Eisenbahner
in den 70er Jahren

Sächsische Eisen-
bahner 1851

100

Ernstfalle, wie sich zeigen wird, Folgen.

Es gelingt aber wenigstens 1909 ein auf alle Bahnen ausgedehnter Staatsbahnwagenverband. Er bedeutete im Güterverkehr die Errichtung eines zentralen Hauptwagenamtes. Von nun an geschieht die Verteilung und der Einsatz, kurz, die Disposition der leeren Güterwagen nach ökonomischen Gesichtspunkten.

Nach der Gütertarifreform von 1877 trat anstelle des bisherigen Tarifverbandes der Eisenbahnverwaltungen 1886 der deutsche Eisenbahn-Verkehrsverband. Seit 1878 gibt es eine ständige Tarifkommission.

Nachdem das Reichseisenbahngesetz nicht zustande gekommen war, kümmerte sich das Reichseisenbahnamt um die beiden Verordnungen, die schon im Norddeutschen Bund ergangen waren. Am 1. April 1909 trat die Eisenbahnverkehrsordnung in Kraft; 1904 war die für ganz Deutschland gültige Eisenbahn-Bau- und -Betriebsordnung in Kraft getreten.

Eine große Personen-Tarifreform 1906/07 schafft die Veraussetzungen für gleichmäßige Tarife auch im Personenverkehr auf den Eisenbahnen des Deutschen Reiches.

DIE RICHTIGE VERWALTUNG
KOPF DES EISENBAHNKÖRPERS

Die riesige Verstaatlichungsaktion in Preußen machte, nachdem die Zahl der verwalteten Strecken sprunghaft zunahm, von 5000 Kilometer Staatsbahn 1879 auf über 40 000 Kilometer 1912, dringend eine neue Verwaltungsordnung notwendig. Viele Formen wurden in vielen Besprechungen diskutiert.

Ursprünglich hatte sich Preußen, dem das hervorragende, fast wohl allumfassende Eisenbahngesetz von 1838 beinahe alle denkbaren Möglichkeiten der Einwirkung auf die Privatbahnen zugestand, sich bei seinen ersten Staatsbahnen – die erste war die Ostbahn Frankfurt (Oder)–Königsberg – an die Ordnung, wie sie bei den Privatbahnen im Anschluß an das überkommene englische System bestand, einfach angelehnt.

An die Stelle des dort bei einer Aktiengesellschaft üblichen Direktoriums, und die englischen Bahnen waren durchweg Privatbahnen, die in der Stärke von sechzig Gesellschaften zu den London- und Northern-Railways fusionierten, trat in Deutschland die königliche Eisenbahndirektion, später Generaldirektion genannt. Sie war nach den in der Staatsverwaltung geltenden Prinzipien als Kollegialbehörde organisiert. Bau- und Bahnunterhaltung lagen in ihrer Zuständigkeit.

Die Leitung des Betriebes oblag einem Oberbetriebsinspektor, einem Obergüterverwalter unterstand der Verkehr und einem Obermaschinenmeister der Zugförderungs- und Werkstättendienst. Betriebsinspektoren waren für Stationen, Stationskassen, Güter- und Gepäckdienst zuständig.

1872 wurden in Preußen die bisher fachlich getrennten Betriebsinspektoren und Maschinenmeister zu einer Behörde, der Eisenbahnkommission, vereinigt, 1879 in »Eisenbahnbetriebsamt« umbenannt.

1879 änderte Staatsminister von Thielen die Eisenbahnverwaltungsorganisation so mustergültig, daß sie praktisch zwei Weltkriege und dazwischen das Dritte Reich im wesentlichen überstand.

Damit Verkehr und Betrieb reibungslos, ja auf die Minute funktionieren, müssen ausgebildetes Personal, Vorschriften und Tarife, eine Finanzverwaltung, aber auch die Essentialien der laufenden Betriebsverwaltung wie Bau, Bahnunterhaltung, Gleisanlagen, Signale, Stellwerke, das rollende Material, zum Beispiel Lokomotiven und Wagen, Reparaturanstalten und viele andere Dinge vorhanden sein oder laufend beschafft werden.

So ist nur natürlich, daß in der nunmehr 150jährigen Geschichte der deutschen Bahnen nicht nur immer wieder neue Berufskleidung, sondern auch neue Verwaltungsformen der Eisenbahnen anprobiert wurden.

Die Thielensche Verwaltungsreform von 1879 ersetzte die englische Form endgültig durch ein System unpersönlicher, alle Dienstzweige umfassender Amts- oder Dienststellen. Dabei ergab sich folgendes Schema:

Ministerium

(seit 1879 in *Preußen:* Ministerium für öffentliche Arbeiten)

(seit 1907 in *Bayern:* Staatsministerium für Verkehrsangelegenheiten)

Eisenbahndirektion
Betriebsämter
(sachlich und örtlich getrennt)
Streckeningenieure
(örtlich getrennt)

Bei einer Neuordnung von 1895 wurde die Zahl der preußischen Eisenbahndirektionen von elf auf zwanzig mit einer durchschnittlichen Streckenlänge von 1300 Kilometer (2400 Kilometer bisher) erhöht. Ferner wurden die Betriebsämter nach Dienstzweigen in Inspektionen, später Ämter genannt, aufgeteilt, so daß Bau- und Betriebsämter, Verkehrsämter, Maschinenämter und so weiter entstanden. Dem preußischen Beispiel folgte 1907 auch Bayern.

Grundsätzliche Angelegenheiten, zum Beispiel des Tarifs, aber auch der laufenden Betriebsverwaltung, zum Beispiel Einführung neuer Loktypen, wurden einem Eisenbahn-Zentral-Amt in Berlin übertragen, das einer Eisenbahndirektion gleichgeordnet war.

Die bayerische Neuordnung von 1907 unterschied in diesem letzten Punkt sich darin, daß neben Eisenbahndirektionen noch eine Anzahl von sachlich getrennten Ämtern (Personal, Maschinenkonstruktion, Versicherung und so weiter) gleichgeordnet einer Direktion bestanden.

Bei dieser Gelegenheit sei erwähnt, daß Bayern, sich auf seine Sonderrechte berufend, grundsätzlich preußische Neuordnungen nicht sofort übernahm. Hatten sie sich allerdings in Preußen bewährt, wie die Thielensche Reform, so übernahm Bayern sie nach einer gewissen Schonfrist ohne weitere Begründung auch.

Auch die anderen deutschen Staatsbahnen waren um jene Zeit dank der Tätigkeit des Reichseisenbahnamtes, das sich vor allem um Information dieser Bahnen bemühte, ähnlich oder gleich organisiert.

Sie unterschieden sich höchstens in der Verteilung der Zuständigkeit in den unteren Instanzen oder in der Namensgebung für die Behörden.

Im Blick aus der Gegenwart auf die Zeit um die Jahrhundertwende läßt sich sagen, daß neben den immer wieder aufkommenden Forderungen nach Streckenstillegung, mutmaßlich auch an eine Organisationsänderung in Form von Vereinfachung gedacht ist. Kritiker meinen, daß die Elektronik, die ja in der Bahn dominierend werden muß, auch eine neue Verwaltungsstruktur bedinge.

JAHRHUNDERTWENDE:
UMFELD WIRKUNG DER BAHN UND RÜCKWIRKUNG

Um die Jahrhundertwende hat die Industrialisierung ihren Höhepunkt erreicht. Die Leiden und Schmerzen der Gründerkrise (1873–1880) sind verwunden. Wer an Gesellschaften, Fabriken und Handelsunternehmen die Krise überlebt hat, der floriert. Nie gingen die Geschäfte besser. Täglich eröffnen neue Unternehmen ihre »Comptoirs«, werden in den Hauptstraßen der Städte neue Läden dekoriert. Straßencafés in der Art von Paris verdrängen in den Großstädten die altgewohnten Biergärten; Ausstellungen und Messen verzeichnen einen großen Besucherandrang.

Wichtiger allerdings als das, was sich hier im Vordergrund abspielt, ist die nicht immer so günstige Atmosphäre im Hintergrund, vor allem in der Weltpolitik, in der immer wieder von einem Wetterleuchten die Rede ist.

Die Bedeutung und die Wirkung der Eisenbahn in ihrer Zeit und für ihre Zeit aufzuzeigen, ist gerade in diesem Augenblick unabweisbar. Einwirkungen der Politik auf die Eisenbahnentwicklung wie im Falle Bismarcks, dessen Idee eines einheitlichen, großen Netzes letzten Endes nur einen begrenzten Erfolg hatte, waren in Wirtschaft und Militärpolitik von großer Bedeutung. Welch immensen Anteil Eisenbahnen an dem Höhepunkt der Industrialisierung Deutschlands hatten, wird nur von wenigen zeitgeschichtlichen Autoren beschrieben. Offenbar hat man inzwischen die Mitwirkung der Bahn vergessen. Das mag mit ein Grund sein, weshalb die ungünstige Situation der Bahn im Wettbewerbskonzert der Verkehrsmittel heute auf Unverständnis stößt. Wer nicht die Vorgeschichte kennt, in der über zwei Weltkriege und eine Diktatur dieses ehemals dominierende Verkehrsmittel so lange reduziert wurde, bis es in die roten Zahlen und damit in die Schlagschatten der Kritik geriet, kann bei der heutigen Frage einer Neugestaltung der Bahn nicht mitreden.

Man kann über die Vorgeschichte auch vollkommen schweigen, wie es die meisten heutigen Historiker tun. So liest man in der an sich hervorragend geschriebenen Geschichte eines hochindustrialisierten deutschen Bundeslandes von den ersten Anfängen bis zur Neuzeit das Wort Eisenbahn ein einziges Mal.

Der ausführliche und informative Jubiläumsband der Deutschen Bundesbank als der Nachfolgerin der Reichsbank von 1876 vergißt völlig, daß ein Anlaß der Gründung dieser Nationalbank der sehr hohe spezielle Geldbedarf für den Bau der Bahnen war.

Länder	Betriebs-Eröffn. d. ersten Eisenb.	1840	1850	1860	1870	1880	1885	1887	1888	1889	1890	1891	auf je 100 qkm	auf je 10000 Einw.
Deutschland	1835	549	6 044	11 633	19 575	33 838	37 572	39 785	40 826	41 793	42 869	43 424	8,0	8,7
Österr.-Ungarn m. Bosnien	1828	144	1 579	4 543	9 589	18 512	22 613	24 705	25 767	26 587	27 015	28 066	4,1	6,6
Großbritannien u. Irland	1825	1 348	10 653	16 787	24 999	28 854	30 843	31 501	31 878	32 088	32 297	32 487	10,3	8,6
Frankreich	1828	497	3 083	9 528	17 931	26 189	32 499	34 227	35 258	36 370	36 895	37 946	7,0	9,8
Rußland mit Finnland	1838	26	601	1 589	11 243	23 857	26 847	28 517	29 432	30 159	30 957	31 071	0,6	3,2
Italien	1839	8	427	1 800	6 134	8 715	10 484	11 689	12 351	12 807	12 907	13 186	4,6	4,3
Belgien	1835	336	854	1 729	2 997	4 120	4 409	4 760	4 828	5 088	5 263	5 307	18,0	8,6
Niederlande m. Luxembg.	1839	17	176	335	1 419	2 300	2 800	2 957	3 000	3 014	3 061	3 079	8,7	6,4
Schweiz	1844	—	27	1 096	1 449	2 571	2 854	2 919	2 974	3 104	3 199	3 279	7,9	11,2
Spanien	1848	—	28	1 918	5 475	7 481	8 933	9 422	9 583	9 774	9 878	10 131	2,0	5,8
Portugal	1854	—	—	137	714	1 150	1 529	1 829	1 910	2 060	2 125	2 293	2,5	4,9
Dänemark	1847	—	32	111	764	1 579	1 942	1 965	1 969	1 969	1 986	2 008	5,1	9,2
Norwegen	1854	—	—	68	359	1 059	1 562	1 562	1 562	1 562	1 562	1 562	0,5	7,8
Schweden	1851	—	—	522	1 708	5 906	6 892	7 388	7 527	7 888	8 018	8 279	1,8	17,3
Serbien	1884	—	—	—	—	—	385	517	526	537	540	540	1,1	2,5
Rumänien	1870	—	—	—	245	1 387	1 682	2 405	2 475	2 493	2 543	2 543	1,9	5,0
Griechenland	1869	—	—	—	11	11	323	613	670	706	776	915	1,4	4,2
Türkei, Bulgar., Rumelien	1860	—	—	66	291	1 394	1 394	1 394	1 649	1 690	1 765	1 769	0,6	2,0
Malta, Jersey, Man	—	—	—	—	11	60	102	110	110	110	110	110	—	—
Europa:	**1825**	**2 925**	**23 504**	**51 862**	**104 914**	**168 983**	**195 665**	**208 265**	**214 295**	**219 799**	**223 766**	**227 995**	**2,3**	**6,4**
Verein. Staat. v. Nordamer.	1827	4 534	14 515	49 292	85 139	150 717	207 508	241 210	251 292	259 687	268 409	274 497	3,5	43,6
Brit.-Nordamer. (Kanada)	1840	26	114	3 359	4 018	11 087	16 330	19 842	20 442	21 439	22 533	22 928	0,3	47,4
Neufundland	—	—	—	—	—	—	145	145	175	179	179	179	0,2	9,0
Mexiko	1850	—	11	32	349	1 120	5 600	6 609	7 826	8 455	9 718	10 025	0,5	8,4
Mittelamerika	1855	—	—	76	120	210	618	800	858	900	1 000	1 000	0,2	3,2
Kolumbien	1855	—	—	77	103	121	265	287	342	371	380	380	—	1,1
Cuba	1837	194	399	604	604	1 382	1 600	1 600	1 600	1 700	1 731	1 731	1,5	10,6
Venezuela	1866	—	—	—	38	113	154	293	430	709	800	800	0,1	3,4
Dominikan. Republ. (Haïti)	—	—	—	—	—	80	80	115	115	115	115	115	0,2	2,8
Puerto Rico	1855	—	—	18	18	18	18	18	18	18	18	18	0,2	0,2
Brasilien	1854	—	—	129	691	3 200	7 062	8 486	8 930	9 300	9 500	9 700	0,1	6,6
Argentinische Republik	1857	—	—	39	732	2 273	4 626	6 446	7 256	8 255	10 244	12 353	0,4	30,4
Paraguay	1865	—	—	—	8	72	72	72	152	203	240	253	0,1	5,5
Uruguay	1869	—	—	—	98	370	500	556	642	757	1 127	1 595	0,9	21,3
Chile	1852	—	—	195	732	1 800	2 100	2 838	2 900	3 100	3 100	3 100	0,4	11,0
Peru	1851	—	—	89	411	1 852	1 309	1 347	1 347	1 600	1 667	1 667	0,1	5,6
Bolivia	1873	—	—	—	—	56	70	70	130	171	209	209	—	1,4
Ecuador	—	—	—	—	—	60	69	151	204	269	300	300	0,1	2,0
Britisch-Guayana	1864	—	—	—	35	35	35	35	35	35	35	35	—	1,2
Jamaica, Barbados, Trinidad, Martinique	1845	—	25	25	43	100	228	429	474	474	474	508	—	—
Amerika:	**1827**	**4 754**	**15 064**	**53 935**	**93 139**	**174 666**	**248 389**	**291 349**	**305 168**	**317 737**	**331 779**	**341 393**	**—**	**—**
Britisch-Indien (Ostindien)	1853	—	—	1 350	7 683	14 977	19 308	22 665	23 266	25 488	26 395	27 808	0,6	0,9
Ceylon	1865	—	—	—	118	219	286	291	291	291	308	308	0,5	1,0
Kleinasien (Anatolien)	1860	—	—	43	234	372	372	598	658	720	853	978	—	0,6
Russisches Transkaspien	1880	—	—	—	—	125	500	1 277	1 433	1 433	1 433	1 433	0,3	33,3
Persien	1888	—	—	—	—	—	—	—	18	18	30	54	—	—
Niederländisch-Indien	1867	—	—	—	150	450	926	954	1 230	1 270	1 361	1 541	0,3	0,6
Japan	1872	—	—	—	—	121	559	935	1 460	1 952	2 333	2 747	0,7	0,7
Portugiesisch-Indien	—	—	—	—	—	—	54	54	54	54	54	82	2,2	1,6
Malaiische Staaten	1884	—	—	—	—	—	13	45	60	80	100	140	0,2	2,3
China (Stammland)	1871	—	—	—	—	11	11	45	138	200	200	200	—	—
Kotschinchina, Ponditscherri, Tongking	1879	—	—	—	—	12	83	83	83	83	105	105	—	—
Asien:	**1853**	**—**	**—**	**1 393**	**8 185**	**16 287**	**22 112**	**26 947**	**28 691**	**31 589**	**33 172**	**35 396**	**—**	**—**
Ägypten	1856	—	—	443	1 056	1 500	1 500	1 500	1 519	1 541	1 547	1 547	0,2	2,3
Algerien und Tunis	1862	—	—	—	517	1 379	2 085	2 476	2 850	3 094	3 105	3 149	0,4	5,6
Kapland	1860	—	—	12	105	1 459	2 573	2 795	2 858	2 873	2 922	3 326	0,6	21,8
Natal	1876	—	—	—	—	158	280	350	376	417	546	550	1,1	10,1
Südafrikanische Republik	1887	—	—	—	—	—	—	81	81	81	120	201	0,1	2,6
Oranjefluß-Republik	1890	—	—	—	—	—	—	—	—	—	237	759	0,6	36,5
Mauritius, Réunion, Senegal, Angola, Mosambik	1862	—	—	—	108	150	650	800	830	860	910	964	—	—
Afrika:	**1856**	**—**	**—**	**455**	**1 786**	**4 646**	**7 088**	**8 002**	**8 514**	**8 866**	**9 387**	**10 496**	**—**	**—**
Neuseeland	1863	—	—	—	71	2 072	2 662	2 977	3 007	3 076	3 147	3 232	1,2	51,5
Victoria	1854	—	—	151	443	1 930	2 697	3 137	3 487	3 682	4 325	4 501	2,0	39,5
Neu-Südwales	1855	—	—	113	545	1 368	2 860	3 348	3 548	3 624	3 641	3 641	0,5	32,2
Süd-Australien	1854	—	—	103	306	1 073	1 711	2 340	2 614	2 827	2 854	2 933	0,1	91,7
Queensland	1865	—	—	—	331	1 019	2 308	2 840	3 107	3 320	3 446	3 706	0,2	94,1
Tasmania	1870	—	—	—	69	269	413	512	526	603	643	683	1,0	46,5
West-Australien	1873	—	—	—	116	283	389	719	800	825	1 047	—	—	209,4
Australien:	**1854**	**—**	**—**	**367**	**1 765**	**7 847**	**12 934**	**15 543**	**17 008**	**17 932**	**18 881**	**19 743**	**0,2**	**51,8**
Auf der Erde:	**1825**	**7 679**	**38 568**	**108 012**	**209 789**	**372 429**	**486 188**	**550 106**	**573 676**	**595 923**	**616 985**	**635 023**	**—**	**—**

Es ist eine seltsame Zeit des Übergangs, die Zeit nach dem 70er Krieg bis zur Jahrhundertwende. Fontane hat sie in seinen Romanen beschrieben, der junge Thomas Mann schildert in den »Buddenbrooks«, der Geschichte vom Verfall einer Familie, wie er als Kind die überkommenen Ansichten und Gebräuche in einer sich wandelnden hanseatischen Stadt erlebt hat.

Neben dem aufstrebenden Kaufmannsstand, dem wohlhabenden Bürgertum, den Offizieren, dem Adel und den Ministerialen kommen aus einfachsten Verhältnissen Unternehmer und Fabrikanten hoch, die Wissenschaft in Technik umsetzen und dabei gut verdienen, ja, reich werden und in der Gesellschaft mitsprechen können. Der vom Hof immer häufiger dem erfolgreichen Kaufmann oder Unternehmer verliehene Titel »Kommerzienrat« gibt hier einen Hinweis. Man spricht von der Gründerzeit.

Wenn Fernand Braudel in seiner Sozialgeschichte der vorindustriellen Revolution feststellt, daß eben diese industrielle Revolution des achtzehnten Jahrhunderts vor allem »von unten, von kleinen Unternehmern eingeleitet« wurde, gilt dies so, wie er dies für die USA

Eisenbahnwerkstätte Stargard

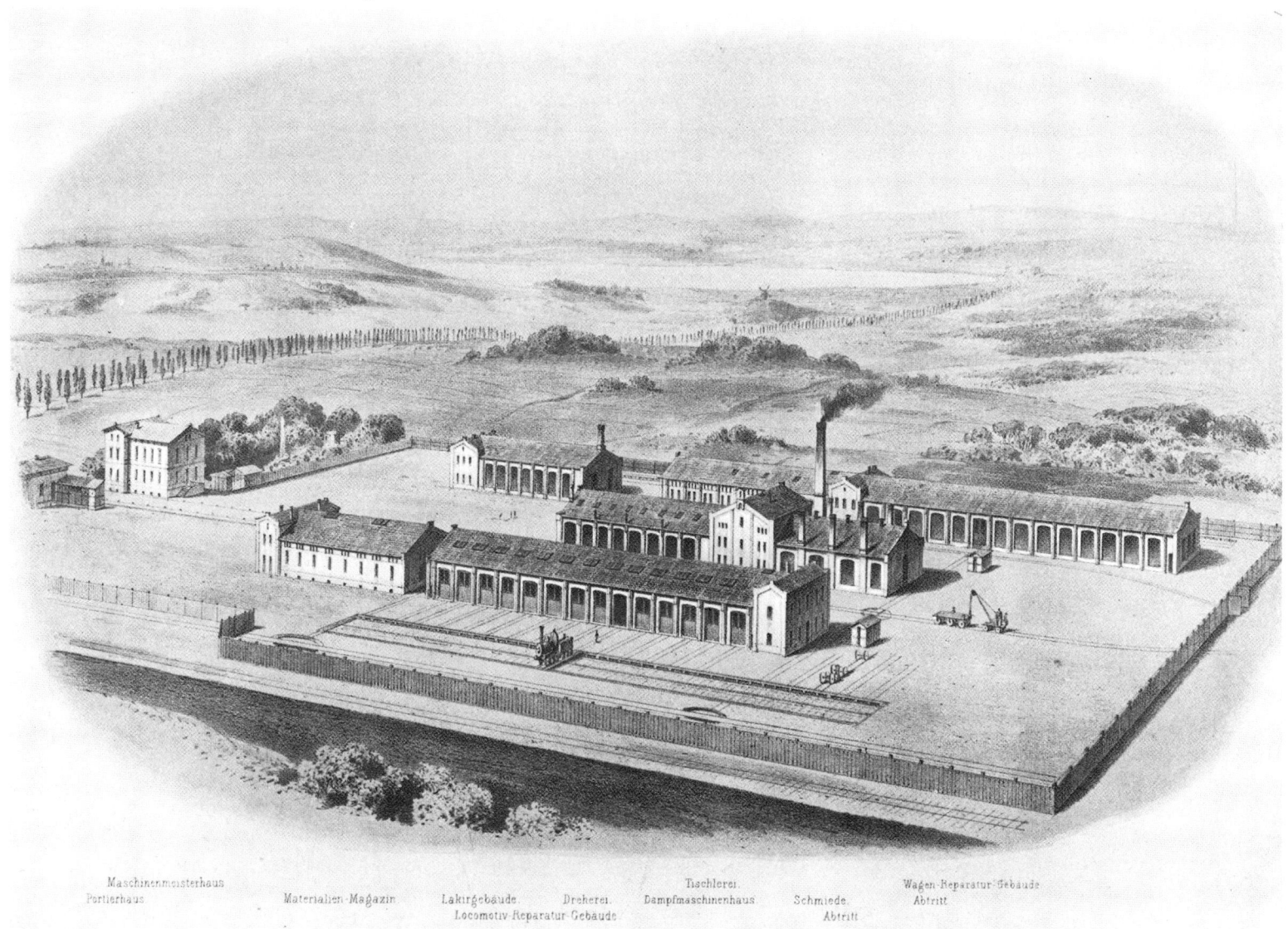

Maschinenmeisterhaus
Portierhaus   Materialien-Magazin   Lakirgebäude.   Dreherei.   Tischlerei.   Wagen-Reparatur-Gebäude
                              Locomotiv-Reparatur-Gebäude   Dampfmaschinenhaus   Schmiede.   Abtritt
                                                      Abtritt

104

Eisenbahnhof Hannover 1863

Adolf von Menzel: Eisenwalzwerk in Oberschlesien; unfallträchtiges Gewoge der Arbeiter

und die französische Entwicklung belegt genauso für die deutschen, entsprechenden Verhältnisse. Interessant ist, daß er von Dirigismus überhaupt nichts hielt und dafür als Beweis eine hübsche kleine Geschichte erzählt.

Colbert, der mächtige Finanzminister Ludwigs XIV., ließ auf staatliche Kosten Eichen pflanzen. Es war Vorsorge für die Marine des neunzehnten Jahrhunderts, die gerade gewachsene, gesunde Mastbäume für ihre Segelschiffe hier holen sollte. Ironischer Kommentar Braudels: »Colbert sah eben alles voraus, mit Ausnahme der Dampfschiffe.«

Zivile und militärische Technik, bisher in dunklen Gewölben, auf Hinterhöfen und in ausgebauten Scheunen von Mechanici praktiziert, zieht in große Fabrikhallen und geräumige Maschinensäle ein. Sie präsentiert sich auch in architektonisch originellen Farbrikbauten großen Stils, die manchmal den soeben erbauten Bahnhöfen und Bahnanlagen, die ihrerseits ein neues Selbstbewußtsein ausstrahlen, in ihrem technischen Auftrag gleichkommen.

Jetzt entstehen auch die technischen Hochschulen. Jetzt geht es um Berechnung, Planung und Konstruktion von Lokomotiven und Wagen. Wer baut uns in Deutschland Lokomotiven?

V Schienen, Lokomotiven und Triebwagen

DIE ZAUBERMASCHINE MIT IHREM WEISSEN
WEHENDEN ATEM

Das Interessanteste ist die Lokomotive. Sie ist das
Wunderwerk der neuen Zeit. Man muß sich darüber
klar sein, daß Konstrukteure von beweglichen Maschinen, Automaten und von Robotern noch bis Anfang
des letzten Jahrhunderts als Zauberer oder Hexer von
der Inquisition verfolgt, verurteilt oder verbrannt wurden.

Man erinnert sich an den Pfarrer von Redruth, dem
Murdocks kleiner Dampfautomat zur Dämmerstunde
an der Kirchhofmauer des Dorfes fauchend, spuckend
und Funken sprühend entgegenlief. Der geistliche

Herr, der den Teufel leibhaftig sah, entfloh, Beschwö-
rungsformeln ausstoßend.

Noch immer, solange Pferde als Reit- oder Zugtiere
auf der Straße in der Überzahl waren, scheuten die
Tiere, wenn sie die Lokomotive, schnaubend und riesige Dampfwolken ausstoßend, auf dem daneben liegenden Bahndamm auf sich zukommen sahen: Ursache zahlreicher Unglücksfälle. Wenig später mußten
sie sich an die knatternden und tuckernden Motorrä-
der, Autos und Lastwagen gewöhnen. Das allerdings
war der Anfang vom Ende eines Transportmittels, das
dem Menschen immerhin 5000 Jahre gedient hatte.

Übrigens geht es dem Nachfolger nicht besser. Seit
1804 Trevithicks erste Schienenlok einen Zug beför-

Das »Monster« erschreckt die Pferde, der Landmann stürzt

dert hatte, ist nach knapp 170 Jahren fast in ganz Westeuropa die Dampflok als Dienerin des Eisenbahnverkehrs ausgestorben.

Einige letzte Exemplare fahren für Dampflokfans aus Gründen der Nostalgie auf entlegenen Strecken zu gewissen Zeiten. Man findet sie in einem besonderen Fahrplan. Von einer Rückkehr der Dampflok, von der manche Laien träumen, kann keine Rede sein. Diesellok und elektrische Lokomotive haben die Dampflok zum Fossil degradiert. Ein Jubiläum lockt auch ein paar rauchende Dampfloks wieder hervor.

Miss Anne Kemple hat die »nervöse kleine Stute«, die sie zusammen mit ihrem Meister Stephenson erproben durfte, nicht nur wegen ihrer Leistung, sondern auch wegen ihres Farbenkleides bewundert. »Wo nehmen wir all' die Pudel her?« soll König Ludwig I. bei der Vorführung des Oberstbergrats und Mechanicus von Baader gefragt haben, als er einen von Baader konstruierten leeren Eisenbahnwagen zwecks Demonstration des neuen Eisenweges vom Pudel der Kronprinzessin gezogen sah.

»Wo kriegen wir nur die Lokomotive her?« hat Platner 1833 in Nürnberg sein Eisenbahnkollegium gefragt, und er hat außer nebulösen Auskünften, die sich bei Nachprüfung in Luft auflösten – eine Firma aus Unterkochen bei Aalen, Cockerill in Lüttich – nur eine Antwort gefunden: Die seriöse Lokomotivbauanstalt von Robert Stephenson in Newcastle.

Auf den Gedanken, in Berlin bei der staatlichen Eisengießerei anzufragen, kamen die Nürnberger nicht. Wahrscheinlich hatten sie von dieser Tragikomödie, von der auch die angesehene Berliner Tageszeitung »Vossische Zeitung« kurz »Tante Voss« genannt, immer wieder berichtet, noch nie etwas gehört.

Obwohl es sich um einen verunglückten Versuch, sagen wir höflicherweise um ein Experiment, handelte, gehört es in die Geschichte der Eisenbahn, Abteilung Lokomotivgeschichte, zumal hier – nach 1804, Trevithicks erster Fahrt – 1815, also lange vor Stockton–Darlington 1825 und Liverpool–Manchester 1830 eine Lokomotive in Berlin fährt, »die sich in eigenem Gleise und mit eigener Kraft dergestalt fortbewegt, daß sie eine angehängte Last von 50 Zentnern zu ziehen imstande ist«. (Vossische Zeitung vom 9. Juli 1815).

Wie kam es zu dieser Vorführung, und warum wurde der Gedanke, Lokomotiven zu bauen, nicht weiterverfolgt?

1814, im März dieses Jahres, ziehen Preußen und Österreich zusammen mit ihren Verbündeten in Paris ein. Napoleon geht auf die Insel Elba ins Exil, die Bourbonen (Ludwig XVIII.) kehren als Könige nach Frankreich zurück. Es beginnt der Wiener Kongreß, in den Napoleons abermaliges Erscheinen (1. März 1815) bestürzend »hereinplatzt«.

All dies hindert die offensichtlich modern eingestellten führenden Köpfe der preußischen Bergbauverwaltung nicht, von der ihr unterstehenden staatlichen Eisengießerei zwei Experten, Eckardt und Krieger, nach England zu schicken, um diese seltsamen Automaten zu besichtigen und eventuell nachzubauen. Leider gerieten sie dabei nicht an Stephenson, sondern an Blekinsop, den man als Vater der Zahnradbahnen bezeichnen könnte. Was schon Trevithick Sorgen bereitet hatte, die Frage der Reibung des eisernen Rades auf der glatten eisernen Schiene, diese schwebende Frage löste Blekinsop durch die Zahnstange in der Mitte des Gleises, in die das von der Lokomotive mitgeführte Zahnrad eingreift.

So jedenfalls ist die Konstruktion zu deuten, die auf dem schweren, eisernen Neujahrsgeschenk der Gie-

Blekinsops Zahnradlokomotive, Vorläufer der Bergbahnen

Neujahrsgeschenk der Preußischen Staatlichen Eisengießerei. Deutlich zu erkennen das Zahnrad, das in die Zahnschiene eingreift, Konstruktion Blekinsop

ßerei für ihre Kunden in der unteren linken Ecke zu sehen ist.

Zwei Lokomotiven dieser Art wurden in Berlin gebaut, die eine war für die Königshütte in Oberschlesien gedacht, wohin sie auch transportiert wurde. Als man sie jedoch dort auf die Schienen setzen wollte, da zeigte sich, daß die Spur der Gleise nicht mit der Spur der Lokomotive übereinstimmte. Was aus dieser Lokomotive wurde, ist nicht bekannt.

Die zweite Lokomotive wurde für den Kohlentransport im Saargebiet bestimmt. Das war die Maschine, von der es hieß, sie könne Bomben im »Gewicht von 8000 Pfund« ziehen.

Sie wurde in Kisten verpackt und auf dem Wasserwege über Spree, Havel, Elbe, Nordsee und Rhein ins Saarland gebracht. Leider hatte man offensichtlich vergessen, den Mechanicus, der sie in Berlin in Einzelteile zerlegt hatte, ihr als Begleiter beizugeben. Man hatte

die größte Mühe, die Teile wieder zu einer Maschine zusammenzufügen. Doch die Dichtungsprobleme ließen sich nicht lösen. Aus allen Fugen und Löchern strömte der Dampf, auch »Mischungen aus Öl und Mehl, Essig und Stärke, ja, sogar aus Rindsblut und Käse« halfen nichts – schließlich wurde sie als Schrott verkauft.

Eigentlich schade, daß es nicht gelang, die beiden Lokomotiven am Bestimmungsort zum Laufen zu bringen. Man ersieht daraus deutlich den Vorsprung, den die englische Ingenieurkunst zu jener Zeit besaß.

So stammen, wie im Falle Nürnberg–Fürth, die ersten Lokomotiven aus englischen Werkstätten, vorwiegend aus der berühmten Stephensonschen Lokfabrik in Newcastle. Nicht viel später beziehen deutsche Eisenbahnverwaltungen Lokomotiven und Wagen auch aus anderen Fabriken in England und nun auch aus Amerika.

Zuerst dominieren die Lokomotiven aus englischer und amerikanischer Produktion auf deutschen Strecken. Vor allem englische Lokomotiven aus Robert Stephensons Werkstatt, aber auch Loks von Sharp, Roberts & Co., dem großen Konkurrenten der Stephensons, der mit seiner Lieferung an die badische Staatsbahn beinahe eine andere Spurweite in Deutschland erzwungen hätte, liefen bis 1842 über die neuen ersten Strecken der Staatsbahnen und privaten Eisenbahngesellschaften.

Doch schon 1848 zählt man 21 Lokomotivfabriken in Deutschland. Es gibt acht, die einen bedeutenden Umsatz erzielen, drei, deren Namen noch heute genannt werden: Borsig, Henschel und Maffei.

Bevor wir uns diesen drei Gründern, deren Geschichte symptomatisch ist, zuwenden, wäre noch die erste funktionstüchtige deutsche Lokomotive vorzustellen.

Auch sie erhielt, wie alle späteren deutschen Lokomotiven, ihre äußere Gestalt, ihren Dampfmotor und die zugrundeliegenden technischen Ideen aus England.

Dabei kann man weder von »Industriespionage« noch von »Plagiat« reden.

Die Stephensons wußten recht genau die zahlreichen Besucher zu taxieren, die sich nicht nur in ihren Werkshallen umsahen, sondern sich auch Notizen machten und sich sogar um Arbeit bei ihnen bewarben. Sie wußten sehr gut, daß diese Ingenieure, die aus dem Militärdienst oder aus dem Hoch- oder Tief-

bau stammten, nur wenig Erfahrung mit Dampfmaschinen, geschweige denn mit Straßenlokomotiven und mit
Schienenlokomotiven besaßen.

Sie würden, bevor sie mit dem Nachbau begannen, zu-
allererst eine Lokomotive bestellen, und von diesen
Erstbestellungen angesichts so vieler Groß-, Mittel-
und Kleinstaaten konnte man recht gut leben.

Belgiens staatliche Bahnverwaltung hatte 1833 gleich
drei Lokomotiven bestellt. Die kleine bayerische Nürnberg-Fürth AG nur eine, die Ende 1835 geliefert worden war. Sie trug schon die Nummer 118. Stephenson
konnte den Bestellungen kaum nachkommen.

Daß überall nachgebaut wurde, störte ihn nicht, er war
bis an die Jahrhundertwende fast stets überbeschäf-
tigt. Das Werk schloß erst in den zwanziger Jahren
dieses Jahrhunderts mangels Beschäftigung seine
Pforten.

Zurück zur ersten deutschen Lokomotive: Auch der
Schöpfer dieser Lokomotive, Johannes Andreas Schuberth, Professor schon in jungen Jahren an der Polytechnischen Anstalt in Dresden, hatte zuvor in England

Stephensons zweites großes Werk, die Liverpool-Manchester-Eisenbahn studiert. Aus England zurück organisierte er in Übigau bei Dresden eine Maschinenbau-
fabrik, in der nach seinen Studien und Plänen die erste
deutsche Lokomotive »Saxonia« entstand. Sie fuhr anstandslos im April 1839 den ersten Zug mit dem König
Friedrich August von Sachsen als Ehrengast, wobei
Schuberth als Lokführer und Heizer im schwarzen An-
zug und Zylinder, seit Stephenson die Einweihungsbe-
rufskleidung, fungierte.

Ihre Vorgängerin, eine englische Lok namens »Komet«, war schon als Baulok auf dem ersten Abschnitt
bis Althen eingesetzt. Die deutsche Nachfolgerin »Saxonia« diente der Bahn bis in die Mitte der fünfziger
Jahre.

Es folgten Loks aus deutschen Fabriken und Werkstätten. Doch bestellten die Eisenbahngesellschaften,
nicht nur Privatgesellschaften, sondern auch Staatsbahnen, ohne übertriebene Rücksicht auf nationale Fabriken, immer wieder auch ausländige Fabrikate, so
zum Beispiel die badische Verwaltung noch um 1890

englische Sharp-Lokomotiven.

Doch bevor die eigentliche Lokomotivgeschichte, die, genau beschrieben, viele Bände umfassen würde, in gedrängter Form und auf die wesentlichen Grundzüge der Entwicklung beschränkt, hier dargestellt wird, ist es zweckmäßig, das deutsche System der Bezeichnung der Lokomotiven nach ihrer Art wenigstens kurz zu erläutern.

Die Grundstruktur der Lokomotive läßt sich an der ersten in Deutschland fahrenden Stephensonlok »Der Adler« zeigen. Es ist grob gesagt eine Dampfmaschine auf Rädern. Der Brennstoff, meist Kohle, später auch Öl oder Kohlenstaub, in Notzeiten Holz, verbrennt in der Brennkammer, Feuerbüchse genannt. Die so erzeugte Hitze wird in Gasform durch Siederohre in den Kessel geführt, der mit Wasser gefüllt ist.

Der erzeugte Dampf sammelt sich im Dampfdom; er wird von dort in den oder die Zylinder geleitet, wo er durch Bewegung des Kolbens Arbeit leistet. Diese Arbeit oder Energie wird auf die Räder der Maschine übertragen. Der Dampf entweicht nach getaner Arbeit über Rauchkammer und Schornstein in die Luft.

Da die Dampflokomotive in unseren Breiten ausgestorben ist, die Autowelt aber allen bekannt ist, kann man vielleicht vereinfacht sagen, daß dem Dampfdruck auf den Kolben im Zylinder der Dampfmaschine der Explosionsstoß des entzündeten Gases auf den Kolben im Autozylinder entspricht.

Die Achse, auf der die angetriebenen Räder stecken, heißt Treibachse; sie ist es, die die Maschine bewegt. Ein großes Problem war in der ersten Zeit die Frage, ob das glatte Rad auf der glatten Schiene nicht ausrutschen würde; mit anderen Worten die Reibung zwischen Rad und Schiene ausreiche, den Zug zu bewegen. Trevithick war sich seiner Sache nicht ganz sicher; er schlug vor, das Rad durch eingelassene Nägel rauh zu machen. Stephenson war schon kühner; aus Erfahrung wußte er, daß mindestens auf ebener Strecke die Reibung ausreiche.

In jenen frühen Zeiten wurde nicht lange gerechnet, diese ersten Mechanici waren keine gelernten Ingenieure, sie waren Bastler und Tüftler und mithin Autodi-

Um das »Ausrutschen« der glatten Räder auf den platten Schienen zu verhindern, gab es die merkwürdigsten Lösungen: Hier Blekinsops Zahnrad

Und hier die »Tierbein«maschine

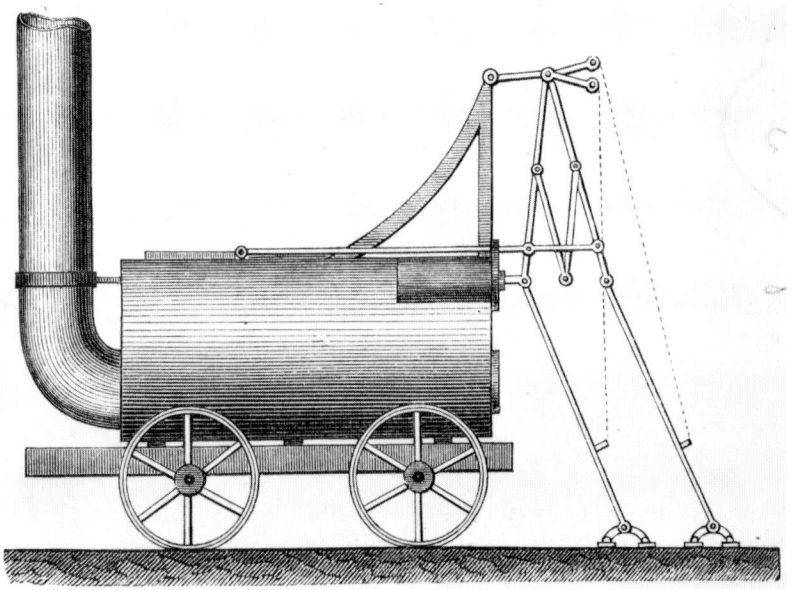

dakten. Sie setzten auf Erfahrung. »Wenn wir irgendwo rechnen mußten, war immer einer zu finden, der das billig erledigte« (Originalton George Stephenson). Er riet deshalb auch vom Versuch, den Semmering zu bezwingen, dringend ab, er hätte auch von dem Unternehmen, die Geislinger Steige zu befahren, welche die gleiche Steigung wie der Semmering besaß, sicherlich abgeraten.

Die Lokomotiven, die zuerst relativ einfach konstruiert waren, besaßen meist nur zwei Zylinder – Trevithicks Maschinen hatten nur einen – und eine Treibachse nebst einer Laufachse wie die »Rocket«.

Sie war eine A1-Maschine. Wenig später erkannte man, daß die Feuerbüchse dringend einer Stützung bedurfte, nämlich einer Laufachse: Ohne sie fing die Maschine bei höheren Geschwindigkeiten – über 40 km/h – an, zu »nicken«. So entstand die »Patentee«, die dem »Adler« entsprach. Es war eine 1A1-Maschine.

Jetzt ist es Zeit, die Bezeichnung zu erklären. Sie entspricht einem System, das bei allen deutschen Staaten verschieden war – inzwischen hat man sich auf *ein* deutsches System geeinigt. Die Amerikaner, die Franzosen, die Schweizer zählen anders.

Das deutsche System ist einfach: Die Lokomotive wird, anders als das Auto, nicht nach dem Kubikzentimeterinhalt der Zylinder oder nach der Zahl der Zylinder bezeichnet, sondern nach der Zahl und Art der Achsen. Es gibt Treibachsen und Laufachsen.

Gezählt wird von vorne nach hinten, also vom Schornstein in Richtung Führerstand oder Kohlentender. »Der Adler« ist eine 1A1-Maschine, das heißt, die erste Achse ist also eine Laufachse, sie erhält eine Ziffer, also eine 1. Die folgende Treibachse wird mit lateinischen Großbuchstaben bezeichnet, also A, und die darauffolgende Laufachse wieder mit einer Ziffer, also einer 1 = 1A1.

Natürlich spielte die Reibung eine gewisse Rolle. Glatteis, Herbstlaub auf den Schienen, überfrierende Nässe ließ sich leichter mit mehreren gekuppelten Achsen bewältigen. Schnelligkeit erzielte man mit weniger gekuppelten Achsen und dafür größeren Rädern. Berechnungen bestätigten später diese Erfahrungen.

Eine französische 231er-Maschine von 1908. Mit ihr könnte Honegger gereist sein

NAMENSGEBUNG, BEZIFFERUNG

Lokfans und Lokexperten können diesen Abschnitt überschlagen. Wenn man allerdings wissen will, was im Konzertprogramm Arthur Honeggers, des großen schweizerischen Komponisten »sinfonische Bewegung Pacific 231« bedeutet, dann sollte man den Abschnitt lesen.

Der württembergische Sechskuppler von 1918, die leistungsfähigste deutsche Güterzuglokomotive – bis an das selige Ende einiger Lokomotiven dieses Typs weiterverwendet – war eine 1F-Maschine. Die schnellste D-Zug-Lok nach der Jahrhundertwende war die badische »Pazific 2C1«, eine legendäre Maschine von großer Ausgewogenheit und Schönheit.

2C1 heißt also zwei Laufachsen vorn, drei gekuppelte Treibräder und eine Laufachse unter Feuerbüchse und Führerstand.

Dem französischen System beziehungsweise der französischen Zählweise entspricht es, die Achsen zu zählen, die Treibachsen werden dabei ebenfalls mit Zahlen bezeichnet, das heißt, unsere »Pazific« hat dort den Namen 231.

Und Arthur Honegger schreibt dazu: »Ich habe immer eine Leidenschaft für Lokomotiven gehabt . . . Ich liebe sie wie ein anderer Frauen oder Pferde liebt. Ich wollte . . . einen visuellen Eindruck und einen physischen Genuß ins Musikalische übersetzen . . . Das ruhige Atemschöpfen der Maschine im Stillstehen, die Anstrengung beim Anziehen, das allmähliche Anwachsen der Geschwindigkeit, bis sie einen lyrischen Höhepunkt erreicht . . . Ein Zug, der mit 120 km/h durch die tiefe Nacht stürmt . . .«

Schöner kann man den fast erotischen Reiz, der für viele von einer Dampflok ausgeht, ihre Konstruktion, ihr lebendiges Wesen, nicht beschreiben.

Nur langsam gelingt es, auch der E-Lok und der Diesellok ein interessanteres Design zu geben. Ein guter Anfang ist das Gesicht des ET 403.

Neue Entwürfe für die Schnellbahn auf den neuen Strecken – Mannheim–Stuttgart, Hannover–Würzburg – sind in Vorbereitung. Sie sollen das Gesicht einer neuen, erfolgreicheren Bahn darstellen. Wir lassen uns überraschen.

Zur Vervollständigung der Bezeichnung noch ein wichtiger Nachtrag: Für die Art der Unterbringung der ange-

Reihe 03. Einheitsschnellzuglok, erbaut 1930

triebenen Achsen im Hauptrahmen, für die Dampfart, die Dampfdehnung und die Zylinderzahl gibt es besondere Zeichen, die zu der Zahl hinzutreten.

Für die unabhängige Unterbringung der Lauf- oder angetriebenen Achsen vom Laufrahmen erhält die Ziffer oder der Buchstabe einen Beistrich: 1'.

Für die Dampfart heißt h = Heißdampf, n = Naßdampf.

Für die Zylinderzahl verwendet man eine Ziffer, zum Beispiel: 2.

Die Art der Dampfdehnung, wenn es sich um eine Verbundwirkung handelt: v.

Nun wieder unsere »Pazific« als Beispiel in der Form einer Heißdampfvierzylinder-Verbundlokomotive: 2'C1'h4v. Der Beistrich bei den Ziffern bedeutet also in diesem Fall, daß das vordere zweiachsige Laufdrehgestell unabhängig vom Laufrahmen gelagert ist, daher erhält die Ziffer 2 einen Beistrich: 2'.

Das gleiche gilt für die hintere Laufachse unter der Feuerbüchse: 1'.

Endlich ist noch die Einteilung in Baureihen zu erwähnen. Sie bedeutet, daß ganze Reihen von Dampflokomotiven, aber später auch von elektrischen und Dieselloks sowie Triebteile für Triebwagen, die einander weitgehend gleichen, für einen bestimmten Zweck gebaut werden; also um ein einfaches Beispiel zu nehmen, Loks für Personen- oder Güterzüge (Beispiel Baureihe 03 = Einheitsschnellzuglok, erbaut 1930).

LOKOMOTIVPIONIERE

Von drei Pionieren soll die Rede sein, von Borsig, Henschel und Maffei. Dazu von einer ungewöhnlichen Frau, Sophie Henschel.

Wenn man in Büchern, die der Technik gewidmet sind, nur von der Technik spricht, entsteht zwar ein glänzendes, aber lebloses Gebilde. Der menschliche Anteil an der Technik, der immer der größere und wichtigere, ja, das eigentlich Bestimmende ist, sollte niemals vergessen werden. Auch in der Lokomotivgeschichte gilt der Satz, daß die Geschichte der Lokomotiven im wesentlichen die Geschichte ihrer Pioniere ist. Wer das vergißt, und es wird oft vergessen, beschreibt Gesichtsloses oder Langweiliges.

In den Jahren zwischen 1835 und 1840 entschied sich die Frage, ob das in zersplitterte Länder und Ländchen aufgeteilte Deutschland ein Agrarstaat oder mit Hilfe der neuen Eisenbahn ein Industriestaat werden solle. Hatten schon die beständig hohen Dividenden der kleinen ersten Eisenbahn Nürnberg–Fürth auch noch den letzten Händler, Beamten und Kleingewerbetreibenden in Versuchung gebracht, Aktien auf das »Teufelswerk« zu zeichnen, so überlegten sich jetzt die Maschinenfabrikanten, aber auch aufgeweckte Maschinenmeister und Inhaber kleiner, technischer Werkstätten, ja, vielleicht sogar Schmieden, ob es sich nicht lohne, hier einzusteigen.

So beteiligt sich der kurhessische Oberbergrat und Inhaber einer Maschinenfabrik, Carl Anton Henschel, an der Gründung der Aktiengesellschaft Kurfürst-Friedrich-Wilhelms-Nordbahn durch Zeichnung von Aktien. Carl Anton war in gewissem Sinne »erheblich« belastet. Sein Vater Christian Carl war nämlich kurfürstlich hessischer Stückgießer – »Stück« altertümlich für Kanonen; er fertigte aber auch Gußrohre und goß Glocken.

Besonders interessierte er sich für Nachrichten aus England über die neuen Dampfmobile. Einen eigenen

Die erste Henschel-Lokomotive »Drache«, 1848

Entwurf von einem Dampfwagen schickte er 1803 dem Hof. Aber der kurhessische Hof begriff nichts. Er war mit Liebesaffären beschäftigt.

Wie die Geschichte zeigt, mögen Mätressen mitunter etwas von Staatsgeschäften verstehen; von Lokomotiven verstanden sie nichts. Der Glockengießer bekam keine Antwort.

Von der Lokomotive sind leider auch keine Pläne erhalten geblieben. Wäre sie wirklich tauglich gewesen und hätte sie auf Schienen fahren können, so wäre Deutschland der Ruhm zugefallen, die erste brauchbare Lokomotive geschaffen zu haben, bevor das Trevithick glückte.

Bei seinem Tode, 1835, hinterließ er ein mittelständisches Unternehmen, das sein Sohn Carl Anton weiterführte.

Carl Anton, seit 1817 Teilhaber im Geschäft, wollte seine Stelle als Bergrat aufgeben. Vielmehr interessierte ihn der väterliche Betrieb. Ihm ist klar, daß dies die Zeit ist, den Betrieb zu erweitern. 1832 reist er nach England, lernt Stephenson und den alten Brunel kennen.

Er gehört von da an zu den Eisenbahnartikelschreibern. Er schlägt eine Eisenbahnlinie Bremen–Frankfurt, natürlich über Kassel, vor. Der Hof reagiert nicht. 1843 entsteht ein Dampfschiff mit dem schönen Namen »Eduard«. Es soll von Kassel nach Bremen fahren. Dann trifft er Vorbereitungen für eine Lokomotive »der Drache«. Es ist die erste Henschel-Lokomotive, sie wird 1848 der Kurhessischen Friedrich-Wilhelms-Nordbahn übergeben.

Sein Betrieb umfaßt nun 200 Arbeiter. Von Dampfmaschinen über Druckpressen bis zu Öfen und Turbinen reicht das Programm.

Aber Carl Anton übernimmt sich. Er konstruiert, lenkt den Betrieb, holt Aufträge herein, und eines Tages ist es zu viel: Er muß sich zurückziehen und den Betrieb dem älteren Sohn Carl übergeben. Carl Anton stirbt 1861. Carl, seit 1845 im Betrieb tätig, erweiterte das Unternehmen, dessen Hauptzweig immer mehr der Lokomotivbau wurde.

Carl baute auf dem Fundament, das ihm sein Vater hinterlassen hatte, weiter. Immerhin hatte die Firma Henschel und Sohn von 1848 bis 1860 fünfzig Lokomotiven hergestellt neben den vielen anderen Artikeln, die fabriziert wurden.

Als der jüngere Sohn Carl Anton Oskar Henschel (1837–1894) die Firma 1860 übernahm, schränkte er

Oskar Henschel (1837–1894)

in den folgenden Jahren immer mehr den Katalog der Angebote ein, um sich vollends ganz auf den Lokomotivbau zu konzentrieren. Er hatte nur zu deutlich bemerkt, wie seinem Vater die Konkurrenz über den Kopf gewachsen war.

Von den 21 Lokomotivfabriken, die es um 1850 in Deutschland gab, hatten sich einige zu großer Bedeutung emporgeschwungen. Borsig in Berlin, Hartmann in Chemnitz und Kessler in Karlsruhe, später in Esslingen, produzierten laufend Lokomotiven, für die der Bedarf ständig wuchs. Sie vernachlässigten Artikel, die sie neben den Lokomotiven bisher hergestellt hatten.

So entschloß sich Oscar, zusammen mit seiner Frau Sophie, geborene Caesar, die Fabrik zu erweitern und anstelle von Glocken und Öfen nur noch Lokomotiven zu produzieren. 1865 konnten sie die hundertste Lokomotive ausliefern.

Es war damals üblich, solch eine Produktionszahl zu feiern. Zugleich war es eine Werbung für die Firma, wenn Feier und Anlaß durch die allgemeine Presse veröffentlicht wurden.

Sie luden die Honoratioren der Stadt, die Vertreter der Zeitungen, auf Vorschlag Sophies die Arbeiter, endlich auch den Kurfürsten ein. Oskar wollte ihm, dem Fürsten, der es an jeglicher Unterstützung der Fabrik fehlen ließ, einmal die Möglichkeit geben, sich das Werk anzusehen und bei der Feier vielleicht einige Worte zu sprechen.

Der Kurfürst, so wurde später erzählt, fragte seinen Flügeladjutanten nach Oskar Henschel: »Großen Bart hat?«. Der Flügeladjutant verneinte. Der Kurfürst: »Nicht sehen wollen, weil Kopfschmerzen habe.« Mit solchen Duodezfiguren von mäßigem Verstand war kein Staat zu machen; ein Jahr später verlor der unfähige Regent Thron und Land.

1867 besuchte König Wilhelm I. das inzwischen preußisch gewordene Kassel und ehrte Werk und Gründerdynastie mit einer Ansprache. Anders als der Kurfürst förderte die preußische Regierung die Industrie nach Kräften, was der Firma Henschel sehr zugute kam.

Eine Statistik Ende der 60er Jahre zeigt Borsig an der Spitze des Lokomotivbaues mit jährlich 200, Wien (100), Maffei (80) und Henschel (80); danach kommen mit einer Auslieferung von etwa 70 Maschinen jährlich Hartmann, Egestorff, Karlsruhe, Sigl, Wöhlert und Vulkan.

Die 500ste Lokomotive mußte auf eine Feier verzichten. Die Auslieferung fiel in die Gründerkrise von 1872/73; das zur Verfügung stehende Geld wurde unter die Arbeiter verteilt. Die Firma war, wie alle anderen, vom hohen Roß herabgestiegen und produzierte zum Beispiel Bettgestelle und Stationsschilder.

Es bedurfte der größten Anstrengungen, sich aus dem tiefen Tal, in das die Firma geraten war, wieder herauszuwinden. Während Oskar Henschel ununterbrochen auf der Suche nach neuen Aufträgen bei in- und ausländischen Eisenbahngesellschaften war, in den Büros der Ministerialbürokratie und den Büros der Staatsbahnen antichambrierte, was zumeist vergeblich war, oder um Kredit bei Banken nachsuchte, mußte Sophie Henschel den Betrieb führen und auch wichtige Entscheidungen treffen während der oft wochen- und monatelangen Abwesenheit des Gatten und Geschäftspartners.

Sie wußte nicht, daß sie sich hier auf eine kommende Rolle vorbereiten würde. Endlich wurden die beiden Partner fündig; Sie erspähten, wie man heute sagen würde, eine Marktlücke.

Der preußische Staat hatte, ähnlich wie der badische und der württembergische, sich bei der Ausführung des Eisenbahngrundnetzes verpflichtet gesehen, den abseits liegenden, nicht von einer Bahn berührten Gegenden und Städten die Erschließung durch Sekundärbahnen zu versprechen.

Der Firma Henschel gelang es, größere, vor allem staatliche Aufträge für Sekundärbahn-Lokomotiven zu erhalten. Es zeigte sich, daß diese Lokomotiven auch für die Verdichtung der Systeme um Industriereviere und Großstädte geeignet waren.

Mit einem gewaltigen Sprung gelang es der Firma, in der auf die Krise folgenden Hausse sich an die Spitze der Lokomotivbetriebe zu setzen: Die 3000. Lokomotive wurde am 1. Februar 1890 gefeiert.

Doch dieser gewaltige Aufschwung hatte die Kräfte Oskar Henschels völlig verzehrt. Er starb 1894 an Herzversagen.

Zuvor hatte er noch testamentarisch verfügt, daß nach seinem Tode seine Frau »die völlig unbeschränkte Verwaltung und freie Disposition« über die Fabrik erhalten solle.

SOPHIE HENSCHEL

Das war die große Stunde Sophie Henschels. Gelassen wies sie alle Angebote von Wirtschaftsberatern ab. Auch die Unterhändler des Bankhauses Salomon Oppenheim in Köln, die aus der Firma eine Aktiengesellschaft machen wollten, mußten unverrichteter Dinge abziehen.

Zum großen Erstaunen aller Eingeweihten und Beobachter – vor allem in der Lokomotivindustrie – ging der Aufschwung ohne Unterbrechung und im bisherigen raschen Tempo weiter: 1899 wurde die 5000. Lokomotive ausgeliefert.

Doch nicht nur um den laufenden Betrieb, um Neukonstruktionen und das Hereinholen von Aufträgen kümmerte sich Sophie Henschel; sie war unermüdlich in der Installierung und Verbesserung von Wohlfahrtseinrichtungen. Sie war geliebt und geachtet von ihrer Arbeiterschaft.

Sie galt auch in jener Zeit des Sozialistengesetzes als »sozial gesinnte Stifterin« (Treue). Man sollte allerdings nicht vergessen, daß es in dieser Zeit noch

Sophie Henschel (1841–1915)

mehr solcher Gründergestalten gab, die nicht nur aus eigennützigen Gründen auf das Wohl ihrer Arbeiter bedacht waren. Genannt seien Robert Bosch, Gottlieb Daimler und Karl Benz.,

Zum November 1900 setzte ein Schlaganfall ihrer Tätigkeit vorübergehend ein Ende. Nach kurzer Erholungspause führte sie jedoch das Werk bis 1910 weiter, bis zum hundertjährigen Jubiläum der Firma. Sie hatte sich das als Ende und Ziel wohl vorgenommen; nach diesem Datum zog sie sich von der Arbeit zurück; sie starb 1915.

Den erblichen Adel und den Empfang bei Kaiser Wilhelm II. lehnte sie ab. Für geeignete Nachfolger hatte sie rechtzeitig gesorgt. Die Firma Henschel stand auch nach ihrem Tode an der Spitze der Lokomotivindustrie. Sophie Henschel war, was wenig bekannt ist, eine der großen Unternehmerpersönlichkeiten der Gründerzeit.

ENTSTEHUNG DER LOKOMOTIVINDUSTRIE

Hier die Reihenfolge der Lokomotivpioniere mit der Angabe des Jahres und Ortes, in denen sie ihre erste Lokomotive fertigstellten:

Schubert	1839 Übigau (Dresden)
Maffei	1841 München
Borsig	1841 Berlin
Kessler	1841 Karlsruhe
Henschel	1848 Kassel
Schichau	1860 Elbing

Vier bis sechs Jahre waren notwendig, um eine eigenständige Lokomotivindustrie aufzubauen; sechzig Jahre, um sich, wie die Firma Henschel, zum König der Lokomotivfabrikanten aufzuschwingen.

Kasten XI

JOSEPH ANTON RITTER UND EDLER VON MAFFEI

Nach Professor Schuberts großartigem Auftakt mit der B1-Lokomotive, 1839 gebaut in der Werkstätte der Aktien-Maschinenbaugesellschaft Übigau, war der nächste Pionier der Münchner Joseph Anton Ritter und Edler von Maffei.
Die Familie Maffei stammt aus Italien. In Verona kann man heute noch den prächtigen Palast Maffei bewundern. Der Vater betrieb in München eine Tabakfabrik. Joseph Anton wollte sich zuerst den schönen Künsten zuwenden; er wollte Bildhauer werden. Schließlich übernahm er dann doch auf Drängen der Familie die väterliche Tabakfabrik.
Doch fand er diese Beschäftigung nach kurzer Zeit langweilig. Er sah sich nach einer neuen Unternehmung um. Gelegenheit bot ihm die »Münchner-Augsburger Eisenbahngesellschaft«, die den tatkräftigen und offenbar phantasievollen Geschäftsmann zum Vorstand bestellte.
Parallelen zum Nürnberger Patrizier Platner sind auffallend: Mitarbeit im Gemeindekollegium, Gründer eines renommierten Hotels, Mitbegründer einer Bank. Als man ihn beauftragte, für die »München-Augsburger Eisenbahngesellschaft« neue Lokomotiven zu bestellen, da kam er auf die Idee, selbst Lokomotiven zu bauen. Er hatte gehört, daß die Erfinder der Lokomotiven, Trevithick und vor allem Stephenson, Autodidakten waren, und daß überall im Deutschen Bund seit dem glücklichen Start Techniker und technisch Interessierte Lokomotiven bauten.
Es ist kein Zufall, daß die nächsten drei Lokomotiven nach dem Übigauer Erstling alle 1841 fertig werden und sozusagen auf diesen neuen Markt fuhren.
Für die Eisenbahngeschichte, insbesondere für die Lokomotivgeschichte, ist der Süden Deutschlands wich-

Kasten XII

BISMARCK UND DER ABGEORDNETE AUS REUTLINGEN

Bismarck – inzwischen Fürst – war als Reichskanzler und Ministerpräsident des Staates Preußen, als Gefolgsmann des hohenzollerischen Herrscherhauses gegenüber den süddeutschen Staaten – zwei Königreichen, Bayern und Württemberg und ein Großherzogtum, Baden – zwar stets gesprächsbereit, aber dennoch etwas im Tonfall des großmütigen Siegers gegenüber Besiegten.
Ein bezeugter Vorfall änderte seine Einstellung. Ein Reutlinger Abgeordneter im Reichstag geriet am Rande der Sitzungen in ein Gespräch mit Bismarck über Eisenbahnfragen.
Der fragte ihn, woher er stamme.
»Aus Reutlingen in Württemberg.«
»Nie gehört«, sagte Bismarck, »wo liegt denn das?«
Da sagte der Abgeordnete: »Zwischen dem Hohenzollern und dem Hohenstaufen.«
Bismarck verabschiedete sich mit großer Hochachtung von dem Abgeordneten, der mit sechs Worten sagte, was den Ruhm seiner Heimat ausmachte.
Er erzählte den Vorfall dem Minister Mittnacht, der nichts entgegnete, aber schmunzelte.
Solche Anekdoten, die wahr oder erfunden, damals in Schullesebüchern kursierten, erhellen blitzlichtartig die Situation und helfen mit, zu erklären, warum das gewaltige, übermächtige Preußen mit seinem dominanten Reichskanzler davon absah, sich durchzusetzen. Bürgerstolz und Tradition gegenüber den Mächtigen vermochten damals etwas auszurichten.

tig, weil hier aus den geschilderten Gründen die erste beispielgebende, rentierende Eisenbahn entstand und weil in Baden und Württemberg die richtungsweisenden großen Staatsbahnsysteme mit ihrer Organisation entstanden.

Dies war es übrigens auch, was Bismarck bei seinen Reichsbahnplänen, wie er offen zugab, hinderte, den Widerstand der süddeutschen Staaten in dieser Frage zu brechen. Er hoffte, die Systeme als Ganzes übernehmen zu können, was ihm in Hessen auch nach 1866 mit dem dann übrigbleibenden Großherzogtum gelang.

Zurück zu den Lokomotivfabrikanten der vierziger Jahre, in diesem Falle dem Münchner Maffei. Bei der Umschau und dem Herumhören nach einer neuen Aktivität im Bereich der Eisenbahn erfuhr er, daß das alte Hammer- und Walzwerk in der Hirschau nahe dem Englischen Garten käuflich sei. Er wußte, daß alle Konkurrenten mit einer Eisengießerei begonnen hatten, so Borsig wie Henschel.

Als Vorstand des Direktoriums der »München-Augsburger Eisenbahngesellschaft« wußte er, daß die zwei in England bestellten Lokomotiven mit dem Mechanicus Hall angekommen waren, im Gegensatz zu Nürnberg-Fürth viel zu früh. Sie kamen nämlich im Frühjahr, und die Bahnstrecke würde erst im September fahrbereit sein.

So ergaben sich zwanglos Gespräche zwischen Maffei und seinen Werkmeistern mit dem englischen Lokomotivführer und dem Ingenieur Hall, die Maffeis Idee, selbst Lokomotiven für Bayern zu bauen, stark bekräftigten. Hall war einer Art Abwerbung zugeneigt und begann, für Maffei zu arbeiten.

Ähnlich wie Platner auf Rückendeckung bei Hofe bedacht, schrieb er an König Ludwig I. 1841, zunächst die Schwierigkeiten des Transports, die hohen Kosten und den Zoll schildernd, er wolle »den patriotischen Versuch« machen, »gleiches mit dem Ausland zu liefern und dessen Produkte entbehrlich« zu machen.

Er hoffe, daß die neugegründete Königlich Bayerische Baukommission in Nürnberg (!) seine Lokomotiven, die erste schon im Bau, akzeptieren werde.

König Ludwig, vorsichtig und skeptisch, wie es seine Art war, gab keine Antwort. Maffei, dem die Nürnberger Eisenbahnhistorie – keine sechs Jahre lag sie zurück – bekannt war, ging Platners Weg: Er bat den Kö-

nig, der ersten bayerischen Lokomotive einen Namen zu geben.

Ludwig, der verhinderte Poet, Liebhaber der schönen Lola Montez, ein Verhältnis, das noch immer andauerte, antworte lyrisch:

»Mit vielem Vergnügen erfuhr
Des Dampfwagens Erbauung aus München
Und dem ausgesprochenen Wunsche gemäß,
Daß ich ihm einen Namen geben möchte,
Soll er ›Der Münchner‹ heißen.

Berchtesgaden, 11. September 41. Ludwig.«

Dieses schlichte Epigramm nützte freilich Maffei wenig, der zwar »erfuhr«, daß die Regierung die Fahrtüchtigkeit der Maschine bescheinigt hatte. Doch die pedantische Eisenbahnbaukommission bemängelte das Fehlen »der beliebig verstellbaren Expansion« und sah deshalb vom Ankauf der Maschine ab.

Jetzt saß Maffei mit 200 000 Gulden Schulden auf seiner unverkäuflichen »Münchner« und mußte befürchten, daß damit auch seine Beteiligung an dem Auftrag von 24 Lokomotiven für die Nord-Süd-Linie annulliert werde. In seiner Not wandte er sich wiederum an den König, der entschied, daß das Landeskind Maffei neben Mühlhausen (Elsaß) und Kessler (Karlsruhe) berücksichtigt werden solle.

So kam ein Auftrag über sechs Lokomotiven zustande, wenngleich unter harten Bedingungen. Maffei mußte seine Tabakfabrik verpfänden.

Noch zwei Jahre dauerte das Tauziehen um die erste Lok der »Münchner«. Dann gelang es nach Einbau der beliebig verstellbaren Expansion, das Fahrzeug für 24 000 Gulden 1847 an die störrische Kommission zu verkaufen.

Augenzwinkernd ließ Maffei den König wissen, daß die in seiner Fabrik beschäftigten Arbeiter in den sechs Jahren der Nichtabnahme der Lokomotive allein an Biersteuern (drei Maß Bier pro Tag und Mann) 25 000 Gulden entrichtet hätten.

Was der König darauf erwidert hat, ist nicht überliefert. Doch da die Tänzerin Lola Montez seit 1846 den Monarchen zunehmend beschäftigte, dürfte er für solche kleine Sticheleien keine Muße mehr gehabt haben. Die »zur Gräfin Landsberg erhobene bayerische Pompadour« wurde nach vielen Skandalen und einem Mini-

Ansicht der Maschinenbauanstalt Maffei in der Hirschau bei München, 1849

stersturz am 11. März 1848 aus der Landeshauptstadt verbannt und schließlich des Landes verwiesen.

Der König mußte angesichts eines offenen Aufstandes auch im Zusammenhang mit den revolutionären Märzereignissen neun Tage später zurücktreten, zugunsten seines Sohnes Maximilian II. Damit entschwindet die für die bayerische Eisenbahngeschichte so wichtige und eigentümlich schillernde Figur des bayerischen Königs Ludwig I.

120

Joseph Anton von Maffei (1790–1870)

schwer, sich gegen die englische und amerikanische Konkurrenz durchzusetzen.

Der Breslauer Borsig (1804–1854) war ein gelernter Zimmermann, der sich im königlichen Gewerbeinstitut in Berlin weiterbildete und nach Tätigkeit in einer Eisengießerei schließlich 1837 das Wagnis der Gründung einer Maschinenbauanstalt in Berlin unternahm. Er lieferte 1841 die erste Lokomotive für die Berlin-Anhalter Bahn.

Hatte er erst mit ein paar Dutzend Arbeitern begonnen, so zählte die Fabrik 1847 schon 1200 Beschäftigte. Er erkannte sehr rasch den steigenden Bedarf an Lokomotiven und lieferte, wie es in einem Bericht heißt, »1847 an Lokomotiven 67 Stück nebst Tendern, also mehr als je in einem Jahr eine der größten Werkstätten Englands geliefert hat«. Daneben fertigte er unter anderem auch Schiffsdampfmaschinen und stationäre Dampfmaschinen.

Sein Sohn setzte nach seinem Tode 1854 das Werk fort, er baute eine Hochofenanlage bei Gleiwitz, die jährlich 500 000 Zentner Eisen und Stahl erzeugte. Schon 1894 hatten die Borsig-Werke 4400 Lokomotiven ausgeliefert. Borsig war lange Zeit der Alleinhersteller von Lokomotiven für die preußischen Bahnen.

Wichtig zu erwähnen auch Ferdinand Schichau (1814–1896), Sohn eines Gelbgießermeisters (Handwerker in Buntmetall), der ebenfalls am Gewerbeinstitut in Berlin gelernt hatte. Nach einem Studienjahr in England gründete er eine Fabrik in Elbing, bestehend aus Kesselschmiede, Lokomotivfabrik und Schiffswerft. Er ist durch interessante Lokomotivkonstruktionen bekannt geworden; berühmt wurde er durch die Konstruktion des ersten seefähigen Torpedobootes.

Die meisten der Nord- oder Ostsee anliegenden Staaten bezogen ihre Torpedoboote und Torpedokreuzer von Schichau. Seine bedeutendsten Leistungen lagen aber auf dem friedlichen Gebiet der Fluß- und Küstendampfer.

Die Firma Maffei aber florierte nach Bewältigung dieser ersten existenzbedrohenden Schwierigkeiten. Besonders die Jahre nach der Gründerzeit 1870/73 brachten einen außerordentlichen Aufschwung.

Maffei lieferte allein der bayerischen Staatseisenbahn über 2200 Lokomotiven.

Die zweite große Firma, Krauss & Co., war seit 1866 auf dem Marsfeld vor den Toren Münchens tätig. Ähnlich wie Henschel baute Krauss hauptsächlich Tenderloks, womit er großen Erfolg hatte. 1931 fusionierten beide Firmen zu dem heute bestehenden, weltbekannten großen Unternehmen Krauss-Maffei.

BORSIG UND SCHICHAU

Auch die beiden großen norddeutschen Lokomotivpioniere Schichau und Borsig hatten es am Anfang

KRUPP

Wenn es sich um Fabrikation von Eisenbahnbedarf handelt, muß der Name Krupp genannt werden. Es sind die Glockengießereien, die Kesselschmieden, die mechanischen Werkstätten, aus denen die großen Na-

Das Firmenzeichen von Krupp

men der Lokomotivfabrikanten hervorgehen.

Manchmal werden die Fabriken auch von den Eisenbahnverwaltungen ins Leben gerufen, wie die Maschinenfabrik Esslingen unter Kessler zum Beispiel, der von Karlsruhe »abgeworben« wurde; manchmal gründen die Verwaltungen selbst Fabriken.

Krupp, Stahlfabrikant im Revier, fing zwar erst 1919 an, eigene Lokomotiven zu bauen. Doch besteht sein unsterbliches Verdienst darin, daß Alfred Krupp um 1850 den nahtlosen Radreifen aus Tiegel-Gußstahl erfunden hat. Er war für die Eisenbahnen aller Länder so wichtig, daß Krupp aus drei aufeinander gelegten Radreifen des Firmensymbol bildete, das in der ganzen Welt bekannt ist. Die Erfindung beseitigte zahllose Störungen: Sie ließ höhere Fahrgeschwindigkeiten zu und erlaubte weit höhere Zuglasten als bisher.

UMFANG DES ALLGEMEINEN WISSENS

Interessant ist, daß ein weit verbreitetes »Konversationslexikon, ein Nachschlagewerk des allgemeinen Wissens«, 1896 in seiner »fünften, gänzlich neu bearbeiteten Auflage« – zwanzig Bände – zwar Borsig und Schichau kennt, jedoch von den zu gleicher Zeit existierenden Fabrikanten Henschel und Maffei nichts weiß.

Dies zeigt, daß die technische Revolution in das bürgerliche »allgemeine Wissen« bis zur Jahrhundertwende keinen oder so gut wie keinen Eingang gewonnen hat. Daß sie ein bedeutendes Wirtschaftsereignis ist, wenn nicht sogar ein ausschlaggebender historischer Faktor, das wird überhaupt nicht erkannt.

Soziologisch ist interessant, daß in den übrigens ausgezeichneten Artikeln die Geisteswissenschaften,

Nachrichten vom Adel und regierenden Häusern, auch von Botanik und Zoologie, weniger schon von klassischer Physik und Chemie dominieren. Technische Daten werden vor allem aus der Kriegskunst wiedergegeben.

Daß sich das »heraufkommende Maschinenzeitalter« (Goethe) bereits im Dualismus zwischen Unternehmern und Arbeiterschaft, in besonderen Ideologien (Marx und Engels, Kommunistisches Manifest von 1848) und Revolutionen (Borsigs Arbeiter spielten in den Märzaufständen 1848 in Berlin bereits eine bedeutende Rolle) dokumentierte, wird erst in der späteren Bismarck-Zeit (Sozialistengesetz) ins allgemeine Wissen und ins breite Bewußtsein aufgenommen.

Noch heute versäumt es die allgemeine Historie, auf diese wahrhaft essentielle Umwälzung, die in die dritte gegenwärtige technische Revolution, mit dem Namen Elektronik, einmündet, bewußt zu reagieren. Unser ganzes Schulsystem steht der überwältigenden Invasion von Computern, Mikroprozessoren, Robotern, Weltraumflügen und Atomreaktoren und Raketen hilflos gegenüber. Eine kleine Hilfe leistet zur Bewußtseinsaufnahme die Spielzeugindustrie. Das ist eine traurige Feststellung.

Es läge an unserer geistigen Elite, daß der gegenwärtige, auf Leben und Tod der gesamten Menschheit zielende Rüstungswettlauf der Großen endlich einmal als das erkannt wird, was einige wenige unserer echten Universalisten wissen: Daß es sich um eine ungeheure Umkehr, um eine Wende handelt, die darin besteht, daß die Technik sich verselbständigt hat und die Herrschaft über die Menschen errungen hat. Aus dem Herrn über die Technik ist ein Diener geworden. Die Sprache weiß das schon lange. Werkzeuge werden noch beherrscht, Computer werden bedient. Der auf Überleben oder Tod der gesamten Menschheit zielende Rüstungswettlauf spielt sich in diesem Bereich ab, und die Ideologien und die dazu gehörende Politik haben lediglich noch die Aufgabe, eine mehr oder weniger mißtönende Begleitmusik dazu zu spielen.

DIE ZULIEFERANTEN

Wenn von Krupp die Rede ist, darf man die Entstehung einer gewaltigen Zulieferindustrie nicht vergessen. Das beginnt recht eigentlich mit dem Baumeister Denis der Nürnberg-Fürther Eisenbahn, der sich eifrig bei dem der »Anglomanie verfallenen Direktorium« dafür stark macht, daß wenigstens die Baustoffe, die Schienen, das Kleineisenzeug und vor allem die Wagen von einheimischen, mindestens von deutschen Handwerkern und Firmen geliefert werden sollten. Den Anfang macht die mechanische Werkstätte von Johann Spaeth am Dutzendteich, deren Inhaber von dieser ersten Arbeit an der ersten Lokomotive in Deutschland profitiert. Kramer-Klett, ebenfalls in Nürnberg, leitet den ersten Serienbau von offenen und gedeckten Güterwagen ein und löst damit die zahlreichen Handwerker sowie den Eigenbau der Bahn ab.

Zwei aus dem Handwerkerstand stammende Industrielle, Schichau und Borsig, stehen so zwei aus dem Patrizierstand stammenden Unternehmern gegenüber als Beispiel, wie in dieser Pionierzeit des aufkommenden Maschinenzeitalters allen unternehmerischen Kräften der Aufstieg möglich war. Die Zeit des privilegierten, im Wohlstand lebenden Spießbürgers aus der Biedermeierzeit in Groß- und Kleinstädten ging zu Ende. Spitzweg malte diese aussterbenden Exemplare mit exquisitem Humor.

DAS IST DIE ZEIT DER ERFINDUNGEN UND ENTDECKUNGEN

Die sich verfeinernde Technik machte die bisher verborgene, große und kleine Welt sichtbar. Mikrokosmos und Makrokosmos belebten sich. Kleinste Wesen, von den Amöben, Einzellern, bis zu Bakterien und bisher unbekannten Krankheitserregern wurden sichtbar; sie zeigten sich unter dem Mikroskop in vielfältiger und lebendiger Gestalt. Fernste Sonnen, die Struktur unserer Milchstraße, aber auch Welten außerhalb dieser riesigen Dimension wurden in den neuen Spiegelteleskopen aufgefunden. Jetzt wurde der Andromedanebel, der als helles Fleckchen in klaren Nächten mit dem bloßen Auge sichtbar ist, plötzlich als eine uns benachbarte Milchstraße im Fernrohr deutlich. Die Vermutung Immanuel Kants, der Nebel sei vielleicht eine Art Milchstraße außerhalb unseres Systems: Diese Vermutung erwies sich als richtig.

ENTWICKLUNG DER DAMPFLOKOMOTIVE

Auch in der Geschichte der Entwicklung der Lokomotive zeigt sich der Trend der Technik zur Perfektionie-

rung. Intensivierung, Verfeinerung, zugleich Verstärkung und Spezialisierung zeigen die Evolution der Maschine bis zu ihrem Ende, das endgültig ist.

Wir lasen schon, wie aus der A1-Maschine, der »Rokket« Stephensons, die beim Rainhill-Rennen brillierte, die 1A1 wurde, um das lästige Nicken, verursacht durch die Feuerbüchse, zu beheben.

Übrigens waren alle am Rennen in Rainhill beteiligten Lokomotiven A1-Maschinen, wenn man den Zeichnungen trauen darf.

Während in den Anfangsjahren bei den deutschen Bahnen der 1A1-Typ in der verbesserten Patentee-Form allen Anforderungen genügte, waren es im »bergichten« Württemberg von Anfang an B-Maschinen, also zweifach gekuppelte Maschinen.

Aber auch diese Lokomotiven schafften die erste Gebirgsbahn Deutschlands, die Geislinger Steige, nicht. Die Steigung war eine kurvenreiche Strecke von 6 Kilometern Länge mit einer Steigung von 1:44,5, einer Steigung, die der späteren Semmering-Steilstrecke bei Eichberg entsprach. Man sprach 1851 vom Eichenberg-Rennen für Berglokomotiven, das international ausgeschrieben wurde. Die Württemberger, die vor demselben Problem standen, versuchten es zunächst mit einer Art von beschränkter Ausschreibung. Sie hatten die ersten Lokomotiven von zwei nordamerikanischen Fimen bezogen, im Gegensatz zu Baden, das seinen Bedarf an Maschinen aus England importierte.

Es waren zwei Firmen, die für die württembergische Verwaltung lieferten: Norris und Baldwin & Whitney, beide in Philadelphia.

Der Vorsitzende der Eisenbahnbaukommission, der Zivilingenieur Ludwig Klein, den man von der österreichischen Kaiser-Ferdinand-Nordbahn geholt hatte, urteilt in einem Gutachten so, daß man sich »die Lokomotiven des bevorzugten Systems aus ihrer ächten Quelle beziehen« müsse.

Klein war sich bei der Erbauung der Geislinger Steige, mit dem Baumeister Karl Etzel darüber klar geworden, daß man im bergigen Württemberg mit seinen engen, kurvenreichen Flußtälern, denen damals die Bahn zu folgen gezwungen war, mit Radien von 300 Metern und weniger und mit Steigungen 1:40 rechnen müsse. Also bestellte man 1844 bei Baldwin & Whitney drei 1B-Lokomotiven und bei Norris drei 2B-Lokomotiven. Das bevorzugte System bestand darin, daß die ameri-

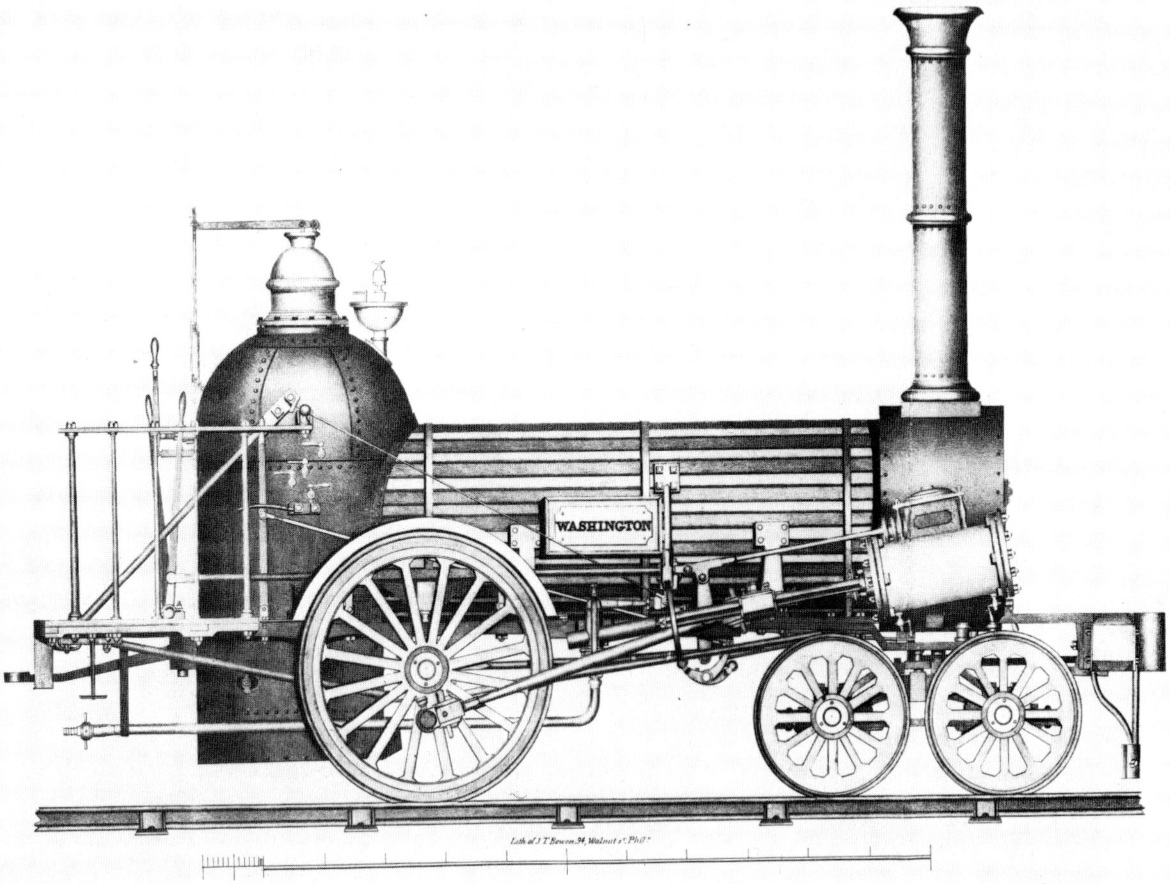

**Vorläufer der 2B-Loko-
motive
Norris-Lokomotive aus
Philadelphia um 1840**

**Norris 2B-Lokomotive für
Esslingen, 1845**

kanischen Loks das führende Drehgestell besaßen; bei Norris in zweiachsiger Ausführung, bei Baldwin in einachsiger.

So hoffte Klein, daß das drehbare Vordergestell den scharfen Kurven eher folgen würde. 1845 wurden die Maschinen geliefert, und es zeigte sich bald, daß die zweiachsigen-Drehgestellmaschinen von Norris besser den Anforderungen entsprachen als die einachsigen. Der resolute Klein verkaufte darauf die Baldwinschen Maschinen kurzerhand an die Schweizerische Zentralbahn.

Inzwischen hatte Kessler in Karlsruhe Erfolg mit dem Nachbau der englischen Sharp-Lokomotive (Sharp, Roberts & Co., Manchester). Seine 1848 an die badische Staatsbahn ausgelieferte Maschine, die natürlich den Namen »Badenia« trug, versetzte die Karlsruher Administration in pures Entzücken. Um wieviel urbaner und kulanter war doch der badische Hof als der bayrische!

»Zu besonderem Vergnügen muß es der derzeitigen Verwaltung gereichen, daß die durch die inländische Kesslersche Fabrik bezogene Maschine ... in keiner Weise dem ausländischen Fabrikate, weder an Dauerhaftigkeit noch an Vollkommenheit der Arbeit und vorzüglichem Verhalten bei Gebrauch nachsteht.«

Es war dann noch von der erweislichen Leistungsfähigkeit der deutschen und insbesondere der badischen Industrie, aber auch von der neu gewonnenen Unabhängigkeit vom Ausland und der absoluten Ebenbürtigkeit mit fremden Fabrikaten die Rede.

Die Norris-Lokomotiven bewährten sich in Württemberg – aber sie schafften die Geislinger Steige nicht. Schublokomotiven mußten immer helfen – der Aufwand war groß.

Das Gutachten der Karlsruher Großherzoglich Badischen Direktion der Verkehrsanstalten geriet auch in die Hände der Württembergischen Eisenbahnbaukommission. Die Badener bauen jetzt eigene Lokomotiven – die Preußen mit Borsig auch, der Münchner Maffei hat eine bayerische Lokomotivfabrik aufgebaut – und wir?

Klein, dem von Anfang an in der Eisenbahnkommission der Maschinenteil zugefallen war und der den schönen Titel Obermaschinenmeister trug, verhandelte mit dem Badener Maschinenfabrikanten Emil Kessler und zugleich mit dem ehemaligen bayerischen Tabakfabrikanten Joseph Anton von Maffei, jetzigem Inhaber einer Lokomotivfabrik, wegen Errichtung einer Lokomotivbauanstalt. Ein entsprechendes Gelände wurde im Neckartal in der Nähe von Esslingen erworben. Beide erklärten sich bereit; den Zuschlag erhielt Kessler, weil er nach Ansicht der Kommission – als erfolgreicher Absolvent des Polytechnikums in Karlsruhe – Fachmann war, während Maffei »die erforderlichen Kenntnisse nicht selbst besitzt«.

Die Maschinenfabrik wurde im März 1846 gegründet. 1847 lieferte Kessler die erste Lokomotive ab. Sie hieß – selbstverständlich – »Esslingen«. Die Leitung der Karlsruher Fabrik behielt Kessler noch fünf Jahre bei, in denen wichtige neue Konstruktionen, insbesondere

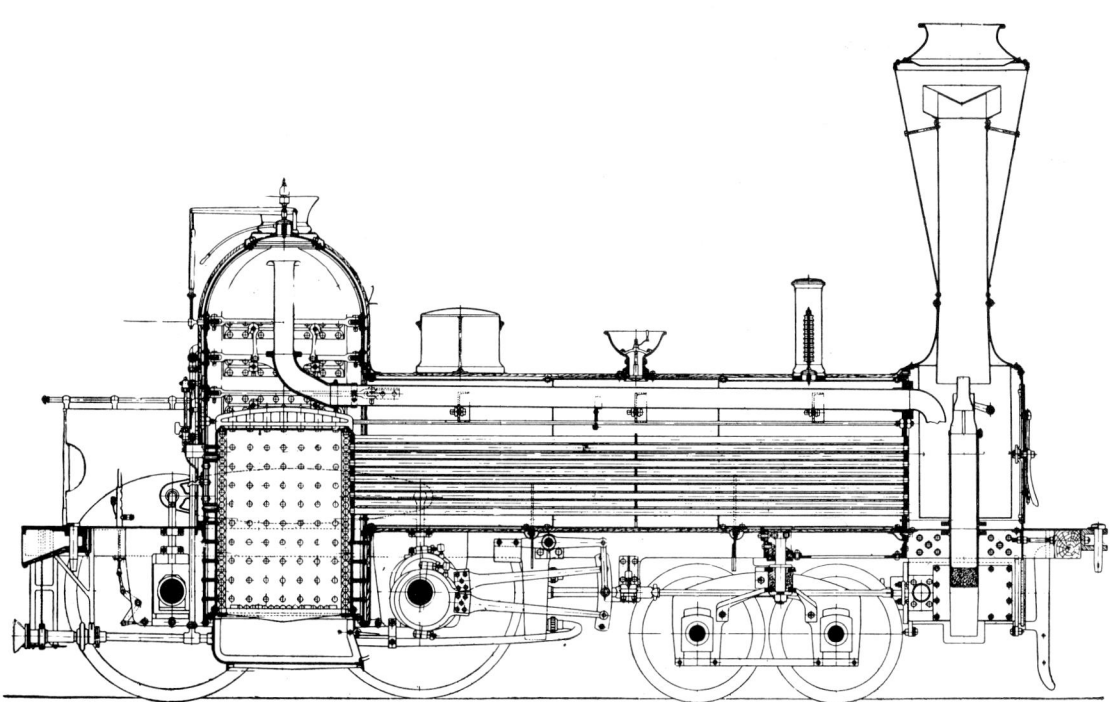

Württ. St.B. Kl. III Nr. 7 bis 29, 31, 33, 34, 38 bis 52. Erste Lokomotive in Esslingen, 1846

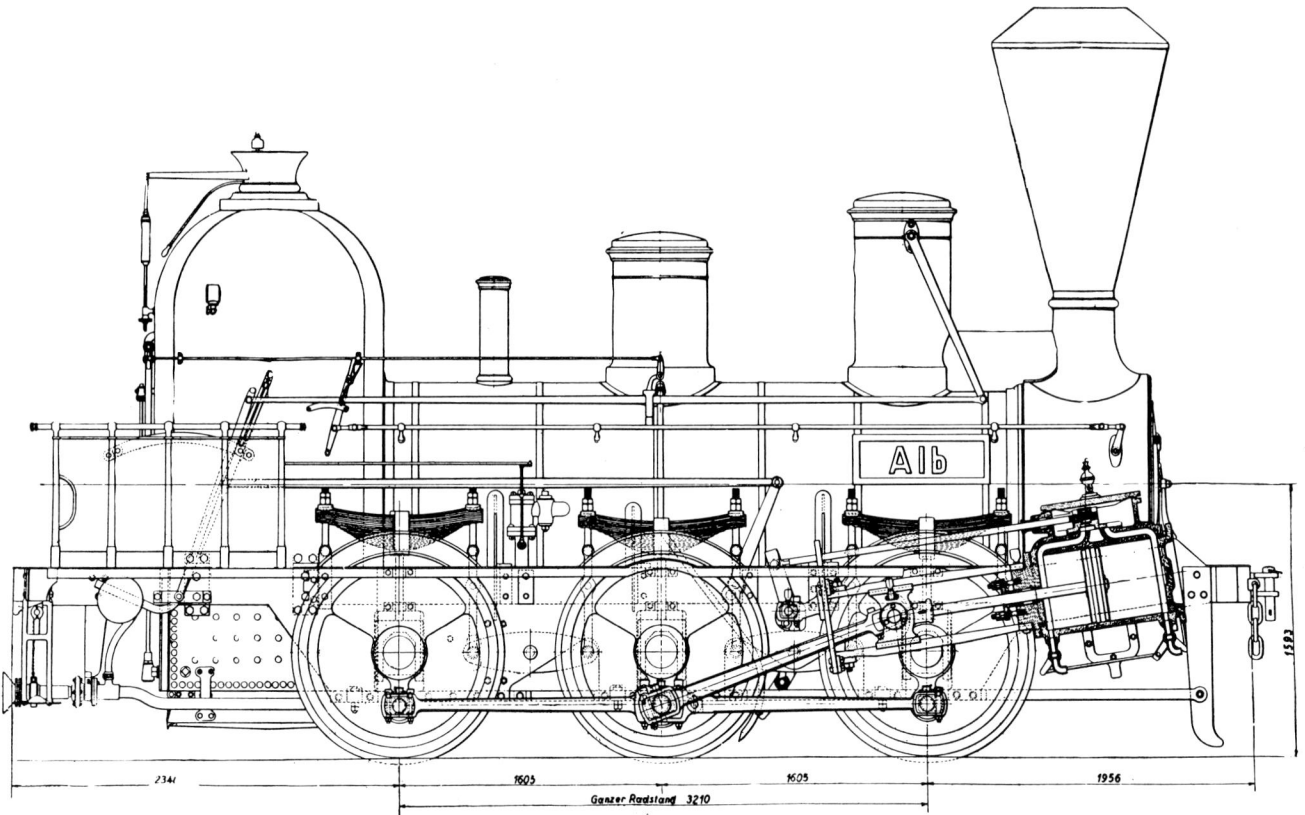

Württ. St.B. »Albklasse« Nr. 30, 32, 35 bis 37

die ersten Dreikuppler Deutschlands, fertig gestellt
wurden. Sie waren die ersten Güterzuglokomotiven für
die Badische Staatsbahn. Dann entschied er sich endgültig für Württemberg; die Konstrukteure Joseph Trick
und Moritz Schröter gingen mit nach Esslingen.

Jetzt schien Klein der Augenblick gekommen, das Pro-
blem der Geislinger Steige zu lösen. Er holte von der
Firma Baldwin in Philadelphia ein Angebot ein für eine
Berglokomotive, zugleich aber auch von der Maschi-
nenfabrik Esslingen als dem Vertreter der heimischen
Industrie.

Zusammen mit seinem begabtesten Konstrukteur Trick
entwarf Kessler eine neue Form: die C-ALB-Lokomotive.

Tricks Dreikuppler hatte im Gegensatz zum Baldwinschen Angebot einen steifen Achsstand, Innenrahmen
und Stephenson-Steuerung. An den mittleren Treibrä-

Joseph Trick (1812–1865)

126

dern fehlte der Spurkranz, damit Krümmungen leichter durchfahren werden konnten.

Klein, der den Vorteil der Esslinger Konstruktion sofort erkannte, übertrug die Aufgabe, die Bergmaschine zu bauen, dem Kesslerschen Unternehmen.

Im Grunde bestätigte diese Entscheidung die Funktion der Maschinenfabrik Esslingen als Hoflieferant der Königlich Württembergischen Staatseisenbahnen (K.W.St.E.) nur noch weiter. In den wenigen Jahren lieferte die Fabrik Personen- und Güterwagen, Tender, Tenderlokomotiven, Drehscheiben, Wasserstationen und anderes Zubehör.

Über diese Entwicklung einer deutschen Lokomotive wird deshalb so ausführlich berichtet, weil die so entstandene, als vorbildlich bezeichnete C-Alb-Maschine nicht nur ein halbes Jahrhundert die Normalgüterzuglokomotive in Württemberg war, sondern weil sie durch Kessler in Deutschland, aber auch in viele andere Länder Europas, auch an exotische Staaten, verkauft wurde (Mühl).

Übrigens: Die C-Alb bestand ihre Probe am Berg glänzend.

HÖHEPUNKT UND ENDE DER LOKOMOTIVEPOCHE

Die Geschichte der Dampflokomotive ist ein wichtiger Teil der Eisenbahngeschichte in allen Ländern der Welt. Die Geschichte geht allerdings traurig aus: Sie endet mit einer Todesanzeige.

Mindestens für die Bundesrepublik kann man das Todesjahr genau bestimmen: Es war das Jahr 1976.

Das bedeutet für das Prinzip der deutschen Dampflokomotiven ein Lebensalter von 141 Jahren. Um die Jahrhundertwende, als ihr noch niemand den Verkehr streitig machte, war die Lokomotive schon über 60 Jahre alt.

Es wäre nicht billig, wenn man der Zuneigung der Lokomotivbauer und -ingenieure, der Lokführer und -heizer und der großen, heute noch präsenten Gemeinde der Lokfans und -freunde, die in großen und bedeutenden Vereinigungen zusammengeschlossen sind, nicht einen Augenblick der Besinnung und der Hochachtung widmete. Es ist bei der Zuneigung zu der alten Dame zweifellos so etwas wie Eros im Spiel, und es ist durchaus möglich, daß etwa zu einem Jubiläum auf

landschaftlich reizvollen Strecken wieder Dampfloks, schon im Interesse des Fremdenverkehrs, für kurze Zeit noch einmal zugelassen werden. Schon jetzt fahren Museumsbahnen in aller Welt und bei uns auf stillgelegten Strecken zeitenweise, sie verkehren auch manchmal auf Strecken, die normalerweise nur dem Güterverkehr gewidmet sind.

Das Prinzip Dampflokomotive hat im Lauf der über hundert Jahre gemäß dem der Technik innewohnenden Drang zur Perfektion immer wieder neue Veränderungen und Verbesserungen erfahren.

Da war der Engländer Crampton, der seine Ideen zwar weniger in England, doch dafür um so mehr in Frankreich, Deutschland und in Amerika verwirklichen konnte.

Thomas Russell Crampton (1816–1888), ein englischer Ingenieur, wird in den Eisenbahnlexika hauptsächlich als Erfinder des Stehkessels aufgeführt. Das wird aber seiner Bedeutung nicht gerecht. Crampton hat das Verdienst, die Lokomotiventwicklung in eine neue Richtung gedrängt zu haben. Der Grundgedanke war die Erhöhung der Geschwindigkeit.

Das bedeutete schnellere Lokomotiven, schnellere Züge und Attraktivität für die Reisenden. Damit wurden die zurückgelegten Strecken länger, das Angebot an die Reisenden interessanter. Und tatsächlich stieg ihre Zahl ständig.

Es wuchs die Länge der Züge doch nicht nur im Personenverkehr; auch der Güterverkehr schwoll explosionsartig an. Rohstoffzufuhr und Produktausstoß verlangten dringend mehr und größere Güterwagen, längere Züge, stärkere Lokomotiven.

Dem kam die Crampton-Lokomotive entgegen: Zuerst einmal der Stehkessel: Über den ebenen Feuerbuchswänden und der ebenen Feuerbuchsdecke erhob sich der Dampfraum. Die an den Seiten sich verjüngenden Feuerbuchswände gingen in die runde, gewölbte Stehkesseldecke über.

Zylinder, Triebwerk und Steuerung wanderten nach außen, was dem Kessel mehr Platz gab und die beweglichen Teile leichter zugänglich machte. Aber das Besondere war doch das große Triebrad. Es war von einem bisher nie erlebten Ausmaß, nämlich zwischen 1830 und 2430 Millimeter, wobei die Treibachse hinter der Feuerbüchse, also am Schluß der Lokomotive lag, das heißt auf der Höhe des Führerstandes.

Crampton-Lok »Phoenix« von Maffei

Hohe Treibräder beschleunigten die Fahrt, und tatsächlich erreichten diese Crampton-Lokomotiven in der Regel die damals ungewöhnliche Geschwindigkeit von 120 km/h.

Diese Maschine war in Frankreich häufig anzutreffen, so zum Beispiel bei der Ostbahn, wo sie – als »Le Continent« – zum Filmstar avancierte. Sie tritt heute noch in historischen Filmen gewaltig dampfend auf.

In Deutschland baute sie Maffei 1853 als »Pfalz«. Die zweite Maschine namens »Phoenix« steht im Nürnberger Verkehrsmuseum.

Kasten XIII

VERKEHRSMUSEUM NÜRNBERG

Viele der in diesem Buch aufgezeigten Entwicklungen sind in dem zum Jubiläum neu gestalteten Museum zu sehen, darunter seltene Erststücke, zum Beispiel von Lokomotiven und Wagen, einschließlich zweier berühmter Weltrekord-Dampflokomotiven (S 2/6 und 05001). Aber auch geglückte Nachbildungen verlorener Unikate gibt es zu bestaunen, interessant nicht nur für Eisenbahnfans.

Archiv, Lichtbildstelle und Bibliothek sind Fundgruben für Wissenschaftler und Laien.

Das Museum wird von der zuständigen Bundesbahndirektion Nürnberg betreut und geleitet.

Wahre Ungeheuer dampften in aller Welt als Crampton-Lokomotiven durch die Gegend: Turmhohe Führerstände über einem eminenten Riesenrad, gewaltige, nach oben sich verbreiternde Schornsteine, Kuhfänger und abenteuerliche Dampfdome; die Technik erzeugte Monster.

Aber Crampton lieferte das Rezept der modernen Schnellzugmaschine: mehrere hohe Radsätze, der Kessel nebst Feuerbüchse auf einem Laufradpaar, das Frontteil auf einem vierrädrigen Laufraddrehgestell.

Dazu kamen die Erfindungen, welche die Lok sparsamer und zugleich schneller machten. Das Problem der Kurvengängigkeit versuchte der Schweizer Anatole Mallet (1837–1919) zu lösen, indem er die Lokomotive mit dem geteilten Triebwerk erfand. Die erste Lokomotive entstand 1876. Gelenklokomotiven konstruierten auch Fairlie (1865) und Garrat (1909).

Der aus dem Zylinder austretende, nicht ganz entspannte Dampf ist noch arbeitsfähig. Warum sollte er in einem zweiten Zylinder nicht nochmals den Kolben bewegen? Um 1880 nahm sich die preußische Verwaltung, der andere folgten, dieses »Verbund«-Gedankens an. Bei einer Ersparnis um 15% wurden seit 1895 für Schnellpersonenzüge und Durchgangsgüterzüge nur noch Verbundlokomotiven verwendet. Es waren Vierzylinder-Loks, von Ausnahmen abgesehen.

Um 1890 kam der Zivilingenieur Wilhelm Schmidt (1858–1924) auf die Idee, den Naßdampf, der bisher bis zu 12% Wassertropfen enthielt, durch Überhitzen zu »entwässern«. Der Dampf wurde auf eine Temperatur von 400 °C gebracht, was Dichtungs- und Schmierprobleme auslöste, die man aber mit dem damaligen Stand der Technik lösen konnte. Die neue Methode erbrachte eine Ersparnis an Wasser von 25% – was den Aktionsradius der Lokomotiven von 300 auf 400 Kilometer erhöhte. Auch eine Ersparnis an Brennstoff ergab sich bis zu 20%.

1897 wurde in Preußen die erste 2B-Heißdampflokomotive, und zwar in einer Ausführung je als Schnellzug- und Personenzuglokomotive erfolgreich erprobt. Seltsamerweise geschah nicht, was eigentlich hätte nahegelegen: Die Ehe zwischen dem Verbund- und Heißdampfprinzip. Das hatte genau genommen keine technischen, sondern menschliche Gründe.

Robert Garbe, Sohn eines Schlossermeisters und selbst gelernter Schlosser, war über viele Stufen 1882

Crampton-Lok »Adler« für die badische Staatsbahn von Kessler, Karlsruhe, 1854

Esslinger Mallet-Güterzug-lok B+B für Schwarzwald-bahn (Klasse VIII c)

Erste Heißdampflokomotive 2Bh2 »Cassel« von Henschel, preußische Staatseisenbahnverwaltung 1898

zum königlich-preußischen Eisenbahnmaschineninspektor avanciert: 1907 wurde er preußischer Lokomotivdezernent in Berlin: Damals war Berlin geschäftsführende Direktion für Entwurf und Beschaffung der Lokomotiven im ganzen Bereich der preußisch-hessischen Eisenbahnen, des größten Eisenbahnnetzes innerhalb des deutschen Kaiserreiches.

Garbe, dem Heißdampf-Schmidt seine Überhitzungseinrichtungen vorführte, begriff sofort, daß die Zwillings-Heißdampflokomotive der Naßdampf-Verbundlokomotive überlegen war.

1898 werden die ersten Heißdampflokomotiven in Betrieb genommen, und über eine D-Güterzugmaschine und die 1C P6 folgte schließlich die 2C P8, die unter den »Schwarzen«, so hießen bei der Eisenbahn damals die Lokomotivbetreuer und das Lokomotivperso-

nal, das »Mädchen für alles« war.

Da war nun der aus Hannover kommende August von Borries als Vorstand des maschinentechnischen Büros der Preußischen Staatsbahn dem Garbe unterstellt. Borries, seit 1902 Professor an der Technischen Hochschule in Berlin-Charlottenburg, war Lokomotivingenieur und norddeutscher Vorkämpfer der Verbundidee. Borries, der Verbundlokomotiven entwarf, hätte gern seine Verbundlokomotiven mit Heißdampf ausgestattet. Er wußte, daß im Elsaß, in Grafenstaden, aber auch bei Maffei die schönsten Heißdampf-Verbundlokomotiven vom Stapel liefen. Doch Garbe war den Argumenten Borries unzugänglich. Er ließ wohl Borries Verbundmaschinen bauen, doch den Heißdampf ließ er nicht zu. Er schimpfte über die »vielteilige, verwickelte und kostspielige Heißdampf-Verbundlokomotive«.

130

Links:
D-Güterzugmaschine der preußischen Staatsbahn, Gattung G7²

Personenzuglokomotive der preußischen Staatsbahn, Gattung P8 (»Mädchen für alles«), 1906, (Heißdampf)

1E-Güterzuglokomotive der preußischen Staatsbahn, G12 (fünffach gekuppelt). Erste deutsche Einheitslokomotive (1917)

Bis zum Ende seiner Amtszeit 1912 – Borries war 1906 gestorben – verhinderte er den Bau dieser hervorragenden und sparsamen Heißdampfverbundmaschinen, die als »Pazific« einen Höhepunkt der Dampfloktechnik darstellten.

Nach heutigem Urteil war von den beiden Lokkonstrukteuren Borries der weitaus begabtere. War dies der Grund?

In dieser Zeit war die Trennung der Aufgabenbereiche und mithin auch die Trennung der Konstruktion der Personen- und Güterzuglokomotiven selbstverständlich.

Kasten XIV

UNIVERSALLOK E 120

Die abgebildete Lok stammt aus der Anzeige eines großen Elektrokonzerns und trägt die anspruchsvolle Unterschrift: Diese Lokomotive erspart mehr als jede andere Lok. Nämlich eine zweite.

Wie schon oben im Text dargelegt, brauchte man bisher für die Traktion von Güterzügen besonders dafür geeignete Güterzuglokomotiven, für Personenzüge entsprechende Schnellzugloks.

Dies ist mit der Konstruktion von Loks mit Drehstromantriebstechnik anders geworden. Elektrotechnik und Elektronik haben das möglich gemacht. Diese Loks sind universell verwendbar.

Die neuen Motoren – und das ist der Hauptpunkt – sind wartungsarm und sparsam. Die Bremsenergie fließt, soweit ungenutzt, ins Netz zurück.

Universallok E 120

1F sechsfach gekuppelte Güterzuglokomotive der württembergischen Staatsbahn Klasse K (1918, Esslingen), später von der Reichsbahn übernommen

1D1 vierfach gekuppelte Heißdampf-Verbund-Schnellzuglokomotive der sächsischen Staatsbahn (1917, Hartmann)

Zurück zu unseren 2-, 3-, 4- und 5-, ja 6-Kupplern. 6-Kuppler, also F-Maschinen, Güterzugmaschinen, ja das gab es auch. Größere, stärkere Schnellzugmaschinen folgten den A-Maschinen: doppelt gekuppelt als 2B1 wurden sie erst in der Pfalz, dann in Bayern als 2B2 mit hohen Treibrädern (2200 mm), Geschwindigkeitsmaximum über 150 km/h gefahren.

1910 verzeichnet Preußen dreifach gekuppelte, Sachsen D-Maschinen, also vierfach gekuppelte (1D1) als Schnellzugsloks.

133

DIE SCHÖNEN DER SCHIENE

Francis Anne Kemble, der Star des Liverpool-Theaters in »Romeo und Julia«, beschreibt »die muntere kleine Maschine«, die ihr von Stephenson vorgestellt wurde. Es war zweifellos die »Rocket«.

Es ist der schon vorgestellte Max Maria von Weber, der erste Eisenbahnschriftsteller von Format, gleichrangig mit dem großen Schriftsteller des aufkommenden Maschinenzeitalters, Max Eyth, der hier erstmals die moderne, emanzipierte Frau zur Technik sprechen läßt.

Was hätte Francis Anne Kemble erst zu den Pazifics gesagt, diesen Schönen der Schiene, die vom streng preußischen Garbe abgelehnt, in der Lokomotivwelt die Bewunderung aller Kenner erregten?

»Um ein Härle Haar«, wie die Badener sagen, hätten die Karlsruher den Ruhm davongetragen. Für die Badener hatte sich linksrheinisch eine heftige, von Preußen gelenkte Eisenbahnkonkurrenz entfaltet.

Elsaß-Lothringen war nach dem deutsch-französischen Krieg als »Reichsland« (reichsunmittelbares Gebiet) zum deutschen Kaiserreich gekommen. Die Bahnen unterstanden praktisch preußischer Verwaltung, hießen aber »Reichseisenbahnen«. Dreimal darf man raten, wer ihnen diesen schönen Namen gegeben hat.

Also mußte Baden um seinen mühsam erkämpften Personen- und Güterverkehr zwischen Mannheim–Heidelberg und der Schweiz (310 km) bangen. Hier half in diesem, zur Rennbahn wie geschaffenen, ebenen Rheintal die Schnelligkeit. Die Direktion in Karlsruhe veranstaltete also einen Wettbewerb in der Tradition von Rainhill und Eichberg:

Die neue Lokomotive sollte sowohl auf der Schwarzwaldbahn einen 185 Tonnen schweren Zug mit 50 km/h bei einer Steigung von 25‰ wie auch auf der Flachbahn des Rheintals ohne Versorgungsaufenthalt 300 Tonnen mit einer Geschwindigkeit von 100 km/h ziehen.

Den Wettbewerb gewann die Firma Maffei aus München. Anton Hammel, der technische Direktor der Firma, entsann sich des Typs Pazific, den Baldwin in den USA um 1895 baute.

Unter diesem Typ versteht man eine Dampflok mit der Achsfolge 2C1, das heißt die Lok, die ja immer von vorne, also vom Schornstein nach hinten numeriert wird, zeigt ein zweiachsiges Laufdrehgestell, drei Kuppelachsen und hinten, also unter dem Führerstand oder der Feuerbüchse, eine Schleppachse.

Ausgestattet wurde dieser Typ mit einer Vierzylinder-

2C1 Schnellzuglokomotive der badischen Staatsbahnen, IV h, Typ Pacific (Vierzylinder-Heißdampf-Verbundmaschine). Erstes Exemplar IVf 1907 geliefert

2B2-Schnellzuglok der bayerischen Staatsbahn S 2/6 1906; sie erreichte eine Rekordgeschwindigkeit am 2. 7. 1907 von 154,5 km/h. Einziges Exemplar

Heißdampf-Verbundmaschine und mit Treibrädern, deren Durchmesser 1800 mm betrug. Nach badischer Nomenklatur war es eine IVf.

1905 bestellt wurden die ersten IVf, 1907 geliefert. Wären sie sofort eingesetzt worden, so wären sie in Europa die ersten gewesen. So wurden sie von der ersten 2C1-Lok auf der Paris-Orléans-Bahn überholt.

Mit der Leistung am Berg war man nicht so ganz zufrieden; als Rennerin im Flachland bewährte sie sich vorzüglich, vor allem, nachdem man ihr als IVh Treibräder von 2100 mm gab, die sie zur Höchstleistung von 140 km/h befähigten.

Eine bayerische Maschine allerdings war zu jener Zeit noch schneller: Es war die legendäre S2/6 – 2B2 – die, in nur einem Exemplar gebaut, am 2. Juli 1907 die für damalige Verhältnisse außergewöhnliche Geschwindigkeit von 154,5 km/h erzielte. Allerdings war

es nur ein Dampflokomotivweltrekord; denn schon 1903 – ein Vorzeichen für das Ende der Dampflokzeit, schon 1903 erreichten deutsche elektrische Triebwagen den absoluten Geschwindigkeitsrekord von 210 km/h, ein Rekord, mit dem sie selbst die damals stärksten Rennautos und Flugzeuge – von den Schnelldampfern zu schweigen – weit hinter sich ließen.

Bleiben wir noch einen Augenblick bei Bayern, dessen S3/6 die schnelle Badenerin als Vorläufer hat. Viele Lokfans halten die bayerische Pazific S3/6 für die schönste Lok überhaupt. Die Badener rühmen ihre Pazific und die Württemberger finden ihre Pazific Klasse C zwar in den Ausmaßen bescheidener, doch soll diese elegante, fast zierliche Maschine von allen Pazifics die am meisten ökonomische gewesen sein. Auch sie brachte es mit Leichtigkeit auf 120 km/h.

2C1 württembergische Pazific-Klasse C (Esslingen, 1908). Vierzylinder-Verbund-Heißdampflokomotive

WER IST DER SCHNELLSTE?

Diese Geschwindigkeiten führten früh zu Rekordversuchen. Man wollte wissen, woran man mit den einzelnen Prototypen war. Der eigentliche Hintergrund allerdings, den man in unseren Eisenbahnhistorien vergeblich sucht, war in der jähen Entwicklung des Autos und des Flugzeuges zu finden.

Vor allem das Auto kam durch die ersten Rennen um die Jahrhundertwende sehr bald in die Tagesmeldungen der Zeitungen und damit ins Gespräch. Solange die seltsamen Kutschen ohne Pferde erst mit 15 km/h zum Schrecken der Menschen und Tiere auf der Landstraße dahintuckerten, blieb den Eisenbahnern nur ein verächtliches Lächeln, zumal sie oft genug diese Fahrzeuge en panne auf der Landstraße neben dem Gleis stehen sahen. Der Bürger, der diese seltsamen Gefährte mit einem duldsamen Humor betrachtete, traute ihnen auch in Zukunft nichts Bemerkenswertes zu. Anders die Eisenbahningenieure. Sie hielten es, wenigstens einzelne unter ihnen, für möglich, daß sich aus diesen eigenartigen Konstruktionen eine Art Konkurrenz entwickeln könnte.

Auf den 22. Juli 1894 hatte »Petit Journal« zu einem »Internationalen Wettbewerb für Wagen ohne Pferde« aufgefordert. Daran nahmen 102 Wagen aus vier Ländern teil: Dampfwagen (Lokomobile) an erster Stelle zu nennen, Elektromobile, Benzinwagen, Gasmotorkraftwagen, Preßluftmotorwagen und noch einige andere Systeme.

126 Kilometer: Paris – Rouen – Paris war die Rennstrecke lang. Paul Daimler, der Sohn Gottlieb Daimlers, des Erfinders in Bad Cannstatt bei Stuttgart berichtet:

»Diese Rennwagen waren in Form, Art und Größe ganz verschieden; schwere Dampfwagen nebst Anhängern mit Riesenkräften konkurrierten mit den leichtesten Dampfdreirädern und diese wiederum mit Benzinwagen ... Die verschiedenen Wagentypen machten einen eigenartigen Eindruck; man sah auf den schweren Dampfwagen die Heizer schweißtriefend, von Ruß überzogen, Schwerarbeit beim Aufschütten

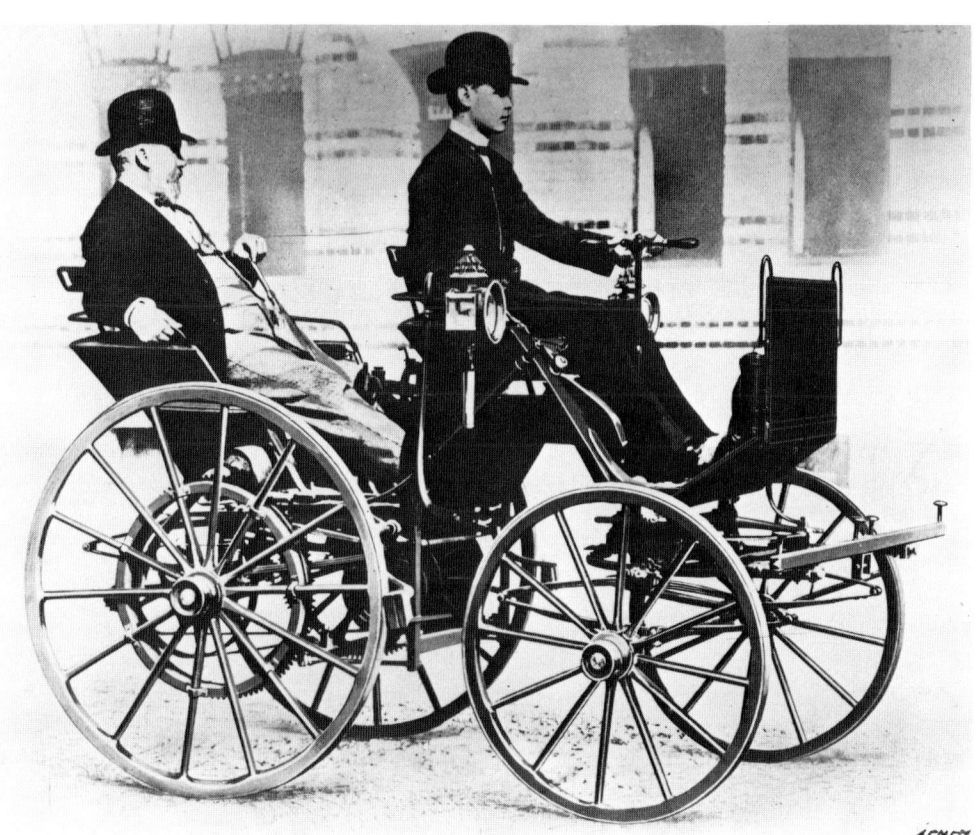

Gottlieb Daimler mit seinem Daimler-Auto, 1886. Am Steuer sein Sohn Paul Daimler

Noch macht man sich über das komische Fahrzeug lustig . . .

von Brennmaterial. Man sah die Fahrer der kleinen Dampfdreiräder, dauernd den Druck- und Wasserstand in den kleinen, kunstvoll gefüllten Röhrenkesseln beobachtend, und die Ölfeuerung regulierend. Man sah im Gegensatz dazu die Fahrer der Benzin- und Petroleumwagen ruhig auf dem Lenksitz, hie und da einen Hebel betätigen, wie nur rein zum Vergnügen fahrend.«

Das Durchschnittstempo dieser komischen Maschinenparade mag bei 15 bis 20 km/h gelegen haben, eine Geschwindigkeit, welche die »Rocket« und »Der Adler« schon bei ihren sogenannten Schnellfahrten 50 Jahre zuvor übertrafen.

Das bedeutete noch keine Gefahr für die Bahn. Schrieb doch sogar das angesehene Meyers Konversationslexikon von 1897, 11. Band, Seite 465:

»Ganz aussichtslos erscheint nach allen bisherigen Versuchen die Idee der Personenbeförderung mit Straßenlokomotiven in Form von Dampfkutschen . . . wie der Bolléesche Dampfwagen und der sogenannte Benzinwagen . . .«

Doch schon im 1898 erschienenen Ergänzungsband 18, Seite 657, wird vom Motorwagen berichtet. Dabei werden die ersten Wagen von Benz und Daimler erwähnt mit folgender Schlußbetrachtung: »Mit Sicherheit läßt sich noch nicht voraussehen, in welcher Form die Motorwagen ihre endgültige Einführung und Vorbereitung finden werden.«

Als Einwand wird neben dem schlechten Straßenzustand, der zum Nachdenken veranlassende Satz geprägt: »Der Motorwagen fährt (im Gegensatz zum Pferd) unweigerlich dahin, wohin er gelenkt wird.« Wie wahr, kann man nur sagen!

Übrigens findet in Paris die erste Frauenauto-Weltmeisterschaft statt. Rennstrecke: Ein Straßenring. 1898 der erste Autosalon in Paris. Nach all dem setzt in Frankreich eine große Autobegeisterung ein.

RENNEN WERBEN FÜR DAS AUTO

Es waren die Rennen um die Jahrhundertwende, bis dahin in Deutschland noch unbekannt, die zuerst für

den Automobilsport und in zweiter Linie für das Automobil als Gebrauchsfahrzeug Werbung machten.

Am 29. März 1899 gelang es dem Belgier Jenatzy mit einem Spezialwagen (Verbrennungsmotor), die 100 km/h-Grenze zu erreichen.

Noch war der Kampf zwischen Dampfwagen auf der Straße und dem Automobil nicht ausgetragen. Zum größten Erstaunen aller Automobilisten, die nunmehr das Auto mit dem Verbrennungsmotor schon als den Beherrscher und Sieger auf allen Straßen sahen, fuhr Léon Serpollet, einer der bedeutendsten französischen Straßendampfwagenfabrikanten, mit seinem Dampfwagen »La Balaine« in Nizza auf der Promenade des Anglais über den fliegenden Kilometer 120,7 km/h.

Es war die letzte Rekordfahrt eines Dampfwagens auf der Straße, eines Lokomobils; von nun an gab es auf der Straße nur noch Weltgeschwindigkeitsrekorde mit Autos.

Am 5. September 1902 überbot Vanderbilt jr. mit einem Mors (Daimler-Motor) diesen Rekord: 122,4 km/h! Die Veröffentlichung dieser Rekordzahlen beflügelte die Verkehrsingenieure. Das Auto war im Kommen, man mußte jetzt zeigen, wo seine Grenzen lagen.

DAMPFLOK GEGEN AUTO

Und nun hagelt es buchstäblich Rekorde im Landverkehr beim Wettkampf zwischen Dampflokomotive und Auto in den ersten zehn Jahren des neuen Jahrhunderts. Alle Zeitungen und Illustrierten sind voll von Berichten über diese Rekorde. Angefeuert wird diese Rekordsucht noch durch eine Ausschreibung des Vereins deutscher Ingenieure, die nach einer Schnellzuglok suchen; 180 Tonnen mit 120 km/h auf der Rollbahn und 150 km/h Spitze.

Das gab es längst. Auf Isambart Kingdom Brunel jr. Breitspurlinien (2135 mm) fuhr seit 1847 die »Iron Duke« mit 2,5 m hohen Treibrädern ausgestattet, die verlangten 120 km/h, eine 1A1-Maschine von Stephenson. Auch Crampton-Loks fuhren so schnell.

Im deutschen Kaiserreich brachten es die preußischen Maschinen nach Garbes geschilderten Bremsmanövern erst 1911 mit der 2C von 1911 so weit. Die Badener und die Württemberger erst vor dem Weltkrieg I. Die Sachsen immerhin mit ihrer XV 2B1 von 1903. Allerdings geht das Gerücht, daß die Atlantik der Badener, eine 2B1 mit Treibrädern von 2,1 m einmal

Der Blitzen-Benz (Firma Benz, Mannheim) stellt mit 228,1 km/h den absoluten Geschwindigkeitsweltrekord auf, gültig bis 1922

140 km/h auf einer Probefahrt erreicht haben soll. Wiederum 1904 berichteten die Preußen von eben solcher Fahrt mit einer 2B1, S7, die 143 km/h geschafft haben soll. In den offiziellen Annalen findet man darüber freilich nichts. Der Typ wird schlicht mit einer Spitze von 110 km/h verzeichnet.

Besser die Bayern. Dort wartete Maffei mit Konstrukteur Hammel nur auf die Gelegenheit, den Meister zu zeigen. Die aus der Atlantik hervorgehende 2B2, auf bayerisch S2/6, schon in der Konstruktion auf kommende S3/6 hinweisend, hatte legendäre Treibräder von 2,2 ⌀, eine Heißdampfverbundlokomotive mit vier Zylindern. Sie wurde im vorhergehenden Kapitel vorgestellt.

Am 2. Juli 1907 wurde eine organisierte Schnellfahrt veranstaltet mit vier Schnellzugwagen (150 Tonnen). Es war die auch heutigen Eisenbahnfans gut bekannte Rennstrecke München–Augsburg. (1965 bei der Verkehrsausstellung fuhren dort erstmals Züge mit über 200 km/h, eine exzellente Werbung für die Bahn.) Der Versuch von 1907 gelang; mit 154,5 km/h wurde das Auto in seine Schranken verwiesen.

ELEKTROLOK GEGEN AUTO?

So weit die Dampflok. Inzwischen hatten sich die Elektroingenieure zum Wettbewerb gemeldet. Mit einem Elektroauto auf der Straße war und ist bis heute kein Staat zu machen. Zu schwer sind immer noch die Batterien für eine Langstreckenfahrt, wie sie jeder Benzinkäfer läuft.

Doch auf der Schiene gelang es: Zu einer Weltsensation wurden die Elektro-Triebwagen von Siemens und AEG auf der Strecke Marienfelde–Zossen, wie schon berichtet. 210 km/h war das Ergebnis der Fahrt zweier Drehstromtriebwagen mit 10 000 Volt, 55 Hertz. Das war im Herbst 1903.

Das Auto konterte 1909. Es war das Konstruktionsjahr des in den USA sogenannten Blitzen-Benz. Der Wagen stammte von der Firma Benz in Mannheim. 1911 erreichte dieser Rennwagen bei einer Rekordfahrt in Daytona Beach (Florida) 228,1 km/h und blieb damit bis 1922 Träger des absoluten Geschwindigkeitsweltrekords.

Später übertrafen besonders konstruierte Rennautos, auf Salzseen rasend, diese Rekorde. In der Luft erreichten Düsenflugzeuge die 1000-km/h-Marke und überschritten sie. Den vorläufigen Abschluß bilden Astronauten in ihren Raketen und Weltraumkapseln mit unvorstellbaren kosmischen Geschwindigkeiten, die mit den irdischen überhaupt nicht mehr vergleichbar sind (30 000 km/h und mehr).

Was den heute heftiger denn je auch in der Geschwindigkeit entbrannten Konkurrenzkampf vor allem im Personenverkehr zwischen den drei dominierenden Verkehrsmitteln Bahn, Auto (Bus) und Flugzeug (nur Kurz- und Mittelstrecken) betrifft, so bemüht man sich seit langem, den Verkehrskuchen untereinander gerecht aufzuteilen. Es ist bisher mißlungen. Das Problem ist inzwischen in die Sphäre der Politik geraten. Mehr darüber im letzten Kapitel.

ARBEITSBEDINGUNGEN DER LOKMANNSCHAFTEN

Wenn man die miserablen Arbeitsbedingungen der Eisenbahnbauarbeiter darstellt, darf man die Arbeitsbedingungen der ersten Lokmannschaften (Führer und Heizer) sowie der Bremser und Schaffner nicht vergessen. Sie waren in einigen wesentlichen Punkten fast noch schlechter als die der Bauarbeiter. Gewiß, der Lohn war höher, das Arbeitsverhältnis sicher, aber wie sahen die Umstände der Arbeit aus!

Die ersten von Stephenson gelieferten Lokomotiven, aber auch die von Norris und Baldwin aus Amerika stammenden Fahrzeuge hatten samt und sonders nur einen offenen Führerstand ohne Sitz, ohne Dach, ohne Seitenwände.

So zeigt die 2A-Lokomotive »Baude« der preußischen Ostbahn, gebaut von Wöhlert, Berlin, 1852 noch einen völlig freien Stand, ebenso die 1B-Güterzuglok der badischen Staatsbahn von 1845 und die C1-Schlepplokomotive von 1847 der Königlich Bayerischen Staatseisenbahnen.

Doch schon um die Mitte der fünfziger Jahre beginnen zaghafte Ansätze für einen Führerstand mit Andeutungen von Dach- und Seitenwänden. Beispiel die 2B-

Die erste Werklokomotive Europas, die B-Tenderlok für den Hörder-Verein, eine Henschel-Lokomotive von 1861, zeigt noch einen offenen Führerstand

C-Lok »Randen« von
1864 ist mit einer Art
Schutzschild versehen

Aber schon die 2B-Lokomotive »Alemania« von 1869, erbaut von der Maschinenbau-Gesellschaft Carlsruhe hat einen zur Hälfte
geschlossenen Führerstand

Die »Stromlinienform« integrierte den vollständig geschlossenen Führerstand. So bei der ersten stromlinienförmig verkleideten Lokomotive der Welt, einer Henschel 2'B2'n3r, die 1904 an die Preußisch-Hessische Staatsbahn ging

Crampton-Schnellzuglok, Klasse A oder die Klasse B, eine 2B-Maschine als schwere Personenzuglok.

Nun setzt sich der Führerstand allmählich durch und zur Jahrhundertwende gibt es Glasscheiben in der Frontseite, Glasschluß an den Seitenwänden und ein langes Dach, vor allem bei den Schnellzuglokomotiven.

Erst bei den Lokomotiven, die Geschwindigkeitsrekorde aufstellen sollten, erkannte man, daß das Führerhaus, wenn es nicht bremsend wirken sollte, voll in die »Stromlinienform« integriert werden mußte.

Schneestürme, Hagelwetter, Wolkenbrüche und vor allem im Winter den eisigen Zugwind mußte das Fahrpersonal aushalten bei oft zwölfstündiger Dienstdauer.

Das konnte schlimm ausgehen wie bei Johannes Benz, dem Vater des großen Miterfinders des Automobils, Carl Benz. Johannes Benz, der sich Mechanikus nannte, nahm 1843 eine Stellung als Lokomotivführer beim Eisenbahnamt in Karlsruhe an. Johannes, ein gutmütiger Mann, hilft einem Kollegen, der eine Entgleisung verschuldet hat, beim »Aufgleisen« der Lokomotive. Schweißnaß fährt er anschließend auf der offenen Lokomotive zurück und erkältet sich dabei. Er stirbt wenige Tage vor der Geburt des kleinen Carl an einer Lungenentzündung.

Solche und andere Vorfälle, vor allem die oft notwendige, frühzeitige Pensionierung veranlaßten die Eisenbahnverwaltung und die Firmeningenieure für mehr

Schutz zu sorgen.

Dies galt auch für die Schaffner und für die Bremser, die anfangs auf den Dächern der ebenfalls offenen Personen- und Güterwagen auf einem allen Wettern ausgesetzten Sitz nahe der Bremsen saßen. Geschlossen waren in den Anfangszeiten nur die Abteile erster Klasse.

Was die Schaffner betraf, so hatte Württemberg von Anfang an den amerikanischen Saalwagen mit Mittelgang und Plattform, Ausstieg vorne und hinten, eingesetzt, der sich vor allem über den Hof- und Salonwagen auch bei anderen Bahnen durchsetzte.

Die badische Staatsbahn ebenso wie die meisten anderen Verwaltungen, voran die preußische, bestellte Abteilwagen. Hier mußten die Schaffner, Kontrolleure zum Teil auf der Schwarzwaldbahn im Gebirge bei Schneestürmen und Hagelschauern über vereiste Trittbretter außen am Wagen von Abteil zu Abteil sich schwingen, um die Fahrkarten zu kontrollieren und dabei von einem zum nächsten Wagen zu kommen. Um diese schwere und lebensgefährliche Tätigkeit zu eliminieren, entschloß man sich, auf den Schwarzwaldstrecken später auch bei der Höllentalbahn Durchgangswagen einzusetzen.

DIE SANITÄREN VERHÄLTNISSE

. . . bei der Bahn in der Anfangszeit waren nicht brillant – aber sie waren in der Zeit des Biedermeier sowieso nicht glänzend. Man erinnert sich der Hofberichte, wonach an einem bestimmten Wochentag die Badewanne aus einem nahe gelegenen Hotel ins Königsschloß getragen wurde. Selbst in den besten Hotels stand auf der Waschkommode damals die Schüssel aus Delfter Porzellan und in der Mitte der Wasserkrug mit gleichen Muster. In Bürgerhäusern war das Geschirr aus Ton oder aus Blech.

Bei der Bahn waren die Verhältnisse beengt und schwierig. Bei den Kurzstrecken der ersten Bahnen waren, wie heute bei unseren Vorortbahnen, Toiletten entbehrlich.

So waren in den ersten Zügen, die längere Strecken befuhren, keine Toiletten. Das war keine Katastrophe, denn an den größeren »Haltestationen« waren die Aufenthalte so lang bemessen, daß nicht nur Gepäck und

Stückgüter aus- und eingeladen werden konnten, sondern auch der Reisende im – meist gut geführten und mit allen Annehmlichkeiten versehenen – Bahnhofrestaurant ein reichliches Mahl einnehmen konnte.

Kasten XV

WENN SIE WISSEN WOLLEN, WAS EINE EISENBAHN IST:

»Eine Eisenbahn ist ein Unternehmen, gerichtet auf wiederholte Fortbewegung von Personen oder Sachen über nicht ganz unbedeutende Raumstrecken auf metallener Grundlage, welche durch ihre Konsistenz, Konstruktion und Glätte den Transport großer Gewichtsmassen, beziehungsweise die Erzielung einer verhältnismäßig bedeutenden Schnelligkeit der Transportbewegung zu ermöglichen bestimmt ist, und durch diese Eigenart in Verbindung mit den außerdem zur Erzeugung der Transportbewegung benutzten Naturkräften (Dampf, Elektrizität, tierischer oder menschlicher Muskeltätigkeit, bei geneigter Ebene der Bahn auch schon der eigenen Schwere der Transportgefäße und deren Ladung, usw.) bei dem Betriebe des Unternehmens auf derselben eine verhältnismäßig gewaltige (je nach den Umständen nur in bezweckter Weise nützliche, oder auch Menschenleben vernichtende und die menschliche Gesundheit verletzende) Wirkung zu erzeugen fähig ist.«
Definition der Eisenbahn in den Entscheidungen des Reichsgerichtes in Zivilsachen – erster Band – Leipzig 1880, Seite 252

Später gab es einen Klositzplatz im Packwagen, um den oft ein Kampf entstand. Nach vielen »Eingesandt« in der Presse und hämischen Karikaturen entschlossen sich die Verwaltungen, in allen Wagen Aborte einzubauen. Das System ist zugegebenermaßen bis heute unbefriedigend, aber die Luftgesellschaften verwenden bis zur Stunde ein noch mangelhafteres.

Bezeichnend für die Sparsamkeit der Verwaltung ist es, daß das Lokpersonal in den ersten Zeiten die Maschine stehend zu bedienen hatte, angeblich aus Sorge vor dem Einschlafen. (Das wiederholte sich übrigens bei den ersten Gabelstaplern und Elektrokarren.) Auch gibt es bis heute keine Toilette für das Lokpersonal. Ein alter Lokführer erzählte mir, man habe manchmal die Halte auf den Bahnhöfen benützen können; wenn die zu kurz gewesen seien, habe man sich halt auf die Schaufel gesetzt, und das Feuer erledigte den Rest.

Wenden wir uns von diesen etwas anrüchigen Problemen zur letzten Phase des dampflokomotivtraktierten Verkehrs.

UND SO WAR DAS ENDE!

Daß es mit der Dampflok zu Ende ging, ersieht man daraus, daß die Dampflokingenieure um die Jahrhundertwende und bis ins erste Drittel des neuen Jahrhunderts mit immer geistreicheren, ingenieuseren Konstruktionen auf allen Gebieten der Dampfloktechnik noch mehr Leistung aus der Dampfmaschine herauszuholen versuchten. Es half aber alles nichts mehr.

Es blieb insgesamt bei den 10 bis 13% der eingebrachten Energie. Bernard de Fontgalland fällt in seinem »Verkehrssystem Eisenbahn« (Darmstadt) ein hartes, aber wohl gerechtes Urteil über die Dampflokomotive: »Ihre energetische Ausnützung ist zu gering.

Sie bringt Nachteile mit sich, die untragbar wurden, und die Arbeitsbedingungen des Fahrpersonals sind hart.«

Nach dem Einzug von Heißdampf und Verbund verkehrten richtige Schnellfahrloks auf den großen Linien des deutschen Reiches, vor allem in der Form der Pazific, wie beschrieben. Nach dem Ersten Weltkrieg und nach der Ablieferung von 8200 der modernsten Lokomotiven trat angesichts des Zusammenschlusses der Bahnen zur Reichsbahn das Bedürfnis nach Vereinheitlichung der Lokomotivnormen auf. Der Zwang zu sparen, aber auch die hohen Verluste der einzelnen Länderbahnen ergaben die Idee, Einheitslokomotiven zu bauen, je für Personenzüge und Güterzüge. Es war damals völlig klar, daß dies zwei im Prinzip verschiedene Typen sein müßten. (Vergleiche Kasten: Die Einheitslokomotive.)

Da man aber Zeit brauchte für die Konstruktion und Herstellung der neuen Maschinen, deren Teile genormt und austauschbar sein sollten, bestellte man bewährte Typen nach, bzw. man verwendete sie weiter: Die preußische P8 (»Mädchen für alles«), die T10, die sächsische XII H2, die preußische P10 und die Pazific S3/6, die schöne Schnelle aus München.

Seit 1925 gab es zwei Pazifics für Schnellzüge mit der Achsanordnung 2C1, die eine

    a) als Heißdampf-Zweizylinderlok (Borsig) und die andere

Pacific der Reihe 01 Universal

144

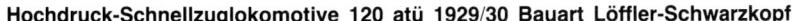

Einheitstyp Güterzuglokomotive 1E1

Hochdruck-Schnellzuglokomotive 120 atü 1929/30 Bauart Löffler-Schwarzkopf

b) als Heißdampf-Vierzylinder-Verbundlok.
Es gab für Güterzüge
    a) eine Heißdampf-Zweizylinderlok und
    b) eine Heißdampf-Dreizylinderlok
      (beides 1E-Maschinen).
Bei den Pazifics bewährte sich die unter a) beschriebene Maschine gegenüber der unter b) geschilderten Maschine, was zur Folge hatte, daß die unter b) stehende Pazific mit der Zeit in die Zweizylinder-Ausführung (Baureihe 01) umgebaut wurde.

Seit Mitte der dreißiger Jahre beginnt der Endkampf der Dampflokomotive. Nach Mallets Gelenklok konstruierte Karl Gölsdorf den Fünfkuppler mit drei (erste, dritte und fünfte) seitenverschiebbaren Kuppelachsen zwecks besserer Kurvenläufigkeit.

Der aus Amerika stammende Stoker wiederum schaffte mit einem Schneckengewinde die Kohle auf den Rost der Feuerbüchse, was für die Heizer eine große Erleichterung bedeutete.

Das waren alles Verbesserungen und Erleichterungen noch vor dem Ersten Weltkrieg; nach dem Krieg versuchte man es mit Dampfturbinen von Maffei und Krupp (1924), Hochdruckdampflokomotiven (1928), Kohlenstaublokomotiven (1930) von AEG und einer Studiengesellschaft. In den Staublokomotiven wurde Braunkohle fein gemahlen vom Tender durch Schnecken zum Aschkasten transportiert und von dort in die Feuerbüchse eingeblasen.

2C1-Dampflok mit Ölfeuerung 1960

Die 023 105-0 ist die letzte Dampflok. Sie wurde 1976 ausgemustert. Von da ab gab's im Normalbetrieb keine Dampfloks mehr.

Inzwischen sind auch bei der Deutschen Reichsbahn der Deutschen Demokratischen Republik die letzten Kohlenstaublokomotiven ausgemustert.

Auch der Mitteldrucklokomotive, die einen Kesseldruck von 25 Atmosphären auswies (1932), war kein Erfolg beschieden.

Die österreichische Erfindung eines besonderen Blasrohrs, nach seinem Erfinder Giesl-Ejektor genannt, die beträchtliche Ersparnisse brachte, kam zu spät. Nach anfänglichen Erfolgen in den USA ersetzte dort der Dieselmotor die Lokomotiven, die mit dieser Erfindung ausgestattet waren.

LETZTE VERZWEIFELTE RETTUNGSVERSUCHE

Schon wurden Ende der dreißiger Jahre Rangierloks und Kleinlokomotiven mit Diesel-Benzol-Motoren oder Akkumulatoren-Antrieb ausgestattet. Mitte der dreißiger Jahre machte man Versuche mit Stromlinien-Schnellfahrloks.

Die Stromlinie ist keine Erfindung der Dampflokingenieure. Zwar gab es in Frankreich um 1900 eine Schnellzuglokomotive (2B3) der Staatsbahn, doch bestand die neue Linie lediglich in einer aerodynamischen Formgebung eines zweiten Führerstandes vorn. Schließlich könnte man auch die bayerische S2/6 von Maffei mit ihrem windschnittig geformten Kamin, Dom und Führerstandsdach hier erwähnen.

Demgegenüber weisen die ersten Stromlinienformautos, wie zum Beispiel der schon erwähnten »Blitzen-Benz« von 1909 oder der Benz-Tropfen-Rennwagen gegenüber den bisherigen Autoformen gewissermaßen eine völlig verwandelte, neue Form auf.

1935 lieferte Borsig drei Schnellfahrloks 2C2 mit Stromlinien-Verkleidung, die wahren Ungetümen glichen. Von der so beliebten, volkstümlichen Form der

Elektrischer Weltrekord-Schnelltriebwagen 210 km/h, auf der Militärbahn Marienfelde–Zossen, 1903

Dampflok war so gut wie nichts mehr übrig geblieben. Übrigens hatte sich gezeigt, daß die stormlinienförmige Verkleidung nur bei Geschwindigkeiten über 100 km/h überhaupt zu Buche schlug. Dafür brachte sie erhebliche Unbequemlichkeiten mit sich: Der Aufwand für Pflege und Instandhaltung war größer; die Zugänglichkeit zu den einzelnen Lokomotivelementen war außerordentlich erschwert.

Da waren die Rekordmarken, die den Dampflokkonstrukteuren zu schaffen machten: Es waren nicht nur die elektrischen Versuchswagen von Siemens und AEG, die am 25./27. Oktober 1903, wie bekannt, 210 km/h erreichten. Doch zeigte sich damals, daß bis zur Verwirklichung der Elektrifizierung im normalen Eisenbahnbetrieb noch ein weiter Weg war. Es waren die überall in Fachkreisen diskutierten Pläne, ein dieselelektrisches Schnelltriebwagen-Netz aufzubauen.

Dabei rechnete man auf geeigneten Strecken mit Geschwindigkeiten zwischen 140 und 160 km/h; wobei die Linien von den Hauptstädten der Länder radial nach Berlin führen sollten. Das war mit Dampflokomotiven oder Dampftriebwagen nicht zu leisten.

Oder doch? Wenn man eine Dampflok präsentieren könnte, die spielend die 200 km/h-Grenze erreichte, würde man für diesen Plan sicher auch die Dampflok in Erwägung ziehen. So die Überlegungen der Dampflok-Industrie.

Wem das heute lächerlich vorkommt, der bedenke, daß es sich bei den Dampflokomotiven inzwischen um eine hundertjährige Tradition handelte, daß die Maschineningenieure und -konstrukteure in den vielfältigen Erscheinungsformen der Lokomotive gelernt und gelehrt hatten, daß ein ganzer Berufsstand mit vielen tausend Angehörigen, vom Heizer und Maschinen-

148

Schnellfahrlok 05001, verglichen mit der braven 1E-Güterzuglok Reihe 50. Die Schwesterlok (es gab nur drei!) fuhr am 11. 5. 1936 zwischen Hamburg und Berlin über 200 km/h

schlosser bis zum Abteilungspräsidenten als Leiter der Maschinenabteilung einer Direktion, bis zum Ministerialdirektor und Hochschulprofessor abdanken oder abtreten konnte, wenn die Lokomotive verschwand. Dazu kam noch der Stolz auf die unbestreitbar großen Leistungen der Lokomotivbaukunst.

Das Wagnis glückte: Die 05002 fuhr bei Testfahrten am 11. Mai 1936 zwischen Hamburg und Berlin 200,4 km/h. Dennoch half es nichts: Die Uhr der Dampflok war abgelaufen. Die Lokomotivindustrie, sofern gut beraten, diversifizierte auf E-Lok und Diesel.

ZWISCHENSPIEL: EIN SCHIENENZEPP

Verwirrung stiftete ein Außenseiter namens Franz Kruckenberg. Er war Flugzeug- und Luftschiffingenieur

bei Schütte-Lanz. Bekanntlich war den Deutschen im Versailler Vertrag der Bau von Flugzeugen und Luftschiffen untersagt. Was lag näher, als die Idee von Flugzeug- und Schienenverkehr miteinander zu kombinieren?

So dachte Kruckenberg zunächst an eine Art Schwebebahn nach Wuppertaler Art mit Propellerantrieb, der, in der Luft betrieben, niemanden gestört hätte, vom Donner des Propellers einmal abgesehen.

Doch schon eine Versuchsanlage erwies sich als unerschwinglich. Propellerwagen von der deutschen Versuchsanstalt für Luftfahrt gab es vor und kurz nach dem Kriege. Die Versuche scheiterten an technischen Schwierigkeiten. Vor allem wurde keine hohe Geschwindigkeit erreicht. Denn das Ziel aller dieser Versuche war durch die Zossener Elektrotriebwagenver-

Kruckenbergs Schienenzepp von 1931

suche mit über 200 km/h ziemlich hochgesteckt worden.

Ein Raketenwagen auf Schienen mit Fritz von Opel war seinerzeit weit voraus: 1928 brachte er es auf 253 km/h. Dann detonierte das Fahrzeug.

1929 begann Kruckenberg zu konstruieren und zu bauen: Ein stromlinienförmiges Fahrzeug, der Form nach ein kleiner Zeppelin auf Schienen, angetrieben von einem 600-PS-Verbrennungsmotor mit einer hölzernen Luftschraube, die leicht nach oben geneigt war. Der Wagen erreichte am 21. Juni 1931 eine Spitzengeschwindigkeit von 232 km/h. Doch war der Sog hinter dem Schienenzepp so stark, daß der Schotter des Bahnkörpers aufgewirbelt wurde und den Zuschauern die Steine um die Ohren flogen.

So kam es, daß die Bahn, obwohl sie selbst mit Triebwagen experimentierte, auf die Übernahme des Schienenzepps aus diesen und anderen Gründen verzichtete.

DAS WELTWEIT BEWUNDERTE SCHNELLTRIEBWAGEN-NETZ SEIT 1933
EINE IDEE HITLERS?

Vom 15. Mai 1933 an verkehrte der bis zur Serienreife entwickelte erste Schnelltriebwagen »Fliegender Hamburger« fahrplanmäßig zwischen Berlin und Hamburg. Der auf eine Geschwindigkeit von 160 km/h ausgelegte Doppeltriebwagen fuhr übrigens bei einer Versuchsfahrt Berlin–Köln die 536 Kilometer lange Strecke mit einer Durchschnittsgeschwindigkeit (ohne Halt) von 120 km/h.

Der Triebwagenzug war eine Weltsensation. Noch mehr das, was darauf folgte. In den Jahren 1935 bis 1938 entwickelte die Bahn ein schon lange geplantes Schnellverkehrsnetz zwischen den Großstädten Deutschlands.

Verkaufte die Bahn den »Fliegenden Hamburger« als schnellsten fahrplanmäßigen Zug der Welt, so war das nun entstehende Schnelltriebwagennetz nicht nur radial von Berlin zu den Großstädten ausgespannt: Es gab auch Querverbindungen wie München–Stuttgart (dies mit einem elektrischen Triebwagen, da die Strecke ja elektrifiziert war).

Köln–Hamburg, Dortmund–Basel, Nürnberg–Frankfurt. Gefahren wurde mit laufend weiterentwickelten 2-, 3-

150

Zweiteiliger, diesel-elektrischer Schnelltriebwagen, 160 km/h Höchstgeschwindigkeit, 2×410 PS. »Fliegender Hamburger«

Dreiteiliger, diesel-hydraulischer Schnelltriebwagen für 160 km/h Höchstgeschwindigkeit, 2×600 PS

und vierteiligen Garnituren. Der Antrieb war erst diesel-elektrisch, vom Typ Leipzig (1935/36) an dieselhydraulisch.

Es war dies eine großartige und einmalige Organisation, die nicht nur von den Bahnexperten, sondern auch von der Presse der ganzen Welt bewundert wurde. Ermöglichte doch der Schnelltriebwagen für Geschäftsleute wie auch andere eilige Gäste, Berlin an einem Vormittag aufzusuchen, um es am späten Nachmittag wieder zu verlassen und am Abend in der Landeshauptstadt zurück zu sein. Der Erfolg war so groß, daß die Reichsbahn 1938 weitere vierzehn Triebwagenzüge des Typs Köln bestellte.

Unzufrieden war allein Kruckenberg, der in manchen Formen und Anordnungen der ohne ihn konstruierten Schnelltriebwagen seine Ideen wiederzufinden glaubte. So schlug er dem Chef der Deutschen Reichsbahngesellschaft einen neueren, schnelleren, sozusagen bahnbrechenden Typ vor, der auch gebaut und erprobt wurde (Höchstgeschwindigkeit 212 km/h), aber an »Kinderkrankheiten« scheiterte und bis zu Kriegsbeginn dauernd in Reparatur und also nie in regelmäßigem Einsatz war.

Von September 1939 an galt ein Fahrverbot für alle mit Dieselöl betriebenen Motorwagen. Im Krieg wurde der Zug von Bomben getroffen und brannte aus. So reiht sich Kruckenberg in die Liste der Erfinder ein, die, wie Trevithick, Baader, List und andere, glänzende Ideen hatten und wertvolle Impulse gaben, persönlich jedoch scheiterten.

Im Ausland und vor allem auch bei Laien wurde, ähnlich wie dies im Falle der Autobahnen geschah, das Verdienst an dieser neuartigen Verkehrsorganisation Adolf Hitler zugeschrieben. Jeder, der mit Technik zu tun hat, weiß, daß solche neuartigen, komplizierten Konstruktionen jahrelange Planungen, Studien und Erprobungen voraussetzen.

Der Einsatz des »Fliegenden Hamburgers« im Mai 1933 stammt ebenso wie der Bau der Autobahnen nicht aus dem »Geiste des Führers«. So wie dem Gedanken der Autobahn die HAFRABA der zwanziger Jahre, liegt dem Triebwagenbau der nach dem Ersten Weltkrieg aufkommende Gedanke, dem immer schneller werdenden Auto und Flugzeug endlich wirksam Paroli zu bieten, zugrunde.

Von dieser aufstrebenden, wahrhaft lebensbedrohenden Konkurrenz wird sogleich die Rede sein.

FERNER LIEFEN: DAMPFTRIEBWAGEN

Eigentlich müßte unsere Triebwagengeschichte mit dem Dampftriebwagen beginnen. Aber das ist eine Geschichte, die unglücklich oder besser gesagt erfolglos ausgeht. Der Gedanke des Triebwagens – des Personen- und Gütertriebwagens – ist, daß Antriebskraft und Beförderung von Personen oder auch Gütern in einem Fahrzeug vereinigt sind.

Tatsächlich hat sich trotz anfänglicher Aussichtslosigkeit der Dampftriebwagen, der Triebwagen der Bahn, wie eben beschrieben, in einer Art Cabrio-Effekt durchgesetzt. So wie – Verkehrspsychologen haben dies dargelegt – beim Auto das offene, allenfalls mit Wetterverdeck versehene Cabriolet das Schaustück und Bewunderungsobjekt, bei jungen Leuten vor allem, geworden ist, so wird bei den Bahnen der Schnelltriebwagen in der Öffentlichkeit und in der Presse bestaunt. Es sind die Schnelltriebwagen Deutschlands gewesen, die einen einmaligen Publikumserfolg in den dreißiger Jahren erzielten. Kruckenbergs Schienenzepp, aber auch Japans Schnelltriebwagenzüge, Englands Intercity und Frankreichs TGV sind im Grund Triebwagenzüge dieses Formats. Der deutsche ET 403, nicht unbedingt der erfolgreiche Triebwagen, wird einen Nachfolger erhalten, der über die neuen Schnellstrecken rasen wird.

Die Dampftriebwagen der neunziger Jahre des letzten Jahrhunderts entsprangen nicht dem Kampf gegen die Konkurrenz, sondern rein wirtschaftlichen Überlegungen. Es gab Strecken, die nur zu gewissen Zeiten und nur für eine bestimmte, geringe Anzahl von Personen befahren werden mußten. Es sind die Strecken, für die später ein Schienenbus eingesetzt wurde, manchmal auch eine sogenannte Nebenbahnlok mit einem oder zwei Wegen.

Ein französischer Dampfwagenkonstrukteur namens Serpollet hatte seinen Dampfwagen den württembergischen Staatsbahnen angeboten. Man probierte den »Sapperlot«, wie er sogleich bei den schwäbischen Eisenbahnern hieß, auf der Strecke Reutlingen–Rottenburg aus. Der Dampfkessel Sapperlot wurde allerdings rasch verdrängt vom Dampftriebwagen Kittel; er

152

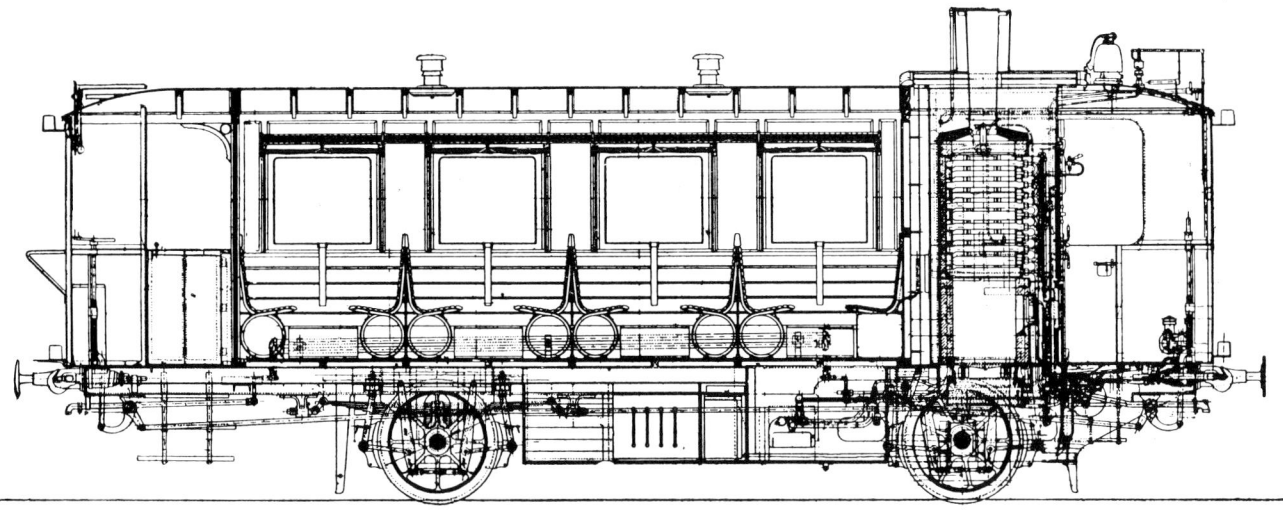

Serpollet-Wagen 1895 Württ. St.B

Vierachsiger Motorwagen mit Kittelkessel 1899 Württ. St.B.

hatte einen stehenden Feuerrohrkessel. Die Geschwindigkeit betrug 50 km/h. Dieser A1, der seit 1899 von der Maschinenfabrik Esslingen nach dem Entwurf des damaligen Obermaschinenmeisters Eugen Kittel (1896–1924) zunächst in zwei Exemplaren erbaut worden war, hatte 24 Sitzplätze und konnte noch drei Zweiachspersonenwagen mitnehmen.

Während man über diese Dampftriebwagen im Zusammenhang mit der schwäbischen Gründlichkeit – es hat 18 Stück gegeben – genau Bescheid weiß, ist über frühere und spätere nur Verworrenes und Umstrittenes zu erfahren. Doch zur Erholung des Lesers von der rasenden Betriebsamkeit und Geschäftigkeit des geschilderten Schnelltriebwagensystems der Jahre 33 bis 39 mag dieser nostalgische Zwischenbericht unterhalten. So soll es um 1873 bei der niederschlesisch-märkischen Eisenbahn Dampftriebwagen gegeben haben, die aber bald ausgeschieden wurden. 1882 hat Krauss einen zweistöckigen Dampfomnibus gebaut. Er sieht ausgesprochen gemütlich aus! 1935 sollen nach etlichen anderen Versuchen bei anderen Bahnen die Reichsbahn und die Lübeck-Büchener-Eisenbahn sol-

Ältester Dampftriebwagen aus dem Jahre 1880

Zweistöckiger Dampfomnibus von Krauss 1882

Zweiteiliger Speichertriebwagen der preußischen Staatsbahnen; Bauart Wittfeld 1907

che Wagen modernerer Konstruktion angeschafft haben; auch sie verschwanden sang- und klanglos. Das gleiche Schicksal war einem Triebwagen beschieden, der aufgrund eines Preisausschreibens des rheinischwestfälischen Kohlensyndikats konstruiert worden war, um die heimische Kohle zu fördern.

Zum Schluß wird man sagen können, daß der Dampftriebwagen, ebenso wie die Dampflokomotive, die Endzeit erreicht hat. Beide sind ausgestorben.

Der Akkumulatorentriebwagen teilt das Schicksal des Akkumulatorenautos. Solange es nicht gelingt, kleine, leichte, leistungsfähige Schnelladerbatterien zu bauen, sind Versuche mit solchen Wagen aussichtslos.

Etwas anderes ist es mit den Triebwagen, die aus Oberleitung oder Stromschiene ihre Kraft beziehen.

Während die Dampflok Kohle und Wasser, ihr eigenes Krafterzeugungssystem und die dazu gehörigen Wasser- und Bekohlungsanlagen und vieles andere voraussetzt, laufen Fahrzeuge unter Draht leichtfüßig mit viel höheren Energieausnützungsdaten einer veralteten Technik davon.

Zuerst allerdings sah es anders aus. Die ungewöhnlichen Leistungen der Elektrotriebwagen von Siemens und AEG (1903), Geschwindigkeiten, die weder damalige Automobile noch Luftfahrzeuge erreichten, ließen sich nicht in Regelfahrpläne umsetzen. Zu hoch war der Energieverbrauch. Auch glaubte man, aus militärischen Gründen der Elektrifizierung keine Chance geben zu können. Wer allerdings im Krieg erlebt hat, wie schnell elektrifizierte Strecken wiederhergestellt werden können, der versteht, daß die militärische Frage keinen Hindernisgrund für die um sich greifende Elektrifizierung der wichtigen Strecken darstellt und dargestellt hat.

Dennoch hat in den dreißiger Jahren die Motorisierungswelle über die Elektrifizierung gesiegt.

In dem riesigen Weltrekordschauspiel der dieselelektrischen und dieselhydraulischen Triebwagen gab es eine Ausnahme:

DIE NEUEN ELEKTRO-TRIEBWAGEN UND IHR VORLÄUFER, DER ET 11

Auf der elektrifizierten Strecke München–Stuttgart fuhren seit 1935/37 drei elektrische Schnelltriebwagen-

**Elektrischer Triebwagen
für den Fernverkehr
(1935), Höchstgeschwin-
digkeit 120 km/h**

**Elektrotriebwagen im Nah-
verkehr (420)**

156

züge der Baureihe ET 11, zweiteilige Triebwagen von hoher Eleganz, 2. Klasse. Die Höchstgeschwindigkeit betrug 160 km/h (3 Antriebsarten: Buchli, Tatzantrieb, Federtopf). Der Wagen führte 77 Sitzplätze, dazu eine größere Anzahl eventueller Stehplätze.

Ich erinnere mich des getäferten Speiseraumes, der einer vornehmen kleinen Suite glich. Intarsien von Künstlerhand schmückten die Stirnwände, darunter gelungene Darstellungen, beispielsweise des Schlosses Lichtenstein auf der Schwäbischen Alb, aber auch der Münchner Liebfrauenkirche. Mit diesen Triebwagen zu reisen war ein großes Vergnügen. Sie überstanden den Weltkrieg, wurden dann als »Münchner Kindl« auf der Strecke München – Stuttgart – Frankfurt eingesetzt, später ausgemustert und verschrottet. Nur einer entging diesem Schicksal. Er wurde von der Deutschen Gesellschaft für Eisenbahngeschichte erworben. Mit solchen Triebzügen wäre vielleicht auch heute bei entsprechender Werbung ein Geschäft zu machen. In Stuttgart und München, ebenso wie in Ulm und Augsburg, galt es als chic, mit diesem Zug zu reisen. Der Triebwagen war stets ausverkauft.

Der große Aufbruch der Elektrotriebwagen im Nahverkehr (430/432 Ruhrgebiet und Nürnberg zum Beispiel) und im Raum München der 420 (für Olympia 72 erstmals eingesetzt) braucht nicht besonders behandelt zu werden. Es waren in der Nachkriegszeit, nach dem Zweiten Weltkrieg große verkehrliche Ereignisse.

Alle die großen Nahverkehrsverbünde fahren mit derartigen aufs beste bewährten Elektrotriebwagenzügen in die Zukunft.

Hervorragend bewährt hat sich der über Deutschland hinaus bekannte Aussichtstriebwagen (491) der Münchner Direktion, der für den Tourismus die schönsten Gebirgsgegenden Deutschlands, Österreichs und der Schweiz befährt, wahrhaft ein Sendbote der schönen Alpenwelt.

VI Die Konkurrenz

Vor allem in der Technik ist das Bessere der Feind des Guten. So könnte man das Prinzip der permanenten Perfektion der Technik populär definieren. So konnte man in unserer Zeit erleben, wie die E-Loks und Ölloks die Dampfloks zu Dinosauriern degradierten. Versucht man dieser Entwicklungslinie entlang zu schauen, so sieht es aus, als ob der Triebwagenzug aus einem Guß, die Raupe aus Leichtmetall, das Transportmittel der Zukunft auf der Schiene vielleicht am Ende dieses Jahrtausends über der Schiene, nämlich schwebend, der große Herr des Verkehrs sein könnte.

Verblüffend, wie wenig doch das Auto, das heute unter den Landverkehrsmitteln dominiert, der Bahn an Ideen geliefert hat. Unter der Überschrift Benzintriebwagen schreibt ein Autor, die Benzinmotoren von Daimler und Benz, den beiden Erfindern unseres heutigen Autos und die Schöpfer der Autowelt von heute, seien »ursprünglich nur für die Fortbewegung auf Straßen gebaut« (Mühl) gewesen. Das trifft auf Gottlieb Daimler keinesfalls zu. Daimler war von Anfang an gewillt, seinen Motor »zu Wasser, zu Lande und in der Luft« (für Luftschiffe nämlich) einzusetzen. Daher der dreizackige Stern. Im Prospekt der Daimler-Motoren von 1896 sind 26 Anwendungsmodelle abgebildet.

So hat er im Jahr der Erfindung 1886 seinen Freund Balz bei der Eisenbahndirektion in Stuttgart bewogen, 1887 Probefahrten mit einem Eisenbahnwagen, in dem ein Daimlermotor eingebaut war, zu genehmigen. Vier solcher Triebwagen wurden bestellt und geliefert.

Um die Jahrhundertwende zählten die Königlichen Württembergischen Staatseisenbahnen fünf solcher BW in der Liste. Bei Kriegsausbruch 1914 waren es

Der erste Triebwagen mit Vergasermotor von Daimler, 1900

nur noch zwei. Tatsächlich sind sie die frühen Vorläufer der Kruckenbergschen und bahneigenen Schnelltriebwagen, denn der Dieselmotor ist – verkürzt gesagt – nur eine Weiterentwicklung des Benzinmotors durch Diesel auf der Grundlage eines anderen Betriebsstoffes.

Die absolut dominierende Rolle der Bahn im Deutschen Bund und seit 1866/70 im Kaiserreich Deutschland und in Österreich-Ungarn hatte bald zur Unzufriedenheit und Herausforderungen in den Jahren der Gründerkrise 1870/73 geführt. Arbeitslosigkeit als Folge der Zusammenbrüche von Firmen führten vor allem bei jungen Ingenieuren zum Nachdenken über neue Möglichkeiten der Technik, über Mängel und Klagen zurückgebliebener Gebiete und über »Marktnischen« im neuen Reich.

Auch auf der neugegründeten Hochschule, dem Polytechnikum, wurde nachgedacht. In Karlsruhe war es der Lehrer Ferdinand Redtenbacher, der das Wort von der »Kapitalerfindung« geprägt hatte. »Kapitalerfindung« heißt hier soviel wie Haupterfindung, also eine Erfindung, neben der andere Erfindungen zweitklassig, nebensächlich, erscheinen. Es fehlt, so predigte Redtenbacher in seinen Vorlesungen, der kleine, leichte, überall einsetzbare, transportable, mit Gas oder irgend einer brennbaren Flüssigkeit zu betreibende Motor, im Gegensatz zur meist stationären, umfangreichen, mit Kohle und Wasser zu betreibenden Dampfmaschine, die überdies sehr teuer war.

Gottlieb Daimler und, unabhängig und getrennt von ihm, Karl Benz begannen fast zur gleichen Zeit, an dieser »Kapitalerfindung« zu arbeiten. Sie kannten einander nicht einmal. Ihr Vorbild war der von Nikolaus August Otto erfundene Viertaktmotor, den Gottlieb Daimler mit seinem Mitarbeiter Wilhelm Maybach in der Gas-Motoren-Fabrik Deutz AG als Betriebsleiter und Maybach als Leiter der Konstruktionsabteilung kennenlernte.

Auch Karl Benz hatte von diesem Motor gehört. Daimler zusammen mit Maybach und Benz, die ersten beiden in Bad Cannstatt, Benz in Mannheim, machten sich daran, diesen Motor, der so für ihre Zwecke nicht brauchbar war, umzukonstruieren.

1885/86 ist es so weit. Daimler und Maybach konstruieren das erste Motorrad der Welt, das »Reitrad«, mit dem Paul Daimler, der älteste Sohn Daimlers, am 10. November 1885 von Cannstatt nach Untertürkheim fuhr. Ein Motorboot, ein Motorschlitten und eine motorisierte Kutsche folgten.

Benz hatte seinen ersten Patentmotorwagen am 3. Juli 1886 auf der Ringstraße in Mannheim ausprobiert, worüber die Neue Badische Landeszeitung berichtete. Das Auto war da. Es war eine große Sensation – aber dabei blieb es auch. Zu ihrer Verwunderung, ein Jahr später zu ihrer Verzweiflung, wollte niemand den Erfindern ein Auto abkaufen.

Benz stellte auf der Kraft- und Arbeitsmaschinenausstellung in München 1888 aus, fuhr durch Münchens Straßen, wobei der Münchner Polizeipräsident das Fehlen einer Warnglocke beanstandete; beide Firmen stellten auf der Weltausstellung 1889 in Paris aus: keine Bestellung: Man fand die Wagen interessant, aber was sollte man damit anfangen?

Benz hielt sich mühsam mit dem Verkauf stationärer Gasmaschinen über Wasser. Daimlers bedeutende Ersparnisse aus seiner Deutzer Gasmaschinenzeit schmolzen dahin wie Schnee in der Sonne. Nur die Bahn kaufte fünf Eisenbahnwagen mit Daimlermotoren.

Da endlich interessierten sich die Franzosen für das Auto. Man konnte damit Straßenrennen fahren. Schon die ersten Rennen gewannen französische Autos mit Daimlermotoren. In Deutschland gewannen Benzwagen in Zuverlässigkeitsfahrten. Im ersten internationalen Bahnrennen in Frankfurt 1900 gewann ein Benzwagen.

Jetzt fängt das Geschäft mit den Autos an. Die Geschwindigkeitsrekorde purzeln nur so; auch die Bahn ist mit ihren beiden Siemens und AEG Elektrotriebwagen von 1903 dabei; doch ist ein Regelbetrieb mit höheren Geschwindigkeiten wegen der zu hohen Kosten noch lange Zeit nicht möglich.

Bis 1922 behält der »Blitzenbenz« den Landweltrekord von 228,1 km/h von 1911. Wir berichteten darüber. Jetzt werden die Straßen verbessert und verbreitert. Abgelegene oder von der Bahn – wegen der Rendite – stiefmütterlich behandelte Landkreise, Regionen, Distrikte werden von der Bahn und Post und Privaten mit Omnibussen bedient. Heute amüsiert man sich über zum Teil komische Rennen der Zeit vor 1914: Aber man täusche sich nicht. Die davon ausstrahlende Werbung war ungeheuer!

Leider hat die Bahn lange nicht bemerkt, welch außerordentlich gefährlicher Konkurrent da unmittelbar neben ihr aufwuchs. Sie sah, daß der Autokäufer und -fahrer aus sportlich begeisterten und nota bene recht begüterten Kreisen stammte. Aber ein Blick nach den USA hätte gezeigt, daß das Auto bereits begann, das Fortbewegungsmittel des kleinen Mannes zu werden. Fords »Thin Lizzy« erreichte schon vor dem Ersten Weltkrieg die Million verkaufter Autos.

Noch einmal sei der Autor des Abschnitts Benzintriebwagen (1970) als Beleg zitiert: »Leistungsmäßig waren sie (die Benzintriebwagen) den Dampftriebwagen in keiner Weise ebenbürtig.«

Hätte man sich dieser Motoren seitens der zahlreichen, hervorragend ausgebildeten Dampfingenieure angenommen und bedacht, daß es sich hier um Prototypen, also um das erste Stadium eines neuen Motors handelte – die Lokomotive hatte fast 100 Jahre Entwicklung hinter sich – so hätte man schon vor dem Ersten Weltkrieg mit damals weiterentwickelten Benzinmotoren auf der Schiene Erstaunliches leisten können, weit mehr als Dampflokomotiven hergaben.

So aber ließ man die Motoren laufen, bis sie kaputt gingen. »So waren bei Ausbruch des Weltkriegs von den ursprünglich fünf Benzintriebwagen nur noch zwei übrig.« Jawohl mit Automotoren, die 14 Jahre alt waren! Kein Kommentar.

Ein wahrhaftiges Alarmsignal lieferte dann der Verlauf des Ersten Weltkriegs. Seitens der Bahn hatte man sich auf die Mobilmachung rechtzeitig vorbereitet. Das heißt, man hatte in der Konzeption des Generalstabs entsprechende Transporte gemäß den Aufmarschplänen organisiert. Bei allen kriegführenden Staaten war die Mobilmachung auf den Eisenbahntransport abgestellt. Der Aufmarsch 1914, im wesentlichen vom Feind ungestört, verlief planmäßig. Der Schlieffen-Plan gelang insoweit, als im Westen ein schneller Vormarsch die Truppe bis vor Paris führte. Als es eine Stockung gab, sagte sich der Festungskommandant von Paris, Galliéni, daß jede Stunde, die er auf das Warten angekündigter Truppentransporte vergeudete, die Gefahr vergrößere. So kam er auf die Idee, rasch ausgebildete Rekruten und Reservisten mittels Autos an die Front zu werfen. Näheres darüber bei der Schilderung des Kriegsgeschehens 1914. Dies, zusammen mit dem für den Gegner unbegreiflichen Zögern der Deutschen,

bewirkte das »Wunder an der Marne«.

So verlor das deutsche Kaiserreich seine vielleicht entscheidende Schlacht – aber zugleich auch die Eisenbahn eine unangefochtene Position –, im Falle höchster Not war das Rettende nah, aber nicht in Form der Bahn – das Auto sprang ein.

Es war ein Alarmsignal, das von den Militärs sehr wohl, von den Bahnexperten, die es in Hülle und Fülle bei den Transportkommandaturen gibt, überhaupt nicht registriert worden ist. Auch in der einschlägigen Eisenbahnliteratur findet man keinen einzigen Hinweis darauf. Zur Entscheidung kann man sagen, daß in den zwanziger Jahren bei der Bahn immer noch das Gefühl vorherrschte, den aufkommenden Wettbewerbern prinzipiell überlegen zu sein.

Sie waren es auch – den Statistiken nach. Freilich stagnierten die Transportzahlen der Bahn, während die der Konkurrenz stiegen.

Zugleich aber tauchte die mit dem Aufkommen der Eisenbahnen untergegangene Schiffahrt wieder auf. Auch ihr hatte, wie dem Fuhrgewerbe, der Benzinmotor wieder Aktualität verliehen.

Kanalbauvereine und Großindustrie in den Häfen und den Revieren verhalfen ihr zu einem beträchtlichen Comeback.

Daimlers erste Boote auf Neckar, Main und Alster zeigten allen, was möglich war.

Ein großartiges Kanalbaunetz eröffnete die Möglichkeit, die in innere Tarifkämpfe verwickelten Eisenbahnen zu konkurrenzieren. Die Eisenbahnen, die aufgrund der stürmisch sich weiter entwickelnden Industrie ihrer Kapazitätsenge und ihrer Wagenprobleme nicht mehr Herr wurden, verloren große Transportanteile im Güterverkehr, vor allen bei den Rohstoffen, an die Schiffahrt.

In der Hochseeschiffahrt beginnt der Dieselmotor die Dampfmaschine zu verdrängen. Die Leistungsfähigkeit der Schiffe steigert sich gewaltig.

DAS REISEN WANDELT SEIN WESEN;
DER REISEWAGEN

Wie man wandert, wie man reitet, wie man in der Kutsche oder in der Sänfte sich vorwärtsbewegt, das haben nicht alle, aber viele vor 1835 miterlebt.

Poſtkutſche der Deutſchen Reichspoſt nach 1871

Aber wie reist man mit und in der Bahn? Spätestens um 1850 sind die düsteren und drohenden Voraussagen ängstlicher Bürger oder auch angstmachender Agenten verstummt. Das neue, gewinnbringende Verkehrsmittel hat sich durchgesetzt. Noch fahren überwiegend Lokomotiven englischer und amerikanischer Bauart auf deutschen Schienen: ausländische, englische oder amerikanische Wagen werden schnell seltener. Hatte schon der Baumeister Denis bei der Nürnberg-Fürther Eisenbahn die »Engländerei« der Eisenbahnkomitees beanstandet, so wird auch den übrigen Bahnbaugesellschaften immer mehr klar, daß für die neu zu bauenden Strecken deutsche Maschinen und deutsche Wagen beschafft werden sollten.

Wagner und Stellmacher, also Wagenbauer, bauten Chaisen für die Post und Privatreisende. Was lag näher, als die Postabteile der Wagner auf die Gestelle der Eisenbahn zu setzen?

In Norddeutschland, aber auch in Süddeutschland, wo, wie zum Beispiel in Baden, Wagen aus England importiert worden waren, sind Abteilwagen noch bis zur Jahrhundertwende in Gebrauch gewesen.

Das hatte den Vorteil, daß jedes Abteil seine eigene Ausgangstüre besaß, was freilich die Zugschaffner und Zugführer auf halsbrecherischen, im Winter vereisten Trittbrettern zu lebensgefährlichen Freiübungen zwecks Kontrolle der Reisenden zwang.

Für die Reisenden hatte es den Nachteil, daß ein Durchgang zum Nebenabteil unmöglich und praktisch jede Bewegungsfreiheit genommen war. Die ursprünglich vorhandene Vorschrift, daß die Abteltüren während der Reise verschlossen bleiben mußten, wurde schleunigst aufgehoben, nach einem schweren Unglück in Frankreich bei Meudon 1842. Dort stießen zwei Züge zusammen. Die Lokomotiven türmten sich über dem zertrümmerten ersten hölzernen Personen-

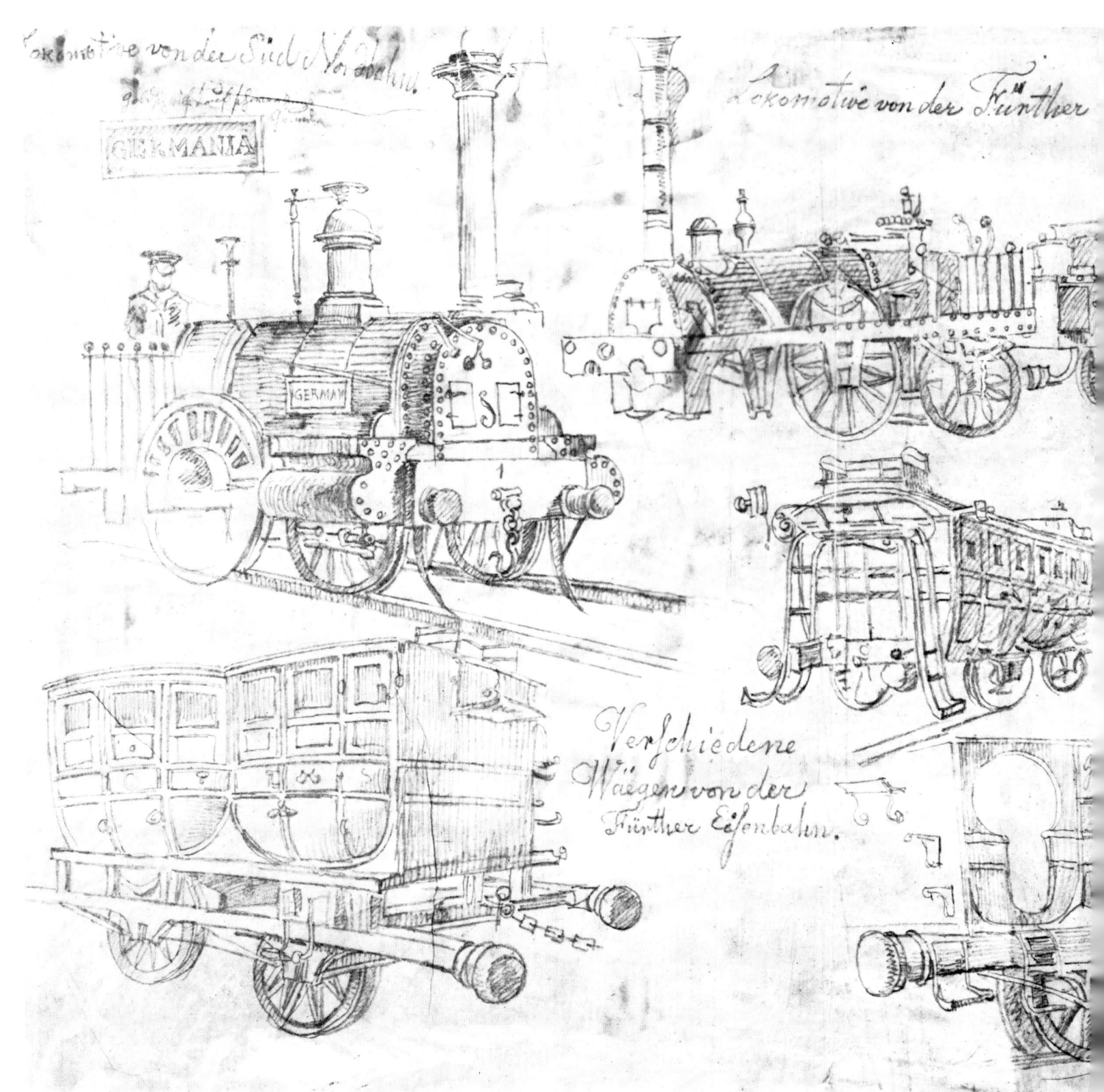

Locomotive von der Süd Nord Bahn.

GERMANIA

GERMANIA

Locomotive von der Fürther

Verschiedene Wägen von der Fürther Eisenbahn.

162

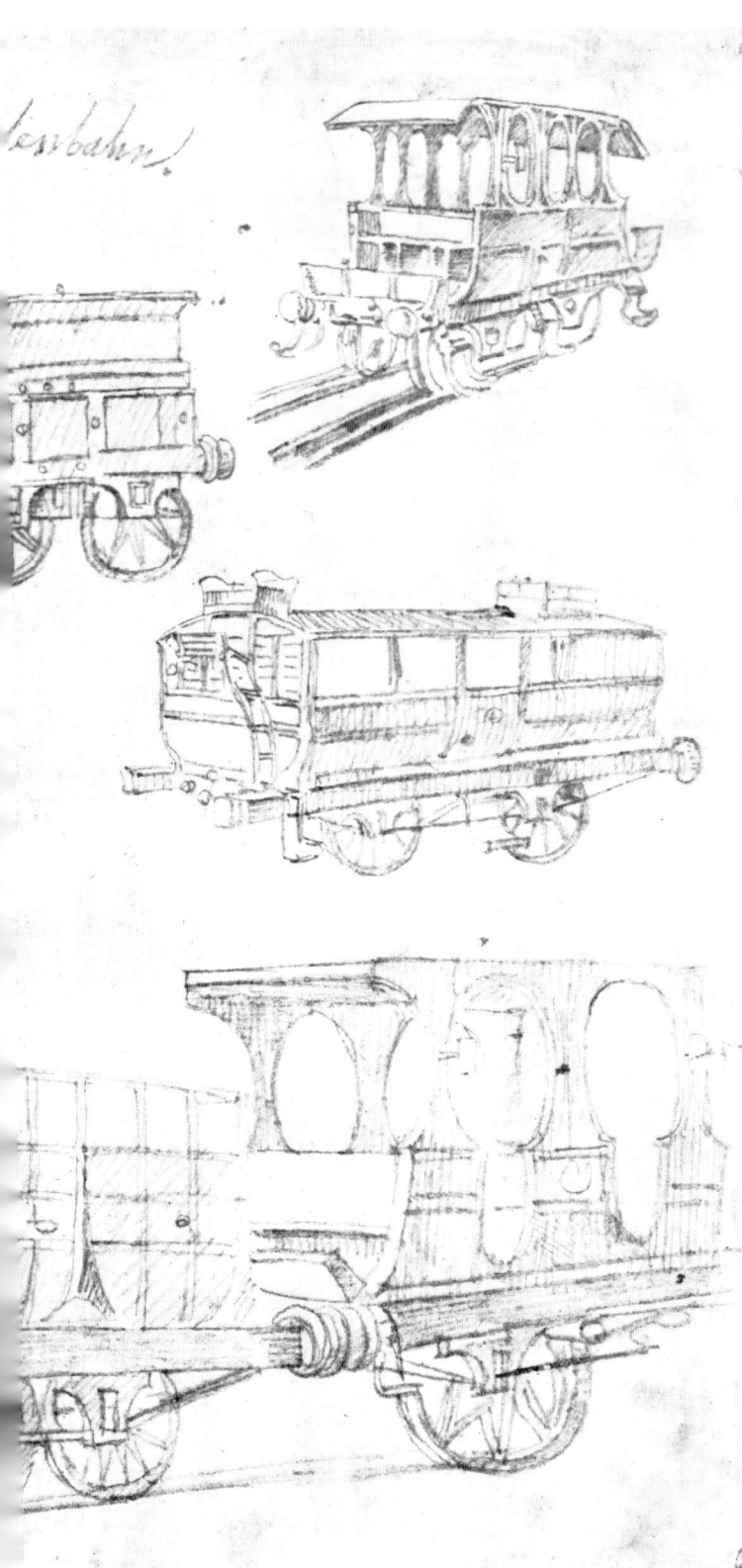

»Verschiedene Wägen von der Fürther Eisenbahn.« Links und rechts oben deutlich auf Eisenbahnräder gesetzte Postkutschen. Bleistiftzeichnung von der ersten deutschen Eisenbahn, 1836

wagen und steckten die Wagen, die neben und unter ihnen lagen, in Brand.

Niemand konnte die brennenden Wagen verlassen, da die Türen verschlossen waren. Wo die Wagen noch nicht brannten, versuchten die Reisenden, durch die Fenster zu flüchten. Insgesamt verbrannten 50 Passagiere, darunter der Admiral Dumont d'Urville und sein gesamter Stab.

Jetzt erhoben die Zeitungen schwere Vorwürfe gegen die Eisenbahngesellschaften, die nur auf ihren Profit aus seien und denen das Leben der Passagiere nichts wert sei. Untersuchungen ergaben, daß man, um Kontrollpersonal zu sparen, die damals untereinander nicht verbundenen Abteile einfach abschloß und die Passagiere einsperrte. Die Wut der Bevölkerung war grenzenlos. Die politische Spannung in diesem Staat, der seine Existenz der Revolution von 1830 verdankte, nahm immer mehr zu: Solche tragischen Ereignisse, die das böse Motto jener Zeit »Enrichissez-vous«, also die Idee der schamlosen Bereicherung sozusagen illustrierten, führten zu verheerenden Folgen bei der betreffenden Eisenbahngesellschaft. Die europäische Presse stellte die Verwaltungen aller europäischen Eisenbahnen an den Pranger, worauf diese beschleunigt ihre törichten Bestimmungen aufhoben. Denn überall gärte es: stand doch das Revolutionsjahr 1848 vor der Tür.

Zurück zur Form und Ausstattung der Wagen. Aus Amerika kam mit der Bestellung der württembergischen Staatsbahnen der offene Wagen, der Saalwagen. War der englische Wagen nach dem Vorbild der Post gebaut, so der amerikanische nach dem Fluß- und Küstendampfer. Der Saalwagen verfügte über einen großen Innenraum; der Zugang war an beiden Enden des Fahrzeugs.

163

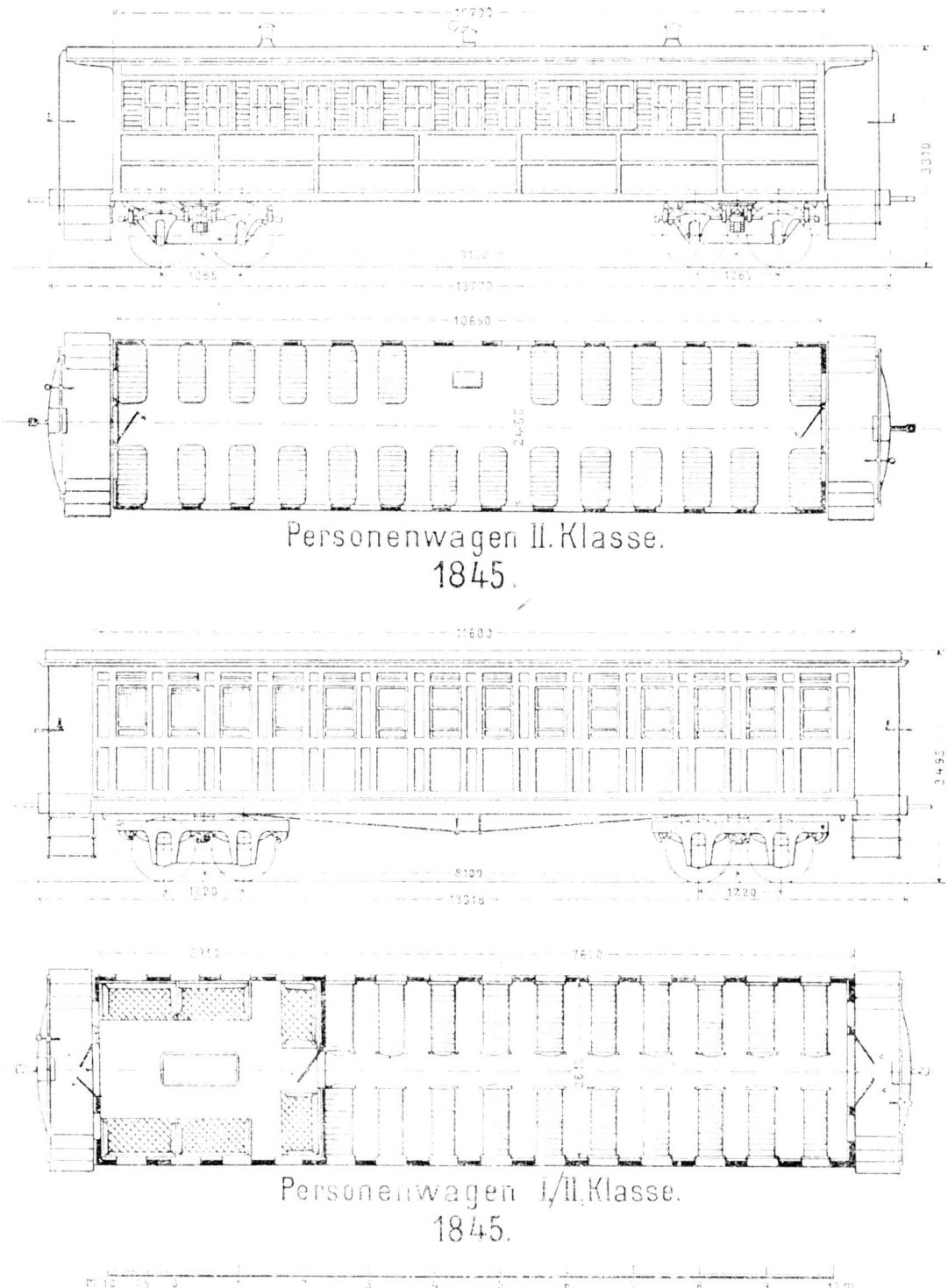

Württembergische Personenwagen mit Durchgang und Seitentüren von 1845

Personenwagen II.Klasse.
1845.

Personenwagen I/II.Klasse.
1845.

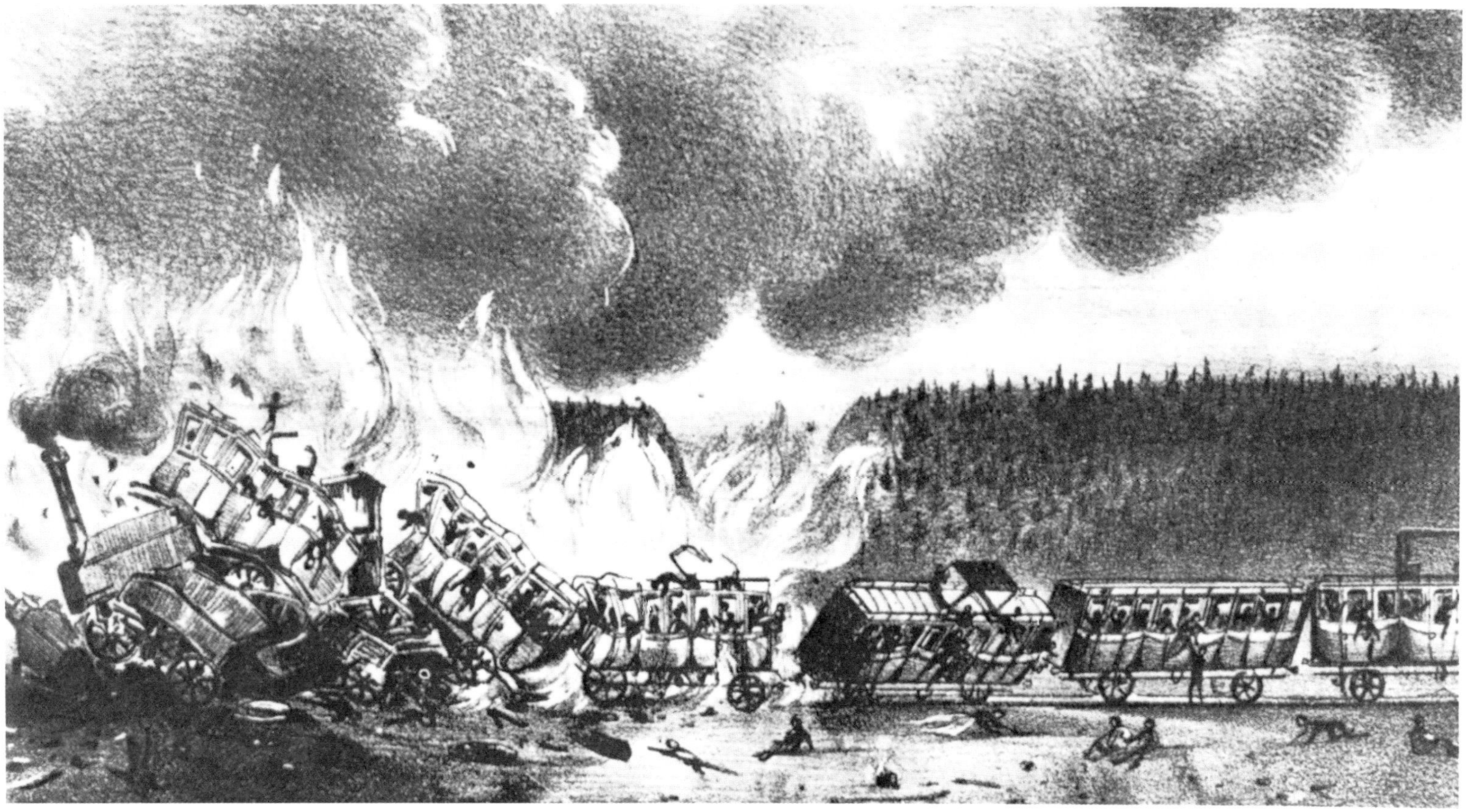

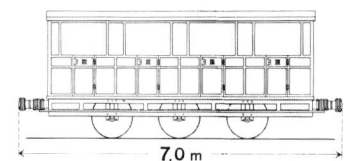

Vergleich eines älteren und neueren Personenwagens.

Personenwagen III. Klasse der bayer. Sts. Eisenb. aus d. J. **1843**.

7,0 m

40 Personen im Wagen, 4000 kg Wagengewicht, 14 qm Bodenfläche im Wagen – d.s. 0,35 qm pro Person.

Personenwagen III. Klasse der bayer. Sts. Eisenb. aus d. J. **1910**.

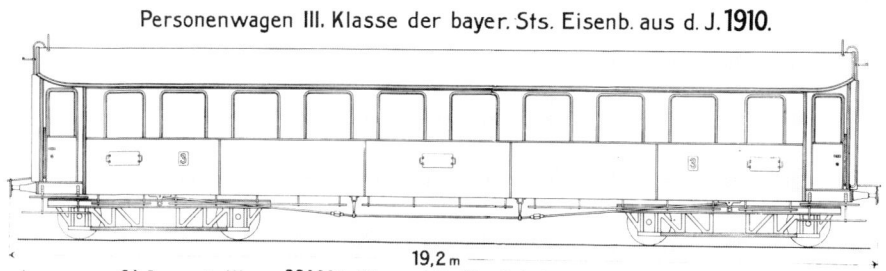

19,2 m

64 Personen im Wagen, 38000 kg Wagengewicht, 51 qm Bodenfläche im Wagen – d.s. ca 0,8 qm pro Person.

Vergleich zweier Perso-
nenwagen aus den Jahren
1843 und 1910

165

Auch die österreichischen Bahnen übernahmen dieses Prinzip der freien Beweglichkeit. Das Drehgestell wurde dort teilweise akzeptiert; die württembergischen Staatsbahnen, die es schon bei der ersten Bestellung in Amerika geliefert bekamen, nahmen es sofort in ihre bahneigenen, heimischen Bauprinzipien auf.

Es hatte sich schon bei den ersten Fahrzeugen gezeigt, daß der mit Drehgestell versehene Wagen viel leichter und schneller den zahllosen Windungen, Krümmungen und Biegungen folgt, die der Bahnbau, nicht nur in Württemberg, den Flußtälern in gebirgigen und hügeligen Geländen nachzeichnen mußte. Übrigens beruhte das ganze auf einem Mißverständnis: Während die Württemberger glaubten, die Amerikaner hätten ihnen das Drehgestell wegen ihrer kleinen Bogenhalbmesser auch bei den Wagen empfohlen, liefen in Amerika nicht nur die Loks, sondern auch die Wa-

gen zumeist auf zwei je zweiachsigen Drehgestellen, weil der Oberbau so schlecht war.

Im Gefolge der Revolution von 1848/49 setzte sich der Gedanke durch, daß man auch in der billigsten Klasse, dem arbeitenden Volk, das man als neue, wichtige Gesellschaftsschicht langsam erkannte, ein Dach über dem Kopfe geben müsse. So verschwand um die Jahrhundertmitte der offene Wagen, der vor allem in der schlechten Jahreszeit, aber auch beim Durchfahren längerer Tunnels, zu vielen Klagen und Beschwerden geführt hatte.

Der Doppeldecker, also der zweistöckige Personenwagen, stammte wohl zuerst aus Frankreich, konnte sich aber in Deutschland nie voll durchsetzen. Einzig die experimentierfreudige Lübeck-Büchener Eisenbahn fuhr mit solchen Wagen, die dann bei der Verstaatlichung ins Netz der Reichsbahn kamen.

Fahrt zum Wettrennen . . .

I.ᵗᵉ Wagenclasse

II^{te} Wagenclasse.

Billetausgabe.

III^{te} Wagenclasse.

167

Die schöne Eisenbahnreise um 1860. August Leopold Egg, Birmingham, Art Gallery

Die sogenannten Wagenklassen hat die Eisenbahn von der Post übernommen. Dort gab es von jeher die beiden Klassen: »Kutsche« und »Bock«, das heißt, der gepolsterte Sitz im Inneren der Kutsche und der Bocksitz im Freien, vorne beim Kutscher, oder hinten auf dem Rücksitz. Je nach der Schnelligkeit der Post staffelte sich auch der Fahrpreis: Die ordinäre Post war mit zwei Pferden bespannt, die Extrapost mit vier bis sechs Pferden. Außerdem gab es die Kurierpost, die Tag und Nacht fuhr, und den Eilpostwagen, der drei Coupés für neun Passagiere hatte.

Die Prinzipien der Einteilung in Komfortklassen »hart« und »weich«, also Holz und Polster, wurden ohne weiteres von den Bahnen übernommen. Sie hießen im Volksmund »Hokla« und »Pokla«. Sie galten, wie man weiß, bis vor einigen Jahren in der Form, daß – auch in den sozialistischen Staaten – eine Holzklasse und eine Polsterklasse geführt wurde. Außerdem werden die Züge vielfach, je nach Komfort und Geschwindigkeit, verschieden tarifiert oder mit Zuschlägen bedacht. Beispiel der deutsche Intercity als Zug Erster und Zweiter Klasse, Intercity-Zuschlag 5,- DM (Stand 1984). Wie man heute bei der Deutschen Bundesbahn reist, zeigen die Bilder auf den Seiten 277–280.

Lustig ist, daß trotz aller schlechten Erfahrungen mit der Postkutsche diese mühsamen Reisen von damals einen romantischen Glanz haben, der nicht nur von der stets vergoldenden Erinnerung stammen kann.

Joseph Freiherr von Eichendorff (1788–1857) erinnert sich:

>»Es schienen so golden die Sterne,
>Am Fenster ich einsam stand
>Und hörte aus weiter Ferne
>Ein Posthorn im stillen Land.
>Das Herz mir im Leibe entbrannte,
>Da habe ich mir heimlich gedacht:
>Ach, wer da mitreisen könnte
>In der prächtigen Sommernacht!«

Leider gibt es von Eisenbahnreisen keine so poetischen Schilderungen, geschweige denn von Autobahnreisen.

HOFWAGEN, SALONWAGEN, HOFSALONWAGEN

Hohe Herrschaften wollen vornehm und bequem reisen, Abstand vom gewöhnlichen Publikum halten, doch nicht so weit, daß man sich nicht wenigstens bewundern lassen könnte. In der Zeit von 1835 bis 1866 herrschten im Deutschen Bund 35 Könige, Großherzöge, Herzöge und Fürsten, von den vier freien Städten abgesehen, von denen jeder in seiner Art eine, wenn auch jeweils eingeschränkte Souveränität in seinem großen oder kleinen Staatsgebiet hatte.

Jeder wollte möglichst auch seine eigene Eisenbahn haben. Wenn irgend darstellbar, so mußte die Bahn auch einen Tunnel vorweisen können.

Sofern der Bau einer Bahn nicht möglich war, so mußte man doch wenigstens seinen eigenen Hofwagen besitzen, am besten wenigstens einen Hofsalonwagen.

1871 gab es im Gebiet des Vereins deutscher Eisenbahnverwaltungen fünf Salonwagen und 22 Hofwagen. Der König, die Königin und zumeist auch der Kronprinz besaßen ihre eigenen Wagen. Aus den Salonwagen und den Hofwagen, zu denen Wagen für das Gefolge, für Dienerschaft und Küche kamen, setzte sich der Hofzug zusammen.

Der König von Preußen – und seit dem 18. Januar 1871 zugleich der deutsche Kaiser – hatte verständlicherweise den umfangreichsten Wagenpark. Der letzte Hofzug des deutschen Kaisers setzte sich aus folgenden Wageneinheiten zusammen:

Küchenwagen, Speisewagen, Wagen für Herrengefolge, Salonwagen seiner Majestät des Kaisers, Salonwagen ihrer Majestät der Kaiserin, Wagen für Damengefolge, Gepäckwagen. Die Salonwagen und die Wagen für das Gefolge waren Sechsachser.

In die Hofzugwagen wurden immer die neuesten Errungenschaften eingebaut, sie waren in mannigfacher Beziehung Vorbild für die exklusiven Züge, für Schlafwagen und Speisewagen, bestimmt für das vornehme Reisepublikum. So führten die Wagen im Hofzug sämtlich einen besonderen Toilettenraum mit Wachbecken und WC mit sich.

Einmalig allerdings war der Thronwagen des Königs von Hannover mit Audienzraum. Tatsächlich besaß er einen solchen Wagen, doch stammt das letzte Foto wohl aus dem Jahre 1867, also ein Jahr, nachdem durch den preußischen Sieg von 1866 der hannoversche Thron mitsamt Thronwagen abgängig geworden war. Was aus ihm geworden ist, weiß man nicht.

Von den ganzen Hofsalonwagen haben nur wenige

Exemplare das Ende des Kaiserreichs 1918 und die Katastrophe von 1945 überlebt.

Die wohl schönsten und originellsten Wagen sind glücklicherweise erhalten geblieben: der Salonwagen des Königs Ludwig II. von Bayern sowie der zu diesem Hofzug gehörende Terrassenwagen. Man weiß, daß Ludwig II. 1868 Verschönerungen seiner Hofzugausrüstung, und zwar im Stile Ludwig XIV., wünschte. Ludwig II. unternahm darin, wie auch in seinen Schlössern, die man damals verschwenderisch nannte und in den besseren Fremdenführern geschmacklos, selbst immer wieder Änderungen. Wer die hinterlassenen Schriften und Tagebücher kennt, weiß, daß es ihm um die Verzauberung der Technik ging, die ihm gerade in den beiden erhaltenen Wagen besonders geglückt ist. Ein Traum in Ornamenten aus Gold, Weiß, Blau und auch Rot, ein fahrendes, bezauberndes Schloß. Dagegen muten Salonwagen wie der der Kaiserin Auguste Victoria und der Bismarcks recht nüchtern an.

SONDERZÜGE DES DRITTEN REICHES, DER KAPITULATIONSWAGEN CIWL 2419D, LENINS ERLKÖNIGSZUG

Hitler, der, wie man seinem Buch entnehmen kann, der Bahn seit jenem dort beschriebenen »Zug nach Coburg« eher ablehnend, ja oftmals feindselig gegenüberstand, nutzte, genau wie seine Genossen, die Möglichkeiten der Repräsentation durch Salonwagen und Sonderzüge bei Staatsempfängen.

Wie alles, was Hitler plante oder unternahm, ins Riesige, ja Utopische ging, so auch die für die Herren des Dritten Reiches konstruierten Sonderzüge mit den entsprechenden Salonwagen. Besonders Göring tat sich hier hervor mit zwei speziell nach seinen Neigungen ausgestatteten Sonderzügen. Ein Baderaum mit eingelassener Badewanne war selbstverständlich, und da Göring es nicht liebte, wenn im fahrenden Zug das Wasser in der Wanne schwappte, so wurden auch auf Hauptlinien im Kriege nachfolgende Züge, auch Lazarettzüge oder Nachschubzüge, so lange gestoppt, bis Görings Badelaune die Weiterfahrt gestattete.

Als besonders elegant galt es, bei einem Treffen mit einem Staatsoberhaupt auf einem Bahnsteig mit zwei Zügen gleichzeitig einzufahren und zu halten. Dabei mußten sich die Wagen Hitlers und des Ehrengastes genau gegenüberstehen.

Daraus entwickelte sich eine andere Marotte: Das sogenannte »Tandemfahren«. Hierbei fuhren die beiden Züge, in einem zum Beispiel Mussolini, im anderen Hitler, auf gleicher Höhe eine Zeitlang miteinander, so daß von Fenster zu Fenster des Lärms wegen wohl keine Unterhaltung, aber Ehren- und Abschiedsbezeigungen möglich waren.

In diesem Zusammenhang soll noch eines anderen Sonderwagens gedacht werden, der zum Symbol zeitgeschichtlicher Ereignisse wurde. Es ist ein Speisewagen der damaligen CIWL = Internationalen Schlafwagen und Touristikgesellschaft (heute ISTG) mit dem bürokratischen Namen 2419D; er ist rot gestrichen und in Teakholzbauweise gefertigt.

Am 11. November 1918 um 7.30 Uhr schleppt ihn die 2C2, eine französische Tenderlokomotive, in Rethondes bei Compiègne (Oise) neben den Sonderzug des Marschall Foch, der aus Salon-, Speise- und Schlafwagen besteht. Punkt 8 Uhr trifft ein deutscher Zug mit drei Wagen ein; er steht hinter dem französischen Sonderzug, zwischen den beiden Zügen der 2419D. Marschall Foch, begleitet von General Weygand und Lord Wemyss, betreten durch den Übergang den Speisewagen, der mit einem großen Tisch zu einem Konferenzsaal umgestaltet ist. Sie nehmen Platz und lassen die vier Deutschen rufen, die von ihrem Zug umsteigen in den Speisewagen. Müde und blaß stellen sie sich vor: Staatssekretär Erzberger, Graf Oberndorf, Generalmajor von Winterfeld und Kapitän zur See Vanselow. Am Tisch sitzen sie den drei Vertretern der Alliierten gegenüber. Der Waffenstillstand im Ersten Weltkrieg wird am 11. November 1918 unterzeichnet.

Spiegelbildlich: Am 22. Juni 1940 wiederholt sich die Szene fast gespenstisch. Der Führer und Reichskanzler Hitler, Marschall Göring, Admiral Raeder, die Generäle von Brauchitsch und Keitel sitzen in dem gleichen Wagen am selben Tisch den französischen Generälen Huntzinger und Bergeret sowie dem Botschafter Noël gegenüber. Diesmal, am 22. Juni 1940, wird die Kapitulation Frankreichs unterzeichnet.

Anschließend läßt Hitler das Beutestück, den 2419D, nach Berlin fahren; dort wird es am Brandenburger Tor zur Besichtigung präsentiert.

Ein drittes Mal wird das Schauspiel nicht aufgeführt. Der Wagen, der beim Herannahmen der russischen Armeen nach Ohrdruf, Strecke Trottstadt – Crahwin-

Abtransport des historischen Waffenstillstandswagens Ende Juni 1940 aus dem Wald von Compiègne nach Berlin zum Brandenburger Tor

kel, gefahren wird, befindet sich nur scheinbar in Sicherheit. Dort nämlich wird der durch Bombenwürfe schon beschädigte Wagen angesichts der hierher vorrückenden Amerikaner von deutschen Truppen im Frühjahr 1945 gesprengt. So der Lebenslauf des 1914 gebauten Wagens. Eine getreue Nachbildung steht heute wieder in Rethondes.

Welch ein Gegensatz zur Kapitulation Deutschlands 1945! Auch wenn der Wagen von Rethondes zur Verfügung gestanden hätte, er wäre von den Engländern und Amerikanern nicht verwendet worden.

Es gibt ein Foto vom 23. Mai 1945, das die Gefangennahme der deutschen Regierung, bestehend aus Architekt Speer, Großadmiral Dönitz und Generaloberst Jodl in Mürwik bei Flensburg im Angesicht eines Ma-

schinengewehrs in einem Hof »unter entwürdigenden Formen« (Hubatsch) zeigt. Während Jodl aufgrund des Urteils des Nürnberger Tribunals gehängt wurde, erhielten die beiden anderen langjährige Gefängnisstrafen.

Auch ein ganzer Zug hat Geschichte gemacht. Anfang April 1917 fuhr ein Zug – ja, heute würde man sagen, ein Erlkönigszug – von der Schweiz nach Schweden. Es waren Exilrussen, die zusammen mit ihrem geistigen Kopf Lenin, dem Gründer der bolschewistischen Partei, der 1907 zum erstenmal in die Schweiz nach Genf geflohen war, nun, nach dem Zusammenbruch des Zarismus, im Frühjahr 1917, von Zürich aus mit Erlaubnis der deutschen Regierung in einem versiegelten und bewachten Transport nach Schweden fuhren.

»Von Schweden aus fuhr Lenin über Finnland an die russische Grenze.«

Am 16. April 1917 kam er in Petrograd, der Hauptstadt (früher St. Petersburg) an. Vom 6. auf 7. November übernahm Lenin die Macht in Rußland.

SCHLAFWAGEN – SPEISEWAGEN

Es waren die Salon- und Hofwagen, in denen zuerst der fortgeschrittene Komfort eingeführt wurde. Für diese Wagen war immer Geld da. Im Lauf der Entwicklung kam dies alles auch dem Bürger zugute.

»Fürsten und Standesherren wetteiferten im Einbau einer luxuriöseren und komfortableren Innenausstattung; was dort erprobt war, fand aber auch bald einen Weg in die für die Öffentlichkeit bestimmten Wagen. So schaffte insbesondere der Hofwagen die Vorbilder für den allgemeinen Personenwagenbau. In einem gewissen Umfang waren auch die Wagen der Post, in denen hart gearbeitet werden mußte, Vorbild für gewisse Erleichterungen.« (Dost)

Die Insassen der Salonwagen wollten zwar in ihren Wagen nicht essen – dafür gab es überall in Deutschland hochberühmte Gasthöfe –, doch schlafen wollten sie dort. Das bedingte eine sanitäre Ausstattung mit allem, was dazugehört.

Aber der eigentliche Anstoß kam aus Amerika. George Mortimer Pullman, ein Tischler mit Phantasie (1831–1897), interessierte sich nicht nur für das neue Verkehrsmittel Eisenbahn, er fuhr mit diesem Verkehrsmittel und hörte von den sogenannten Schlafwa-

Inneres eines der ersten amerikanischen Schlafwagen von Pullmann, um 1859

gen auf der Cumberland-Valley-Road. In diesen gedeckten »Viehwagen« lagen provisorisch Strohsäcke hintereinander, auf die sich die Reisenden – Geschäftsleute wie Cowboys – mit Kleidung, Stiefeln und Colts warfen, um am Morgen schmutzig und betäubt, mit Stroh im Haar, am Ziel zu erwachen. Das waren Schlafwagen!

Pullman stellte sich unter diesem Namen etwas ganz anderes vor. Während man nämlich in Europa sich Wunderdinge von amerikanischen Schlafwagen erzählte, hatte Pullman Berichte von den ersten europäischen Salonwagen im Kopf, die an Komfort alles Erdenkliche übertrafen. Ähnlich wie Stephenson machte er sich daran, seine Vorstellungen in die Wirklichkeit umzusetzen. Mit einem Gehilfen baute er einen ersten Schlafwagen mit Waschgelegenheit, Toiletten und bezogenen Betten. Der Wagen fuhr 1859 mit großem Erfolg zur Probe.

Jetzt fand Pullman auch die richtigen Geldgeber. Er baute den verbesserten Typ Pionier, an dem er lernte, daß selbst die großen Eisenbahngesellschaften zu wenig Geld hatten, um diesen neuen, modernen Typ zu kaufen. Sie waren wegen der Konkurrenz und der Notwendigkeit, hohe Dividenden auszuschütten, stets in finanziellen Schwierigkeiten. Staatsbahnen gab es keine – Subventionen, vor allen Dingen in Form von Geld, in der Regel auch nicht.

So kam Pullman auf die Idee, seine Wagen zu vermieten. Das Geschäft blühte; alle Welt lieh Pullman Geld, und so gehörten um 1880 etwa 2500 Spezialwagen der Pullman-Gesellschaft. Sie betrieb mehrere Fabriken; im Süden von Chicago gab es eine Pullman-Stadt.

Das Ganze ist nur verständlich, wenn man die Größenordnungen bedenkt: Schon um 1850 stehen den 14 515 Bahnkilometern in den USA 6044 Streckenkilometer in Deutschland gegenüber. Aber nicht nur die Tatsache, daß in Deutschland nur wenige Langstrecken in Betrieb waren und daß man schon deshalb keine Schlafwagen brauchte, nein, es fehlte vor allem an der Grundvoraussetzung: Nachts fuhren keine Züge.

Und hier zeigt sich die Bewußtseinsveränderung wieder deutlich. Nachts lag man zu Hause in seinem Bett und schlief.

Preußens Handelsminister von der Heydt verlangte ka-

tegorisch einen Nachtzug zwischen Berlin und Wittenberge. Die Generalversammlung der Aktiengesellschaft Niederschlesisch-Märkische Eisenbahn sowie die Berlin-Hamburger Bahn lehnten dieses Ansinnen wegen zu hoher Kosten ab. Aber von der Heydt gab nicht nach: Die Gesellschaft solle »bei Strafe von 100 Talern für jeden nichtgefahrenen Zug vom 1. April an den letzten Zug erst um zehn Uhr (abends) von Berlin ablassen«. Ende April zog der Staat 2800 Taler Ordnungsstrafe ein für »nichtgefahrene Züge«. Daraufhin wurde gefahren, doch zugleich der Staat auf Schadenersatz verklagt.

Manchmal hat es auch sein Gutes, wenn Prozesse lange dauern. Im Lauf der Jahre nämlich änderte sich die Situation. Die Züge waren gefragt. Man sprach schon von Schlafwagen und der Prozeß gegen den Staat ging aus wie das Hornberger Schießen.

NAGELMACKERS' IDEE: SCHLAFWAGEN IN EUROPA
ORIENT-EXPRESS
SCHLAFWAGEN- UND SPEISEWAGEN-
GESELLSCHAFTEN

Der belgische Ingenieur George Nagelmackers sah Ende der sechziger Jahre Möglichkeiten, Schlafwagen im Sinne von Pullman auch in Europa einzusetzen. Nach langen Verhandlungen mit den Eisenbahngesellschaften gelang es 1872, einen ersten Schlafwagen zwischen Paris und Wien auf die Schienen zu stellen. 1873 gab es auf der Weltausstellung in Wien eine Attraktion. Ein verbesserter Schlafwagen!

Man stelle sich vor: Die meist doch – trotz Eichdorffs wundersamer Beschreibung – unerfreulichen Kutschennachtfahrten und die ebenso ermüdenden nächtlichen Bahnreisen in Sitzwagen konnten nun gleicherweise in einem weichen Bett absolviert werden! Was für ein Fortschritt!

Aber Nagelmackers sah, daß er mit seiner kleinen, 1873 in Lüttich gegründeten Firma auf keinen grünen Zweig kommen würde. So tat er sich mit dem amerikanischen Ingenieur William d'Alton Mann zusammen, der den englischen Markt mit seinen eigenen Schlafwagen bediente. Schlafwagen, die von gehässigen Leuten »Mannschüttler« genannt wurden.

Corridor des Schlafwagens.

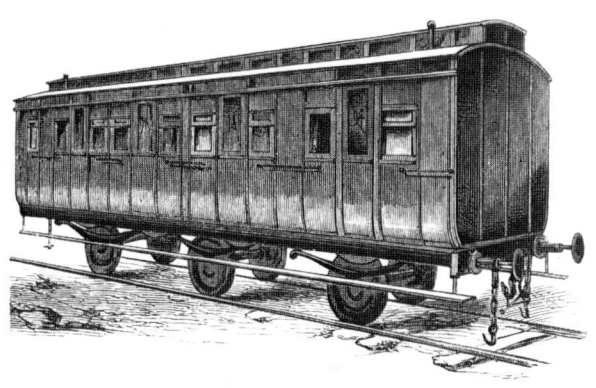

Aeußere Ansicht des Mann'schen Schlafwagens.

Das Innere der Damentoilette des Schlafwagens.

hat man, selbst wenn fortwährend geraucht wird, infolge der guten Ventilation niemals über schlechte Luft zu klagen. Ebenso ist der Gang des Wagens ein gleichmäßig ruhiger und gestattet, ein gefülltes Glas auf dem Tisch stehen zu lassen, ohne daß die Flüssigkeit überschwappt. Die Kosten eines solchen Wagens belaufen sich auf etwa 15,000 Thlr. Der Reisende löst von der Bahndirection ein Billet 1. resp. 2. Klasse und hat für die Benutzung des Mann=Wagens noch pro Tag 1. Klasse 4 Mark und 2. Klasse 3½ Mark, dagegen pro Nacht 1. Klasse 8 Mark und 2. Klasse 6 Mark an die Gesellschaft dieser Wagen zu entrichten. Diese so construirten schönen Wagen circuliren jetzt mit fortwährend sich steigerndem Erfolg auf den großen Strecken Wien=Paris, Köln=Ostende, Berlin=Ostende, Berlin=Eydtkuhnen, Berlin=Hamburg. Die Idee der Gesellschaft ist, ihre Eisenbahnschlafwagen zwischen allen größern Städten circuliren zu lassen, und wird dieses hoffentlich durch Beschlüsse der betreffenden Eisenbahnverwaltungen bald zu Stande kommen.

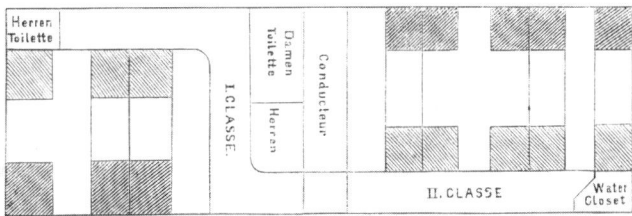

Der neue Mann'sche Boudoirschlafwagen für Eisenbahnen

16 solcher Zwei-, später Dreiachser fuhren als »Mann-Boudoir-Sleeping-Cars«, wobei der Kuriosität halber angemerkt sei, daß in Frankreich der Schlafwagen »Le Sleeping«, in England aber »The Wagons-Lits« hieß. Pullman, begierig, auch den europäischen Markt zu erobern, setzte den beiden nach. Als erstes führte er den europäischen Verwaltungen seinen »Midland« genannten Superschlafwagen vor. Es war ein schwerer Vierachser, ein Saalwagen mit Mittelgang, die dreistöckigen Bettabteile links und rechts, nur von leichten Vorhängen geschützt, sonst offen daliegend für beide Geschlechter. Wo blieb da die Moral?

Die Mannschen Abteile waren geschlossen. Es gab besondere Damencoupés. Der amerikanische »Mid-land«-Wagen wurde zur Verblüffung Pullmans allgemein abgelehnt.

Das Gründungsdatum der neuen Compagnie Internationale des Wagons Lits (CIWL) war 1876. Nach dem Ausscheiden des Associés Mann hatte Nagelmackers freie Hand für größere Pläne.

Dem ersten Versuch 1880 mit einem auf halb Salon-, halb Speisewagen umkonstruierten Wagen der Anhalter Bahn folgte der bei Rathgeber (München) gebaute erste, einigermaßen perfekte Speisewagen 1881. Er verfügte über zwölf Sitze an Tischen mit zwei und vier Plätzen, eine Anordnung, die heute noch gilt, sowie über ein Raucher- und ein Nichtraucherabteil.

Aber Nagelmackers Ideen griffen in eine noch größere

175

LE CALORIFÈRE.

LE COULOIR.

LE CABINET DE TOILETTE.

UN COMPARTIMENT: INSTALLATION DE JOUR.

COMPARTIMENT TRANSFORMÉ EN DORTOIR.

Inneres eines Schlafwagens, 1875

176

Inneres eines Schlafwagens, ausgestellt in Paris auf der Weltausstellung, 1878

Zukunft. Er hatte vor, eigene Luxuszüge zu fahren. Am 4. Oktober 1883 war der große Tag. Nach langwierigen Verhandlungen mit den französischen, kaiserlich-preußischen (für Elsaß-Lothringen), badischen, württembergischen, bayerischen, österreichischen und rumänischen Staatsbahnen stand in der Gare de l'Est in Paris der Luxuszug Express d'Orient: Orient-Expreß.

Der Ruhm dieses Zuges, der von der großen schönen Literatur bis zu den billigsten Groschenheften reichte und noch reicht, hat den Namen unsterblich gemacht. Eine erlesene Gesellschaft von Journalisten, Eisen-bahn- und Postfunktionären, Verkehrsreferenten, Bankiers, Ingenieuren und Politikern (die Reihenfolge stammt von einem Reporter) nahmen als Gäste teil. In Warna mußte man aufs Schiff umsteigen. Vom 1. Juni 1889 konnte man dann nach Konstantinopel durchfahren.

Die Fahrt ging über 67½ Stunden, der Fahrpreis betrug rund 700 Goldmark. Er hätte auch 7000 Goldmark betragen können: Es gab außer der Eisenbahn keine andere Möglichkeit, so schnell in den Orient zu gelangen. Der Zug war daher fast immer ausgebucht. Um es

Erster deutscher Speisewagen 1888 auf der Berlin-Anhalter-Bahn (Holzschnitt)

ganz deutlich zu machen: Es gab weder Auto noch Flugzeug, die Straßen waren streckenweise fast unpassierbar, und die Kutschreise dauerte, wenn sie zustande kam, mehrere Monate. Zum Vergleich eine Kutschreise, deren Zeitdauer wir kennen: Memel–Mailand über Frankfurt mit Kutsche dauerte neun Monate (Börne).

Im Vergleich wiederum zum »Mann-Dauerschüttler« kamen die Passagiere »immer wieder auf das sanfte, weiche Fahren der Drehgestelle (des Vierachsers) zu sprechen, deren neuartiger Gesang, gedämpft durch geschlossene Türen, gezogene Vorhänge und dicke Teppiche wie ein Wiegenlied tönte gegen die betäubenden Hammerschläge der Zwei- und Dreiachser«.

(Behrend) Diese Art von Reisen wird heute nur noch in Form der Nostalgiezüge mit wiederhergestellten Jahrhundertwende-Speise- und -Schlafwagen zu teuren Preisen mit einem Publikum, das jener vergangenen Epoche entsprechend gekleidet sein soll, nach aufwendiger Werbung produziert.

Die Zeit der großen Züge ist vorüber. Der Jet-Set in Jumbos und die Magie des individuellen Reisens in Sportwagen und teueren Limousinen haben nach dem Zweiten Weltkrieg die Namen der großen Fernzüge verdrängt. An die Stelle dieser ehemaligen Weltwunder ist der gut ausgestattete Intercity getreten. In Deutschland ist ein neuer Beginn mit dem »Rheingold« gemacht worden. Er ist das Flaggschiff der Bundesbahn.

Inneres des Speisewagens im Orientexpreß, 1883

Orientexpreß im Jahre 1883

Der alte »Rheingoldexpreß« bei Kaub am Rhein

Dieser Zug, der auf eine lange Tradition zurückblicken kann, ist seit je ein Süd-Nord-Zug auf der deutschen Strecke des Rheins zwischen der Schweiz und Holland. Neuerdings hat er einen touristischen Flügel erhalten.

Was bringen solche, mit allen Annehmlichkeiten ausgestatteten Züge – goldbedampfte Scheiben, Air condition, Liegesessel, Abteilwagen mit Steitengang oder Großraumwagen –, um nur einige dieser Annehmlichkeiten zu nennen, was bringen sie der Bahn finanziell? Nun, sie sind gewissermaßen die Visitenkarte einer modernen Bahn, sie stehen auf Mittelstrecken im Wettbewerb mit dem Airbus, dem Mittelstreckenjet, und sie sind der Konkurrent des Autos, das auf immer besser ausgebauten Autobahnen und in Autobahntunnels ebenso wie der Flugverkehr bei Nebel, Glatteis, Schneetreiben und Matsch Schwierigkeiten hat, mitzuhalten. Mag der schnelle Zugverkehr hier und dort seine Kosten nicht decken: Mit dem Güterverkehr allein wäre die Bahn, wie voreilige Prognostiker uns glauben machen wollen, nicht zu halten. Dabei denken diese Kritiker immer an den Friedensfall, nicht an den Krisenfall, der leider jäh in einen Ernstfall umschlagen kann.

Großraum 1. Klasse im »Rheingold«, 1930

Zum Vergleich: Ein Pullman-Salon. Solche Wagen fuhren zum Beispiel auf der Strecke Paris–Madrid, 1926/27

Seien wir glücklich, daß wir die Möglichkeit haben, zwischen verschiedenen, gut ausgestatteten Verkehrsmitteln zu wählen. Fahrend zu speisen und zu schlafen ist ein Genuß besonderer Art!

Seit Beginn des Ersten Weltkrieges tauchte die Notwendigkeit auf, die verschiedenartigsten, auf deutschen Bahnen bestehenden Lösungen für den Speise- und Schlafwagenbetrieb zu vereinheitlichen. Mitten im Krieg (1916) kam es in Berlin zur Gründung der Mitropa – der mitteleuropäischen Schlafwagen- und Speisewagen AG.

Nach dem Zweiten Weltkrieg blieb die Mitropa auf dem Gebiet der damaligen DDR weiterhin tätig.

Seit 1950 ist für die Bundesrepublik die DSG = Deutsche Schlafwagen- und Speisewagengesellschaft – mit Sitz in Frankfurt zuständig.

Sie hat zusammen mit der ISTG = Internationale Schlafwagen- und Touristik-Gesellschaft (CIWL) die Bedienung der Strecken der Bundesbahn und weiterer europäischer Eisenbahnverwaltungen übernommen. Die Schlafwagen und Speisewagen der DSG sind in das Eigentum der DB übergegangen. Die DSG ist eine reine Betriebsführungsgesellschaft, die im Auftrag der Bundesbahn die Wagen betreut. Die Unterhaltung der Wagen, Erneuerung und so weiter ist Sache der Bundesbahn.

Die schon erwähnte Mitropa ist ein selbständiges staatliches Unternehmen, das nach seiner Struktur der Reichsbahn der DDR angegliedert ist. Sie betreibt zahlreiche Schlaf- und Speisewagenläufe im Ostblock und nach Westdeutschland.

DER AUTOREISEZUG

Auch hier, wie in der ganzen Geschichte der Technik, gibt es Vorläufer. Solch ein früher Vertreter des Autoreisezuges ist der Equipage-Wagen. Er ist der Beweglichkeit der ersten Eisenbahnen zu danken, die, wenn immer möglich, auch die schwierigsten Probleme meisterten.

Noch bestanden nur Streckenfragmente, doch immerhin so große, daß sich die Fahrt mit der Eisenbahn lohnte. Doch nun wie weiter? Der Endbahnhof war erreicht, doch Taxis oder freie Reisekutschen gab es dort nicht. Und wo es Kutschen zu mieten gab, waren die Fahrzeuge so schlecht wie die Straßen.

Also stellte die gewiefte Eisenbahn schon um 1840 Flachwagen zum Transport der eigenen Kutsche zur Verfügung: Die Verladung geschah per Hand oder mittels Portalkränen. Die Reisenden saßen während der Fahrt in der festgezurrten Kutsche, der Kutscher auf dem Bock. Fahrpreis zum Beispiel bei der Rheinischen

Eisenbahn für die Reisenden eine Fahrkarte zweiter Klasse, der Kutscher dritter Klasse, dazu die Kutschenfracht. Pferde am Endbahnhof waren bei jeder Poststation zu leihen.

Der heutige Autoreisezug besitzt besondere zweistöckige Autotransportwagen, einen Speisewagen, Schlafwagen und Liegewagen. Bei einer Fahrt, zum Beispiel von dem Verladebahnhof nahe der Großstadt, also zum Beispiel Karlsruhe–Durlach oder Frankfurt–Neu-Isenburg, ist man bei einer Abfahrt nachmittags am späten Vormittag des nächsten Tages am Mittelmeer in St. Raphael, unweit Cannes.

Gegenüber der Fahrt im Auto spart man den Streß, die Unfallangst, die Übernachtung unterwegs im Hotel und die nicht geringen Autobahngebühren. Es sind vor allem Familien mit Kindern, die bei hochsommerlicher Hitze diese Art des Reisens bevorzugen. Reisende und Autos werden geschont. Die Touristen aber haben bei dieser Art von Hin- und Rückfahrt den vollen Genuß der ganzen Urlaubszeit bis zur Rückkunft nach Hause.

GÜTERWAGEN

Der erste Rollwagenverkehr der Welt war Güterverkehr. Er lief unterirdisch in Bergwerken auf hölzernen Gleisen. Der Inhalt der Wagen war fast immer Kohle oder Erz, zuweilen auch Salz. Auch als in englischen Fabrikhöfen die ersten ungeschlachten Lokomotiven ruckten, handelte es sich um solche Transporte. Trevit-

Dieser Kupferstich von 1842 gibt einen Zug der »künftigen Eisenbahn« zwischen Hamburg, Hannover und Braunschweig wieder. Am Schluß ein Equipagewagen

hicks erster Zug 1804 beförderte zwar ein paar Dutzend Menschen; der Haupttransport aber galt den mit Kohle beladenen Wagen. Auch später fuhren Stephensons erste Loks Kohlenzüge. Sie waren in den meisten Fällen nur wenig schneller als Pferde, aber sie zogen größere Lasten, ermüdeten nicht und fraßen nichts, wenn sie nicht arbeiteten.

Dies galt nahezu für alle ersten Bahnen, ausgenommen Deutschlands erste Bahn Nürnberg–Fürth. Wir wissen, daß König Ludwig I. dem Initiator der Bahn irgendwann das feierliche Versprechen abnahm, mit der Ludwigsbahn keinerlei Güterverkehr zu betreiben, um den Ludwigskanal, der ja nur dem Frachtverkehr diente, nicht zu konkurrenzieren. Also ist die Geschichte von den zwei Fäßchen »Lederer Bier«, die bei der ersten Fahrt am 7. Dezember 1835 auf dem Tender der Lokomotive mitgefahren sein sollen, ein Märchen. Die sind, im Inneren verstaut, am 11. Juli 1836 gegen 6 Kreuzer Transportlohn »an den Wirt zur Eisenbahn« abgegangen.

Der Güterverkehr auf der Ludwigsbahn kam nur langsam in Gang, und als wäre es ein Vorbild gewesen, zählte man auf der Leipzig-Dresdener-Strecke in den ersten Jahren unter 25 Wagen einen einzigen Güterwagen.

Das sollte sich bald ändern. Die ersten deutschen Güterwagen waren plumpe, zweiachsige, gedeckte Wagen aus Holz. Ihr Eigengewicht entsprach etwa ihrer Ladefähigkeit, die zwischen vier und fünf Tonnen lag. Die geschlossene Form hing mit den unsinnigen Zoll-

und Mautvorschriften zusammen, die im Verkehr, vor allem zwischen Nord- und Süddeutschland – 35 souveräne Einzelstaaten und vier Stadtstaaten –, also etwa zwischen Preußen und Bayern, Zollverschlüsse erforderten. Die »Gedeckten« waren für Konsumgüter, Zollgüter, aber auch für Truppentransporte gedacht. So steht auf einem G-Wagen der Bergisch-Märkischen Eisenbahn um 1863 lakonisch: 36 Mann, 6 Pferde.

Jeder leidgeprüfte Landser, der im Zweiten Weltkrieg per Güterwagen in den Krieg befördert wurde, kennt ähnliche Aufschriften, die übrigens genauso auf den Güterwagen der anderen kriegführenden Mächte standen.

Inzwischen hatte sich, vor allem mit den zunehmenden Möglichkeiten der Wagen bauenden Industrie, das Ladegewicht auf zehn, ja, auf fünfzehn Tonnen erhöht. Die Güterwagen erhielten eiserne Rahmen und wurden mit zunehmender Kapazität aus Eisen, später aus Stahl gefertigt. Die bisher am Kopfbalken befestigten Kupplungen taugten nicht mehr mit der Zunahme der Ladefähigkeit. So brachte die Einführung einer durchgehenden Kupplungsstange mehr Sicherheit: Die Kopfbalken der ersten Wagen mußten nicht mehr das Gewicht des ganzen Güterzuges aufnehmen.

Zur Kupplung selbst, die bis heute bei allen europäischen Güterzügen den altmodischen, gefährlichen Handbetrieb beim Kuppeln und Entkuppeln kennt, ist zu sagen, daß die moderne automatische Kupplung, die es im Osten (UdSSR und Japan) schon gibt, hoffentlich nicht auf den Sankt Nimmerleinstag verscho-

Die ersten »bedeckten« und offenen Vierachs-Güter-156-Wagen kamen aus Amerika (1845)

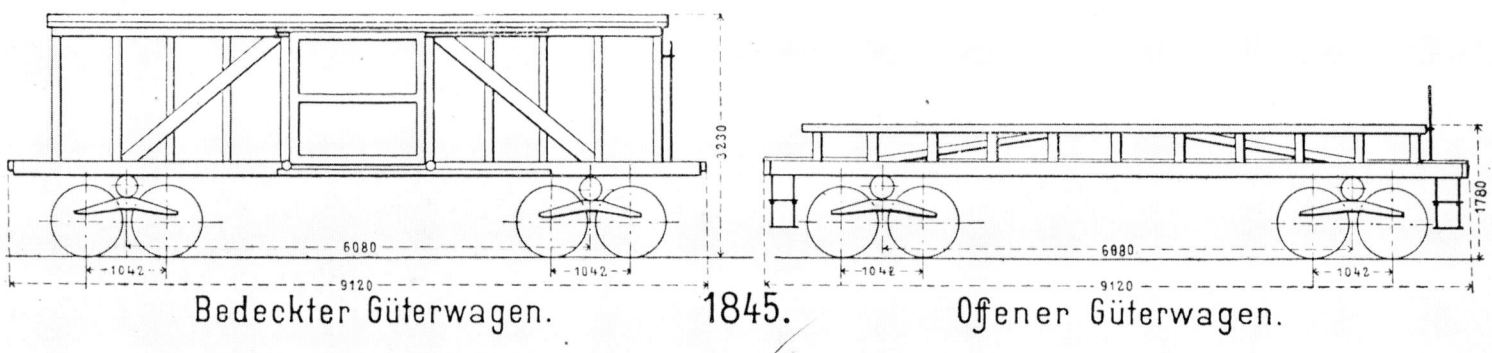

Bedeckter Güterwagen.   1845.   Offener Güterwagen.

Ein Güterwagen der bayerischen Staatseisenbahn 1850 von Klett, steht als Modell im Verkehrsmuseum in Nürnberg. Bemerkenswert der offene Bremsersitz

Offener, hölzerner Güterwagen der Köln-Mindener-Eisenbahn um 1854

185

Gedeckter, eiserner Wagen der Bergisch-Märkischen Eisenbahn 1863. 36 Mann – 6 Pferde

ben wird. Der zuletzt genannte Termin war 1985.

Dort, wo heute Ganzzüge mit 40 sechsachsigen Schwerkraft-Selbstentladewagen (100 Tonnen Ladegewicht) alle sechs Stunden von den Erzhäfen ins Industriegebiet von Salzgitter fahren, sind automatische Mittelpufferkupplungen schon längst selbstverständlich. Die Nettolast beträgt 4000 Tonnen. Die Bruttolast 5400 Tonnen. Die Schraubenkupplungen würden den Zugkräften nicht standhalten.

Mit der rasend schnellen Zunahme der Industrialisierung wuchs der Bedarf an Güterwagen für die Beförderung der verschiedensten Güter. Diese Zunahme des Bedarfs galt genauso für Personenwagen; die Bevölkerung wuchs gewaltig, der Auswanderungsstrom versiegte mit Ende der vierziger Jahre.

Die Enttäuschten und Verfolgten der verstopften Revolution von 1848/49 waren nach Amerika gegangen und hatten dort Wurzeln geschlagen.

Bei den Eisenbahnverwaltungen stritt man sich wegen der Ausstattung und Form der Güterwagen. Es ist eine Überlegung, die auch heute noch die Gemüter erhitzt: dem ökonomischen Prinzip entsprechend möglichst viele, für alle Zwecke brauchbare, gleichartige Wagen zu schaffen und also zum Beispiel überwiegend nur offene (O) oder geschlossene (G) Wagen, steht die Notwendigkeit gegenüber, bestimmte Wirtschaftszweige, zum Beispiel die Massengutindustrie oder die Autobranche, mit Spezialwagen für ihre besonderen Zwecke zu bedienen. Hier hat sich in der Vergangenheit aus Wettbewerbsgründen immer mehr das zweite Prinzip durchgesetzt, dem Kunden für seine speziellen Wünsche geeignetes Wagenmaterial zu stellen. Das führte, besonders in jüngster Zeit, zu einer schwer zu beschreibenden Vielzahl von Spezialwagen, deren Grundform jedoch immer entweder der offene oder der geschlossene Wagen darstellt.

Erzverladung in Güterwagen der Gattung Fal (früher Fads) in Hamburg-Hansaport

Auch für militärische Zwecke war Bedarf an Spezialwagen: 16achsiger Geschützrohrwagen der Firma Krupp in Essen 1890

Schon um 1900 gab es 18achsige Tiefladewagen (160 t Ladegewicht) zur Beförderung von Transformatoren

Der Rungenwagen zur Stammholzverladung wechselt ab mit Schüttgutwagen, Selbstentladewagen, Wagen mit Schiebedach, Kühlwagen, von denen es ganze Züge mit zentraler Kühlanlage gibt.

Die chemische Industrie braucht Kesselwagen, Topfwagen, Behälterwagen. Von da ist es nicht mehr weit, an Containerwagen zu denken, für die es spezielle Verladeanlagen gibt. Die Autotransportwagen mit ihren

Kesselwagen-Ganzzug mit Lokomotive E 140

Güterzug mit Braunkohlestaub, Lokomotive E 150

besonderen Verladebahnhöfen wurden schon erwähnt. Als »rollende Landstraße« nimmt die Bahn im »Huckepackverkehr« den ganzen Lastwagentransport-Motorwagen mit Anhänger – auf den Buckel und fährt sie über weite Strecken zum Entladebahnhof, von wo sie mit eigener Motorkraft ihr Endziel ansteuern.

Ein umfangreicher Privatwagenpark großer Firmen – von den Brauereien bis zu den Chemiegiganten – läßt seine Wagen gegen Rechnung von der Bahn transportieren.

Nicht zu vergessen der Schwertransport, der Übergewichtiges und Überbreites mit seinen Transportwagen der Schwerlastgruppe befördert.

Zum Schluß: Ein gar nicht so seltener, lustiger Transport – der Zirkus!

Dem aussterbenden Postwagen alter Art sollte man einige Zeilen des Gedenkens widmen.

Der Reisezuggepäckwagen, auch einfach nur Packwagen genannt, steht ebenfalls auf dem Aussterbeetat. Er gehörte zum notwendigen Bestand aller Reisezüge. Sehr früh schon allerdings verschwand er im Vorortverkehr und im Berufsverkehr. Seine Aufgabe in den eigentlichen Reisezügen war die Mitnahme des sogenannten »aufgegebenen Reisegepäcks«, der Kinderwagen, Fahrräder, der »Traglasten«, soweit dafür nicht ein besonderes Abteil zur Verfügung stand, und des Expreßgutes. Auch der Zugführer hatte seinen Platz darin.

Das Aussehen der Gepäckwagen wandelte sich mit dem Aussehen der Reisezugwagen und mit ihrer Bestimmung. Heute führen nur noch D-Züge Gepäckwagen; aus den TEE-Zügen und vor allem aus den Intercityzügen ist er ganz verschwunden. Die TEE-Züge bieten dafür den Reisenden ein Kofferabteil, in dem sie in Selbstbedienung ihre Koffer selbst verstauen, aber auch wieder selbst herausholen dürfen.

Dafür hat die Bahn für besonders eilige und wichtige Sendungen einen Kurierdienst eingerichtet, der es ermöglicht, jedem Intercity solche, nach Umfang und Gewicht beschränkte Sendungen unmittelbar vor der Abfahrt, unter einfachen Formalien mitzugeben. Auch dies steht unter dem Zeichen einer modernen, rationell arbeitenden Eisenbahn, die dort, wo die Sicherheit nicht gefährdet ist, auch Improvisationen organisiert.

Kasten XVI

POST AKTUELL

Es ist der Postwagen, von dem die Rede ist. Die Entstehung des Eisenbahnwesens war gleichzeitig mit der Depossedierung des Postmonopols der Familie Thurn und Taxis verbunden. Schon zuvor hatte es Bestrebungen der Fürsten gegeben, die Taxis-Post abzulösen.

In den Konzessionsurkunden privater Eisenbahnlinien war die Postbeförderung genau geregelt. Auch die Staatsbahnen der Länder beförderten ihre Post gemäß einer Vereinbarung zwischen Post und Bahn.

Seit Bestehen der Reichspost im deutschen Kaiserreich von 1871 hatte die Post, wie schon früher die Fürsten, ihre eigenen Postwagen. Sie hatte und hat dafür ihren eigenen Postbahnhof, der dem Eisenbahnhof benachbart oder angeschlossen ist.

Aber während früher fast alle Postsachen in den dafür ausgestatteten Postwagen bearbeitet und sortiert wurden, wird dies heute in großen Sortieranlagen elektronisch rascher und billiger erledigt, so daß infolge moderner Verteilungsmethoden und Beförderungssysteme – Flugzeug, Kraftwagen – Bahnpostwagen (Bahnposten) nur noch in beschränkter Zahl eingesetzt sind.

VII Ein Blick auf die Nachbarn

DAS EREIGNIS

Es war und ist ein gewaltiges Ereignis, daß der eherne Gigant mit Feuer, Rauch und Dampf und einem Räderrollen, das sich wie Donner anhörte, in die geruhsame Welt der Romantik eindrang und sie mit seinem stählernen Netz überzog. In der kurzen Zeit von 75 Jahren spannte sich dieses Verkehrsnetz über die ganze industrialisierte Welt.

Es war ein Triumph menschlicher Technik. Was dies insbesondere in der alten Welt für die Zivilisation, die Kommunikation und die Kultur bedeutete, wird im Kapitel VIII beschrieben.

Beim Überblick über die Entstehungsgeschichte der einzelnen benachbarten Bahnen ist die Angabe der Streckenlänge um die Jahrhundertwende bei einzelnen Bahnen unterblieben. Sie wäre auch deshalb kein Vergleichsmaßstab, weil infolge der Weltkriege bekanntlich große und kleine Gebietsveränderungen stattgefunden haben, ja ganz neue Staaten entstanden sind. Wegen der ständigen Kürzungen und Streckenstillegungen, denen gelegentlich einige neue Strecken gegenüberstehen, schwanken die Zahlen von heute beständig, so daß eine genaue Angabe für einen angemessenen Zeitraum eigentlich nicht möglich ist.

Daher die Beschränkung auf die Angabe der Erbauungszeit und Länge der ersten Strecke jeden Landes und die Angabe der Streckenlänge um die Jahrhundertwende.

Die Angaben zur Jahrhundertwende stammen aus dem jahre 1891. Wenn man den Begriff der Eisenbahn weit auslegt, so wird man verstehen, daß die schwankenden Angaben in den Statistiken näher zu einer Million Streckenkilometer insgesamt gedeutet werden müssen. Stand der Streckenkilometer 1900 = 1 Million.

Nicht alle Länder haben sich mit dem Begriff der Bahn so schwer getan wie das deutsche Reichsgericht mit seiner juristischen Definition der Eisenbahn, die auch heute noch ihre Verteidiger findet. Man findet sie im Kasten XV, Seite 143.

Bei einem Vergleich der einzelnen Länder fällt auf, daß an der Gründungsstätte der Bahn, bevor der Vorhang zur Einweihung aufgeht, zwei Typen von Regisseuren tätig sind: Der Planer, den man Verkehrspolitiker nennen könnte, und der Techniker, der durch die Ausbreitung der Eisenbahnen und ihrer Lehre den ominösen Titel Mechanikus verliert und zum Ingenieur wird.

Für den Verkehrspolitiker seien stellvertretend die Namen List und Riepl genannt, die nicht nur für die eigenen, sondern auch für ausländische Bahnen Vordenker waren. So List für das belgische und das französische Netz.

Beide Typen zusammen erschaffen mit einem Heer von Laien, die schnell zum Fachmann werden, dieses außerordentliche und in der Weltgeschichte einmalige Werk.

Auch wenn immer wieder einzelne die Eisenbahn herabsetzen oder belächeln, auch wenn schwere Krisen und große Kriege die Eisenbahn und ihre Betreiber heimsuchen, ja, ganze Schienennetze zerstört werden, so war doch immer der unerschütterliche Wille da, dieses System wieder aufzubauen, weil es unersetzbar scheint. Mit Absicht steht hier das Wort »scheint« und nicht »ist«, weil dem Schluß dieses Buches, der von der Zukunft der Bahn und mithin auch der deutschen Bahnen handelt, nicht vorgegriffen werden soll.

FRANKREICHS BAHNEN

In Frankreich konstruierte Marc Séguin, ein Autodidakt, wie es heißt, 1829 die erste, übrigens sehr elegante Lokomotive, die nicht nur ein Gebläse zum Anfachen des Feuers, sondern auch einen Flammrohrkessel be-

Strecke Paris–St. Germain Place de L'Europe in Paris

saß. Auch hatte die Lokomotive den Schornstein so plaziert, daß der Rauch dem Lokführer nicht ins Gesicht blies, was bei den ersten Lokomotiven, die, wie zum Beispiel in Österreich, in den 1½ Kilometer langen Semmering-Tunnel einfuhren (1853) Lokführer und Heizer zu den abenteuerlichsten Vermummungen zwang. Es gab damals noch keinen geschlossenen Führerstand. Manchmal mußte nach einer solchen Tunnelfahrt das Personal halb ohnmächtig von der Lok heruntergeholt werden.

1827 wurde die erste Eisenbahnverbindung in Frankreich eröffnet, und zwar um die Kohle aus den Bergwerken St. Etiennes zum Flußhafen in Andrezieux zu befördern (22 Kilometer). Es handelte sich damals noch um von Pferden gezogene Wagen.

Die zweite Eisenbahnlinie, ab 1831 zwischen St. Etienne und Lyon (59 Kilometer) von Marc Séguin erbaut, wurde von den ersten Dampflokomotiven befahren. Die ersten Reisenden mußten noch in den für den Kohletransport konstruierten Wagen Platz nehmen; erst im folgenden Jahr gab es auf dieser Strecke neben den Güter- auch Personenwagen.

1842 legte die Regierung in Kenntnis der Listschen Gedanken vom System anstelle von Einzelstrecken, die bisher private Gesellschaften betrieben – 1840 umfaßt das Eisenbahnnetz 497 Kilometer – ein strahlenförmig von Paris ausgehendes System von sieben Hauptlinien fest. Eine der ersten war die Strecke Paris–St. Germain, die oft auch als erste französische Eisenbahn genannt wird.

Der TGV in voller Fahrt, Frankreichs schnellster Zug Paris–Lyon: zwei Stunden

1859 wurden unter staatlicher Leitung die privaten Gesellschaften zu sechs großen Regionalgesellschaften, nämlich Nord, Est (Ostbahn), PO (Orléans), PLM (Paris–Lyon–Mittelmeer), Ouest (West), Midi (Süd) zusammengeschlossen.

1938 erfolgte die Fusion als SNCF – Nationale Gesellschaft der französischen Eisenbahnen.

Um die Jahrhundertwende besaßen die französischen Eisenbahnen eine Streckenlänge von 38 000 Kilometern.

Das heutige Streckennetz der französischen Bahnen hat eine Länge von 34 700 Kilometern und ist damit das längste nationale Eisenbahnnetz in Europa.

Seit 1981 gibt es keine Streckenstillegungen mehr.

Das mit metrischer Spurweite angelegte Eisenbahnnetz, welches Korsika durchzieht, wird seit dem 1. Januar 1983 von der SNCF betrieben.

Die SNCF hat neben Japan und England die schnellsten und modernsten Züge: Star ist der TGV = ein Hochgeschwindigkeitszug, der im Geschäftsverkehr mit der Höchstgeschwindigkeit von 270 km/h verkehrt. Er hält den Weltgeschwindigkeitsrekord auf der Schiene mit 380 km/h.

DIE SCHWEIZERISCHEN BUNDESBAHNEN

Ihr Wahrzeichen heißt SBB, und in der Schweiz weiß jeder, daß man dieses Emblem auch mit Spanisch Brötli Bahn übersetzen kann. Diesen Scherz nimmt die SBB nicht übel, trägt er doch insgeheim zu ihrer Popularität bei. Sie kann auch sonst lachen, hat sie doch von allen europäischen Bahnen wahrscheinlich das kleinste Defizit. Und es ist ihr im vergangenen Rechnungsjahr gelungen, es auf die Hälfte zu reduzieren. Darob von anderen Bahnen beneidet, weiß sie doch,

daß dieser Geniestreich ihr kaum noch einmal gelingen wird.

Aber zurück zur Spanisch Brötli Bahn. Diese Bahn ist am 9. August 1847 eröffnet worden. Sie brachte – nicht nur – die Dienerschaft der reichen Züricher mit ihren Körben und mit den röstfrischen Brötli von Baden und Zürich an den Frühstückstisch, sie ist auch die erste eigentliche Schweizer Bahn.

Noch früher allerdings fuhren 1844 lokbespannte Züge auf der nur 1,6 Kilometer langen Strecke der Schweiz von Basel Richtung Straßburg bis zur französischen

Die gute alte Zeit erscheint wieder mit der Einfahrt der Toggenburger Bahn in den Bahnhof Lichtensteig 1870 (Nordostschweiz)

Viadukt Eglisau/Kanton Zürich zwischen Zürich und Schaffhausen

Aarburg in der Nordwestschweiz. Im Vordergrund ein Zug der SBB

Der Landwasserviadukt, der direkt vor Filisur in einen Tunnel mündet (Albulalinie)

Grenze. Das Basler Eisenbahntor, besonders erbaut für diese erste Strecke (1844), wurde durch einen Eisenbahnkommissar täglich pünktlich geöffnet und geschlossen.

Es hätte ja plötzlich ein gepanzerter Zug voll feindlicher Soldaten einfahren können!

Wer darüber lächelt, weiß wahrscheinlich nicht, daß zum Beispiel in Nürnberg 1835 noch die Stadttore abends geschlossen und morgens geöffnet wurden. So in vielen Städten, und so erklärt sich auch, warum mancher europäische Bahnhof außerhalb der Mauern angelegt wurde. Wer weiß denn, was der Zug alles heranbringen würde? Kontrolle ist besser.

Mitte der sechziger Jahre wurde übrigens das Basler Eisenbahntor abgerissen; inzwischen ist die Schweiz eines der beliebtesten und meistbesuchten Touristikländer geworden, und das zu Recht. Von der Mitte des letzten Jahrhunderts an entwickelte sich die Schweiz auch zu dem großen Nord-Süd-Transit-Land, das es heute darstellt. Bedeutend der Gotthard-Tunnel, geplant von Robert Gerwig, finanziert von der Schweiz, Italien und Deutschland in einem Staatsvertrag von 1871.

Es war eine ungeheure Leistung: Am 23. Mai 1882 fuhr der erste Zug Luzern – Chiasso. Die Westschweiz mit Genf und die Hauptstadt Bern wurden durch die Simplon-Lötschberg-Kombination mit Norditalien verbunden. Der Albulatunnel und die Berninabahn als einzige offene Schweizer Alpentraverse mit dem berühmten Bernina-Expreß (CHUR-Tirano) führen über die schmalspurige (ein Meter) rätische Bahn ins Graubündener Land. Um die Jahrhundertwende besaß die Schweiz ein Netz von 3280 km Streckenlänge.

Die SBB betreiben heute ein Streckennetz von 2900 Kilometern, fast völlig elektrifiziert und zur Hälfte mehrgleisig. Unter den Privatbahnen der Schweiz ist vor allem die Bern-Lötschberg-Simplon-Eisenbahn wichtig.

ÖSTERREICHS EISENBAHNEN

Es begann mit einem glänzend gelungenen Sprung in das Eisenbahnzeitalter, doch dann . . . Aber diese Geschichte ist es wert, erzählt zu werden.

Österreich gehört bis 1866 zum Deutschen Bund, in dem es eine führende Rolle spielt. Man denke nur an Metternich und die antiliberalen Karlsbader Beschlüsse.

In Böhmen war das Salz Mangelware, und die Kaufleute im Wiener Comptoir des Bankhauses Rothschild bedrängten den als Verkehrsexperten bekannten Ingenieur Franz Josef Ritter von Gerstner (1756–1832), ihnen einen billigen Weg zu zeigen, Salz en gros nach Böhmen zu bringen. Er empfahl ihnen, was er aus England gehört hatte: Eine Rollbahn mit Loren, wie sie in Bergwerken, aber auch auf Fabrikhöfen mit Pferden betrieben wurde.

Erst 1824 erhielt der Sohn Gerstners, Franz Anton Ritter von Gerstner (1793–1840), die Konzession für eine Bahn von Linz nach Budweis. Es sollte übrigens nicht die erste Bahn in Europa werden: Seit 1830 verkehrte in Österreich-Ungarn mit 35 Kilometern Länge eine Pferdebahn von Prag nach Lána, die Kohlen transportierte.

1832 nahm Gerstners Bahn den Betrieb auf. Die Strecke hieß Budweis – Linz – Gmunden. Sie bestand bis 1871 – dann übernahm die Kaiser-Elisabeth-Westbahn die Bahn und machte sie zur Lokomotiveisenbahn.

Das Bankhaus Nathan Rothschild in London stand mit den brüderlichen Bankhäusern in Wien, Paris und Frankreich in engster Verbindung. Geschäfte hin und her, Tips und Trends zirkulierten unter den Brüdern. Nathan, ein kluger, zugleich vorsichtiger Kopf, hatte Stephensons Bemühungen um die neue Eisenbahn vor Augen. Doch wollte ihm nicht recht einleuchten, daß dieses pfupfernde Geschöpf, nicht größer als eine »Feuerspritze«, das Pferd vor dem Wagen verdrängen sollte. Das Pferd war überall einsatzbereit, die Eisenbahn nur dort, wo Schienen lagen.

Als aber nach dem Erfolg von Stockton–Darlington und Liverpool–Manchester ein wahrer Eisenbahnboom ausbrach, beeilte sich Nathan, seinen Brüdern in Wien, Frankfurt und Paris von dieser veränderten Sachlage Kenntnis zu geben. Für ihn, Nathan in England, war es zu spät. Aber die Brüder konnten auf dem Festland, wo nur hie und da Pferdebahnen fuhren, ein glänzendes Geschäft machen.

Salomon Rothschild in Wien begriff sofort. Es war ein Glücksfall, daß gleichzeitig der Professor am Wiener

Polytechnischen Institut, Franz Xaver Riepl, ursprünglich ein Montaningenieur, der in dem großen Kohlebecken zwischen Mährisch-Ostrau und Karwin im Eisenwerk Witkowitz gearbeitet hatte, auf den Gedanken kam, die Kohle mittels Bahn an die Donau zu transportieren.

Bei einer Studienreise nach England fand Riepl angesichts der Erfolge der Liverpool-Manchester-Bahn, daß es an der Zeit sei, in Österreich eine Zentralbahn zu schaffen, die auf diese Weise »die größten und entferntesten Provinzen des österreichischen Kaiserstaates untereinander und mit der Hauptstadt leicht in nähere Verbindung« bringen könnte . . . Zugleich versprach er ganz neue Konjunkturen in industrieller, kommerzieller, politischer und militärischer Hinsicht.

Diese Ideen übernahm Salomon Rothschild in sein Promemoria vom 20. Februar 1836 (Wien, Staatsarchiv) und mit Unterstützung Metternichs wandte er sich an den neuen Kaiser Ferdinand, sechs Wochen nach dem Todes des alten Kaisers Franz I., von dem bekannt war, daß er die Eisenbahn für eine Art technischer Spielerei hielt. Übrigens war er auch aus politischen Gründen dagegen.

So tröstete er eine Delegation der Kutscher, Transporteure und Spediteure, die sich über die Konkurrenz beklagten: »Die G'schicht mit der Eisenbahn wird sich eh' nicht lang halten.«

Nun beantragte Salomon die Anlage einer Eisenbahn zwischen Wien und Bochnia, der Kaiser-Ferdinands-Nordbahn, die am 23. November 1837 eröffnet wurde. Der erste Abschnitt Floridsdorf–Wagram wurde schon am 17. Februar 1837 befahren. Es war die erste Loko-

Semmeringbahn-Viadukt über die kalte Rinne.

motiveisenbahn Österreichs.

Die Kaiser-Ferdinands-Nordbahn war zu ihrer Zeit die längste Lokomotivbahn in Europa. 1839 war Eröffnung Wien–Brünn, erst 1858 war die Stecke vollendet.

Den Fehler, nicht zugleich auch die Südbahn, möglichst bis nach Triest, beantragt zu haben, mußte Nathan freilich bereuen. Abgesehen davon, daß man ihm aus purer Unkenntnis der Eigenschaften einer Eisenbahn unsinnige Vorhaltungen machte, beeilte sich die Bankwelt, die sich sogleich auch mit Aktien der neuen Strecke eingedeckt hatte, die Konzession für die Südlinie vor Salomon Rothschild zu erhalten.

Tatsächlich bekam Freiherr von Sina die Konzession zum Bau der Bahn nach Süden gegen Gloggnitz sowie rechts der Donau gegen Raab. Doch vor dem geplanten Weg zum Meer, mithin der Fortsetzung der Rieplschen Stammlinie, türmte sich noch ein gewaltiges Hindernis: der Semmering.

Von dem in Württemberg geglückten Albaufstieg wußte man noch wenig: Stephenson, kurz vor seinem Tode befragt, riet dringend vom »Semmering-Abenteuer« ab. Zwar war der Semmering der niedrigste Alpenpaß mit einer Scheitelhöhe von nur 985 Metern. Dennoch gibt das Bild von der Einfahrt des Eröffnungszuges in Gloggnitz am 5. Mai 1842 mit dem im Hintergrund hochragenden Gebirge einen Eindruck von der Her-

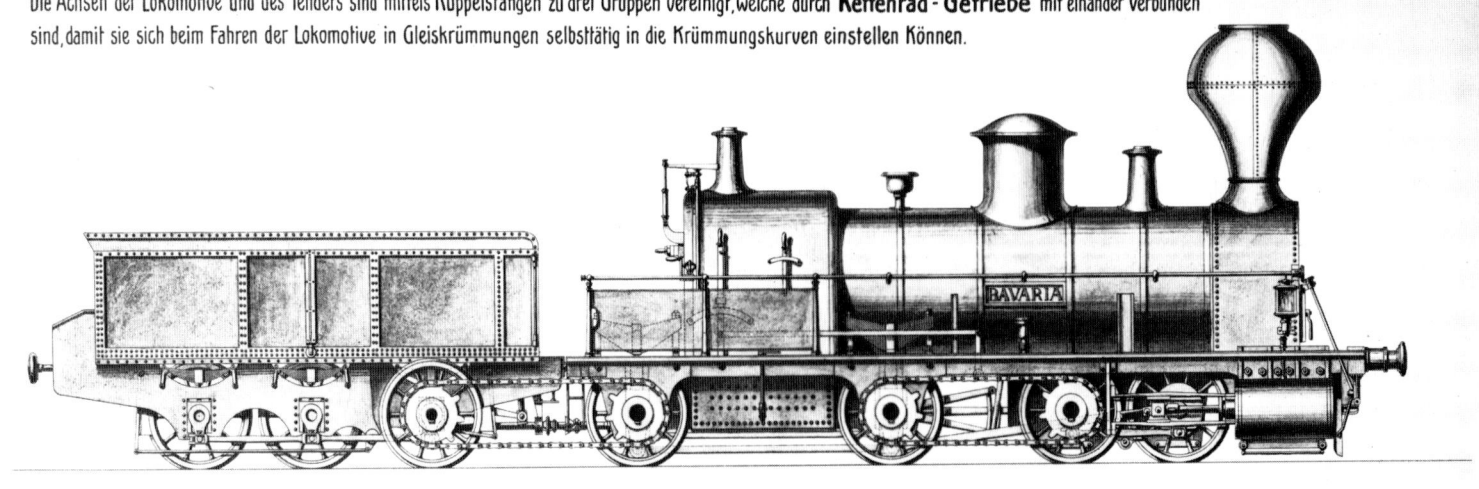

Lokomotive „BAVARIA" von J. A. Maffei in München,
welche im Jahre 1851 bei der Lokomotiven-Wettfahrt auf der Semmeringbahn den ersten Preis erhielt.

Die Achsen der Lokomotive und des Tenders sind mittels Kuppelstangen zu drei Gruppen vereinigt, welche durch **Kettenrad-Getriebe** mit einander verbunden sind, damit sie sich beim Fahren der Lokomotive in Gleiskrümmungen selbsttätig in die Krümmungskurven einstellen können.

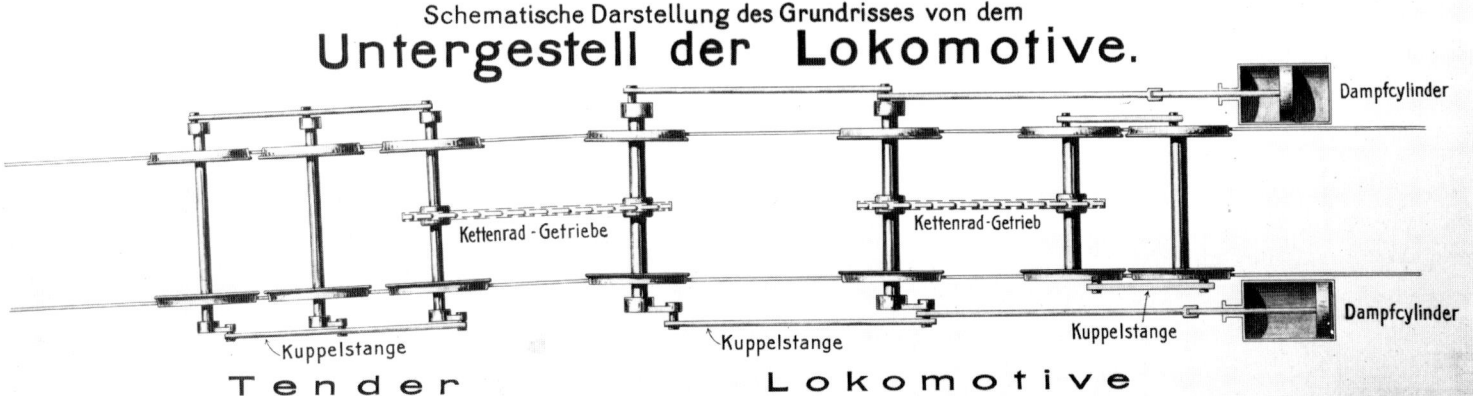

Schematische Darstellung des Grundrisses von dem
Untergestell der Lokomotive.

Dampfcylinder

Kettenrad-Getriebe Kettenrad-Getrieb

Dampfcylinder

Kuppelstange Kuppelstange Kuppelstange

Tender Lokomotive

ausforderung zeitgenössischer Ingenieurkunst.

Karl Ritter von Ghega erhielt als »unbestreitbar tüchtig« den Auftrag, die Linie quer durch die Alpen nach dem damals österreichischen Triest als maritimem Ausfalltor zur Adria, zum Mittelmeer und zum Atlantischen Ozean zu bauen. Ghega, gebürtiger Venezianer, hatte einen Ruf als Straßen- und Brückenbauer. Von seiner Hand stammt die damals berühmte Kettenbrücke über die Etsch.

1848, mitten im Revolutionsjahr der blutigen Unruhen, begann Ghega mit dem Tunnelbau, einem für damalige Zeiten unerhörten Unternehmen. 1431 Meter Länge sollte der Tunnel haben, und gearbeitet wurde mit den primitivsten Mitteln: Hammer, Meißel, Fäustel und Sprengung durch Feuer und Wasser, das »Feuersetzen«. Schwarzpulver half bei schwierigeren Stellen. Die soziale Lage der österreichischen, italienischen, tschechischen und ungarischen Arbeiter war erbärmlich. Bei Unfällen gab es kaum Hilfe. Arbeiter ertranken bei Wassereinbrüchen, eine Steinlawine, die in eine Arbeiterkolonne rauschte, forderte 70 Todesopfer.

Cholera: Die erschöpften, 14 bis 16 Stunden in zwei Schichten arbeitenden Hauer, Steiger, Maurer fielen um wie die Fliegen. Der Pestfriedhof in Klamm nahm 700 Tote auf.

Für das zweite große Problem der bergsteigenden Lokomotive besann sich Ghega auf die Rainhill trials, bei denen Stephensons Stern emporstieg. Ghega setzte einen Preis für die beste Berglokomotive aus. Von den sich bewerbenden vier Lokomotiven gewann die Bavaria Maffeis aus München den Preis, später konstruierte der Grazer Professor der Ingenieurwissenschaften, Wilhelm Freiherr von Engerth, eine Lokomotive, die völlig den Anforderungen genügte.

1857 konnte man von Wien mit der österreichischen Bahn an den österreichischen Teil des Mittelmeers fahren. Und Peter Rosegger und sein Oheim fanden im selben Jahr die Semmeringhöhe samt dem Gasthaus leer, die Pferdetröge auf der Paßstraße unbesetzt.

Im Frühherbst 1841 hatte die erste Eisenbahnkrise auch Österreich erreicht. Die Eisenbahngesellschaften

Österreichische Form der Pacific; die 1C2h4v Schnellzuglok 310.18 von Stögermayr, 1911

»Transalpin« der ÖBB auf der Fahrt von Wien nach Basel. Lok: Bo′, Höchstgeschwindigkeit 160 km/h, thyristorgesteuert, Reihe 1044

Älteste der auf dem Freigelände
aufgestellten Lokomotiven ist die
vierfach gekuppelte Güterzuglok
55 5708 von 1887

Dreifach gekuppelte Verbundgüter-
zuglok 5414 (601 15) der KKStB von
1899

sahen ihre Bauten ins Stocken geraten. Sie wandten sich an den Staat um Hilfe. Aber Metternich lehnte ab; er hatte sich von dem in Süddeutschland (Baden und Württemberg, seit 1840 auch in Bayern) vertretenen Staatsbahngedanken überzeugen lassen. Ein eigenes Programm wurde aufgestellt: Wien – Salzburg (– München) und Wien – Prag (– Dresden) sollte gebaut werden unter Schonung der Nord- und Südbahn, die ja konzessioniert waren.

Doch der inzwischen in Geldschwierigkeiten geratene Staat gab jetzt zögernd die Linien aus der Hand; seit 1854 konnten private Firmen wieder ins Eisenbahngeschäft einsteigen. Die zunehmende Finanzkrise führte sogar zum Verkauf der großen Strecken an ausländische Trusts, wobei »bestens«, das heißt zu Schleuderpreisen, verkauft wurde.

1858/60 brachte der Weiterbau Linz–Salzburg den Anschluß an das deutsche Netz. Jetzt, Ende der sechziger Jahre und in den ersten drei siebziger Jahren begann, wie in dem seit 1871 bestehenden deutschen Kaiserreich, eine außerordentliche Spekulationswut, die genau wie im benachbarten Deutschen Reich mit einem ungeheuerlichen Zusammenbruch endete.

Wieder mußte der Staat eingreifen; er übernahm die notleidenden Eisenbahnen. Langsam kam wieder der Aufschwung: Die Arlbergbahn wurde in Angriff genommen. 1883 fuhr die erste elektrische Bahn (Lokalbahn Mödling–Hinterbrühl), weitere elektrifizierte Strecken folgten.

Als große Linien sind noch zu nennen: Die 1909 fertiggestellte Tauernbahn von Schwarzach–St. Veit über Badgastein nach Spittal und 1912 die Karwendelbahn von Innsbruck über Seefeld nach Scharnitz und mit ihrem Anschluß nach München über Garmisch-Partenkirchen.

Tatsächlich ist damit um die Jahrhundertwende mit späteren Ausnahmen das Eisenbahnnetz in seinen wichtigsten Ausmaßen grob skizziert. Es beträgt 5759 km, wovon 52,6% elektrisch betrieben sind.

Links:
Frontansicht der Gölsdorf-Lokomotive 180.01, eine fünffach gekuppelte Verbunddampflokomotive von 1900

Von der modernen Erscheinung der österreichischen Bundesbahnen möge sich jeder bei einer Reise in das schöne und touristisch modern ausgestattete Bahnland Österreich selbst überzeugen.

Anmerkung: Für die Lokomotivfreunde einige im österreichischen Eisenbahnmuseum in Wien zu sehende spezielle Lokomotivtypen.

UNGARNS EISENBAHNEN

Die ungarischen Eisenbahnen verzeichnen eine wechselvolle Geschiche, deren Epochen der politischen Geschichte dieses Volkes entsprechen. Die Geschichte dieser Bahnen ist in der deutschen Eisenbahnliteratur immer stiefmütterlich oder gar nicht behandelt worden. Es war die Verkehrssituation, die Ungarn, ebenso wie die anderen Länder Europas zwang, ihre Gedanken auf die Verbesserung der Kommunikationen, insbesondere des Landstraßenverkehrs, zu richten.

Napoleons Kontinentalsperre hatte den Gewürzhandel aus dem Fernen Osten gezwungen, den Weg über Ungarn nach Mittel- und Westeuropa zu suchen. Da Österreich auf dem Gebiet der Eisenbahn in Form der auf Schienen von Pferden gezogenen Personen- und Güterwagen zwischen Linz und Budweis um 1825 auf dem Festland Pionier war, so überlegte man sich auch in Ungarn, ob man nicht mit einer solchen Pferdebahn beginnen könne.

Ein ungarischer Mechanikus namens Johann Bodmer versuchte sich an einer Art Schwebebahn, die auf einer abfallenden Strecke die kurze Entfernung zwischen Pest und Köbánya (7,6 Kilometer) überwinden sollte.

Doch die Technik war so unvollkommen, die Konkurrenz der Fuhrleute so stark, daß die Strecke nach dreiviertel Jahren wieder eingestellt wurde. Befördert wurden neben einigen Passagieren in Hängekörben Steine und Ziegel in die schnell wachsende Stadt Pest. 1840 bis 1846 wurde eine Pferdebahnfernlinie im Anschluß an eine von Österreich erbaute Linie erschaffen, die immerhin 35 Jahre lang bestand, bis sie auf

Lokomotivbetrieb umgestellt wurde. Sie verband Pozsony mit den Städten Szentgyörgy, Bazin, Modor und Nagyszombat, 49,5 Kilometer lang.

Es fällt auf, daß sich die Anfänge der Eisenbahnen fast immer gleichen. Das ist verständlich – der Sprung zur eigentlichen, »echten« Eisenbahn, nämlich der Lokomotivbahn erfolgt regelmäßig von der billiger zu beschaffenden und einfacher zu betreibenden Pferdebahn aus. Häufig wird zum Teil über lange Zeiträume, so zum Beispiel in Nürnberg–Fürth (von 1835 bis 1862) ein gemischter Betrieb, also Lokomotive und Pferd beibehalten.

Überall auch findet sich ein Pionier, ein Mechanikus, der auf technischem Gebiet Experimente macht und die Dinge vorantreibt, er heißt Baader in Deutschland, Gerstner in Österreich, Bodmer in Ungarn, und als zweite Pionierfigur ein Intellektueller, der die mechanische Idee des Automaten in die realpolitische und geopolitische Planung umsetzt; er heißt List in Deutschland, Riepl in Österreich und Széchenyi in Ungarn.

Zwei große Staatsmänner, der eben erwähnte Istvan Széchenyi und Lajos Kossuth, zwei Politiker, die vor dem Freiheitskampf gegen die autokratische Führung Ungarns innerhalb der Doppelmonarchie Österreich-Ungarn im Reichstag die Opposition anführten, kämpften nicht nur für eine moderne konstitutionelle Verfassung und die offizielle Anerkennung der magyarischen Sprache – Amtsprache in Ungarn war Deutsch – son-

Erste Probefahrt der ungarischen Eisenbahn, 10. November 1845, Pest–Vác

dern auch für die Konzeption eines Eisenbahnnetzes in Form von Staatsbahnen. Széchenyi übernahm 1845 die Leitung der neu errichteten Verkehrsabteilung beim Rat des Statthalters. Er arbeitete eine »Ordungsproposition zum ungarischen Verkehrswesen« aus, die 1848 als Buch erschien. Darin war ganz modern das Verkehrsnetz des Landes in Eisenbahnlinien, Hauptverkehrsstraßen und Wasserwegen geplant.

Die erste 34 km lange dampfbetriebene Eisenbahnstrecke in Ungarn zwischen Budapest und Vác wurde am 15. Juli 1846 eröffnet, nach einer Probefahrt am 10. November 1845. Als die Pariser Februarrevolution 1848 in ganz Europa der liberalen Bewegung einen ungeheuren Anstoß verlieh, kam auch die Regierung Kaiser Ferdinand I. (1835–1848) ins Schwanken. Die Forderungen nach einer liberalen Konstitution und einer eigenen ungarischen Regierung wurden sofort an-

erkannt und der Vorschlag Széchenyis, des Verkehrsministers des ersten verantwortlichen ungarischen Kabinetts, vom Parlament als Artikel XXX des Gesetzes angenommen.

Die danach folgenden Geschehnisse, der Krieg zwischen Österreich und Ungarn, die Niederlage des ungarischen Heeres, ließen die Pläne gegenstandslos werden. Zur Zeit des Freiheitskampfes 1848/49 gab es 240 Kilometer Bahn, davon 180 Kilometer mit Lokomotiven betrieben.

Nach dem verlorenen Freiheitskampf wurde die ungarische Eisenbahn in die Eisenbahnverwaltung des Kaiserreiches einverleibt und die Verwaltung in Wien geführt. Es war die Zeit der österreichischen Staatsbahnverwaltung. Aber die eingetretene Finanzkrise der 50er Jahre führte auch in Ungarn zum Verkauf der Bahnen an Privatgesellschaften. Dies brachte einen erheb-

Eine der ersten aus Belgien bezogenen Lokomotiven

Urlaubsland Ungarn,
Station Badacsony

Moderne E-Lok V 63

lichen Aufschwung im Bahnbau mit sich.

Als im Gefolge des mit Italien 1859 geführten Krieges und des 1866 verlorenen Krieges gegen die Preußen der sogenannte Ausgleich zwischen Österreich und Ungarn zustande kam, war es der ungarischen Regierung wichtig, die Entwicklung des Landes durch weitere Eisenbahnen zu fördern, und zwar durch Anleihen für den Bau von Staatsbahnen und durch Zinsgarantien für Privateisenbahnen.

Jetzt wurde auch die MAV, die ungarische Staatsbahn gegründet, deren Originalname lautet: Magyar Allam-Vasutak. Heute ist die MAV nach leidvollen Teilnahmen an zwei Weltkriegen das staatliche Eisenbahnunternehmen der ungarischen Volksrepublik.

Das Streckennetz umfaßt 7576 Kilometer, es wird mit moderner Traktion bei zunehmender Elektrifizierung (zur Zeit 1600 km) betrieben.

Zum Netz der MAV gehören bedeutende Transitstrecken: von Nord- und Westeuropa in Richtung Südosteuropa.

Seit dem Fahrplanwechsel im Sommer 1988 fährt erstmalig nun auch ein EuroCity in ein früher sozialistisches Land. Es ist dies der EC »Lehar«, der in Rekordzeit Wien mit Budapest verbindet. Mit dem EC »Lehar« und dem Expreß »Arrabona« bietet sich zudem die Möglichkeit, Tagesausflüge von Wien nach Budapest und umgekehrt zu unternehmen.

Und seit 1989 fährt der EC »Franz Liszt« von Dortmund nach Budapest. Ab Jahresfahrplan 1991/92 verkehrt ein weiterer EC nach Budapest, nämlich der »Belà Bartok« ab München.

DÄNEMARKS BAHNEN

Eigentlich war die erste dänische Eisenbahn die Strecke Altona – Neumünster – Kiel (146 Kilometer), die aufgrund einer Konzession der dänischen Regierung als »König-Christian-XVIII-Bahn« von der Altona-Kieler-Eisenbahngesellschaft gebaut und am 18. September 1844 eröffnet wurde. Sie brachte die Verbindung zwischen den See- und Freihäfen Altona und Kiel und damit eine Bahnverbindung zwischen Nord- und Ostsee zustande.

Doch dann kamen die Versuche der dänischen Könige, die Herzogtümer Schleswig-Holstein und Lauenburg Dänemark einzuverleiben.

Österreich und Preußen führten Krieg gegen Dänemark: Im Frieden von Wien 1864 verzichtete Dänemark auf die Herzogtümer und damit auf die Bahn.

1866, nach dem Krieg zwischen Österreich und Preußen, den Preußen gewann, wurden die Territorien endgültig preußisch.

Neu auf der Vogelfluglinie: die Dronning Margrethe II. der Dänischen Staatsbahnen

1884 verstaatlichte Preußen im Rahmen seiner Verstaatlichungspolitik die Altona-Kieler-Bahn; sie wurde in die Eisenbahndirektion Altona integriert.

Erste dänische Teilstrecke war 1847 Kopenhagen – Roskilde, 32 Kilometer. Nacheinander folgte der Bau eines staunenswerten Eisenbahnnetzes über Fähren und Brücken mit einer Gesamtlänge um die Jahrhundertwende von 2010 Kilometern!

Die offizielle Bezeichnung der Dänischen Staatsbahnen (DSB) lautet Danske Statsbaner.

Die Streckenlänge der Dänischen Staatsbahnen beträgt heute 1999 Kilometer. Der Betrieb erfolgt ausschließlich mit Dieselloks und elektrischen Zügen (Nahverkehr Kopenhagen).

Vom bedeutenden Fährverkehr innerhalb Dänemarks war schon die Rede; nicht zu vergessen die Verbindungen nach Schweden und der DDR – besonders aber hervorzuheben die Vogelfluglinie (1963): Großenbrode (Schleswig-Holstein) – Fehmarnsund (Brücke) – Insel Fehmarn zum Fährhafen Puttgarden, Fähre über den Fehmarnbelt mittels einer Fährverbindung, betrieben von Deutscher Bundesbahn und Dänischer Staatsbahn nach Rödbyhavn auf der dänischen Insel Lolland.

HOLLANDS BAHNEN

Daß für die Holländer der zu Beginn des 19. Jahrhunderts entfesselte Streit um die besten Wege: Straße, Schiene, Wasserweg von vornherein für ihr vorzüg-

»De Arend« zog den ersten holländischen Zug in 1839

Vlissingen 1905: Abfahrt des D-Zuges nach Hannover mit Schlafwagen nach Leipzig und Dresden. Schiffsanschluß der Zeeland aus London

E-Lok der Reihe 1600
mit IC-Zug der Nord-
Süd-Linie Amsterdam–
Limburg

liches und ausgedehntes Fluß- und Kanalsystem als entschieden galt, ist nur verständlich. So zeigt eine Statistik über die Entwicklung des Eisenbahnnetzes der Erde von 1825 bis 1900, daß die Niederlande bis 1839 keinen einzigen Kilometer Eisenbahn aufzuweisen haben, während das Nachbarland Belgien um diese Zeit schon drei Jahre lang sein Radialsystem baute (5. Mai 1835 Beginn).

Im Jahre 1840 weist Belgien ein Streckennetz von 336 Kilometern auf, Holland dagegen ganze 17 Kilometer. Inzwischen hatten die Holländer eingesehen, daß sich der Warenverkehr, vor allem die Durchfuhr nach dem Ruhrgebiet, an ihnen vorbeientwickeln würde, wenn sie nicht den Anschluß an die Verkehrsströme suchten. Daneben wurde ihnen klar, daß die Nation für den Anschluß an die moderne Zeit unbedingt ein Eisenbahnnetz brauchte. So erfolgte zwischen 1860 und 1870 eine außerordentliche Steigerung von 335 Kilometern auf 1419 Streckenkilometer.

Heute betreibt die Niederländische Eisenbahn (NS), Nederlandse Spoorwegen = Staatliche Aktiengesellschaft des Königreichs der Niederlande, mit ausschließlich modernen Traktionsmitteln einen hochfrequenten Taktfahrplan auf einem Streckennetz von 2850 Kilometern, wovon 1800 Kilometer elektrifiziert und wovon 64% mehrgleisig sind. Die Streckendichte beträgt 7,6 Kilometer auf 100 Quadratkilometer. Die NS kann stolz sein auf ihre Produktivitätsleistungen: Sowohl im Passagier- wie auch im Güterverkehr schneidet sie sehr gut ab im Vergleich zu anderen Bahnen Europas. In den letzten Jahren wurden neue Strecken – Zoetermeerlinie, Veenendaallinie, Schiphollinie, Nieuwegeinlinie – gebaut. Auch wird ein intensives Ausbesserungsprogramm durchgeführt.

BELGIENS BAHNEN

Belgien genießt den Ruhm, die ersten Lokomotivbahnen systematisch auf dem europäischen Festland gebaut und in Betrieb genommen zu haben. Dabei profitiert Belgien von den Listschen Gedanken eines Systems, anstatt des Baues von Einzelstrecken.

Es war Sonntag, der 5. Mai 1835. Die Nürnberger »Eisenbahnpioniere«, Kaufmann Platner und Buchhändler Mainberger, nahmen an der großartigen Eisenbahnparade der drei Züge mit 900 Gästen teil, die in Anwesenheit des Königs der Belgier, Leopold I. (aus dem Hause Sachsen-Coburg), auf einen Kanonenschuß als Abfahrtssignal von Brüssel aus sich nach Mecheln in Bewegung setzten.

An der Spitze die Lokomotive »Blitz« mit ihren Wagen, der auf Sichtabstand die Lokomotive »Stephenson« folgte, woraus man unschwer auf den Hersteller nicht nur der drei Wagen, Schienen und dem sonstigen Zubehör schließen kann. Die Lokomotive »Elefant« folgte als dritte Lok; sie trug ihren Namen als wohl stärkste Lok zu Recht. Bei der Rückfahrt sollte sie alle dreißig Wagen ziehen; doch hatte man vergessen, Wasser zu nehmen. Da war es gut, daß der alte Stephenson an Bord war. Er gab guten Rat, der half. An Ort und Stelle wurde er vom ausgestiegenen Reisepublikum bejubelt.

Zum Bericht Platners an die Aktionäre in Nürnberg heißt es: »Die zahllose Menschenmenge schien von Erstaunen über den Anblick der in einem kleinen Raum eingeschlossenen Riesenkraft eines Elementes hingerissen . . .«

Für Platner war dieser Anblick insofern betrüblich, als er die Parade von Schmerzen geplagt kaum durchstehen konnte. Zu den körperlichen kamen seelische Schmerzen hinzu. Hatte er doch insgeheim gehofft, den Ruhm der ersten Bahn nach Deutschland holen zu können. Schon der königlich bayerische Konsul in Köln, Bartels, ein gebürtiger Nürnberger, hatte ihn 1833 in einem Brief gewarnt: »Die belgische Bahn von Brüssel nach Mecheln ist zwar im Bau, aber sie wäre noch einzuholen, wenn man sich beeilt.« Ja, Pfeifendeckel, dachte Platner, wenn alle diese Schwierigkeiten und der König in Bayern nicht gewesen wären! Noch eine zweite Warnung hatte im »Hermann«, einer in Hagen erscheinenden Zeitschrift gestanden. Friedrich Harkort, Sohn eines Stahl- und Eisenhammerbesitzers, Gründer einer Musterfabrik in der Burg von Wetter an der Ruhr, schreibt Anfang 1835: »Wir haben

Rechte Seite:
Eröffnung der belgischen Eisenbahn am 5. Mai 1835

Belgiens Eisenbahnen bedienen sich der modernsten Traktion

Erste elektrische Siemens-Lokomotive auf der Berliner Gewerbeausstellung 1879

noch nicht eine Meile Bahn, und unsere Nachbarn, das junge Belgien voraus, schöpfen das Fett von der Suppe!«

So war es. Belgien, diese gerade fünf Jahre alte Monarchie (7. Oktober 1830), hatte sofort begriffen, daß die Eisenbahn als Netz und System die Grundlage eines modernen Staates bildet. Die Kammern beschlossen mit Einwilligung des Königs, ein nationales staatliches Eisenbahnsystem zu bauen; später sollten auch Privatgesellschaften die Möglichkeit erhalten, Eisenbahnen zu schaffen. Interessant ist der § 1 des Eisenbahngesetzes, in dem es heißt:

»Man wird im Königreich Belgien ein System von Eisenbahnstrecken anlegen, das vom Zentrum Mechelen aus nach Osten Richtung preußische Grenze..., nach Norden Richtung Antwerpen, nach Westen Richtung Oostende sowie nach dem Süden Richtung Brüs-

sel – französische Grenze vorstoßen wird.«

Um die Jahrhundertwende besaß Belgien ein Streckennetz von 5300 Kilometern Länge.

Die nationale Gesellschaft der belgischen Eisenbahn heißt offiziell: National Maatschappij van Belgische Spoorwegen (NMBS) – Société Nationale des Chemins de fer Belges (SNCB). Das Streckennetz hat heute eine Ausdehnung von 3998 Kilometern; 1800 Kilometer sind elektrifiziert. Von Anfang an war die Netzdichte im Vergleich zu anderen Staaten hoch; sie ist es auch heute noch (13,1 Kilometer auf hundert Quadratkilometer). Ausschließlich moderne Traktionsarten werden verwendet.

LUXEMBURG

Die aus zwei privaten Bahngesellschaften hervorgegangene heutige »Staatliche Eisenbahngesellschaft des Großherzogtums Luxemburg«, deren offizielle Bezeichnung lautet: Société Nationale des Chemins de Fer Luxembourgeois (CFL), betreibt ein Netz von 375 Kilometern Länge, weitgehend elektrifiziert und zweigleisig.

Sie ist Teilnehmerin am EuroCity-Netz, am Güterwagenabkommen (RIV) und am Schlafwagenpool, mithin bei eigener Betriebsleitung voll in das Netz europäischer Eisenbahnen integriert.

Luxemburg hat im Süden des Landes (2586 Quadratkilometer) aufgrund von Eisenerzvorkommen (Minette) eine Stahlindustrie, die nicht nur durch die Bahn, sondern auch durch die Moselkanalisierung Anschluß an das Ruhrgebiet gewonnen hat.

VIII Hohe Zeit der Industrialisierung
Fortschritt in Wissenschaft und Technik
Der Erste Weltkrieg bereitet sich vor
Marx und die Bahn

In der Zeit der Hochindustrialisierung sind es die Pioniere aus Technik und Wissenschaft, die immer stärker auch den Gang der Politik mitbestimmen. Das Wort Verkehr oder wie die Wissenschaftler sagen, Kommunikation ist gleichbedeutend mit Eisenbahn, wenigstens, was den Landverkehr betrifft.

Bei diesen deutschen Bahnen hat sich der Staatsbahngedanke durchgesetzt. So ist, vor allem auch durch die Bismarcksche Verstaatlichungspolitik, der wesentlichste Teil der Bahnen im Kaiserreich verstaatlicht. Das gilt besonders durch die von Bismarck gedeckte Verstaatlichungspolitik des Ministers von Maybach. Das war 1885. 1896 wurden durch Staatsvertrag die hessischen Bahnen, auch die hessische private Ludwigsbahn, übernommen.

Jetzt bildete das preußisch-hessische Eisenbahnimperium einen dominierenden Eisenbahnkomplex im deutschen Kaiserreich. Schon ein Jahr zuvor hatte der preußische Staatsminister von Thielen diesem Eisenbahnsystem eine klug durchdachte hierarchisch gegliederte Verwaltungsorganisation gegeben, deren Grundstruktur und Psychologie noch heute im Verwaltungssystem der Bundesbahn aufzuspüren sind.

Dennoch hat sich das Reichseisenbahnamt, von Bismarck 1873 in Hoffnung auf die neue Reichsverfassung gegründet, mit seinem Aspekt auf eine das ganze Land umfassende, überbrückende Gesamteisenbahn – eine Reichsbahn – niemals gegen die Länderbahnvertretungen und die sie beherrschenden Landesfürsten, die verbissen um ihre schon geschmälerte Souveränität kämpften, in Wirklichkeit durchsetzen können. Denn auch Preußen widersetzte sich diesem Gedanken, indem es für eine Vereinigung aller deutschen Bahnen viel zu hohe Forderungen stellte.

Das Ergebnis waren am Vorabend des Ersten Weltkrieges acht selbständige Staatsbahnverwaltungen: Preußen-Hessen, Sachsen, Bayern, Württemberg, Baden, Elsaß-Lothringen (Reichseisenbahnen), Mecklenburg und Oldenburg.

DIE FOLGEN DES WACHSTUMS: INDUSTRIALISIERUNG

Nun kurz von der reinen Eisenbahngeschichte zur allgemeinen Geschichte; beide sind miteinander untrennbar verflochten. In den letzten Jahrzehnten vor Ausbruch des Ersten Weltkriegs hatte sich das deutsche Eisenbahnnetz (ohne Österreich-Ungarn) von

504 Kilometer im Jahre 1840

auf 50 000 Kilometer im Jahre 1900

vergrößert; im Lauf von sechzig Jahren also verhundertfacht.

Dem Wachstum des Eisenbahnnetzes entsprang ein ungeheurer Verkehr. 1913 betrug die Bevölkerungszahl des deutschen Kaiserreiches 67 Millionen (1870 = 41 Millionen), davon fuhren mit der Bahn 1 834 000 000 (zum Vergleich: im Jahre 1870 = 113 000 000!).

Auch der Güterverkehr war in einem gewaltigen Aufschwung begriffen. Nach einer Statistik des Güterverkehrs für die preußischen Bahnen, welche die Zahlen des Ruhrreviers einschließt, stiegen die Güterverkehrsmengen, die 1844 in den 1351 Güterwagen befördert wurden, von 392 000 Tonnen auf 82 Millionen Tonnen im Jahre 1875 an. Aber auch die Zahl der Güterwagen hatte sich verzehnfacht (139 542). Die große Krise zu Beginn der achtziger Jahre war damit überwunden.

Es ist nicht zu übersehen, daß der stärkste Impuls der Industrialisierung seit 1840 – unterbrochen nur durch die Agrarkrise dieser Jahre und die Zeit der 48er Revolution – vom Bedarf der wachsenden Eisenbahn ausging. Der Eisenbahnbau »erzeugte eine unerhörte Nachfrage nach Produktionsgütern der verschiedensten Art . . . Er wurde zur stärksten Einzelursache des industriellen Wachstums in Westeuropa« (Esch), wobei man hinzufügen muß, daß die Bevölkerung Europas von 263 Millionen im Jahre 1850 auf 403 Millionen im Jahre 1901 anwuchs.

Jetzt erkannten junge Leute aus dem Handwerkerstand, aber auch Patriziersöhne ihre Chance. Von Maffei und Henschel, den Lokomotivbauern, war schon die Rede. Ebenso von Schichau, Gelbgießermeisters Sohn aus Elbing, und Borsig, dem Zimmermann als Gründer einer kleinen Eisengießerei; beide später Großbetriebe mit Tausenden von Arbeitern (Borsig schon 1850 in drei Berliner Betrieben 1800 Arbeiter).

Das waren die Großen, aber eine beträchtliche Anzahl von Klein- und mittelständischen Betrieben fingen an zu produzieren, und sie existieren, wenn sie Glück hatten, noch heute.

Dazu gehört zum Beispiel einer der wenigen, die eine Art Lebensbericht, gewissermaßen als Testament für die Nachkommen, geschrieben haben: die Lebenserinnerungen des Mechanikus Arnold Volkenborn von 1852. Er gehört, anders als der Memoirenschreiber Franz Dinnendahl, nicht zur ersten Generation, zur Frühindustrialisierung, also grob gesprochen zur stationären Dampfmaschine und zur industrialisierten Produktion dieser Phase; Volkenborn (1807–1878) gehört zur zweiten Generation: Rückblickend sagt er aber von seiner Jugend zu seinen Kindern: »Fabriken, Bahnhöfe, wo man für einen guten Lohn auf eigene Kost arbeiten konnte, gab es damals noch nicht, also Meister oder Geselle.«

Die Lebensgeschichte spielt im Wuppertal an der Grenze von der (preußischen) Grafschaft Mark zum Herzogtum Berg. Volkenborns Vater, ein Schreiner, aber auch Bergmann zeitweise mit eigenem Stollen, läßt den Sohn das Violinspiel erlernen. 24jährig erlebt dieser Sohn seine Erweckung, als er mit den »Fei-

nen«, so hießen dort die Pietisten, in Berührung gerät. Er hängt die Geige »feierlich an die Wand«, damit gibt er auch sein sündiges Treiben, die Tanzmusik sonntags auf den Dörfern, endgültig auf (1831).

Er gründet eine Werkstatt, repariert die Maschinen der umliegenden Textilindustrien, konstruiert mühsam nach langem Eigenstudium eine Dampfmaschine und erzählt allen Leuten, er werde etwas ganz Neues, nämlich eine Straßenlokomotive, bauen. Das ist 1836. Schon von der Idee her war dies ungewöhnlich. Zwar kommt sie nicht zustande, »ich habe aber dadurch Aufmerksamkeit auf mich gelenkt; wer etwas Außergewöhnliches zu machen hatte, kam zu mir«. Auch das Problem des Perpetuum mobile beschäftigt ihn. Aber er begreift, »daß das ›Petermoble‹ ein Unding war«; daß es zwar Wunder Gottes gibt, »der Mensch aber eine Kraft haben muß, wenn er eine Bewegung herstellen soll«.

Zuvor hat er in der Krise der 48er Jahre schwere Zeiten durchzumachen. Hier half ihm die Beschäftigung seiner kleinen Gießerei beim Ausbau der Prinz-Wilhelm-Bahn, die durch Langenburg fuhr.

1847 entsteht aus seinen Bemühungen die Langenburger Maschinenfabrik, die noch heute existent und in Familienbesitz ist. Arnold Volkenborn stirbt 1878, er reicht also noch in die dritte Generation dieser aus dem Handwerkerstand stammenden Industriellen hinein. Er ist zugleich ein Beispiel für das Nebeneinander von Pietismus und Industrialisierung, für die es noch viele Beispiele gäbe; auch Gottlieb Daimler stammt aus einer pietistischen Handwerkerfamilie in Schorndorf.

Alle diese Unternehmer, woher sie auch kommen, von der ersten bis zur dritten Generation, sind vom Fortschrittsgedanken beflügelt. Hieß das Schlagwort von 1848 noch »Constitution und Maschine«, so ist selbst nach dem Sozialistengesetz und dem Kulturkampf zu Ende des neunzehnten Jahrhunderts, nach den politischen Eskapaden Wilhelms II., die Stimmung im Kaiserreich positiv: Die Reaktion des Volkes auf die Kriegserklärungen und den Ausbruch des Krieges bestätigen es.

Die ernsthaften Künstler des neuen Jahrhunderts allerdings sehen schwarz: Die Lyriker voran, aber auch die Maler und Schriftsteller schwelgen in Untergangsfarben, womit sie nicht Unrecht haben – Kassandra ist unter ihnen.

Doch ist der Aufschwung in Wissenschaft, aber auch Kultur fast unglaublich: In die zweite Hälfte des neunzehnten Jahrhunderts fallen eine große Reihe von Erfindungen und Entdeckungen, ohne die unser heutiges modernes Leben undenkbar wäre.

Die Unterschrift lautet: Wilhelm II., deutscher Kaiser, König von Preußen, welcher mit dem Prinzregenten Luitpold und mit Prinz Ludwig von Bayern am 13. November 1906 den Grundstein zum Deutschen Museum legte

Da ist an erster Stelle die Vervollkomnung der Eisenbahntechnik, der Lokomotiven, Personen- und Güterwagen zu nennen, wovon schon die Rede war. Es gehören dazu die Bauten für die Eisenbahn, insbesondere die Brücken in ihrer verschiedenen Struktur aus Schweißeisen, später Flußstahl, aus Eisenbeton und Spannbeton. Krupp erfand um 1850 den nahtlosen Radreifen aus Tiegel-Gußstahl. Überhaupt waren die Zulieferindustrien zu dem Lokomotivbau ein starkes Fundament der großen Industrialierung. Die erste elektrische Lokomotive mit Zug zeigte Werner von Siemens auf der Berliner Gewerbeausstellung 1879.

Aber von der Dampfturbine zur Gewinnung von Elektrizität, zur Schreibmaschine, vom Benzinmotor durch Daimler, Maybach und Benz (1885/86), über Zeppelin, den Erfinder des Starrluftschiffs, bis zum Flugversuch Lilienthals als dem Anfang des Flugverkehrs reicht die Reihe der Erfindungen und Entdeckungen.

Die Bessemer Birne, der Siemens-Martin-Ofen, der elektrische Schmelzofen, sie eröffneten neue Industriebereiche. Heinrich Hertz entdeckte die unsichtbaren Wellen im Äther; von da führt eine Linie zur Entwicklung von Rundfunk und Fernsehen. Edison erfand die Glühbirne und die Sprechplatte mit ihren zahllosen Auswirkungen, Linde die Kältemaschine. Die Kunstseide, die Chemie der Waschmittel und vieles andere stammt aus dieser Zeit.

Doch wichtiger noch erscheinen die Entdeckungen auf dem Gebiet der Physik und der Medizin. Ein Beispiel: Wilhelm Conrad Röntgen (1845–1923) entdeckt 1895 die X-Strahlen, er durchstrahlt am 23. Januar 1896 die Hand des Anatomieprofessors Killiter vor dem staunenden Auditorium der Würzburger Universität. Fünf Jahre später erhält er den ersten Nobelpreis für Physik.

Mikrokosmos und Makrokosmos wurden für alle offenbar: Im Mikroskop erkennt man die Erreger bisher unerklärlicher Krankheiten, den Aufbau der Materie, die Gesetze von Vererbung und Auslese, im Riesenspiegelteleskop die Welt der Milchstraße, in deren 400 Milliarden Sonnen unser Himmelslicht mit Erde und Bruderplaneten ein Außenseiter ist; unsere Galaxis eine unter unzähligen anderen im unausmeßbaren Weltraum. Der technische Fortschritt nimmt die Menschen mit in seinen Bann: So wird der Gedanke, breiten Schichten Zugang zur Welt der Technik mit ihren

Ferdinand Graf von Zeppelin (1838–1917), der Erfinder des Starrluftschiffs. Einer seiner Mitarbeiter war nach dem Tode Daimlers Maybach

Rudolf Diesel (1858–1913), der Erfinder des Dieselmotors, 1912 zu Besuch in West-Orange bei New York (links). Thomas Alva Edison (1847–1931), u. a. amerikanischer Erfinder des Phonographen, Erbauer des ersten Elektrizitätswerkes

Grundlagen und Entwicklungen zu gewähren, am 13. November 1906 mit der Grundsteinlegung zum Deutschen Museum verwirklicht.

Die soziale Lage hat sich im neuen Jahrhundert entscheidend verbessert. Es gibt keine hungernden Arbeiterfamilien mehr, das Manchestertum der frühen Industriejahre ist, vor allem unter dem Druck der sozialen Bewegungen, verschwunden.

Drei Säulen tragen diese Entwicklung: einmal die freien sozialistischen Gewerkschaften in verschiedener Ausbildung und zum Teil nach englischem Vorbild 1860 und später entstanden. 1897 wurde die erste Eisenbahnergewerkschaft gegründet, der Verband der Eisenbahner Deutschlands. Die zweite Säule bildeten die Genossenschaften, die Konsumgenossenschaften, im Anschluß daran das Arbeiterbildungswerk; die dritte war eine politische Bewegung, die als marxistischer Sozialismus bekannt ist. Karl Marx (1818–1883) und sein Freund, der Fabrikant Friedrich Engels (1820–1895) hatten zum Jahre 1848 zwar rechtzeitig, aber zunächst wirkungslos, ihr kommunistisches Manifest veröffentlicht. Dies und später Marx' Hauptwerk das »Kapital« führten Ende des Jahrhunderts zum Aufbau von Arbeiterparteien. Die von Marx vorausgesehene internationale Solidarität der Arbeiterschaft, die 1889 in Paris gegründete zweite Internationale, zerbrach bei Ausbruch des Weltkrieges 1914.

DER ERSTE WELTKRIEG

Kriegsvorbereitungen – Aufrüstung

In Frankreich ging das Bonmot um von einem Deutschland, dessen nationale Industrie der Krieg sei, so als ob Deutschland allein aufrüste zu einem unvermeidlich kommenden Krieg. In Wahrheit rüsteten alle Großmächte Europas damals auf. Es ist zutreffend, daß vor dem Ersten Weltkrieg eine ganze Anzahl strategischer Linien, vor allem im Westen, in Süddeutschland, aber auch in Ostpreußen, zum Beispiel, gebaut worden sind. Doch waren diese Rüstungsmaßnahmen, die in erster Linie im Hinblick auf Deutschlands geostrategische Lage heute als durchaus notwendig bezeichnet werden müßten, im Vergleich zu Rußlands und Frankreichs Anstrengungen keineswegs größer.

Frankreich hatte Rußland Darlehen in Millionenhöhe zum Ausbau seiner westlichen strategischen Eisenbahnstrecken zur Verfügung gestellt. Die Revancherufe aus allen Schichten Frankreichs wurden in Deutschland sehr wohl gehört. Sie wurden auch ernst genommen. Zur Niederlage von 1871 zählte Frankreich auch die Niederlage Österreichs gegen Preußen 1866 (Revanche pour Sadowa = Königgrätz).

Ein klassisches Beispiel für eine strategische Bahn war die Strecke Oberlauchringen – Stühlingen – Weizen – Immendingen. Auf ihr, die im Gegensatz zur Oberrheinbahn (Schaffhausen) Schweizer Gebiet nicht durchfuhr, konnten Truppentransporte und Kriegsmaterial befördert werden. In einem Kriegsfall wäre das angesichts der strikten Neutralität der Schweiz nicht möglich gewesen.

Solche Anforderungen gelangten vom großen Generalstab über das Reichseisenbahnamt, das auch den Vollzug zu überwachen hatte, an das jeweilige Landesverkehrsministerium, das den Auftrag an die Bahnverwaltung weitergab. Die Anforderungen an die Bahnen im Kriege selbst waren in den Kriegsleistungsgesetzen von 1873 und 1898 gesetzlich fixiert.

Bei diesen meist sehr teuren Bahnbauten spielte die Finanzierung die geringste Rolle. Den größten Teil der Kosten, oft bis zu 95%, übernahm das Reich.

Helmuth Graf von Moltke (1800–1891), seit 1858 Chef des preußischen Generalstabs, verantwortlich für die Feldzugpläne 1864, 1866, 1870/71, predigte seinen Offizieren unablässig: »Baut keine Festungen, baut Eisenbahnen«. Hierin war er sich mit Bismarck im Hinblick auf die Erfahrungen aus der Belagerung von Paris im Krieg von 1870/71 durchaus einig.

Übrigens hatte man spezielle Eisenbahntruppen ausgebildet, um zum Beispiel bei Störungen »sogleich schlagkräftige, militärisch und zugleich eisenbahntechnisch geschulte Waffen einsetzen und nötigenfalls Eisenbahnlinien des Feindes« betreiben zu können. Es gab mehrere Eisenbahnregimenter, die diesen Anforderungen genügten. Sie wurden auf einer eigens zu diesem Zweck gebauten Militäreisenbahn ausgebildet. Es war die Strecke Berlin (Militärbahnhof Schöneberg) über Zossen nach Jüterbog (dazwischen Truppenübungsplätze und Schießplätze); 1874 begonnen und 1897 fertiggestellt.

Die Strecke zwischen Marienfelde und Zossen (23 Kilometer) wurde auch den berühmten Schnellfahrversuchen der Firmen Siemens und AEG zur Verfügung gestellt, wobei Schöneberger Eisenbahnregimenter bei der Verstärkung des Oberbaues und Einbau einer Leitschiene halfen. Geschwindigkeiten von 206 und 210 km/h zeigten schon 1903 die Möglichkeiten der elektrifizierten Bahn. Damals begann die Sterbeglocke für die Dampfloks zu läuten. Die Hergabe der Militärbahn für Schnellfahrversuche privater Firmen beweist das vorausschauende Verständnis der Militärs für neue Technologien.

Noch in einer anderen Weise wurde im Herbst 1913 in einer Vorahnung des Kommenden, auf Vorschlag des Chefs des Eisenbahnwesens die Vorratshaltung des deutschen Handels und der Wirtschaft mit Vertretern von Landwirtschaft, Industrie und Handel überprüft. Das Ergebnis war schwach. Man vereinbarte Vorräte für wenigstens vier Wochen bis zu drei Monaten. Vor allem die Eisenbahnen (alles Dampfloks) sollten einen unangreifbaren Vorrat von drei bis vier Wochen (!) haben. Wem das lächerlich vorkommt, der möge bedenken, daß der Krieg von 1866 Preußen gegen Österreich wenige Monate, der Krieg von 1870 weniger als ein Jahr gedauert hat. Niemand rechnete mit Kriegen, die länger als ein Jahr dauern würden. Angesichts der Rohstoffquellen, die – außer Kohle und Eisen – fast alle im Ausland lagen, und angesichts der Tatsache, daß Deutschland bei Grundnahrungsmitteln nicht autark war, standen die Aussichten für Deutschland in einem länger dauernden Krieg nicht günstig.

KRIEGSBEGEISTERUNG

Es gibt viele Bilder, ja sogar erste Filme aus den Tagen des Kriegsausbruchs, Fotos von abfahrenden Militärzügen, von strahlenden Gesichtern aus offenen Fenstern, von abmarschierenden Truppen, winkenden Mädchen und Frauen mit Blumen, die alle Zeichen ei-

»Parole London« – 1914, bei Kriegsbeginn, Begeisterung in der Truppe

227

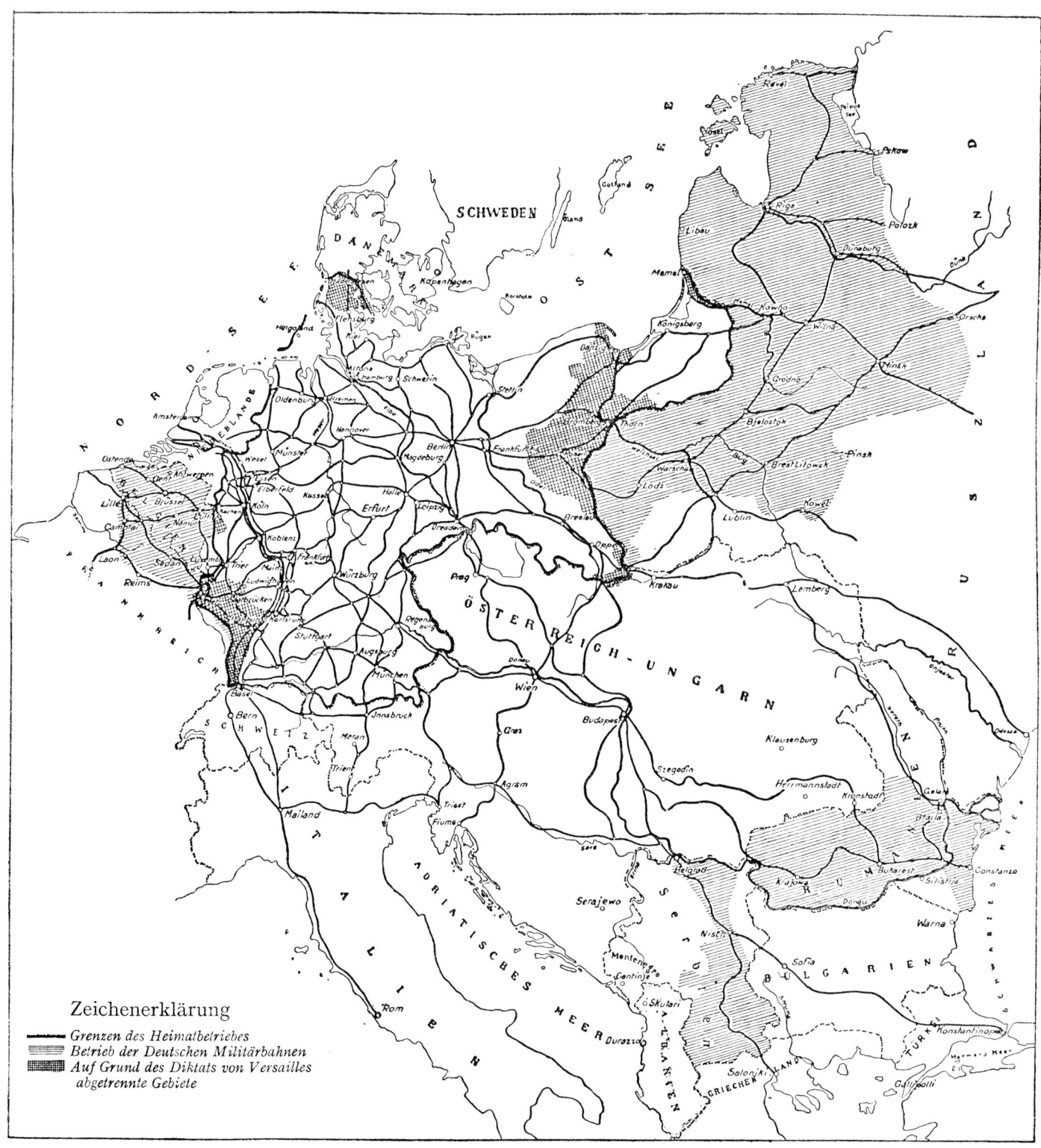

Zeichenerklärung

— Grenzen des Heimatbetriebes
Betrieb der Deutschen Militärbahnen
Auf Grund des Diktats von Versailles
abgetrennte Gebiete

Eisenbahnkarte zum Ersten Weltkrieg 1914/18

228

ner echten Begeisterung aufweisen. Auf manchen Wagen stand »Paris«, auf anderen »London«, auch einmal »Weihnachten wieder zu Hause«. Es sollte ein frommer Wunsch bleiben.

Während der Reichstag einstimmig die deutschen Kriegskredite bewilligt, rollen die deutschen Truppen an die Front. Der von einer Eisenbahnabteilung im Generalstab aufgestellte starre Fahrplan funktionierte. Auf den 13 dafür vorgesehenen Strecken fuhren täglich 600 Aufmarschtransporte an die Westfront. Die Strecken waren voneinander unabhängig und zweigleisig ausgebaut. Auch in Richtung Osten vollzog sich der Aufmarsch planmäßig.

Drei Millionen Soldaten, 800 000 Pferde, Waffen und Gerät wurden in 11 000 Transporten befördert. Für alle Fälle gab es auch offen gehaltene Querverbindungen durchs Reich.

In diesem, bis ins kleinste ausgearbeiteten Plan gab es – im Gegensatz zu früheren Kriegen – bis zur Front so gut wie keine großen Marschbewegungen mehr; General Schlieffen, der große Planer, hatte voll auf den Eisenbahntransport gesetzt. Dies entsprach seinem Motto, wonach die Eisenbahnen zu »einem Kriegswerkzeug geworden seien, ohne das die großen Armeen der Gegenwart weder aufgestellt noch zusammengebracht, noch vorwärts geführt, noch erhalten werden können«.

Dieses Prinzip galt im großen und ganzen auch noch für den Zweiten Weltkrieg. Ausnahmen gab es in beiden Kriegen. Ob es für einen dritten Weltkrieg noch Gültigkeit besäße, müßte man doch bezweifeln. Beim Einsatz der Neutronenbombe würden nur noch elektronisch geführte Gespensterzüge durchs Gelände rollen. Möge uns der Himmel vor einem dritten Weltkrieg bewahren!

Durch rasch mittels der Bahn an die Westfront geworfene Truppen sollte ein tiefer Einbruch in die westliche Front erzielt werden. Fernziel war die Einschließung von Paris durch Schwenkung des rechten Flügels (1. Armee), der, an Paris vorbei, nach Süden eindrükkend die Festung einkreisen sollte. Dieser Schlag konnte kriegsentscheidend sein. Dabei nahm man die Verletzung der Neutralität Belgiens in Kauf.

MIT TAXI ZUM KRIEG

Anfangs liefen die Operationen hervorragend. Vorausabteilungen sahen am 9. September 1914 schon den Eiffelturm. Unter gewaltigen Anstrengungen hatte die 1. Armee die Schwenkung vollbracht. Ihr Kommandeur, Alexander von Kluck, stand 50 Kilometer vor Paris.

Die französischen Truppen waren, von den dauernden Rückmärschen demoralisiert, ihrer Führung beraubt und ihrer Trosse verlustig, auf der Flucht. Die Straßen waren von Soldaten, Fahrzeugen und fliehenden Zivilisten verstopft. Ein energischer deutscher Vorstoß hätte vermutlich die Wende im Kampfgeschehen gebracht.

General Joffre, der französische Oberbefehlshaber, hatte den Plan, Paris zu nehmen, erkannt; er versuchte, zu retten, was noch zu retten war. Auch die Führung der englischen Hilfstruppen war deprimiert; sie erwogen den Rückzug.

Aus England kam, Tag und Nacht reisend, Kriegsminister Kitchener herbei, der oberste Feldherr der englischen Truppe, und beschwor die eigenen und die französischen Offiziere, standzuhalten.

Joffre griff zu einem letzten, verzweifelten Mittel. Aus dem weniger bedrängten rechten Flügel zog er Truppen heraus; er ernannte den befähigten Festungskommandanten von Paris, General Galliéni, zum Chef einer sofort neu zu bildenden Armee. Die Armee sollte sich aus den von Joffre freigemachten, freilich erschöpften Truppen und dem sozusagen letzten Aufgebot der Hauptstadt rekrutieren.

Schon trafen die ersten Kontingente ein, Freiwillige meldeten sich: Aber wie diese Truppen an die Front bringen? Die Eisenbahnen waren nicht mehr intakt, Pferde zu langsam, der Fußmarsch zu weit.

Nun ist zwar unser heutiges Auto in Deutschland erfunden und zuerst konstruiert worden, Gebrauch gemacht davon haben aber zuerst die Franzosen, vor allem Panhard-Levasor und Peugeot in Form von Lizenzen. In Frankreich wurden auch die ersten Automobilklubs gegründet (1890), die ersten Autorennen gefahren (1895).

Nach einer Erhebung hat Frankreich 1913 die erstaunliche Anzahl von 108 000 Automobilen, darunter in Paris nahezu 1000 Taxis. Das fällt Galliéni ein, und so setzt er seine Idee sofort in die Tat um. Noch am 9.

September werden alle Motorfahrzeuge, Taxis, Privatautos, Krankenwagen, Lastwagen requiriert und mit Soldaten an die Front gefahren. Unablässig füllt sich die Lücke vor Paris mit Truppen.

Die Bildung dieser neuen Armee war der deutschen Heeresführung erst bekanntgeworden, als die frischen Truppen schon an der Front eintrafen. Die deutsche oberste Heeresleitung war über den außerordentlichen Erfolg des Vorstoßes auf Paris erstaunt, dann verblüfft, ja, erfreut, aber zugleich auch voller Bedenken. War man da nicht in eine Falle geraten? Woher kamen die neuen Truppen, die so plötzlich auf dem Schlachtfeld erschienen? War nicht die Flanke der ersten Armee aufs Höchste gefährdet?

Moltke, der Neffe des großen Schweigers, des Planers der gewonnenen Kriege, die zum Bismarckschen Kaiserreich führten, war kein überlegener Stratege. Er hatte Zweifel, ob er einer schwierigen Lage gewachsen sei. Niemand war da, der ihm hätte raten können. So beauftragte er einen ihm als fähig und zugleich vorsichtig bekannten Offizier, den Oberstleutnant Hentsch, die Lage zu erkunden. Das Ergebnis war folgenschwer: Am 10. September begann, für die Gegner fast unglaubhaft, der Rückzug der deutschen Armee:

Von der Ausladestation in die Stellung per Fußmarsch. Chemin des Dames 1917, Westfront

Das Wunder an der Marne.

Diese Entscheidung führte in der Folge zwar zum Sturz Moltkes, der durch den Kriegsminister von Falkenhayn ersetzt wurde; doch war die freiwillige Niederlage auch durch forsche, entsetzlich verlustreiche Attacken (zum Beispiel Langemarck) nicht mehr wettzumachen.

Es kam zum Stellungskrieg von den Vogesen bis nach Flandern. Ein frühes Ende des Krieges war damit ausgeschlossen.

Vielleicht kann man diese verlorene Schlacht als Wende jedenfalls im Westen bezeichnen. Interessant dabei ist zu Ungunsten der Mittelmächte das Auftauchen eines neuen Verkehrsmittels, des Autos. Es hat seine besondere Eignung gezeigt, die Truppe direkt an den Einsatzort, in die Bereitstellung zum Angriff zu führen. Es war die erste motorisierte Armee der Weltgeschichte. Von nun an gilt das Auto und nicht mehr die Eisenbahn als letzte Stufe der Bereitstellung zum Einsatz. Aber das Auto spielt eine fast noch bedeutendere Rolle in seiner Verwandlung zum Panzer.

Im Osten war der Kriegsverlauf nach einigen Anfangsschwierigkeiten günstiger. Aber auch hier kam es trotz einer bei Gumbinnen gegen die russische Njemen-Armee gewonnenen Schlacht zu einem Rückzug aufgrund ungenauer Nachrichten. Generaloberst von Moltke, damals noch im Amt, löste den Kommandeur der achten Armee ab und holte den schon im Ruhestand sich befindenden Infanteriegeneral von Hindenburg als Kommandeur der achten Armee. Als Chef des Generalsstabes wurde Generalmajor Ludendorff ihm beigestellt. Dieses Team leistete im Kriegsverlauf hervorragende Arbeit, entlastete vor allem durch die große Einkesselungsschlacht bei Tannenberg, bei der 200 000 russische Gefangene gemacht wurden, die österreichische Front, die nach anfänglichen Erfolgen auf galizischem Boden wieder hinter den San zurückgehen mußte.

Die Eisenbahn spielte in diesem Ringen eine bedeutende Rolle. So war die Einschließung nur möglich, weil das erste Armeekorps der achten Armee »im Bahntransport« weit herumholend über Neidenburg nach Osten vorgeführt und so der Ring von Süden her geschlossen werden konnte.

Auch bei dem verlustreichen Hin- und Herwogen des Kriegsgeschehens im Westen trugen die zahlreichen Eisenbahnlinien im Hinterland dazu bei, daß Vorstöße der Franzosen, Engländer und später der Amerikaner

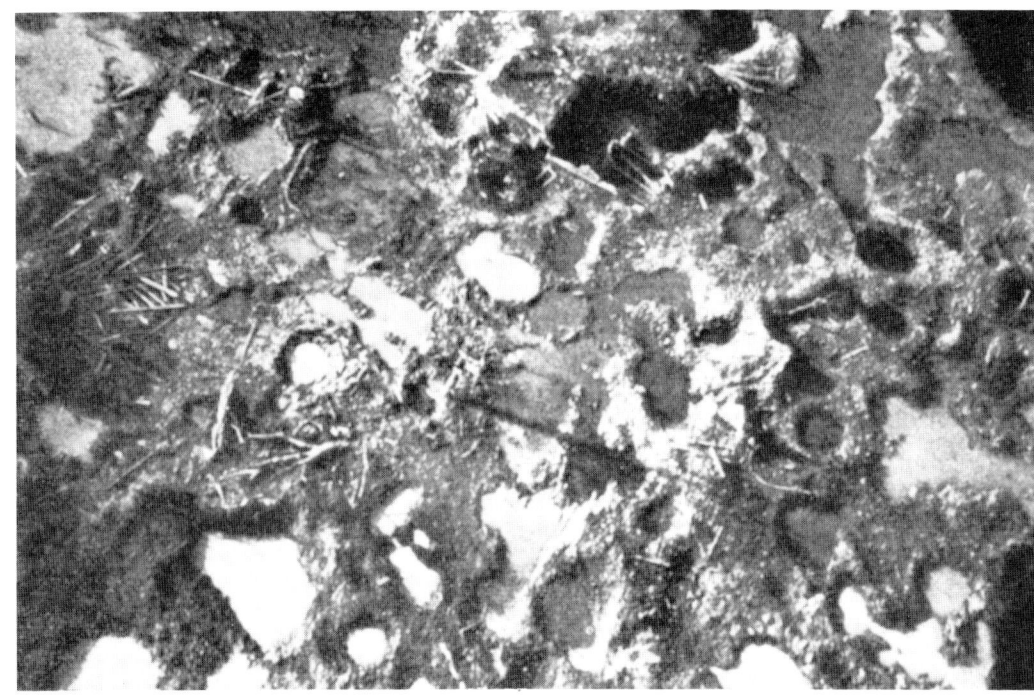

Übersät von Granat- und Bombentrichtern sah Flanderns Erde am Ende des Krieges 1918 aus

aufgefangen werden konnten. Diese Truppenverschiebungen machten freilich dem Einsichtigen spätestens 1916 klar, daß im Westen wie im Osten Reserven an Menschen und Material fehlten.

DIE DEUTSCHEN KOLONIEN IM KRIEGE
WEITERER KRIEGSVERLAUF

Zur weiteren Kriegsgeschichte, die hier in einer Eisenbahnhistorie nicht im einzelnen wiedergegeben werden kann, ist noch ergänzend zu sagen, daß seit 1884 die deutschen Kolonien in Afrika und Polynesien bestanden. Fast alle Bahnen dort fielen schon zu Beginn des Ersten Weltkriegs in Feindeshand. Nur in Deutsch-Ostafrika hielt sich die deutsche Schutztruppe unter Paul von Lettow-Vorbeck bis zum Waffenstillstand 1918, am Schluß durch einen Grenzübertritt in neutrales Gelände.

Als Rohstofflieferanten waren, allen Träumen zuwider, die Kolonien damit schon zu Kriegsbeginn ausgefallen. Der große Generalstab war sich schon im Anfang des »von ihm ungewollten« Krieges darüber im klaren, daß die Wirtschaftslage der Mittelmächte und seiner Gegner einen schnellen und endgültigen Sieg erforderte. Nach der Niederlage an der Marne war dieses Ziel versäumt worden. Nunmehr arbeitete die Zeit gegen die Mittelmächte. Das galt auch für die Eisenbahnen.

Die Eroberungen der ersten Jahre hatten im Westen und Osten bedeutende Erweiterungen der Streckenlänge gebracht. Zur Streckenlänge in Deutschland 1914 von rund 75 000 Kilometern (darunter auch 22 000 Kilometer Nebenbahnen und 2000 Kilometer Schmalspurbahnen) kamen jetzt im Militärbetrieb eingesetzte Bahnen von 25 576 Kilometern. Nahezu eine halbe Million Eisenbahner war im Feldeisenbahnwesen tätig. (Vergleiche Eisenbahnkarte zum Ersten Weltkrieg 1914/18.)

Frauen und Jugendliche wurden zur Verrichtung schwieriger Arbeiten eingezogen und eingeteilt. Es gibt Bilder von Frauenrotten mit Spitzhacken im Streckenbau.

Auch die Materialien zur Fortführung des Krieges und zur Aufrechterhaltung des Eisenbahnbetriebes fehlten. »Den Lokomotiven mußten in immer stärkerem Umfang der schwierig zu behandelnde Koks beigemischt werden. Die kupfernen Feuerbüchsen aus den Loks wurden ausgebaut und an die Munitionsfabriken geliefert. Kein Wunder, daß die Zugpferde, die Lokomotiven, bald in einen jämmerwürdigen Zustand gerieten« (Stieler, Staatssekretär und Chef des Reichseisenbahnamtes).

Es war das Hindenburgprogramm – im Volksmund Hungerprogramm –, das die letzten Kräfte der dahinsiechenden Mittelmächte noch einmal enervieren sollte. Doch wurde alles noch schlimmer. Es kam »der Kohlrübenwinter« 1917, der von einer schlechten Ernte begleitet war. Man aß Marmelade von unreifen Tomaten aufs trockene Brot, in dem man große Stücke von Kartoffeln auffinden konnte. Die Zwangsbewirtschaftung aller Lebensmittel hatte schon 1915 eingesetzt.

Zum zweitenmal trat das Auto in Form des Panzers seinen Vormarsch an: Mit 300 Tanks (Panzer) überraschten Briten in der Panzerschlacht bei Cambrai die Deutschen in ihren Stellungen. Die Schrecken bereitenden Stahlkolosse überwanden tiefe Gräben, und, obwohl viele von todesmutigen Handgranatenwerfern erledigt wurden, erzwangen sie den Durchbruch. Eingesetzt wurden auch neue französische Tanks; deutsche Tanks waren in Vorbereitung.

Auch die Franzosen unter General Foch wagen die Entscheidungsschlacht. Die deutschen Truppen weichen der Übermacht: Die deutsche oberste Heeresleitung gibt auf, sie schlägt sofortigen Waffenstillstand und Friedensverhandlungen vor.

Am 9. November 1918 wird die Deutsche Republik ausgerufen; Wilhelm II. dankt ab und begibt sich, gewissermaßen auf der Flucht, am 11. November 1918 ins Exil nach Holland (Doorn). Am 11. November tritt auch der Waffenstillstand in Kraft, der am 10. November in dem schon beschriebenen, historischen Eisenbahnwagen im Wald von Compiègne zwischen Deutschland und den Westmächten ausgehandelt worden war. Das war das Ende des Ersten Weltkrieges.

NACH DEM FRIEDENSVERTRAG VON VERSAILLES

Die Siegermächte schonten das besiegte Deutschland nicht. Schon vorab hatten die Eisenbahnen aufgrund der Waffenstillstandsbedingungen Lokomotiven, Personen- und Güterwagen abgeben müssen. Der Versailler Vertrag ergänzte die Ablieferungen, so daß die Länderbahnen insgesamt 13 000 Personenwagen, 280 000 Güterwagen und 8200 ausgesuchte Lokomotiven an die Siegerstaaten abgeben mußten.

Die im Vertrag festgelegten Gebietsabtretungen kamen die Länderbahnen teuer zu stehen. Neben dem Verlust an Betriebseinrichtungen, Material- und Lagervorräten waren die Netze zum Teil auseinandergerissen, Bahnhöfe isoliert oder von dem noch bestehenden restlichen Eisenbahnsystem abgeschnitten.

Insgesamt waren rund 8000 Kilometer Strecke verloren, davon im Osten, in Polen, Schlesien und Oberschlesien, Ost- und Westpreußen sowie Danzig, 4800 Kilometer an Polen; im Westen durch die Abtretung von Elsaß-Lothringen an Frankreich rund 2000 Kilometer, wozu noch Abtretungen an Belgien, Dänemark, Litauen und so weiter kamen. Im Osten ergab sich dadurch eine neue Organisation mit den Direktionen Frankfurt (Oder), Königsberg, Stettin und Breslau sowie der neuen Direktion Oppeln.

Durch den neu geschaffenen Korridor vom Reichsgebiet über Polen nach Ostpreußen führte eine einzige Linie: Schneidemühl – Dirschau – Marienburg.

Infolge der riesigen Kriegsverluste, zu denen die Abgaben an rollendem Material vor allem zu zählen waren, durch die Schwierigkeiten der Wiederbeschaffung und die beginnende Inflation wuchsen die Ausgaben der Länderbahnen ins Riesenhafte. Milliardenausgaben, denen wesentlich geringere Einnahmen gegenüberstanden.

Die Lage hatte sich für die Länder drastisch verändert. Sie, die bisher ihre Staatseisenbahnen nicht nur aus Souveränitätsgründen, sondern auch als erhebliche Einnahmequellen mit großer Energie gegenüber dem Reich verteidigten, sahen nun mit Bestürzung das Eisenbahndefizit sich vergrößern. Waren bisher auf 100 Mark Einnahmen im deutschen Durchschnitt 70 Mark Ausgaben zu verzeichnen, so betrug beispielsweise in Sachsen die Ausgabe 1919 73,34 Mark. Und das Verhältnis wurde jeden Tag ungünstiger, je mehr die Inflation zunahm.

So ist es verständlich, daß die Länder nunmehr der sogenannten »Verreichlichung« ihrer Bahnen keinerlei Widerstand mehr entgegensetzten.

DIE EISENBAHN IN MALEREI UND LITERATUR

Schon gleich nachdem die ersten Eisenbahnen liefen, beschäftigte sich der Spott der Zeichner und Karikaturisten mit ihnen. In Englands satirischer Zeitschrift »Punch« machten sie sich seit 1841 in fast jeder Ausgabe über die Dampfpferde lustig. Dabei haben die Zeichner zumeist die eigentliche technische Konstruktion nicht begriffen, oder sie ist ihnen gleichgültig; sie lassen komische Kessel auf vier Rädern mit vorgesetztem Schornstein in den Straßen sich tummeln und wie Rösser bei Rennen über Hürden springen.

Dann kommt – in Ermangelung der Photographie, die als Daguerreotypie erst 1834 in Erscheinung tritt – der möglichst getreue Bericht in Zeichnung, schwarzweiß, oder kolorierter Graphik, als Kupferstich oder Lithographie. Beispiele dafür finden sich auf den ersten Seiten des Buches. Die sogenannte Vedoutenmalerei, also die sachliche Wiedergabe einer Landschaft oder eines Gegenstandes, meist in romantischer Verklärung, nimmt das Thema gerne auf: die Darstellung ist flott, fast immer positiv und gefällig.

Die bedeutenden Maler übernehmen die Technik, also die Eisenbahn, die ihnen zunächst fremd, ja feindlich erscheint, erst später in ihre Arbeit. Immerhin ist der Engländer Turner mit seinem Bild »Regen, Dampf und Geschwindigkeit« (1844) wichtig, auch Menzel mit dem Gemälde »Berlin, Potsdamer Bahn« (1847). Zu erwähnen auch der österreichische Maler Alfred Kubin mit einer Federzeichnung von 1912, welche die Eisenbahn als bösartiges, durch die Landschaft spukendes Monstrum darstellt.

Sicherlich das bedeutendste Eisenbahngemälde stammt von Max Beckmann (1884–1950). Max Beckmann, ein hervorragender Maler unserer Zeit, mußte 1937 emigrieren, da seine Malweise – magischer Expressionismus – dem herrschenden Regime mißfiel. In seinem ersten Exil in Amsterdam 1942 träumt er vom Hauptbahnhof in Frankfurt, in dem er so viele Male sich in den Hallen, auf den Bahnsteigen, in den Wartesälen und im Restaurant aufhielt, dort trinkend und rauchend. Er hatte, lange Jahre in Frankfurt wohnend, den Bahnhof lieb gewonnen.

Auf dem Ölbild »Vision des Frankfurter Hauptbahnhofes« faßt er alles zusammen, was ihm dieser Bahnhof in der Erinnerung bedeutete: der von Mond und

„*Lokomotiv ~ Wettrennen* "

Lokomotivwettrennen, Kombination, 1847

künstlichem Licht beleuchtete, ja, verklärte nächtliche Bahnhof mit seiner Eingangshalle; Symbol der Heimat, der selbstgewählten Künstlereinsamkeit, der magischen Wirkung eines Eingangstors zur Welt. Diese gewaltige, dreiteilige Eingangsfront mit fast menschenleerem Platz wird bewacht von einer Katze, der Seelenfreundin der Maler und Dichter. Gibt es ein schöneres Sinnbild für die Sehnsucht eines unschuldig Verstoßenen nach der alten Heimat? Hier leuchtet der Bahnhof als Rückkehr und Ausgang so vieler Schicksale, so vieler menschlicher Brennpunkte, als großartige nächtliche Vision auf.

Um die Jahrhundertwende gibt es entsprechend der mächtigen Stellung der Eisenbahn schon Spezialisten der Eisenbahnmalerei, allen voran Hermann Pleuer (1863–1911), zugleich ein Vertreter der expressionistisch-realistischen Malerei. Ihm hat es die Eisenbahn besonders angetan. In vielen Skizzen und Ölbildern hat er dieses Thema, vor allem die Dampflokomotiven, dargestellt: nicht bösartig, nicht unangenehm, doch seltsam berührt von der Einbindung dieser großen Wesen in Luft, Dampf und die technische Welt schimmernder Gleise, die oft nur angedeutet sind.

Der Maler Gustav Schopf, geboren 1899, hat ebenfalls eine Vorliebe für technische Themen. Seine »Eisenbahn« von 1940 gibt noch einmal, bevor die Lokomotiven ausstarben, einen Eindruck von Gewalt und Mächtigkeit dieser phantastischen Ungeheuer (Rücktitel). In der Farbigkeit der Darstellung erinnert das Bild mit seiner »Dichte und Entschiedenheit an den französischen Fauvismus« (Gall).

Das Thema »Die Eisenbahn in der Literatur« besitzt einen weit gesteckten Rahmen. Es beginnt mit Goethes Äußerung zu Eckermann vom 23. Oktober 1828 (1825 erste Bahn Stockton–Darlington): »Mir ist nicht bange, daß Deutschland nicht eins werde; unsere guten Chausseen und künftigen Eisenbahnen werden schon das ihrige tun!« Dazu muß man wissen, daß Goethes drei Enkel, sie waren im Zeitpunkt des letzten Lebensjahres Goethes (1832) 14, 12, und 5 Jahre alt,

234

mit einer Spielzeugeisenbahn gespielt haben.
Goethe hat diese kleine Bahn gewiß gekannt und betrachtet.

Zu Beginn des Eisenbahnzeitalters freilich kann man keineswegs die Zuversicht Goethes als überwiegende Meinung annehmen. Er selbst, vor die Frage gestellt, wie er das »heraufkommende Maschinenzeitalter« sehe, antwortete mit Zweifeln und Bedenken.

Unter den Dichtern des Biedermeier, also der deutschen Romantik, finden sich Stimmen wie Justinus Kerners Gedicht (1786–1862) »Im Eisenbahnhofe«, verwandt mit dem schönen, dem Posthorn gewidmeten Gedicht Eichendorffs:

Hört ihr den Pfiff, den wilden, grellen,
Es schnaubt, es rüstet sich das Tier,
Das eiserne, zum Zug, zum schnellen,
Herbrausts wie ein Gewitter schier . . .

Dampfschnaubend Tier! Seit du geboren,
Die Poesie des Reisens flieht;
Zu Roß mit Mantelsack und Sporen,
Kein Kaufherr mehr zur Messe zieht.

Kein Handwerksbursche bald die Straße
Mehr wandert froh im Regen, Wind,
Legt müd' sich hin und träumt im Grase,
Von seiner Heimat schönem Kind.

Kein Postzug nimmt mit lust'gem Knallen
Bald durch die Stadt mehr seinen Lauf,
Und wecket mit des Posthorns Schallen,
Zum Mondenschein den Städter auf . . .

Fahr' zu, o Mensch! Treibs auf die Spitze,
Vom Dampfschiff bis zum Schiff der Luft!
Flieg' mit dem Aar, flieg' mit dem Blitze!
Kommst weiter nicht, als bis zur Gruft.

Die Eisenbahn ist so neu, so unverständlich, so unbegreiflich, daß man zeitgenössische Äußerungen vom Teufelszeug, vom Zauber- und Blendwerk bis zum fast göttlichen Wunderwerk sowohl in der nur beschreibenden als auch in der poetischen, sogenannten schönen Literatur finden kann.

Wem das seltsam oder lachhaft vorkommt, der sei daran erinnert, daß unsere dritte technische Revolution, die Ende des zwanzigsten Jahrhunderts einsetzende Computerzeit, mit ihrem Kauderwelsch der Computersprache genau die gleiche Wirkung auf nicht informierte Laien auslöst. Diese neuen Medien sind zwar nicht mehr Teufelswerk, aber sie werden mit ihrer Bildschirminformatik, ihren Datensystemen und ihren Verkabelungskünsten insgeheim als krankmachend, ja als krebserregend denunziert. Auch argwöhnt man, daß sie infolge übermächtiger technischer Intelligenz eines Tages den Menschen beherrschen, anstatt ihn zu bedienen vermöchten, ja vielleicht den furchtbaren, alles Leben beendenden Atomkrieg starten könnten. Ein Trost: Auch die neue Medienwelt läßt sich wie die Eisenbahn »erfahren«.

Damals, etwa Mitte der fünfziger Jahre des letzten Jahrhunderts hatten Peter Rosegger (1843–1918), der Waldbauernbub und sein Pate Jochen die Absicht, nach Maria Schutz am Semmering zu wallfahren. Der Vater Rosegger, dazu befragt, sagte: »Meinetweg', da kann der Bub gleich die neue Eisenbahn sehen, die sie über den Semmering jetzt gebaut haben. Das Loch durch den Berg soll schon fertig sein.« »Behüt' uns der Herr«, rief der Pate, »daß wir das Teufelszeug anschaun! 's ist alles Blendwerk, 's ist alles nicht wahr«.

Bevor sie die Kirche betreten, sehen die beiden den Zug in den Tunnel einfahren. Sie sind entsetzt. In der Nacht auf dem Heuboden, vor dem Einschlafen, ficht den Paten das »Teufelszeug« an. Die beiden beschließen, doch mit der Bahn durch das Loch zu fahren. Bei der Einfahrt, das Abläuten des Zuges in den Ohren, murmelt der Pate: »Das ist meine Totenglocke.« Bei der Ausfahrt aus dem Tunnel aber, als sie »im grünen Tale fuhren, da stieß den Peter der Pate an der Seite: Du, Bub. Das ist gar aus der Weis' gewesen, aber jetzt – jetzt hebt's mir an zu gefallen. Richtig wahr, der Dampfwagen ist was Schönes«!

So nämlich, durch Erfahrung, sind auch die letzten Bergbauern klüger geworden.

Schon vorher hatten sich die Gelehrten belehren lassen. Jetzt bemächtigten sich auch die Dichter des Abenteuers Eisenbahn. Heinrich Heine (1777–1856) jubiliert aus Paris bei der Eröffnung der Bahnstrecken nach Orléans und Rouen (Mai 1843) über die Eisenbahn: »Ein providentielles Ereignis, das der Menschheit einen neuen Umschwung gibt . . . Es beginnt ein neuer Abschnitt in der Weltgeschichte . . . Sogar die Elementarbegriffe von Raum und Zeit sind schwankend geworden. Mir ist, als kämen die Berge und Wälder aller Länder auf Paris angerückt. Ich rieche schon den Duft der deutschen Linden; vor meiner Tür brandet die Nordsee . . .«

Nach diesen ersten positiven Äußerungen tritt die inzwischen etablierte Eisenbahn auch in den Raum der Weltliteratur ein, freilich zumeist nur als Accessoire oder als Ambiente. So bei Fontane (1819–1898) in der Erzählung »Thale Zweiter« oder bei der Schilderung der Stimmung, als Effi Briest den Danziger Schnellzug vorüberfahren sieht. Eine Ausnahme bildet Gerhart Hauptmanns (1862–1946) »Bahnwärter Thiel«, das Schicksal eines Bahnwärters, dessen Kind überfahren wird. Überhaupt reizt der Unfall bei der Bahn die Phantasie der Dichter, so in Fontanes Gedicht »Die Brück' am Tay« oder im »Blitzzug« Detlev von Liliencrons (1844–1909) mit seinen, die Schienenmelodie nachzeichnenden Zeilen: »Quer durch Europa von Westen nach Osten rüttert und rattert die Bahnmelodie . . .«

Bis zu der, ihren Zeitstil nicht verleugnenden Expressionistenzeile: »Halthalthalthalthalthalthalthaltein. Ein andrer Zug fährt schräg hinein . . .«

Auch Thomas Manns Novelle »Das Eisenbahnunglück« darf hier nicht vergessen werden.

Einen eigentlichen bedeutenden deutschen Eisenbahnroman gibt es freilich nicht, doch viele Bücher und später Taschenbücher mit Eisenbahnerzählungen, -novellen und -geschichten. Das gleiche gilt übrigens auch für den mit der Eisenbahn aufgekommenen Tourismus, der bis heute einer großen dichterischen Darstellung entbehrt.

Doch sind nicht nur tragische Episoden der Bahn in der deutschen Literatur dargestellt worden, sondern auch lustige. So hat uns Morgenstern (1871–1914) den Großstadtbahnhoftauber vorgestellt:

»Der Großstadtbahnhoftauber pickt,
was Gott sein Herr ihm fernher schickt.

Aus Salzburg einen Zehntel Kipfel,
aus Frankfurt einen Würstchen-Zipfel.

Aus Bozen einen Apfelbutzen
und ein Stück Käs aus den Abruzzen.

So nimmt er teil, so steht er gleich
wer immer wem im Deutschen Reich

und außerhalb und überhaupt,
so weit man an dergleichen glaubt.«

Oder Ringelnatzens (1893–1934) unvergeßlicher Sauerampfer, der auf dem Damm steht zwischen den Gleisen:

»Sah Züge schwinden, Züge nahn.
Der arme Sauerampfer
sah Eisenbahn um Eisenbahn,
Sah niemals einen Dampfer.«

Eines der frühesten Gedichte, entstanden 1847 beim Bau der Eisenbahn in Oberschwaben, wohl ein Studentenulk, heißt: »Auf de schwäb'sche Eisebahne . . .« Im gewissen Sinn ist es zur Nationalhymne der Eisenbahn geworden.

Aus unserer Gegenwart sei auf Eugen Roths launige Eisenbahngedichte aus dem Zyklus »ein Mensch« hingewiesen. Eines der witzigsten wohl, das die Bahn eine Zeitlang sogar im Vorspann zum großen Kursbuch abdruckte, ist das Gedicht vom Zug, der genau an dem einzigen Tag nicht fährt, an dem ihn »ein Mensch« benützen will. Grund: Er hat im Kursbuch zwar nachgesehen, aber dabei »das kleine ‚f' ihn äffend« nicht bemerkt, das den Ausfall des Zuges an eben diesem Tage anzeigt.

Eisenbahn und Literatur: Zu einem großen Wurf ist es nur in der Lyrik – »Die Brück' am Tay« und in der Novelle »Bahnwärter Thiel« – gekommen. Eisenbahn und Tourismus stehen in der deutschen Romanliteratur auf dem Nebengleise.

IX Die Zeit zwischen den beiden Weltkriegen
Das Dritte Reich beginnt

Die Reichsverfassung von Weimar bestimmt in Artikel 80: »Aufgabe des Reiches ist es, die dem allgemeinen Verkehr dienenden Eisenbahnen in sein Eigentum zu übernehmen und als einheitliche Verkehrsanstalt zu verwalten.«

Artikel 171 lautet: »Die Staatseisenbahnen gehen spätestens am 1. April 1921 auf das Reich über.«

»Spätestens«, das war das Stichwort.

Denn weder wollten die Länder ihre Bahnen zu eigen behalten, noch wollten die Siegermächte mit den acht Bahnverwaltungen verhandeln. Adressat ihrer Forderungen war das durch die Weimarer Verfassung von 1919 neu konstituierte Deutsche Reich. Zu schnellem Handeln zwang die akute Notlage der Bahnen, vor allem der Kohlemangel, der zu rigorosen, zeitenweisen Stillegungen des Verkehrs führte.

Der Schnellzugverkehr wurde eingeschränkt; der Güterverkehr ab Oktober 1919 auf die Hälfte der bisher gestellten Wagen reduziert. Diese kritischen Verhältnisse zusammen mit der sich im Gefolge der Inflation immer mehr anspannenden Finanzlage brachten Reich und Länderregierungen an den Verhandlungstisch.

Was der Krieg und jahrelange Vorstöße, vor allem der Staaten Baden und Württemberg, die immer an Preußen, Bayern und Sachsen gescheitert waren, nicht zustande brachte: Jetzt war es soweit.

Am 31. März 1920 kam der Staatsvertrag zwischen Reich und Preußen, Bayern, Württemberg, Baden, Sachsen, Hessen, Mecklenburg-Schwerin und Oldenburg zustande. Er wurde Reichsgesetz am 31. März 1920 mit Wirksamkeit vom 1. April 1920, also ein Jahr früher als vorausgeplant (ursprüngliches Datum: 1. April 1921).

Im Grunde war es ein Kaufvertrag, nach dem das Reich ». . . das Eisenbahnunternehmen jeden Landes als Ganzes mit allem Zubehör und mit allen damit ver-

bundenen Rechten und Pflichten« übernahm. Auch Fähren, Bodensee-Schiffahrt, Häfen, Kraftwagenbetriebe und Grundstücke. Auch das Personal, soweit nicht anders gewünscht, wurde vom Reich übernommen.

Praktisch vorgesehen war eine Abfindungssumme von neun Milliarden Mark, der eine Übernahme schwebender Schulden der Länder in Höhe von rund 17 Milliarden vorausgehen sollte. Das alles stand auf dem Papier – bezahlt wurde nie ein Pfennig. Die Inflation, die mit der Rentenmark beendet wurde, machte die ganze Sache hinfällig. Am 20. November 1923 wird die deutsche Währung auf Dollarbasis stabilisiert.

Ein Dollar ist gleich 4,2 Billionen Mark. Eine Billion alter Reichsmark wird jetzt von der Reichsbank in eine Rentenmark umgetauscht.

Bis dahin hatten alle Kommunen und größeren Firmen – auch die Deutsche Reichsbahn – Ersatzgeld (Notgeld) gedruckt und ausgegeben.

Der Autor erinnert sich, daß er als Knabe an einem kalten Wintertag in der Bäckerei Frühstücksbrötchen für viele Milliarden holen sollte. Vor den Treppenstufen zum Laden saß ein einbeiniger alter Bettler, die Mütze auf dem Schoß. Der Bäcker gab einen Zehn-Milliarden-Schein zurück, den der Knabe dem Bettler in die Mütze werfen wollte. Aber der Bettler rief böse, indem er die Hand über die Mütze hielt: »Deinen ›Lumpenkrust‹ kannst du behalten!«

Die neue Reichsbahn erhielt auch eine neue Verwaltungsordnung. Nicht daß an der alten, bewährten, dreistufigen Verwaltung etwas geändert worden wäre: Nur die Spitzenorganisation verlangte nach einer neuen Form, nachdem die Länder als oberste Herren der eigenen Eisenbahnen weggefallen waren.

Zunächst einmal hießen die Eisenbahndirektionen und die Generaldirektionen der Staatseisenbahnen seit Juli

Verflechtung der Organisationen Reichsautobahnen und Reichsbahn

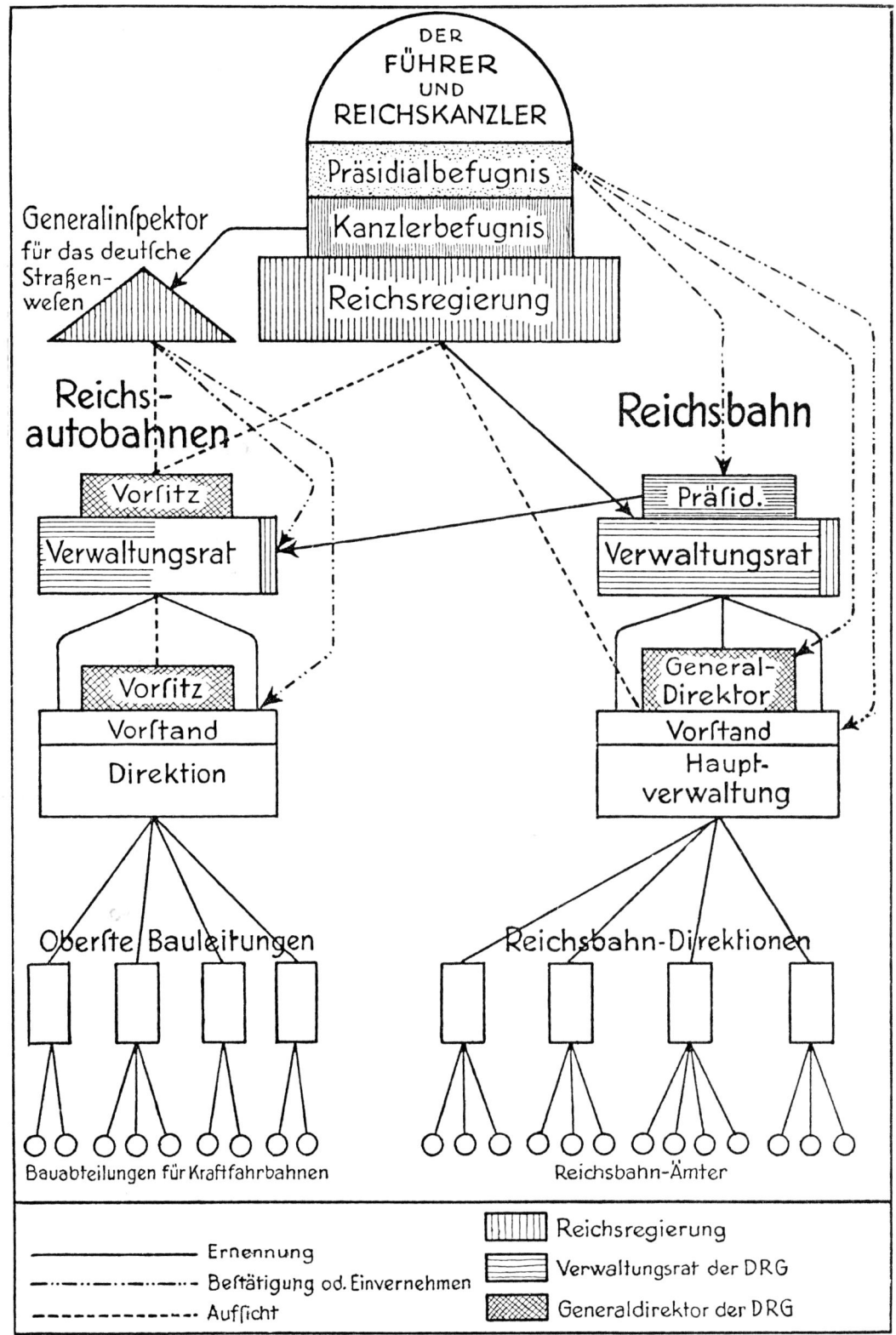

1922 Reichsbahndirektionen. Über die Schaffung von Zweigstellen im neugegründeten Reichsverkehrsministerium gelangte man zu einer alle Ländereisenbahnen vereinheitlichenden Organisationsform, bis 1924 zu einer »alle Reichseisenbahnen umfassenden Verkehrsanstalt, die als selbständiges Wirtschaftsunternehmen verwaltet und betrieben werden sollte«.

Als erratischer Block und als Zugeständnis an die Selbständigkeitsbestrebungen in Bayern ragte aus dieser neuen einheitlichen Form lediglich die »Gruppenverwaltung Bayern« hervor; dies dauerte bis zu ihrer Auflösung 1933.

Die Spitze der Eisenbahnverwaltung war der Reichsverkehrsminister. Er besaß ein Anordnungsrecht in allen Eisenbahnfragen. Auch vertrat er die Bahn gegenüber der Regierung, dem Reichstag und dem Reichsrat.

Ein tragisches Zwischenspiel war die militärische Besetzung des Ruhrgebiets durch Franzosen und Belgier im Januar 1923. Anlaß war ein Streit zwischen den Besatzungsmächten und der Regierung über Reparationszahlungen. Die Regierung rief den passiven Widerstand aus. Der Gewissenskonflikt zwischen dem Dienstherrn und den Okkupanten, der Zwangsverpflichtung betrieb, traf mit voller Härte die Eisenbahner als die Repräsentanten des dominierenden, ja, einzigen Verkehrsmittels für Kohle und Stahl: 25 000 Arbeiter und Beamte wurden mit Familien ausgewiesen, 30 000 verloren ihre Wohnungen, Mißhandlungen waren an der Tagesordnung, 12 Eisenbahner verloren ihr Leben. Zwar zog die Regierung ihren Aufruf zurück, doch die Folgen für die Betroffenen wogen schwer. Erst 1925 endete die Besatzung.

Das Ende der Inflation brachte mit dem Beginn des Jahres 1924 einen ersten Aufschwung mit sich. Die Siegermächte begriffen, daß sie von einem schwachen, notleidenden Besiegten keine Reparationen erwarten konnten. Nach monatelangen Verhandlungen kam es zum Dawes-Plan, der vorsah, daß die Deutsche Reichsbahn zum 11. Oktober 1924 in eine Gesellschaft umgewandelt werde.

Im Verwaltungsrat saßen neben deutschen vier ausländische Mitglieder und ein Eisenbahnkommissar, der weitgehende Vollmachten besaß. Der Hintergrund der Umwandlung war der Zugriff der Sieger auf die ertragsreichsten Posten des Haushaltsplanes. Dazu zählte an erster Stelle die Bahn. Nur wenn die Bahn aus der Organisation des Reiches herausgelöst und mit Krediten versehen würde, so rechneten die Urheber des Dawes-Plans, konnte sie frei wirtschaften, »eine angemessene Rente aus dem Kapital« erzielen und die Reparationsschulden bezahlen. Die Rechnung ging auf.

Nach einer Übergangszeit – der Young-Plan von 1930 änderte die Zahlungsmodalitäten – hatte die neue Gesellschaft jährlich wie bisher 660 Millionen Goldmark an die Bank für internationalen Zahlungsausgleich in Basel zu überweisen. Diese Zahlungen endeten aufgrund des Vertrages von Lausanne Mitte 1932, nachdem insgesamt über vier Milliarden Goldmark Reparationszahlungen geleistet worden waren.

Der seit 1924 festzustellende allgemeine Aufschwung setzte sich bei der Reichsbahngesellschaft unter der neuen Leitung in erstaunlichem Umfang fort. Rudolf C. Oeser, ein Politiker, übernahm als erster den schwierigen Posten des Verkehrsministers, schon bei der Be-

Julius Dorpmüller (1869–1945)

JULIUS DORPMÜLLER 1869–1945

Julius Dorpmüller ist ältestes Kind des Heinrich Dorpmüller, Eisenbahningenieurs in Elberfeld. Die Vorfahren stammen aus dem Bergischen Land, wo sie an der Dörpe eine Mühle besaßen und sich als selbständige Eisenwerker betätigten.

Julius nimmt nach dem Abitur ein Studium als Bauingenieur auf, besteht die vorgeschriebenen Prüfungen und gelangt schließlich als planmäßiger Regierungsbaumeister 1904 zur Eisenbahndirektion Saarbrücken, wo er Bahnhofsumbau- und -neubauten zu beaufsichtigen hat.

Doch der infolge der Verwaltungsorganisation entstandene Kleinkrieg zwischen den einzelnen Sparten auf der Direktion interessierte ihn nicht. Er nimmt 1907 eine Stellung als technischer Leiter der Shantung-Bahn in Tsingtau an. August 1917, inzwischen zum Chefingenieur der Kaiserlich Chinesischen Staatsbahn avanciert, flieht er nach der Kriegserklärung Chinas an Deutschland und gelangt schließlich aufgrund seiner internationalen Tätigkeit nach Essen als Reichsbahndirektionspräsident, um an den Verhandlungen um den Dawes-Plan teilzunehmen. 1925 wird er stellvertretender Generaldirektor, 1926 Generaldirektor der neuen deutschen Reichsbahngesellschaft, der damals größten Betriebsgesellschaft der Welt.

Von diesem Zeitpunkt an ist Julius Dorpmüller unbestritten der Herr der Bahn über einen Zeitraum von fast zwanzig Jahren, einen Zeitraum, in dem die Demokratie von Weimar in die Hitler-Ära mündet, die mit einer Katastrophe unvorstellbaren Ausmaßes endet. Aber auch das ist nicht das Ende der Karriere Dorpmüllers. Vom 20. Mai 1945 bis zu seinem Tode am 23. Juni 1945 nimmt er im Auftrag der Alliierten die Arbeit an dem Wiederaufbau der Bahn auf.

rufung ein sehr kranker Mann. Man gab ihm am 3. Juli 1925 den bisherigen Präsidenten der Reichsbahndirektion Essen, Julius Dorpmüller, zur Seite. Ein Jahr später, nach Oesers Tod, wählte ihn der Aufsichtsrat einstimmig zum Nachfolger.

Die Eisenbahngeschichte der folgenden Jahre ist nicht verständlich ohne die Beschreibung derjenigen Handelnden, die aufgrund ihrer Persönlichkeit und Leistung den Kurs der Bahn bestimmten. Vor allem den Generationen, die die Weimarer Republik und das anschließende Naziregime nicht erlebt haben, ist die übliche historische Abfolge unerklärlich, wenn nicht unglaubhaft.

Seit 1926 also führt Julius Dorpmüller im Sinne des Aufsichtsrates die Deutsche Reichsbahngesellschaft. Es ist eine ungeheuer schwierige Aufgabe, einerseits Wiederaufbau und Innovationen einzuleiten, zu rationalisieren und gleichzeitig die hohen Tribute an die Sieger zu leisten.

Es ist bewundernswert wie Dorpmüller, der erste Techniker im höchsten Amt der Bahn, die Organisation leitete und ausbaute, zugleich sich der rasch zunehmenden Elektrifizierung widmete, die Fortschritte der Verdieselung beobachtete und förderte, den Betrieb auf dem über 53 000 Kilometer großen Streckennetz zu großer Pünktlichkeit anhielt und auch Fragen des Personen- und Güterverkehrs schnell und sachverständig entschied.

Bei all dem ließ er den Mitarbeitern weitgehend freie Hand. Zu bedenken ist dabei freilich auch, daß die Gesellschaft frei von den damaligen politischen und gesellschaftlichen Querelen der internen Weimarer Republik blieb; daß keine störenden oder unbilligen Eingriffe, weder der Reichsverwaltung noch der Kommunen möglich waren und daß die Bahn nach wie vor, trotz des langsam aufkommenden Kraftverkehrs und der ersten Doppeldecker und Kabinenflugzeuge, das dominierende, große Generalverkehrsmittel war, auf das jedermann und jede Firma wie Behörde, jede kleine Fabrik angewiesen war. Das sollte sich allerdings bald ändern.

In dieser mühsamen Aufbauzeit entstehen ein paar Ergänzungslinien, von denen vor allem der 11 Kilometer lange Hindenburgdamm zu erwähnen ist. Mit seiner Eröffnung am 1. Juni 1927 wird die Nordseeinsel Sylt an das Schleswig-Holsteinische Festland angeschlos-

Der Hindenburgdamm zur Insel Sylt

sen. Es ist auch heute noch die einzige Landverbindung zur Insel:Autos werden auf Flachwagen mit der Bahn transportiert.

In einer Münchner Zeitung von 1925 wird der Gedanke an ein deutsches Autobahnsystem ventiliert. Auch die Idee einer »Hafraba«, einer Schnellautostraße von Hamburg über Frankfurt nach Basel, wird von den Verkehrsexperten lebhaft diskutiert.

Nach dem Vorbild des Hindenburgdammes sollte auch die Ostseeinsel Rügen an die Küste Mecklenburgs herangebracht werden; der Damm wurde 1936 vollendet, die Fährverbindung Stralsund–Altefähr aufgehoben.

In den Konstruktionsbüros der Bahn herrschte eifriger Betrieb. Die Elektrifizierung machte in Bayern, am Oberrhein und im mitteldeutschen Raum Fortschritte. Schon jetzt ließ sich erkennen, daß große wirtschaftliche Vorteile in diesem System steckten: Die Fähigkeit, höhere Geschwindigkeiten zu erzielen, das hatten elektrische Lokomotiven ja schon zu Beginn des Jahrhunderts in Berlin bewiesen. Das waren Geschwindigkeiten, die beträchtlich höher waren als sie offensichtlich den Dampflokomotiven möglich schienen.

Auch der Gedanke, den inzwischen verbesserten Dieselmotor, der sich in Schiffen und Schwerlastkähnen, aber auch stationär bewährte, der Eisenbahn nutzbar zu machen, reifte in den Entwurfsbüros. In Berlin-Friedrichsfeld, in Augsburg und Nürnberg und in Gaggenau gab es dafür Konstruktionszeichnungen. Eine erste Diesellok von Diesel vor dem Ersten Weltkrieg konstruiert, konnte in ihren Leistungen allerdings noch nicht überzeugen.

Diese hochfliegenden Pläne der Bahn auf allen Gebieten, die von einer zunehmenden Gesundung und Sta-

Erste elektrische Loks bewähren sich: 1C1 von 1913 auf der Wiesen- und Wehratalbahn (Badische Staatsbahn), 70 km/h

bilisierung zeugten, gerieten ebenso wie der sich ab-
zeichnende Aufschwung in die für viele überraschend
ausbrechende Weltwirtschaftskrise, die mit dem
»schwarzen Freitag« am 29. Oktober 1929 einsetzte.
Sehr rasch verschlechterten sich jetzt die Bedingungen
für die deutsche Wirtschaft und damit auch für die
Bahn. Die Absatzmärkte stockten, die Produktion
mußte eingeschränkt werden, die Zahl der Arbeitslosen wuchs rapide.

Jetzt wurde auch der Kampf unter den Parteien der
Weimarer Republik heftiger. Wie ein frühes Warnsignal
hatte sich 1924 aus der Festungshaftanstalt Landsberg
am Lech eine Stimme erhoben, die damals fast unbekannt, kaum gehört, später mit ihrem durch Lautspre-
cher noch verzerrten, unheilvollen, heiseren, tiefen
Klang, der oft in ein Brüllen überging, Millionen Menschen erstarren ließ. Die Anhänger freilich waren be-

geistert. Es war Adolf Hitler, der verkündete, daß nun
endlich auch der Generalangriff gegen die Deutsche
Reichsbahn gelungen (sei), »die nun zu Händen des
internationalen Finanzkapitals überwiesen wird«
(»Mein Kampf«). Hitler meint die Reichsbahngesellschaft mit ihrem international besetzten Verwaltungsrat
und die der Gesellschaft auferlegten Reparationszahlungen.

Auf diesem Vorwurf und vielen anderen baute sich Hitlers ständig zunehmende Aggressivität in seinen vor
immer mehr zunehmenden Zuhörerzahlen produzierten Redenkaskaden auf. Sie gipfelten in dem Vorwurf
an die Regierung, sie betreibe eine heillose »Verwirt-
schaftung« des deutschen Volkes.

Die stets steigende Arbeitslosenzahl steigerte die zunehmende Spannung der inneren Atmosphäre im
Reich; die Parteien des Weimarer Staates gerieten in

242

1D01-Versuchslokomotive der Deutschen Reichsbahn mit Tatzlagermotoren (1928), Höchstgeschwindigkeit 110 km/h

In den 30er Jahren bewährte Personen- und Güterzuglok E 77, eine 1B B1. Ein schon der modernen Form angenähertes Design

einen ausweglosen Streit miteinander, während auf den Straßen bürgerkriegsähnliche Auseinandersetzungen zwischen den uniformierten Kampforganisationen der äußersten Rechten und der Linken tobten.

Fast die Hälfte der Arbeiter (44%) war im Jahre 1932 arbeitslos. Die Prozentzahl der mit Kurzarbeit Beschäftigten betrug 22,6%, so daß praktisch nur jeder dritte Arbeitnehmer eine sichere Arbeitsstelle besaß. Steuererhöhungen und Lohn- und Gehaltssenkungen versetzten die Masse der Arbeitnehmerschaft in eine hoffnungslose Stimmung. Deutschland stand vor dem Bürgerkrieg.

Da, gerade als sich erste Morgenlichter am Horizont zeigten, die Arbeitslosigkeit zurückging, Hitlers Nationalsozialistische Deutsche Arbeiterpartei einen Mitgliederschwund und einen Wählerrückgang zeigte, da ernannte der greise Feldmarschall von Hindenburg Adolf Hitler zum Reichskanzler.

X Drittes Reich
Hitlers Befehl zur Motorisierung, die Reichsautobahn
Der Zweite Weltkrieg beginnt
Leistung der Reichsbahn im Zweiten Weltkrieg

Die von Hitler angestrebte und prophezeite Machtübernahme ist vollzogen. Genauer gesagt, sie ist Hitler geglückt. Entgegen der Annahme im Ausland ist die neue Regierung völlig legitim und legal zustande gekommen. Sie ist gesetz- und rechtmäßig.

Bis jetzt stellen die Herren von der NSDAP in der neuen Reichsregierung noch die Minderheit dar. Es sind nur drei Mitglieder von Hitlers Partei in der Regierung enthalten: Hitler, Frick (Innenminister) und Göhring als Minister ohne Geschäftsbereich. Er übernimmt jedoch sogleich das preußische Innenministerium.

Post- und Verkehrsminister, damit auch für die Bahn zuständig: Freiherr von Eltz-Rübenach, den man einer rechts gerichteten Gruppe zuzählt.

Über die Beziehungen Hitlers zur Bahn nach der Machtübernahme wird von den Kommentatoren und Biografen wenig oder nichts berichtet. Man könnte annehmen, er habe Wichtigeres oder Dringenderes zu tun gehabt, als sich um einen Teil der Verkehrsverwaltung zu kümmern. – Die Bahn war trotz ausländischer Einflußnahme und trotz der Gesellschaftsform immer noch Eigentum des Reiches.

Daß Dorpmüller im »Völkischen Beobachter« so gut wie in kommunistischen Blättern immer wieder angegriffen wurde, war alltäglich und geschah allen ehemaligen »Bonzen« der Zeit vor 1933.

Aber diese Annahme trügt. Hitler hatte die Bahn nicht vergessen; auch war er tief durchdrungen von der Wichtigkeit des Verkehrs für das Kriegswesen. »Der kleine Rädelsführer«, wie er sich selbst auf einem Schulfoto bezeichnete, dachte in allererster Linie militärisch, und zu diesem militärischen Denken gehörte selbstverständlich die Transportleistung der Bahn.

HITLER UND DIE BAHN

Hitler war nachtragend. Er hat Kritiker, Verhöhner und Belächler nie vergessen. Wer sich ihm in den Weg stellte, wurde ins Konzentrationslager gesteckt, anläßlich der Röhm-Revolte erschossen oder später ins Gas geschickt.

So hat er auch den »Zug nach Coburg«, den er in »Mein Kampf« schildert, nie vergessen. Es war im Oktober 1922, als Hitler mit seiner Truppe nach Coburg per Zug fahren wollte.

»Plötzlich erklärte uns am Bahnhof das Eisenbahnpersonal, daß es den Zug nicht fahren würde. Ich ließ darauf einigen Rädelsführern mitteilen, daß wir dann selbst fahren würden, allerdings auf Lokomotive und Tender. Daraufhin fuhr der Zug sehr pünktlich ab . . .«

Das hat Hitler der Eisenbahn und vor allem den Eisenbahnern nie vergessen. Hier war noch eine Rechnung zu begleichen. Und er beglich sie so gründlich, daß die Bahn in der Bundesrepublik es heute noch schwerer hat als andere Bahnen in vergleichbarer Lage. Auch paßte es ihm vorzüglich in sein Konzept. Für das erste konnte er nämlich an der rechtlichen Lage der Bahn nichts ändern. Wohl aber konnte er ihre Wettbewerbslage umgestalten.

Daß dies nicht eine pure These des Autors ist, beweist folgendes Schlaglicht vom 7. Februar 1932: »Der deutsche Eisenbahner« zitiert aus Leitartikel des »Völkischen Beobachters«, Zentralorgan der NSDAP, vom 23. Januar 1933, also kurz vor der Machtübernahme: »Wenn der rote Eisenbahnverband mit politischem Streik droht, nun, dann werden eben nationalsozialistische Eisenbahner auf die Maschine steigen«. »Der

Eisenbahner« erwidert: »Ganz gut, die Offenheit. Die Eisenbahner in der eisernen Front werden die Nazisten gebührend hinauf und hinunter befördern.«

Wenn man auch aus den Hitler-Biografien wenig oder nichts über »Hitler und die Bahn« erfährt, dann um so viel mehr, wenn man die Gesetze, Verordnungen und Weisungen der ersten Jahre der Hitlerzeit studiert. Da geht es nicht mehr um Deutungen und Auslegungen, sondern um in Gesetzes- oder Verordnungsform festgelegte Befehle, denen die Ausführung auf dem Fuße folgt.

Auch diese »Befehle« waren nicht neu ersonnen: Man findet sie schon 1924 in »Mein Kampf«: »Der allgemeinen Motorisierung der Welt, die im nächsten Kriege schon in überwältigender Weise kampfbestimmend in Erscheinung treten wird, könnte von uns fast nichts entgegengestellt werden.«

Dies ist der Ursprung zum Befehl zur Motorisierung vom Februar 1933. Demgemäß wird nach Gesetz vom 27. Juni 1933 die Deutsche Reichsbahngesellschaft zum Bau und Betrieb eines leistungsfähigen Netzes von Kraftfahrbahnen beauftragt, ein Zweigunternehmen zu errichten, welches den Namen »Reichsautobahnen« trägt. Das Unternehmen ist eine juristische Person des öffentlichen Rechts. Es hat seinen Sitz in Berlin.

Gewissermaßen begütigend wird in § 3 dem neuen Unternehmen das ausschließliche Recht zum Bau und Betreiben von Kraftfahrbahnen zugestanden. Nach § 7 hat das Unternehmen »Reichsautobahnen« das Recht, Benützungsgebühren zu erheben. (Immer wieder wird mit Hinweis auf Frankreich auch bei uns das Erheben einer Benutzungsgebühr in der Presse gefordert. Sie ist bisher von zuständigen Stellen stets abgelehnt worden.) In der allerletzten Zeit ist diese Frage wieder in der Presse aufgeworfen worden; es gibt Argumente dafür und dagegen. Daß allerdings die Reichsautobahnen mit diesem Recht, Benützungsgebühren zu erheben, gegründet worden sind, hat meines Wissens bisher niemand erwähnt. Wenn aber Benützungsgebühren (in Form einer Plakette), so müssen sie von Rechts wegen der Bahn zufließen, die ja das Grundnetz der Autobahnen gebaut hat!

Am 20. Mai 1935 wurden auch »Reichsbahn-Schnellautobuslinien« auf drei Autobahnstrecken zur Ergänzung des Schienenverkehrs eröffnet. »Auch im Güterverkehr macht sich die Reichsbahn den neu geschaffenen Verkehrsweg zunutze.« (!) Berichtet wird dann über Güterlinien mit Reichsbahn-Lastkraftwagen, die über vorhandene oder noch kommende Autobahnstrecken gehen sollen.

DIE REICHSAUTOBAHNEN

Hitler und die NSDAP entfalteten eine fieberhafte Tätigkeit, um den neu gewonnenen Staat gewissermaßen von innen heraus gleichzuschalten. Nach Verhaftungen von führenden Kommunisten und Sozialdemokraten sowie Gewerkschaftsfunktionären auf der einen Seite, riesigen Aufmärschen der NSDAP-eigenen Organisationen andererseits wurde der Versuch gemacht, die Wirtschaft anzukurbeln und die rund sieben Millionen Arbeitslosen von der Straße zu holen.

Ein zunächst freiwilliger Reichsarbeitsdienst, der noch von der alten Regierung stammt, für junge Männer und Frauen wird ausgeweitet. Schon am 15. März 1933 gibt die Bahn die Einstellung von 90 000 zusätzlichen Arbeitskräften bekannt. Weitere Arbeitslose werden in großen Beschäftigungsprogrammen untergebracht. Geldsammlungen, »freiwillige« Lohn- und Gehaltsabzüge, Winterhilfswerkspenden finanzieren die Pläne.

Heldenhaft kämpft die letzte noch nicht »gleichgeschaltete« Gewerkschaft der Lokomotivführer gegen die Einordnung in den gleichgeschalteten Reichsbund der deutschen Beamten. Endlich, am 7. April 1935, ist es soweit: Die frühere GDL wird Fachschaftsgruppe »Lokomotivführer« im Reichsbund der deutschen Beamten.

Als Hitler die Idee der Autobahnen aufgriff, da hatte er zuvor mit dem Generaldirektor der Deutschen Reichsbahn-Gesellschaft Fühlung aufgenommen. Schließlich hatte er es bei der DRG mit einer internationalen Gesellschaft zu tun. Vermutlich bediente er sich dabei außer dem Bankier von Schröder des Alt-Parteigenossen Kleinmann, zuletzt Betriebsleiter einer Direktion, um die Gesellschaft für seine Zwecke zu gewinnen. Hitler hatte sich in einem Anflug von schwarzem Humor ausgedacht, daß die RBG (Reichsbahngesellschaft) gewissermaßen selbstmörderisch sich ihre Konkurrenz selbst schaffen sollte. Er wartete nur auf das Signal,

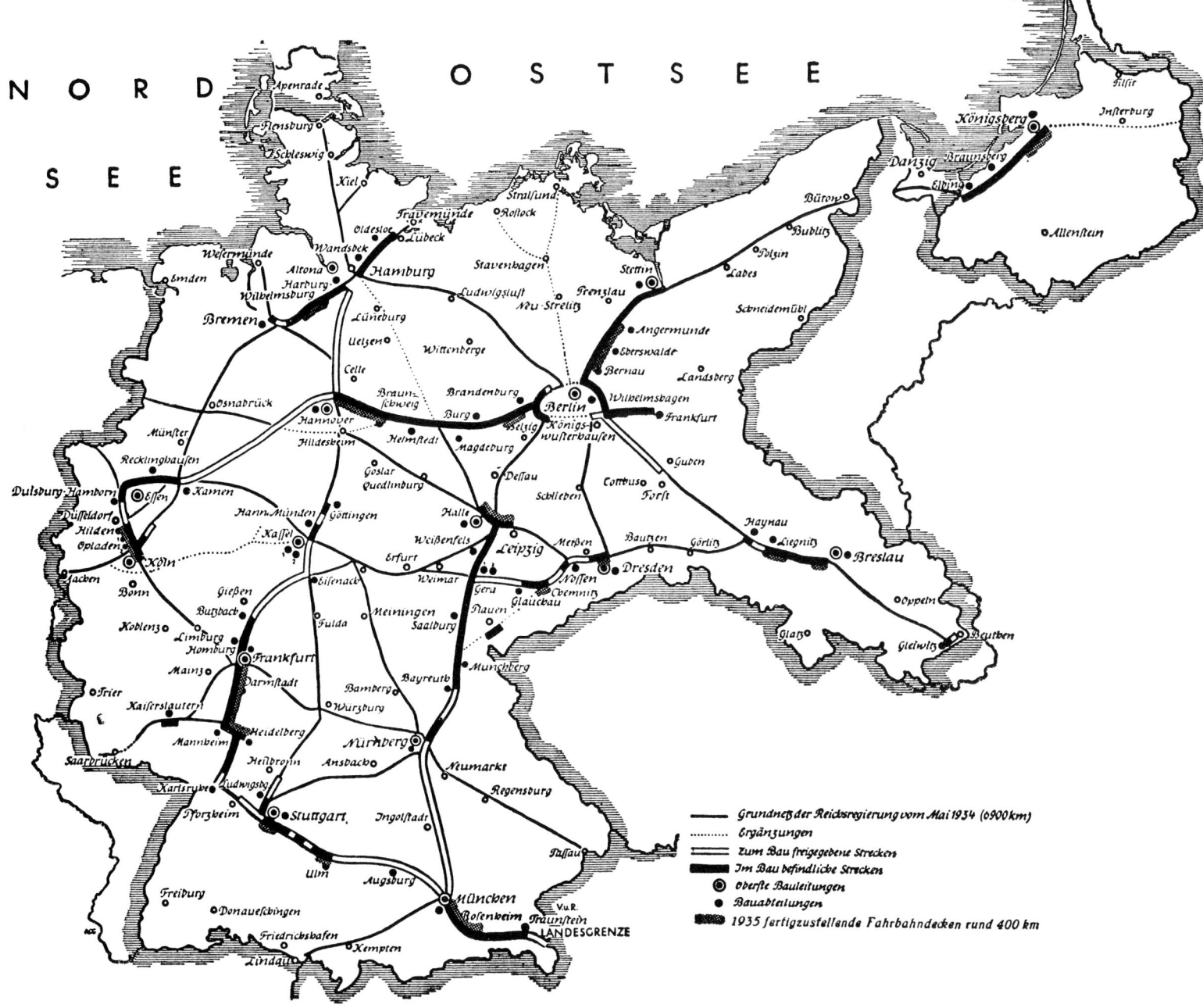

Grundnetz der Reichsautobahnen (Stand 1935)

das die RBG für die Zusammenarbeit geben sollte. Es kam am 24. März 1933 in Form eines Aufrufs des Generaldirektors in der »Reichsbahn«, Heft 13, Seite 257. Dort heißt es: »Die nationale Regierung hat die Geschichte Deutschlands in die Hand genommen. Bei dem Wiederaufbau des deutschen Reiches kann sie mit der bereitwilligen Mitarbeit der Deutschen Reichsbahn rechnen . . .

Setzt alle nunmehr Eure volle Kraft freudig dafür ein, daß das von der nationalen Regierung erstrebte Ziel, unser Vaterland wieder zu Ordnung, Macht und Ansehen zu führen, auch durch die tatkräftige Mitarbeit der

247

Deutschen Reichsbahn erreicht wird.« Gezeichnet Dorpmüller.

Jetzt, nach dem Gesetz über die Errichtung des Unternehmens »Reichsautobahnen«, kann man mit dem Bau beginnen. Die Bahn stellt das Grundkapital von 50 Millionen Reichsmark dem neuen Unternehmen zur Verfügung. Dorpmüller wird zugleich Vorsitzender des Vorstandes und in Personalunion Vorsitzender des Verwaltungsrates.

Kasten XVIII

DIE LEGENDE VON HITLER UND DER BRÜCKE

Bei seinen Fahrten durchs Reich fuhr Hitler mit seiner Wagenkolonne gerne zu Autobahnpremieren, auch zur Eröffnung von Teilstücken und speziell Brückeneinweihungen. So fuhr er auch zu einer neuen, in Beton errichteten, eleganten Autobahnbrücke, die über einen Fluß und eine neben dem Fluß führende Straße gespannt war.

Die Brücke hinter sich, ließ Hitler halten. Etwa drei Minuten betrachtete er die Brücke fachmännisch. Dann gab er den Befehl: »Sprengen!«

Vier Stunden später flog die Brücke in die Luft. Auf Befehl Hitlers wurde sie in Massivbauweise mit Quadern wieder aufgebaut.

Wem das töricht vorkommt, der möge bedenken, daß dies in die Zeit fiel, da die Arbeitslosen in Arbeit gebracht werden mußten. Die Brückenbauweise in der archaischen Form, die ein Faible von Hitler war, beansprucht viel mehr Arbeiter und Arbeit als die moderne Betontechnik. Außerdem ging das Ganze ja sowieso auf Kosten der Reichsbahn!

Schon am 9. August 1933 wird nach Ausscheiden des bisherigen Inhabers der Posten des ständigen Stellvertreters des Generaldirektors der DRG mit dem vor kurzem erst zum Präsidenten der Reichsbahndirektion Köln ernannten Träger des goldenen Parteiabzeichens, Wilhelm Kleinmann, besetzt. (Dr.-Ing. e. h. Kleinmann wird am 3. 6. 1942 von Dr.-Ing. Ganzenmüller abgelöst.)

Der Bau der ersten Autobahn im Gefolge der Hafraba (Hamburg – Frankfurt – Basel) wird begonnen. Von der Autobahn, die keineswegs Hitlers Idee ist, sind zwanzig Kilometer, und zwar die Strecke Bonn – Köln, fertiggestellt. Die neuen Arbeiten am ersten Autobahnabschnitt Frankfurt – Mannheim erfordern fünfzig Millionen Mark, die von der Bahn als Darlehen gewährt werden. Ferner, so erfährt man aus der 56. Sitzung des Verwaltungsrates der Reichsbahn vom 3. auf 4. Juli 1933, daß die Hauptverwaltung der Reichsbahn im Rahmen des Generalangriffs der Reichsregierung auf die Arbeitslosigkeit ein Arbeitsbeschaffungsprogramm in Höhe von 560 Millionen vorbereitet und auch genehmigt hat.

Mit den aufgeführten Arbeiten bei der Bahn können 250 000 Arbeitskräfte auf die Dauer eines Jahres beschäftigt werden. Es ist wirklich so: Eigentlich hat in der krisengeschüttelten Republik nur die bereits von den Alliierten ausgebeutete Bahn so viel Kredit, daß der neue Diktator sie bedenkenlos für seine Zwecke einsetzen kann.

Kasten XIX

DIE KAPUTTE PANZERABTEILUNG

Gerüchteweise ist überliefert, daß Hitler die Autobahnen, die er für Truppenverschiebungen als besonders wichtig ausersehen hatte, bei Gelegenheit ausprobieren wollte.

Testfall: eine Panzerabteilung

Diese Einheit, bestehend also aus Räder- und Kettenfahrzeugen, sollte 1938 von Ost nach West über fertiggestellte Autobahnen fahren. Wohl verstanden auf eigenen Ketten und Rädern.

Das geschah: Aber nur der zehnte Teil der Truppe kam regulär und heil an. Jetzt begriff Hitler: Kampfeinheiten, insbesondere Kettenfahrzeuge, müssen wie Truppen, die frisch sein sollen, bis kurz vor die Front gefahren werden, am besten per Bahn, von dort aus weiter an die Front per Lkw.

Die Entwicklung der Reichsbahn=Organisation von 1920 bis 1935

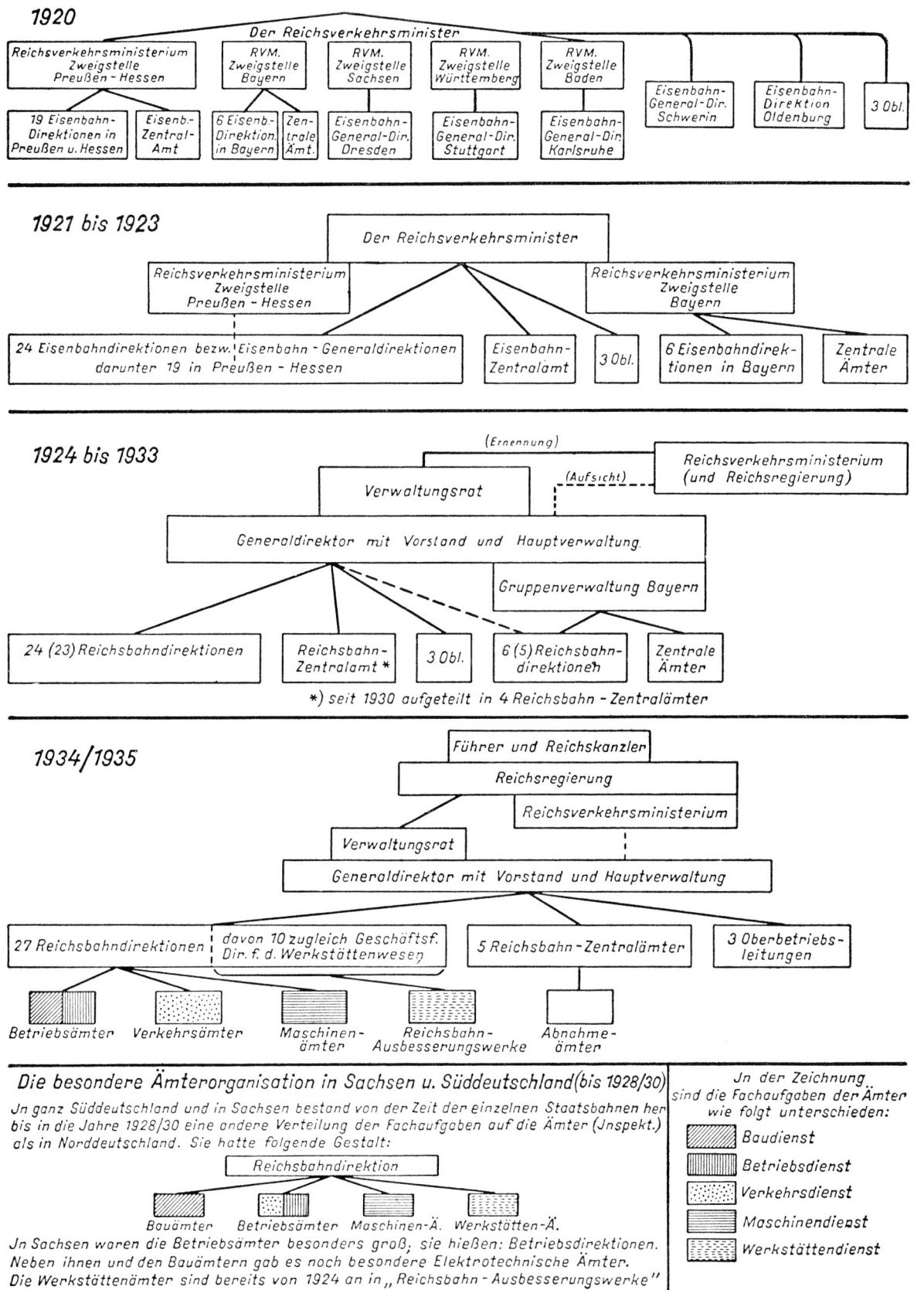

1920

Der Reichsverkehrsminister

- Reichsverkehrsministerium Zweigstelle Preußen - Hessen
  - 19 Eisenbahn-Direktionen in Preußen u. Hessen
  - Eisenb.-Zentral-Amt
- RVM. Zweigstelle Bayern
  - 6 Eisenb.-Direktion. in Bayern
  - Zentrale Ämt.
- RVM. Zweigstelle Sachsen
  - Eisenbahn-General-Dir. Dresden
- RVM. Zweigstelle Württemberg
  - Eisenbahn-General-Dir. Stuttgart
- RVM. Zweigstelle Baden
  - Eisenbahn-General-Dir. Karlsruhe
- Eisenbahn-General-Dir. Schwerin
- Eisenbahn-Direktion Oldenburg
- 3 Obl.

1921 bis 1923

Der Reichsverkehrsminister

- Reichsverkehrsministerium Zweigstelle Preußen - Hessen
  - 24 Eisenbahndirektionen bezw. Eisenbahn - Generaldirektionen darunter 19 in Preußen - Hessen
- Eisenbahn-Zentralämt
- 3 Obl.
- Reichsverkehrsministerium Zweigstelle Bayern
  - 6 Eisenbahndirektionen in Bayern
  - Zentrale Ämter

1924 bis 1933

(Ernennung)

Reichsverkehrsministerium (und Reichsregierung)

Verwaltungsrat — (Aufsicht)

Generaldirektor mit Vorstand und Hauptverwaltung.

Gruppenverwaltung Bayern

- 24 (23) Reichsbahndirektionen
- Reichsbahn-Zentralamt *
- 3 Obl.
- 6 (5) Reichsbahn-direktionen
- Zentrale Ämter

*) seit 1930 aufgeteilt in 4 Reichsbahn - Zentralämter

1934/1935

Führer und Reichskanzler

Reichsregierung

Reichsverkehrsministerium

Verwaltungsrat

Generaldirektor mit Vorstand und Hauptverwaltung

- 27 Reichsbahndirektionen | davon 10 zugleich Geschäftsf. Dir. f. d. Werkstättenwesen
  - Betriebsämter
  - Verkehrsämter
  - Maschinen-ämter
  - Reichsbahn-Ausbesserungswerke
- 5 Reichsbahn-Zentralämter
  - Abnahme-ämter
- 3 Oberbetriebs-leitungen

Die besondere Ämterorganisation in Sachsen u. Süddeutschland (bis 1928/30)

Jn ganz Süddeutschland und in Sachsen bestand von der Zeit der einzelnen Staatsbahnen her bis in die Jahre 1928/30 eine andere Verteilung der Fachaufgaben auf die Ämter (Jnspekt.) als in Norddeutschland. Sie hatte folgende Gestalt:

Reichsbahndirektion

- Bauämter
- Betriebsämter
- Maschinen-Ä.
- Werkstätten-Ä.

Jn Sachsen waren die Betriebsämter besonders groß; sie hießen: Betriebsdirektionen. Neben ihnen und den Bauämtern gab es noch besondere Elektrotechnische Ämter. Die Werkstättenämter sind bereits von 1924 an in „Reichsbahn - Ausbesserungswerke" umgestellt worden.

Jn der Zeichnung sind die Fachaufgaben der Ämter wie folgt unterschieden:

- Baudienst
- Betriebsdienst
- Verkehrsdienst
- Maschinendienst
- Werkstättendienst

Spätestens an dieser Stelle erhebt sich die Frage, ob der Generaldirektor in der noch immer durch internationale Beteiligung geschützten Position nicht hätte übersehen können, welche schwerwiegenden Folgen der Bau des Autobahnsystems für die ihm anvertraute Bahn haben würde. Praktisch baute die Bahn bis in jede Einzelheit mit den für ihren Bau ausgebildeten Kräften die Strecken der Autobahn. Das Reichsbahnpersonal war für die Zwecke der Autobahn abgestellt, die Personalverwaltung, Finanz- und Rechtswesen wurde von den Eisenbahnern für die Autobahn erledigt. Sämtliche technischen Einrichtungen der Bahn standen für diesen Bau zur Verfügung. Bautransporte erfolgten zum Dienstguttarif der Bahn. 1936 wurden der Autobahngesellschaft aus einer von der Bahn aufgenommenen 500-Millionen-Anleihe 400 Millionen zur Verfügung gestellt, lediglich 100 Millionen behielt die Bahn für eigene Investitionen zurück.

Um die aufgeworfene Frage zu beantworten, liest man in einer Biografie Dorpmüllers, »daß er sich und das von ihm geleitete Unternehmen für die neuen Aufgaben zur Verfügung stellt, deren Lösung seit dem Frühjahr 1933« . . . »neuen Aufstieg« versprach. »In seinem technischen Schöpfergeist wahrhaft angesprochen«, greift er dabei »rasch die Ausführung der Reichsautobahnen« auf.

Kasten XX

SCHLOSS MONTFORT

Nach einer anstrengenden Konferenz in der Sommerhitze des Jahres 1937 in Konstanz entschied sich Dr. Julius Dorpmüller, seit kurzem Reichsverkehrsminister, mit den Teilnehmern der Tagung einen Ausflug auf dem Bodensee in östlicher Richtung nach Lindau zu machen.

Auf einem der weißen Ausflugsschiffe der Bodenseeflotte der Reichsbahn fuhr das Schiff um die Mittagszeit auf der Höhe von Langenargen hinter Friedrichshafen an einem stolzen, in den See hinausragenden Schloß vorbei.

Der Minister, guter Laune nach einem Mittagessen an Bord, gewürzt mit dem kräftigen Seewein, fragte einen jungen Assessor, der zur Begleitung gehörte. Dorpmüller unterhielt sich gern mit den jungen Eisenbahnern, freundlich, lustig, nie von oben herab.

Der junge Assessor wußte – zu seinem Glück – Bescheid: »Das ist das Schloß Montfort, ehemals Sitz des ausgestorbenen Geschlechtes der Grafen von Montfort. Es steht übrigens zum Verkauf.«

Jetzt mischte sich der Finanzdezernent der Reichsbahndirektion Stuttgart, die hier zuständig war, ein:

»Sehr teuer, Herr Minister, man spricht von über zwei Millionen Reichsmark!«

»Was?« sagte Dorpmüller. »Für ein solch wunderbares Objekt? Diese Summe verdient die Reichsbahn in ein paar Stunden. Das Schloß wird gekauft!«

Tatsächlich wurde Schloß Montfort 1938 gekauft. Leider stellte sich heraus, daß es weder für die vorgesehenen internationalen Tagungen noch auch als Erholungsheim geeignet war. Es war überdies in einem kläglichen baulichen Zustand. Die Instandsetzungsarbeiten waren teuer. Zwei Jahre später wurde das Schloß »bestens« an die Gemeindeverwaltung Langenargen wiederverkauft.

War das Dorpmüller übelzunehmen? Sicherlich nicht.

Dieser Entschluß, an einem Sommertag am lichten Bodensee gefaßt, war eine überaus populäre Entscheidung. Die Teilnehmer des Ausflugs waren begeistert. Man bewunderte Dorpmüller ob seiner Großzügigkeit. Daß der Glückskauf mißglückte, daß das Märchenschloß ein Märchen war, nahm man nicht zur Kenntnis. Noch war Dorpmüller der große geniale Ingenieur und Organisator.

Schloß Montfort

Freilich wird man Dorpmüller nicht vorwerfen können, daß er damals nicht als Gegenstück zur modernen Autobahn ein ganz modernes Eisenbahnsystem gefordert hat. Oder doch?

Viele andere bedeutende Persönlichkeiten sind der magischen Überzeugungskraft Hitlers erlegen, ja zum Opfer gefallen. Von Lyrikern bis zu Politikern und Generälen. Wer ihm nicht selbst gegenüber gestanden hat, wer ihn nicht selbst erlebt hat, kann die Faszination, die von dem »österreichischen Gefreiten« ausging, nicht begreifen.

Julius Dorpmüller, das ist eine typisch deutsche Tragödie. Er war gewiß ein Ehrenmann, ein genialer Techniker und Organisator, auch des Eisenbahnverkehrs in einem gnadenlosen Krieg – aber am Schluß hatte er, im Auftrag Hitlers, mitgeholfen, die Bahn zu zerstören. Freilich nicht er allein. Aber er war als der zuständige Minister verantwortlich, er hatte dafür zu sorgen, daß die Eisenbahn fuhr, und er sorgte bis zum Ende des Dritten Reiches dafür.

Daß er, von einer Operation scheinbar genesen, Ende April 1945 sofort nach Kriegsende »die größte Genugtuung seines beruflichen Lebens« (so die Biografie) erfährt, indem er »am 20. Mai 1945 von einem amerikanischen Flugzeug in das alliierte Hauptquartier« in Frankreich geholt wird, ist nur schwer verständlich.

Dorpmüller, schon im Besitz des goldenen Ehrenzeichens der NSDAP, verliehen von Hitler, erhielt zu seinem 75. Geburtstag am 24. Juli 1944 das Ritterkreuz des Kriegsverdienstkreuzes und ebenfalls von Hitler auf Vorschlag Speers den Fritz-Todt-Ring.

Dort wird er beauftragt, »die maßgebende Leitung des Wiederaufbaues der deutschen Eisenbahnen« zu übernehmen. »Beglückt von dieser, in der damaligen, feindlichen Einstellung gegen Deutschland und seine Regierung nicht mehr zu überbietenden internationalen Anerkennung seines Wirkens (?) und seiner Persönlichkeit reist er zurück, stirbt am 23. Juni nach einer

251

nochmaligen Operation.« (Baumann)

Man sollte diesen seltsamen Vorgang wohl so zugunsten Dorpmüllers zu deuten versuchen, daß dieser Auftrag der Alliierten ihm als eine Art Wiedergutmachung an der Bahn erschien. Dorpmüller war für Hitler, bei dem er eine dauernde, sehr hohe Wertschätzung genoß, eine Art von »nützlichem Werkzeug«, in Wahrheit das Denkmal eines genialen Ingenieurs, der, ein unpolitischer Mensch, über seine Verkehrswelt nie hinaussah, ein Musketier des Verkehrs ohne die Weitsicht, wie sie die Männer des 20. Juli und andere Frauen und Männer drinnen und draußen hatten.

Dorpmüller kann man noch heute in der Vorhalle des Verkehrsmuseums in Nürnberg bewundern – das Bild des wahren Schöpfers der deutschen Eisenbahn, das Bild Platners sucht man dort bis heute vergebens.

DER SCHIENENWOLF: SYMBOL DES VERLORENEN KRIEGES

Nach einem verlorenen Krieg sind selbst die Heldentaten der Eisenbahner, die unter Beschuß Verwundete verluden und so retteten, fast nichts mehr wert. Die Niederlage vernichtet den Nachruhm. Dennoch sollen sie erwähnt werden. Im erbarmungslosen Kampf der Partisanen gegen Nachschub- und Transportzüge blieben am Ende die Russen und im Westen die Franzosen Sieger.

Die in den ersten Kriegsjahren eroberten Gebiete Polens, Frankreichs und Teile Rußlands waren sofort in deutsche Eisenbahnregie übernommen worden. Dabei galt als Grundsatz, daß die Betriebsführung im Westen, also in Frankreich, Luxemburg, Belgien und Holland, bei den Eisenbahndirektionen der besetzten Länder blieb, freilich verbunden mit einer strengen Überwachung durch die Deutsche Reichsbahn, während im Osten die Betriebsführung bis hinab zur kleinsten Station in deutscher Hand lag.

Das Umnageln der örtlichen Breitspurbahnen geschah fast gleichzeitig mit dem Vormarsch. Dementsprechend sahen beim Rückzug 1944/45, sofern er einigermaßen geregelt verlief, die Nachhutabteilungen die Arbeit des Schienenwolfs, eines gräßlichen Eisenbahn-gleis-Zerstörungsgerätes, das, von einer Lokomotive gezogen, unter ohrenbetäubendem Krach die Schwellen zerriß.

Auch als die geschlagenen deutschen Armeen oder das, was von ihnen noch übrig geblieben war, sich nur noch auf eigenem Gebiet zurückzogen, galt der Befehl, alles zu zerstören, was dem ins Land eindringenden Feind hätte nützen können. So zerstörten die deutschen Truppen gemäß dem Befehl Hitlers vom 19. März 1945 die wenigen von den Bombergeschwadern nicht getroffenen Eisenbahnbrücken und -viadukte, die kleineren Bahnhöfe, Gleis- und Rangieranlagen. Der Befehl lautete: »Alle militärischen, Verkehrs-, Nachrichten-, Industrie- sowie Versorgungsanlagen und Sachwerte innerhalb des Reichsgebietes, die sich der Feind für die Fortsetzung seines Kampfes irgendwie zu Nutzen machen kann, sind zu zerstören.«

Wer sich dagegen wehrte, wie zum Beispiel nach seinen Angaben Speer, blieb erfolglos, ja, riskierte Kopf und Kragen. Der einmarschierende Gegner und sich zurückziehende Truppenteile sahen an Straßenlaternen und Alleebäumen aufgehängt Soldaten und Zivilisten, meist mit einem Schild um den Hals: »Ich bin ein Volksverräter.« Der Aufenthalt in dem zwielichtigen Raum zwischen Etappe und Front, in dem mordlustige Banden nach Lust und Laune ohne Gerichtsverfahren Landser ohne Waffen und Zivilisten ohne Ausweis erschossen oder aufhängten, war von tödlicher Brisanz. So wurden der Bürgermeister der bayerischen Bergwerksstadt Penzberg und einige Gemeinderäte Ende April 1945 erschossen, andere gehängt, weil sie sich der Sprengung des Bahnkraftwerkes, der Eisenbahn- und Straßenbrücken und der Ermordung von kriegsgefangenen Bergarbeitern sowie der Sprengung des Bergwerks selbst widersetzt hatten.

Immer wieder beklagten in- und ausländische Stimmen, die das Naziregime nicht erlebt haben, daß doch gegen dies und vieles andere so wenig Widerstand sich geregt habe. Die hier geschilderte Atmosphäre der Angst und des Schreckens sowie der vollständigen Wehrlosigkeit gegen die Terrororganisationen der Partei ist mit ein Grund dafür.

XI Ende des Dritten Reiches Wiederaufbau der Bahn »Kaputt«

Der Krieg war verloren. Im amerikanischen Gefangenenlager von Langenzenn bei Fürth sagt am 7. Mai 1945 ein Landser zum anderen: »Wenn ich hier lebend herauskomme, mache ich mit dem Fahrrad eine Rundfahrt durch Deutschland.« Erwidert der andere: »Gut. Und was machst du nachmittags?«

Im Geleitzug des Krieges lief ein Wort mit, das alle vom Krieg Betroffenen, welche Sprache sie auch sprachen, jederzeit verstanden: das Wort »kaputt«.

Was Deutschland betraf, so war tatsächlich alles kaputt: Hitler hatte sich mit Eva Braun, die er kurz zuvor, am 30. April 1945, geehelicht, im Bunker unter der Reichskanzlei erschossen. Er setzt vor seinem Tode Großadmiral Karl Dönitz zum Nachfolger ein. Nach der bedingungslosen Kapitulation der deutschen Streitkräfte am 7. Mai 1945 waren die Mitglieder der Regierung Dönitz am 23. Mai 1945 in der Marineschule Mürwig verhaftet und als Gefangene abgeführt worden. Die gesamte Regierungsgewalt über das besetzte Deutschland geht auf die Alliierten über. So endet das 1871 im Spiegelsaal von Versailles gegründete deutsche Reich und mit ihm zusammen das zwölf Jahre dauernde, von Hitler auf tausend Jahre veranschlagte Dritte Reich.

Der Reichsverkehrsminister, der nach einer Operation im Februar 1945 »seine Geschäfte wiederaufgenommen hat«, verläßt »auf vieles Drängen« am 21. April Berlin und wählt die Holsteinische Schweiz als vorläufigen Aufenthalt. Am 20. Mai erhält Dorpmüller von den Alliierten in Frankreich den Auftrag, die maßgebende Leitung des Wiederaufbaus der deutschen Eisenbahn zu übernehmen, stirbt aber nach seiner Rückkehr nach Malente infolge einer Operation am 23. Juni 1945, 75 Jahre alt. Ein Nachfolger für seine zuletzt übernom-

mene Aufgabe wurde von den Alliierten nicht bestimmt.

Kaputt war die Reichsbahn, das Straßen- und Wasserstraßensystem und die zerbombten Flughäfen. Bahnhöfe und vor allem Rangierbahnhöfe glichen gigantischen Schrotthalden. »Kaputt« waren auch die Menschen, die diesen Krieg überlebt hatten und nicht in die Gefangenschaft abtransportiert wurden. Mutlos, ja, verzweifelt angesichts der offensichtlich unheilbaren Zerstörung zogen sich die Menschen in ihre Wohnhöhlen zurück: Nach Einbruch der Nacht war Ausgangssperre, die Läden waren geschlossen, da es nichts mehr zu verkaufen gab; keine Straßenbahn, keine Eisenbahn fuhr, alle Autos und jeder Tropfen Benzin war beschlagnahmt. Es war alles aus; denn es war alles kaputt.

Und doch glomm ein Funke Hoffnung im einen oder anderen Eisenbahner. Da war ein Kohlenhaufen, dort eine fast unbeschädigte Lokomotive, und diese oder jene Strecke war bis zu einer bestimmten, gesprengten Brücke noch befahrbar, wenngleich die Signalanlagen kaputt waren. Auf einem Nebengleis standen zehn offene Güterwagen; der amerikanische Bahnhofsoffizier, der nichts zu tun hatte, gab gutmütig die Erlaubnis, »to move the train«, und so kam es, daß schon im Juni 1945 erste Züge mit offenen Güterwagen, gestopft voll mit Menschen, die keine Fahrkarte hatten, zu einem Ziele fuhren, das von der provisorischen Endstation des Zuges vor einer gesprengten Brücke nur in kilometerweisen Märschen zu erreichen war.

Die Fahrgäste dieser Art von Bahn – als Personentransportwagen vergleichbar mit den ersten offenen Wagen in England, Frankreich und Deutschland vor hundert Jahren – waren Flüchtlinge, entlassene Solda-

Nach einem Luftangriff Sommer 1944 wimmeln ratlose Menschen wie Ameisen um die Brandstätten (Stuttgart HBF)

So sah der Personenverkehr unmittelbar nach dem Krieg aus

255

ten, Hamsterer, Menschen, die durch Ausbombung von ihrer Familie getrennt waren, Häftlinge aus Konzentrationslagern, zum Teil noch im Zebra-Strafanzug, »displaced persons«, Nazis, die unerkannt zu entkommen versuchten, Schwarzhändler, Mütter, die gegen Hingabe ihrer Eheringe um Milch und Brot für ihre hungernden Kinder betteln wollten, Rote-Kreuz- und NS-Schwestern, entlassene Soldaten, Zwangsarbeiter aus Ost und West, die in ihre Heimat zurück wollten, und unzählige andere, deren Kriegserlebnisse und Nachkriegserlebnisse zu erzählen ganze Bände füllen würde.

Es waren Eisenbahner, die als erste versuchten, Gleise zu räumen, Brücken provisorisch wieder instand zu setzen, Lokomotiven und Wagen so zu reparieren, daß man wenigstens auf Sicht fahren konnte.

Erst hinderten die Soldaten der Alliierten die Eisenbahner an dieser Arbeit; dann halfen sie ihnen; denn diese Anstrengungen kamen ja auch ihnen, den Alliierten, selbst zugute. Der Nachschub rollte wieder. Auch bestätigte sich, daß man, um die Bahn zu reparieren, Autos brauchte; aber auch, daß eine defekte Strecke und selbst eine Eisenbahnbrücke, viel schneller zu reparieren war als eine zerbombte Autobahn oder ein Viadukt.

WIEDERAUFBAU

Es wäre unehrlich, mit Rücksicht auf unsere neuen Verbündeten zu verschweigen, daß die Siegermächte nicht nur beim Aufbau halfen – sie demontierten auch kräftig. Als Begründung dienten die von »deutschen Besatzungstruppen während des Krieges gestohlenen Gleise und Fahrzeuge der Besatzungsmächte, ein Crime, das auf diese Weise ausgeglichen werden sollte«. Es ging ihnen um Maschinen und Stellwerkseinrichtungen, aber auch darum, Konkurrenzlinien auszuschalten, was die Bahn betraf. Das galt zum Beispiel im badisch-württembergischen Raum für die Strecke Offenburg – Freiburg – Mühlheim, also die badische Hauptlinie (im Volksmund immer noch Hauptbahn genannt), die natürlich als die Hauptwettbewerberin gegen die seit 1945 wieder französische Strecke Straß-

burg–Basel betrachtet wird, sowie Horb–Hattingen im Württembergischen, eine Strecke, die man französischerseits fälschlicherweise ebenfalls als Konkurrenzlinie ansah (was sie nie war). Das abgebaute zweite Gleis wurde deshalb auch nicht wieder eingebaut. Ferner sollte die Endstrecke der Schwarzwaldbahn Radolfzell–Konstanz dieses Schicksal der Demontage erleiden. Es blieb ihr erspart.

Sicherlich ist in allen Zonen demontiert worden; was die Maschinen zum Beispiel der Werkzeugfabriken betrifft, so war die Demontage nur ein scheinbarer Schaden: Oft wurden 1948 auf demselben Bahnsteig, auf dem die demontierten alten Maschinen zugunsten der Besatzungsmächte verladen und abtransportiert wurden, die neuen, viel moderneren Maschinen angeliefert.

Wenn hier von Zonen die Rede war, so handelt es sich gemäß der Vierteilung Deutschlands um die vier Besatzungszonen, die endgültig am 5. Februar 1945 in Jalta zwischen den USA, England und der UdSSR beschlossen wurden. Zugleich wurde damals auch Frankreich eine eigene Besatzungszone zugebilligt.

Innerhalb dieser vier Zonen bildeten sich in Übereinstimmung mit den Besatzungsmächten die neuen Eisenbahnorganisationen. Daß es dabei Irrungen und Wirrungen gab ist verständlich. Von einer organisatorischen Zusammenfassung der Eisenbahnen der vier Zonen, wohl ein Wunschtraum der deutschen Eisenbahner, war nach Lage und Weiterentwicklung der Dinge schon im Juli 1945 keine Rede mehr.

Immerhin entstand in jeder Zone eine Eisenbahn-Zentralbehörde. Seit Mitte Juli 1945 gab es eine Oberbetriebsleitung für die amerikanische Zone in Frankfurt (Main); im August 1945 für die britische Zone in Bielefeld. In der sowjetisch besetzten Zone war schon im Mai 1945 eine »Reichsbahn-Generaldirektion« instituiert worden. Sie wurde auf Weisung der sowjetischen Administration in Deutschland vom 10. August 1945 in eine Zentralverwaltung des Verkehrs verwandelt, der die neue Hauptverwaltung der Deutschen Reichsbahn unterstand.

Die Organisation der französischen besetzten Zone war komplizierter. Zunächst wurde die bis dahin formell bestehende Verwaltungseinheit zwischen den »deutschen Eisenbahnen der französisch besetzten Zone« und den Eisenbahnen der anderen Besatzungszonen aufgehoben. Seit dem 8. Januar 1946 gab es eine Oberdirektion der deutschen Eisenbahnen des französisch besetzten Gebietes unter Leitung des deutschen Oberpräsidenten. Sie wurde am 13. Juni 1946 aufgelöst. Im Juni 1947 übernahm das Kommando die französische Besatzungsmacht in Form eines Direktors in Baden-Baden, dem ein französicher Eisenbahnchef in Speyer unterstand. Dieser war wiederum Vorgesetzter der drei Eisenbahndirektionen Karlsruhe, Mainz und Saarbrücken.

Während dieser Zeit befand sich auf jedem größeren Bahnhof ein Kommandant, der sich in alles einmischte. Nun muß man wissen, daß damals auch die Franzosen infolge der deutschen Invasion und des Rückzuges ebenfalls Ernährungsschwierigkeiten hatten. Jedenfalls stürzten sich die Soldaten mit dem Ruf »Les valises, les valises!« auf jeden ankommenden Eisenbahnreisenden, nahmen ihn fest, trotz gültigen Passierscheins, und plünderten – pardon –, beschlagnahmten den Inhalt seines Koffers oder Rucksacks mit der Begründung, es handle sich um Schmuggelware aus der US-Zone. Jeden Eisenbahnreisenden? Es gab keine anderen Reisenden, denn es gab weder Autos noch Benzin, von Flugzeugen ganz zu schweigen. Es war eine schlimme Zeit. Wer sich beklagte, wurde auf deutsches Verhalten in Frankreich während der Besatzung hingewiesen: Es war eine Revanche – nur: Es traf wieder einmal die Falschen.

Heute sind aus solchen Feinden echte Freunde geworden.

Juni 1947 wurde das Saarland als französisches Protektorat angesehen, die Eisenbahndirektion Saarbrükken von den Eisenbahnen der französischen Zone abgetrennt.

Am 25. Juni 1947 wurde zwischen den Ländern der französisch besetzten Zone (Rheinland-Pfalz, Baden, Württemberg-Hohenzollern) ein Abkommen geschlossen. Danach wurde die Betriebsvereinigung der südwestdeutschen Eisenbahnen mit einer Generaldirektion in Speyer errichtet. Der Sitz der Eisenbahndirektionen war Trier, Mainz und Karlsruhe; diese letzte Direktion lag exempt in der amerikanischen Zone, die Nordbaden umfaßte. Sie war zuständig für das Land Baden (Südbaden und Württemberg-Hohenzollern – Südwürttemberg, und des Landkreises Lindau). Die Regierungssitze waren Freiburg (Breisgau) und Tübingen.

Langsam und mühsam vollzogen sich auch der erste Aufbau und die ersten Instandsetzungen bei Strecken, Bahnhöfen und Fahrzeugen innerhalb der neuen Verwaltungsgebiete. Der Zusammenschluß der amerikanischen und der britischen Zone zur sogenannten Bizone brachte am 1. Oktober 1946 auch die Vereinigung der beiden Eisenbahnen in diesen Zonen mit sich. Vorläufiger Sitz der Hauptverwaltung der Eisenbahnen des amerikanischen und britischen Besatzungsgebietes war Bielefeld.

Diese Hauptverwaltung zog am 11. Dezember 1947 nach Offenbach (Main) um. Vom 12. September 1948 an trug sie den Firmennamen »Hauptverwaltung der deutschen Reichsbahn im vereinigten Wirtschaftsgebiet«. Am Ende dieser Umsiedlungen stand der endgültige Platz Frankfurt (Main) am 1. Oktober 1953. Auch Hauptwagenamt und Hauptprüfungsamt waren inzwischen wieder errichtet worden.

Über die Weiterentwicklung der Deutschen Reichsbahn in der sowjetisch besetzten Zone, seit 7. Oktober 1949 in der Deutschen Demokratischen Republik, wird in einem besonderen Abschnitt im letzten Kapitel des Buches berichtet.

DIE ZÜGE FAHREN WIEDER
ERSTE INTERNATIONALE VERBINDUNGEN

Vom Inselbetrieb, den örtliche Stellen auf eigene Eisenbahner-Initiative organisierten, bis zu einem halbwegs brauchbaren Netz war es ein langer, schwieriger Weg. Eine der ersten D-Zug-Strecken war die amerikanisch betriebene Nachschubstrecke Kassel – Hannover – Wesermünde (Lehe). Andere Strecken mußten schon im Oktober 1945 wegen Kohlenmangels wieder ausfallen. Nach wie vor wurden auch Güterzüge für die Personenbeförderung eingesetzt.

Im April 1946 begann der internationale Zivilreiseverkehr mit der Einlegung des Orient-Expreß sowie des Nordexpreß. Ab Mitte November 1946 fuhr der Skandinavien-Expreß. Er ist in seiner damaligen Form in einem berühmten Film Ingmar Bergmans verewigt.

Die Benützung dieser Züge war ausschließlich dem nichtdeutschen Publikum vorbehalten. In besonderen Fällen gab es auf schriftlichen Antrag eine genehmigung der Militärregierung, nachdem innerhalb der britischen Zone das Reisen genehmigungsfrei geworden war. Ganz grundsätzlich waren Reisen von der Bizone (seit 5. September 1946) in die französische Zone an Zulassungskarten gebunden; der im Juli 1945 aufgenommene Verkehr in die sowjetische Besatzungszone war von der besonderen Genehmigung der sowjetischen Besatzungsstellen abhängig (Geschäftsbericht der Bizone 1946).

SCHWIERIGKEITEN BEI EINER DIENSTFAHRT

Und wie sah nun eine Reise in dieser Zeit unter diesen Umständen aus? Im April 1947 fuhr der badische Staatskommissar für Verkehr (der Verkehrsminister des Landes Baden) zusammen mit seinem Verkehrsreferenten für Eisenbahnen zum Besuch einiger Dienststellen in den Hochschwarzwald; die Rückkehr ins Rheintal bei Freiburg scheiterte an einer Autopanne, die in diesem Falle nicht sofort reparabel war. Es gab damals in diesem Gebiet keine Werkstatt, die hätte helfen können. So schlug der Eisenbahnreferent vor, das Auto am Straßenrand stehen zu lassen und das Glück bei der wenige Kilometer entfernten Bahnstation zu versuchen. Es war Nacht, als die beiden an der Tür zum Fahrdienst anklopften.
»So spät«, sagte der Fahrdienstleiter, »haben wir noch einen Zug auf der Strecke, der hier natürlich durchfährt. Es ist der Skandinavien-Expreß. Selbst wenn er hier halten würde, er kommt in 25 Minuten, könnten Sie nicht zusteigen – er ist nur mit Zulassungskarten zu benützen, und die erhalten nur Alliierte in Uniform oder Zivil.«
Der Staatskommissar: »Und der nächste Zug?« »Morgen früh, 6.47 Uhr für Arbeiter bis Freiburg.«
Der Eisenbahnreferent bat, ihn telefonieren zu lassen. Er erklärte, daß es ein dienstliches Gespräch sein werde, und stellte zugleich den Staatskommissar und sich vor. Der Fahrdienstleiter holte ein Krüglein und Gläser und bot den nur hier wachsenden roten Markgräfler an. Wie bekannt, ist der Markgräfler ein exzellenter Weißwein.
Der Referent erreichte unter Schwierigkeiten über das zusammengeflickte Telefonnetz die Oberzugleitung in Karlsruhe. Sie wies unter schweren Bedenken den Fahrdienstleiter an, das Signal auf »Halt« zu stellen. Pünktlich dampfte der Expreß heran. Er war überfüllt. Zugführer und Schaffner steigen aus, um sich beim Fahrdienstleiter nach der Ursache des außerplanmäßigen Halts zu erkundigen. Die zwei neuen Fahrgäste steigen ein. Der Zug fährt ab.
Im Gang stellten Zugführer und Schaffner die beiden. »Wie kommen Sie denn in diesen Zug? Er ist für Deutsche streng verboten. Wir werden bestraft, wenn wir jemanden mitnehmen. Gleich kommt die alliierte Kontrolle. Sie müssen beim nächsten Halt sofort aussteigen!« »Was ist der nächste Halt?«, fragte der Staatskommissar.
»Freiburg«.
»Naja«, sagte der Kommissar, »da wollen wir ja auch hin«.

ZERSTÖRUNG UND WIEDERAUFBAU

Aus der amerikanischen und britischen Zone, wo erst nach geraumer Zeit genauere Feststellungen möglich waren, trafen Berichte ein, wonach in diesen beiden Zonen nicht weniger als »3500 Kilometer Gleis, 13 000 Weichen, 2472 Eisenbahnbrücken, 30 Tunnel, 1500 Stellwerke mit 31 000 Hebeln, 6800 Fernmeldekabel, 110 000 Kilometer Fernmeldefreileitungen sowie 4700 Lokomotivstände zerstört oder schwer beschädigt waren. Auch der Fahrzeugpark hatte durch den Krieg schwer gelitten. Etwa 9000 Lokomotiven und mehr als 100 000 Güterwagen säumten noch im Jahre 1947 die durchgehenden Bahnhof- und Streckengleise. Insgesamt stellte sich der Bestand an betriebsfähigen Fahrzeugen bei Beendigung der Kampfhandlungen für die Lokomotiven nur noch auf 65%, für die Personenwagen auf knapp 40%, für die Güterwagen auf 75% des Bestandes von 1936. Von den Hochbauten der Reichsbahn waren im vereinigten Wirtschaftsgebiet nicht weniger als 32 Millionen Kubikmeter umbauter Raum zerbombt und ausgebrannt«. (Geschäftsbericht der Deutschen Reichsbahn im vereinigten Wirtschaftsgebiet über die Geschäftsjahre 1945 bis 1848.)

Rangierbahnhof
Nürnberg nach
Kriegsende

259

Rangierbahnhof Nürnberg nach Wiederaufbau

Aus der französischen Zone wird laut Jahresbericht für die Jahre 1945 bis 1946 gemeldet: zerstört sind 1184 Kilometer Gleise, 5840 Weicheneinheiten, 956 Brükken, 41 Tunnel, 265 Stellwerke, 665 Lokomotiven und vieles andere.

Aus der russisch besetzten Zone stehen keine Zahlen zur Verfügung.

Vom Wiederaufbau sollen nur, um die Größenordnungen sichtbar zu machen, ein paar Zahlen genannt werden. Sie finden sich in den Geschäftsberichten der Deutschen Reichsbahn der Bizone im vereinigten Wirtschaftsgebiet und im Jahresbericht der deutschen

Eisenbahn in der französisch besetzten Zone 1945/46 sowie im Jahrbuch des Eisenbahnwesens 1950.

Bereits Ende 1945 waren in der späteren Bizone etwa 46% der zerstörten Gleise und 50% der zerstörten Weichen wieder befahrbar. Bis Ende 1949 waren 82% des zerstörten Oberbaus wiederhergestellt. Von 1500 zerstörten Stellwerken wurden 1200 Stellwerke endgültig und 270 Stellwerke behelfsmäßig repariert. Von den beschädigten Tunnels 28.

Der Bestand an betriebsfähigen Fahrzeugen vom Januar 1947 bis Juni 1948 stieg von 5800 auf 7200 (Bizone). Bei den Personenwagen von 14 000 auf

Zerstörter Viadukt Altenbeken

16 000. Bei den Güterwagen gab es einen Abgang von 240 000 auf 235 000 »durch Abwanderung von Fremdwagen in die Heimatländer sowie durch Verlust deutscher Wagen an ausländische Verwaltungen«. Von den Hochbauten wurden rund 36% der Zerstörungen wiederaufgebaut. Dies gilt, wie man an anderer Stelle lesen kann, auch von den zerstörten Brücken (Stahl- und Massivbau); nimmt man die behelfsmäßig instandgesetzten Brücken hinzu, ergibt sich ein Satz von über 80%.

VOM EISENBAHNER

Vielleicht ist hier der richtige Ort, wo das Lied vom tüchtigen Eisenbahner gesungen werden sollte.
Gewiß, 1985 ist kein Jahr zum Jubilieren. Doch der Eisenbahner ist daran unschuldig. Er hat das Menschenmögliche getan. Niemand hat ihm 1945 in der Stunde O befohlen, Trümmer zu beseitigen, Bahnhöfe begehbar zu machen, Ladestraßen zu räumen und Brücken behelfsmäßig instand zu setzen.

261

Er hat das Reisen wieder ermöglicht. Ein bescheidenes Reisen, das bei bretterverschlagenen Fenstern und fehlender Heizung oder überhaupt in offenen Güterwagen alles andere als angenehm war. Aber es war die einzige Art des Reisens. Sie rettete Tausenden das Leben, sie führte Familien zusammen, sie beförderte Millionen von Flüchtlingen und Heimatsuchenden.

Wahrhaftig eine großartige Leistung! Zumal sie in den ersten Monaten gratis geleistet wurde. Wer hatte schon in diesen ersten Tagen nach der totalen Katastrophe Geld in der Tasche, und wer es hatte: Was war es wert?

Die Eisenbahner verlangen dafür keinen Dank. Sie haben unaufgefordert nur ihre Pflicht getan. Was sie verlangen ist Gerechtigkeit. Die Eisenbahn verlangt gleiches Recht und gleiche Behandlung wie andere Verkehrsmittel.

Und sie weisen darauf hin, daß auch in Zukunft im Notfalle, wie 1918 und 1945 geschehen, das Netz der Bahn als einzig leistungsfähige Schlagader des Volkskörpers übrig bleibt. Die Erhaltung der Bahn ist nichts anderes als die Erhaltung eines Grundsystems, für das, wie überall erforderlich, eine Versicherungsprämie zu bezahlen ist. Alle Völker Europas bezahlen sie – im Ergebnis ohne Murren und Zweifel am Nutzen dieser Überlebensprämie,

Und wir? Es könnte sein, daß wir unsere dauernde Kritik und Kleinkrämerei eines Tages bitter bereuen.

»ZU WENIG UND ZU SPÄT«

Zuzugeben ist, daß hinterher gut zu raten und zu urteilen ist. Wer in den verschiedenen Verkehrsmitteln – das Wort Verkehrsträger ist hassenswert, wer trägt schon den Verkehr? Allenfalls eine Brücke –, wer in den verschiedenen Verkehrsmitteln bewandert ist, hat es nicht leicht, gerecht zu sein.

Mußte man nicht froh sein, überhaupt nach der Katastrophe weiter zu arbeiten, zu konstruieren und zu bauen? Nannte man nicht ein großes Unglück die Zerstörungen des Zweiten Weltkrieges und zugleich eine *außerordentliche Gelegenheit,* Neues, Besseres, Geglückteres, Genialeres herzustellen?

Das ist in vielen Städten geschehen, mehr oder minder gut. Die Eisenbahnlandschaft mit ihrem eingewobenen

Netz hat man viel zu lange als unabänderlich gegeben hingenommen. Man hat diesen Eindruck, wenn man darüber nachdenkt, daß es niemandem, auch nicht dem obersten Eisenbahnchef, weder vor, noch im, noch nach dem Kriege, eingefallen ist, beim Bau der Autobahnen auch ein neues, modernes Eisenbahngrundnetz zu verlangen. Schließlich war man bis 1934 auch mit dem alten Straßennetz recht und schlecht gefahren.

Nach 1945 hat sich die vor dem Krieg, bei der Bahn vorherrschende, den Verkehrsströmen entsprechende Ost-West-Richtung in eine Nord-Süd-Richtung verändert.

Klar: Die Zweiteilung Europas, Deutschlands, Berlins! Auch das erforderte längst einen Umbau des Netzes. Die Erbauer des alten Schienennetzes trifft kein Vorwurf: Sie zogen ihre Strecken den Strom- und Flußtälern entlang. Dort fanden sie den geringsten Widerstand – man denke nur an die Linien, die von Karlsruhe, Wiesbaden, Mainz, Koblenz, Köln den Rhein nach Norden begleiten und herrliche Aussichtsbilder liefern – aber die Schnelligkeit der Züge begrenzen.

Omnibusse und Autos haben fast immer kürzere Wege. Bei mittleren und weiten Entfernungen und freien Autobahnen schlägt das Auto die Bahn, wobei man vom Konkurrenten Flugzeug gar nicht zu reden braucht. Das muß nicht die Regel sein, wie die japanischen und französischen modernen Triebzüge zeigen.

Seit 1970 hat die Bahn im Rahmen eines Bundesverkehrswegeplanes ein Programm für Neu- und Ausbaustrecken vorliegen. Es ist zugleich in einen europäischen Infrastruktur-Leitplan integriert.

WIEDERAUFBAU IN STÜCKEN
ZUERST DER WEG

Das erste beim Wiederaufbau der Eisenbahn ist nicht etwa die Lokomotive, wie ein junger Mann in einer Umfrage eifrig versicherte; das erste, der Beginn, ist der eiserne Weg. Er hat eine lange Vorgeschichte, die ihren Platz schon im ersten Kapital gefunden hat. 1945 hieß es, wenig oder kaum benutzte Schienen zu finden, sie auszubauen und damit die zerstörten oder beschädigten Strecken zu flicken.

Der Schienenweg besteht aus einem möglichst festen

Langschienenzug

Tragplattenoberbau

Untergrund, auf dem das Schotterbett, die Schwellen und die Schienen liegen. Wie wichtig der feste Untergrund ist, konnte Stephenson erfahren, als er einen Schienenweg mitten durch das tückische Katzenmeer auf der Strecke Manchester–Liverpool zu bauen versuchte, was erst nach unzähligen Ladungen von Auffüllmaterial gelang.

Anstelle der Breitfußschienen – deren Aussehen heute noch bestimmt wird von Henry Vignoles Erfindung – ist

nach mehr als 200 verschiedenen Formen allein in Preußen (1911) inzwischen die reichseinheitliche Schiene S 49 eingeführt worden. Sie ist am Streckennetz mit 47% beteiligt.

Der Schienenstoß, vielen älteren Zugreisenden noch aus ihrer Jugend bekannt und verantwortlich für den 4/4 Takt des Volksliedes von den »schwäbische Eisenbahne«, ist zum größten Teil abgelöst durch längere Schienen und die Schienenschweißung.

Die Angst vor der sommerlichen Ausdehnung der Schiene und der winterlichen Zusammenziehung, die Ursache des Schienenstoßes, führte 1928 bei der Reichsbahn zur Einführung der sogenannten Thermitschweißung, die man manchmal als Reisender beobachten kann. Schweißversuche sind schon Ende letzten Jahrhunderts gemacht worden: Die ersten zusammengeschweißten Schienen waren Straßenbahngeleise, die ja zum Teil eingemauert liegen. Dort haben sie sich bewährt. Bei den Schwellen kam man von Holz, das auch heute noch verwendet wird, zu Stahl, dann zu Betonschwellen. Die Zunahme der Belastung der Schiene von früher fünf auf 22,5 Tonnen und bald mehr Radsatzlast, die laufende Unterhaltungsarbeiten bedingt, sie brachte die Idee der festen Fahrbahn, für die es verschiedene Modelle gibt, die noch in Erprobung sind. Diese schotterlosen Oberbaukonstruktionen, iedeal auf felsigem Untergrund, zum Beispiel im Tunnel oder am Berg, haben den Vorteil geringer Unterhaltungskosten, sind aber mindestens doppelt so teuer und außerdem stärker Lärm verursachend als der gewöhnliche Oberbau. Da die neuen Schnellstrekken aber bis zu 30% unterirdisch verlaufen, dürfte der Tragplattenoberbau dort angebracht sein. Die beiden Neubaustrecken der Bahn, Hannover–Würzburg und Mannheim–Stuttgart, werden seit Fahrplanwechsel 2. Juni 1991 mit ICE und IC befahren.

BRÜCKEN UND TUNNELS

Brücken und Tunnels gehören zum Weg. Die einen überqueren Täler, Sümpfe, Seen und Ströme; die anderen bohren sich durch den Berg, um ihn nicht übersteigen zu müssen.
Die erste Bahn Nürnberg–Fürth brauchte keine Brücke und auch keinen Tunnel, ihre paar Kilometer war die von Stephenson für Eisenbahnen vorgesehene direkte, gerade und ebene Rollbahn, kurzum die ideale Strekke.
Doch schon die Leipzig-Dresdner Bahn mußte 1839 die Mulde bei Wurzen überqueren. Die 400 Meter lange Holzbrücke saß mit ihren Flachbögen auf gemauerten Pfeilern. Auch die Elbebrücke bei Riesa war

Hölzerne Eisenbahnbrücke über die Iller bei Kempten, 1853

Die Elbbrücke bei Dessau

von der gleichen Konstruktion. Sie waren zwar den Belastungen der ersten Lokomotiven – »Der Adler« wog zehn Tonnen – gerade noch gewachsen.

Und nun stelle man sich vor, wie ein neuer Triebzug mit zehn oder zwölf Einheiten und einem Metergewicht von 15 Tonnen gegenüber früher 2,5 bei einer Ge-

schwindigkeit von 250 km/h auf die Brücke hereindonnert.

Verständlich, daß die ersten Brücken bald durch massivere und dauerhaftere, genauer gesagt standfestere Bauwerke ersetzt werden mußten. Eine solche Brücke ist der Viadukt über die Elbe, gebaut von der säch-

Die Göltzschtalbrücke im Vogtland, Strecke Leipzig–Hof, erbaut 1846–1851

Großhesseloherbrücke, erbaut 1854–1857

sisch-böhmischen Eisenbahn in Dresden. Interessant ist, daß hier auch zugleich an Fußgänger und Straßenfuhrwerke gedacht wurde.

Berühmt durch ihr prachtvolles Erscheinungsbild wie durch ihre Konstruktion sind die Elstertalbrücke und die Göltzschtalbrücke bei Netzschkau im Vogtland (DDR).

Von diesen gemauerten Brücken sind nicht mehr viele im Urzustand erhalten. Wegen der Sprengungen zu Ende des letzten Weltkrieges ist oft das Mittelstück durch Stahlfachwerk ersetzt worden.

Im Bereich der Bundesbahn sind damals 3300 Brücken dem Vormarsch der Alliierten zuvorkommend sinnlos, aber planvoll gemäß dem Hitlerbefehl gesprengt worden. Sie sind inzwischen alle wieder aufgebaut. Im Brückenbau zeigt sich sehr deutlich die permanente Perfektionierung der Brückenbautechnik. Die Gußstahlbrücke der 40er Jahre wurde durch die Brücke

aus Schweißeisen ersetzt, von denen als Beispiel die bekannte »Selbstmörderbrücke« über die Isar bei Großhesselohe erwähnt wird. Die von Cramer-Klett, Nürnberg, stammenden schweißeisernen Träger verbilligten gegenüber gemauerten Säulen den Bau derartig, daß man der Brücke lange nicht traute. Außer den Gleisen nahm sie auch eine hölzerne Fahrbahn auf, freilich nur für königliche Kutschen und andere Ausnahmefälle.

Flußstahl löste die schweißeisernen Konstruktionen um die Jahrhundertwende ab. Beispiel ist die Müngstener Bogenbrücke über die Wupper 1897, Deutschlands schönste Eisenbahnbrücke (107 Meter über der Wupper). 1913 entstand die Rendsburger Eisenbahn-Hochbrücke, die längste Eisenbahnbrücke Deutschlands mit 4,7 Kilometer (Brücke und Anfahrtsweg zusammen), um die Durchfahrt auch für große Schiffe zu garantieren.

Müngstener Bogenbrücke über die Wupper, erbaut 1897

Rendsburger Eisenbahnhochbrücke über den Nord-Ostsee-Kanal, erbaut 1913

Der Bahnhof der ersten Eisenbahn in Deutschland 1835 in Nürnberg

Oben: Brücke über den Fehmarnsund (Vogelfluglinie), 1963

Links: Neubaustrecken, Brücke Zeitlofs, Hannover–Würzburg

Nach dem Ersten Weltkrieg kamen die Eisenbetonbrücken; ihr Vorteil war die kurze Bauzeit und die relative Preiswürdigkeit.

Die nach dem Krieg berühmteste deutsche Eisenbahnbrücke ist die »Kleiderbügel-Brücke« über den Fehmarnsund. Über einem Balkentragwerk ist an Seilen die Brücke aufgehängt; auch sie mit langen Anfahrtswegen. Sie ist die direkte Linie zwischen Deutschland und Dänemark, die sogenannte Vogelfluglinie, die auch die Zugvögel bei ihren Wanderungen seit vielen Jahrhunderten befliegen.

Im Zuge der Neubaustrecken entstehen eine ganze Anzahl bedeutender Viadukte und Eisenbahnbrücken. Im Bild zu sehen die Talbrücke Zeitlofs auf der Neubaustrecke Hannover–Würzburg.

TUNNELS

Deutschland ist im Gegensatz zu den Alpenländern kein Land der langen Tunnels. (Allein in der Schweiz gibt es auf einem Streckennetz von 5101 Kilometern 687 Tunnels mit einer Gesamtlänge von 362 000 Metern.) Doch mußten in der Bundesrepublik Deutschland, im Mittelgebirgsland, zum Beispiel im Harz, im Schiefergebirge, im Schwarzwald, im Bayerischen Wald und im Alpenvorland immer wieder endlose Talwindungen vermeidende Tunnels, oft nur von wenigen Metern Länge, gebohrt werden. Beispiel ist die Schwarzwaldbahn Gerwigs mit ihren 39 Tunnels, von denen inzwischen einer aufgeschlitzt wurde. Die Beschleunigung des Schienenverkehrs mit neuen Mitteln setzte die Schaffung neuer, schnellerer Trassen voraus.

Der längste Tunnel unter den 546 Tunnels mit einer Gesamtlänge von rund 209 Kilometern ist inzwischen der Landrückentunnel in der Nähe von Fulda auf der Neubaustrecke Hannover – Würzburg. Er ist 10 747 Meter lang und wird wohl in absehbarer Zukunft der längste deutsche Eisenbahntunnel bleiben.

Eine Sonderstellung nimmt der 8788 Meter lange Hasenbergtunnel in Stuttgart ein. Er wurde, wie viele S-Bahn-Tunnels im Stadtbereich, teilweise in offener Bauweise hergestellt. Er wird deshalb bei der Betrachtung bergmännisch aufgefahrener Tunnels nicht berücksichtigt. Da er aber dennoch auf einer Länge von rund 5500 Metern unterirdisch vorgetrieben wurde, zählt er in jedem Fall mit zu den längsten Tunnels der Deutschen Bundesbahn.

Abgesehen von dieser Verschiebung an den ersten Stellen der Tunneltabelle wird die Inbetriebnahme der Neubaustrecken auch Veränderungen hinsichtlich Zahl und Länge ergeben. Allein auf der 94 Kilometer langen Strecke Fulda – Würzburg gibt es 20 Tunnels mit 39 451 Metern Länge. Das bedeutet, daß nahezu die Hälfte, genau 41,9 Prozent, dieser Verbindung »unter Tage« verläuft. Auf der gesamten Neubaustrecke Hannover – Würzburg gehen 61 neue Tunnels mit rund 123 Kilometern in Betrieb. Ähnlich ist es auf der 100 Kilometer langen Neubaustrecke von Mannheim nach Stuttgart, wo es 13 Tunnels mit einer Gesamtlänge von etwa 30,2 Kilometern gibt. Hier ist der Freudensteintunnel mit seinen 6800 Metern der längste Tunnel auf dieser Strecke. Insgesamt verlaufen auch hier 31 Prozent dieser Strecke »unterirdisch«.

Im internationalen Vergleich schneiden indessen alle deutschen Tunnels überaus bescheiden ab. So sind zum Beispiel die beiden Röhren des Simplon-Tunnels in der Schweiz 19 823 und 19 731 Meter lang, der Apennintunnel in Italien 18 508 Meter. Bis März 1988 waren dies die längsten Tunnels der Welt. Dann wurde der Seikan-Tunnel in Japan eingeweiht, der die beiden Hauptinseln Hondo und Hokkaido miteinander verbindet. Mit 53 850 Metern ist er nun der längste Tunnel der Welt, bis zu 100 Metern unter dem 140 Meter tiefen Meeresboden der Tsugaru-Strait.

Der im Bau befindliche Kanaltunnel, der missing link zwischen Frankreich und England, wird mit seinen drei Röhren (zwei Fahrtunnels und ein Service-Tunnel) etwa 50 Kilometer lang werden; 38 Kilometer laufen davon unter dem Meeresboden. Dieser dann zweitlängste Tunnel der Welt, von dem Generationen geträumt haben, wird zweifellos nicht nur den gemeinsamen europäischen Markt positiv beeinflussen, sondern auch die Wettbewerbsfähigkeit des europäischen Schienen-, besonders des Hochgeschwindigkeitsnetzes entscheidend verbessern.

Hier eine Aufstellung der längsten Eisenbahntunnels in Deutschland:

	Tunnel	Länge
1.	Landrücken-Tunnel	10 747 m
2.	Mündener-Tunnel	10 492 m
3.	Dietershan-Tunnel	7 345 m
4.	Freudenstein-Tunnel	6 800 m
5.	Mühlberg-Tunnel b. Gemünden am Main	5 513 m
6.	Pfingstberg-Tunnel	5 380 m
7.	Hainrode-Tunnel	5 320 m
8.	Rauheberg-Tunnel	5 210 m
8a	Mühlberg-Tunnel Nr. 2 (ab 1995 Abzweigung von der Neubaustrecke Hannover – Würzburg im Bahnhof Rohrbach in Richtung Aschaffenburg im Zusammenhang mit dem Bau der Nantenbader Kurve)	4 750 m
9.	Langes Feld-Tunnel	4 650 m
10.	Tunnel der Bayerischen Zugspitzbahn	4 650 m

Bei noch im Bau befindlichen Tunnels kann die jeweils endgültige Länge um ± 10 m differieren.

Neubaustrecke Hannover–Würzburg

Ein köstliches Bild: Der erste Münchner Bahnhof, ein Provisorium am Marsfeld, 1839: zum Zug eilende Biedermeier und die erste Bahnhofswirtschaft: ein Stand im Freien

Hauptbahnhof München 1851

München Hauptbahnhof 1974

Der Eisenbahnhof in Wien

Neuer Hauptbahnhof Köln 1888

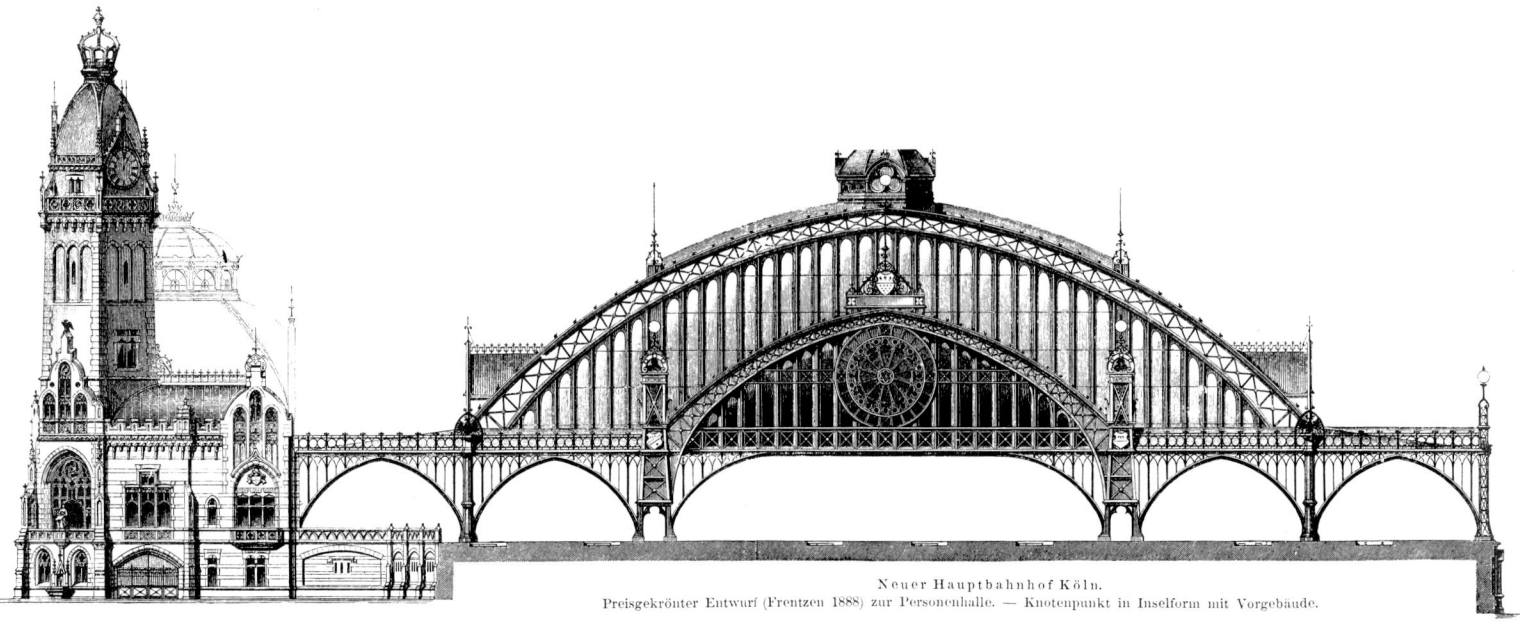

Neuer Hauptbahnhof Köln.
Preisgekrönter Entwurf (Frentzen 1888) zur Personenhalle. — Knotenpunkt in Inselform mit Vorgebäude.

Aussichtstriebwagen (491) München (Gläserner Zug)

Autoreisezug auf der Fahrt in den Süden

273

Es gibt auch lustige Transporte: Der Zirkus fährt mit der Bahn

ET 403 eine Zeitlang im Intercity-Verkehr, hier auf einer Sonderfahrt

MANCHMAL SIEHT MAN DIE BAHN VOR LAUTER BÄUMEN NICHT.

DB Die Bahn

EIN WETTER ZUM SCHÜTTELN.

Alle reden vom Wetter

Wir nicht.

Fahr lieber mit der Bundesbahn

DB

Hier das Plakat aus dem Werbefeldzug der DB 67/68, das um die ganze Welt ging und den Sprichwortschatz der deutschen Sprache bereicherte. Zwei jüngere international preisgekrönte Plakate der DB-Werbung

275

Güterzug mit vielerlei G-Wagen, vorgespannt die modernste (Allzweck)-E-Lok 120

Container-Bahnhof

Ein Bilderbogen in Farbe – Die Bundesbahn bietet an:

IC-Zug der Deutschen Bundesbahn – bespannt mit einer elektrischen Lokomotive der Baureihe E 111 – bei Garmisch-Partenkirchen

IC-Zug in Husum

IC-Zug der DB – bespannt mit einer elektrischen Lokomotive der Baureihe E 120 – im Großraum Nürnberg

Trans-Europ-Expreß (TEE) »Rheingold«

D-Zug im Spessart bei Heigenbrücken; Lokomotive E 110

Anwendungs-beispiele zu Codierfarben

Zugfarbgebung

Verbindung marken- und unternehmensspezifischen Auftretens

Durch die Zugfarbgebung soll einerseits die Unterscheidung in bestimmte Marken bzw. Zuggattungen erleichtert werden, zum anderen muß gewährleistet sein, daß der Zuggestaltung ein Farbkonzept zugrunde liegt, das eindeutig der Deutschen Bundesbahn zugeordnet wird. Das heißt: Die Zugfarbgebung muß ein markenspezifisches sowie ein unternehmensspezifisches Auftreten miteinander verbinden. Die markenspezifische Unterscheidung wird durch unterschiedliche Farben gesichert, das unternehmensspezifische Auftreten durch die typische Farbverteilung.

Lokomotiven
IC-Rot

Schnell-Verkehr
IC-Rot
IC-Pink

Fernverkehr
Mittelblau
Hellblau

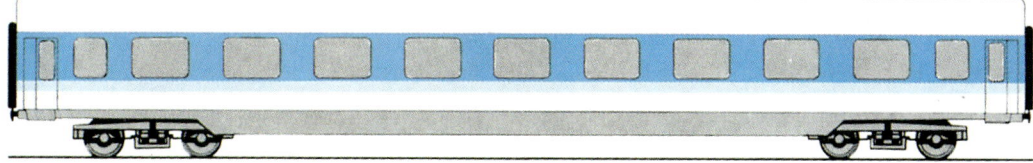

Regional- und Nahverkehr
Türkis
Helltürkis

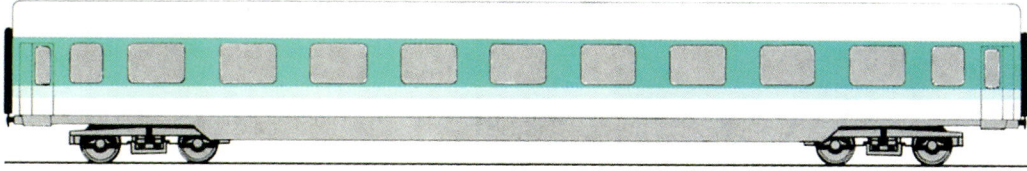

S-Bahn
Orange
Gelbocker

Grundton
einheitlich:
Lichtgrau RAL 7035

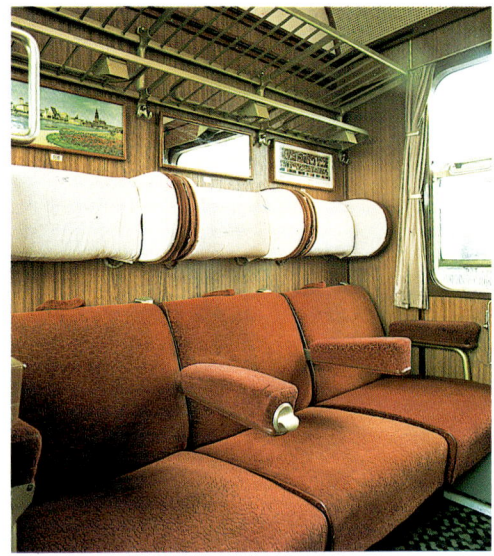

I D-Zug, 1. Klasse, Bauart Am

J Speisewagen im IC

K Quick-Pick-Wagen – Innenansicht. Hier kann der Reisende Speisen und kalte Getränke selbst entnehmen. Heiße Getränke und warme Gerichte können an der Theke bestellt werden

L Schlafwagen, Double-Abteil mit Zwischentür

M Liegewagen – Tageseinrichtung

N Fahrdienstleiterstellwerk Mainz Hbf

O Informationstafel (elektronisch) München Hbf

P Blick in den Führerstand einer E-Lok der Baureihe E 181 der DB

HOCHBAU
DAS ZIEL: DER BAHNHOF

Jeder Weg hat ein Ende. Das Ende der Bahnreise ist der Bahnhof. Wenn man in den ersten Jahren des Eisenbahnbaus die Bahnhöfe aus Sicherheitsgründen an einen Ort außerhalb der Stadtmauern mit ihren abends zu schließenden Toren legte, so kam man bald dahinter, daß im Interesse von Handel und Wandel im Zuge kommerziellen Denkens ein Platz möglichst im Zentrum der Stadt günstiger wäre.

So geschah es auch, und sehr rasch wurden die eher barackenähnlichen Holzhallen (Nürnberg/München) zu stählernen oder eisernen Hallen (Köln 1888), ja, zu prächtigen Palästen (Wien) und steinernen Denkmälern (Stuttgart). Die gotischen, romanischen und jugendstilartigen Bauformen wurden, falls im Krieg zerstört, nicht wiederhergestellt; sie wurden durch Zweckformen ersetzt, die der Funktion des Gebäudes in aller Nüchternheit entsprechen. Beispiele bieten Köln, Essen, München, Dortmund, Bochum und Münster.

Es heißt nicht Bahnhaus, sondern Bahnhof. Vorbild war in manchem die Post; doch sind schon die Grundbedingungen der Ankunft und Abfahrt von Postkutschen und Eisenbahnzügen – von der Zahl der Reisenden abgesehen – grundverschieden.

Die »Empfehlungen für den Eisenbahnbau« von 1850 ergänzt durch »Technische Vereinbarung 1866« forderten »gedeckte Hallen für Ankunft und Abfahrt der Personenzüge«, eine gegen die Straße abschließbare Vorhalle und in Verbindungen mit der Billett- und Gepäckexpedition . . . mindestens zwei Wartesäle mit Re-

Köln Hauptbahnhof 1957

Essen: So sah der Himmel über einem angegriffenen Industriestadtbahnhof nach der Zerbombung aus. Überall schwelen noch Brände. Ein klägliches, kleines Schild links kündet »Essen Hbf«. Fast tröstlich dazwischen der Rauch einer Lokomotive

Kragdach am Potsda-
mer Bahnhof in Berlin,
1930. Einsteigen in
Droschken unter Dach

Wiedererstandener Hauptbahnhof Essen – hier neuer südöstlicher Eingang

stauration . . ., ferner Büros für die Bediensteten . . .«

Auch soll, was heute leider in Vergessenheit geraten, aber der Post damals abgeguckt worden ist, »das Einsteigen in Droschken, Omnibusse und Equipagen unter Dach stattfinden können . . .«.

Wo, wie zum Beispiel in Leipzig, viele Eisenbahngesellschaften ihre Bahnhöfe, zum Teil nebeneinander, zum Teil entfernt voneinander, erbaut hatten, da sollte möglichst ein großer Gemeinschaftsbahnhof das Umsteigen erleichtern und die Dienste zusammenführen. Nach dem Kopfbahnhof, der oft einfach geografische Gründe hatte, entdeckte man den Vorteil des Durchgangsverkehrs, wobei man die Untertunnelung der Gleise oder das Hochlegen des Bahnkörpers, manchmal auch, siehe Hamburg Hauptbahnhof, das Hochlegen der Haupthallen gleichsam als Brücke über die

Gleise mit Treppen als Zugang wählte.

Wichtig für die Bahn ist, daß sie sich mit ihrem Hauptbahnhof nicht mehr aus dem Herzen der Stadt verdrängen läßt, wie dies zum Beispiel in Heidelberg geschah. Der Geschäftsverkehr zieht nämlich unter dem Zeichen des Autoverkehrs nicht mehr nach, und der Bahnhof steht isoliert.

Modern und hilfreich für Berufsverkehr und Reiseverkehr sind die neuen Verbundsysteme, wie sie in München, Frankfurt, Stuttgart und anderen Orten, auch schon früher in Hamburg und Berlin geschaffen worden sind – es ist eine wahrhaft humane Art der Kommunikation in unseren für den einzelnen, vor allem für Kinder und Alte, so oft schmerzhaft inhumanen Verkehrsverhältnissen der Großstädte.

DER BAHNHOF IN ANDERER SICHT

Wer in den 60er Jahren die großen, in der Gründerzeit erbauten Bahnpaläste in New York, Chicago oder anderen Großstädten aufsuchte, fand sich in riesigen, kirchenähnlichen Räumen, die leer und leise vor sich hindämmerten.

Als ich auf der Suche nach Argumenten für die Bahn in dieser Zeit in Deutschland den sogenannten Kreativdirektor einer Agentur sprach, da war der erstaunt darüber, daß man so geringschätzig von der Bahn rede. Auch von den Werbebemühungen der Bahn selbst, zu denen viele meinten, die Werbung der Bahn in Bahnhöfen und Bahnhallen, ja auf den Bahnsteigen für Pendler und Nahverkehrsteilnehmer sei unnütz, da jeder wisse, daß es die Bahn gebe. Dieses blauäugige Argument, so der Kreative, sei durchsichtig.

Man sehe doch auf den großen Bahnhöfen wie Frankfurt, München, Hamburg, Köln, Stuttgart, Nürnberg die Ströme der Menschen an. Was für ein Schauspiel! Nur ein Teil reise ab oder komme an. Viele gingen hin, um zu sehen und gesehen zu werden, sich zu treffen, einzukaufen oder einfach, um teilzunehmen am Leben der Großstadt.

Wenn mir nichts mehr einfällt, sagte der Kreative, stehe ich von meinem Schreibtisch auf und gehe zum Hauptbahnhof. Wie den bekannten Maler Beckmann fasziniert mich das Leben und Treiben. Rucksackwanderer aus Australien, Schulklassen auf Ausflug, ein Kegelverein die Urlaubskasse plündernd, Jahrgängerinnen zum Klassentreffen, Gastarbeiter in Gruppen, Hausfrauen auf Kränzchenfahrt, ein Sportteam mit Tennisschlägern, eine Schöne auf der Reise zur Mißwahl. Da soll einem nichts einfallen!

Nun, nicht nur für Ideenjäger ist der Bahnhof interessant. Der Bundesbahn bringt er Pachtgeld. An erster Stelle steht die Gastronomie mit ihren Angeboten, vor-an die von der DSG betriebenen Intercity-Hotels, die Novotel-IC-Hotels, aber auch die Bahnhofswirtschaften, die gerade in Mittelstädten ob ihrer Weinlisten und Speisekarten einen guten Namen haben. Im Hinblick auf den Umsatz kommen an zweiter Stelle gleich die Buchläden mit ihren Zeitungskiosken und fahrbaren Verkaufsständen. Es ist sicherlich kein Zufall, wenn renommierte Buchhandelsketten einstmals mit einem Buch oder Zeitungsstand im alten Bahnhof

vor der Jahrhundertwende angefangen haben. Die zahllosen Einkaufs- und Dienstleistungsbetriebe von A bis Z, also von der Apotheke bis zur Wechselstube der DVKB, von den AKIs, den Aktualitätenkinos bis zu den Zigarrenläden, von Andenkengeschäften über Bäckereien bis zu Fleisch- und Wurstwaren.

So sind innerhalb der Verkehrsverbünde ganze Ladenstraßen, elegante Passagen, ja, Ladenstädte auf den B-Ebenen entstanden, die nicht nur von Reisenden, sondern auch von den Einwohnern der Stadt gern zum Flanieren und Einkaufen aufgesucht werden.

DAS NEUE FAHRZEUG

1983 hat sich die Bahn kurz vor ihrem 150jährigen Jubiläum entschlossen, einen neuen Weg zu gehen. Das manifestiert sich in einer neuen Organisation des Unternehmens, das immer weniger einer bürokratischen Verwaltung gleicht, dafür aber tatkräftiger, rascher und mutiger erscheint. Noch ist die Zeit zu kurz, um einen großen Erfolg feststellen zu können.

»Deutlich sichtbare Fortschritte bei den planungsrechtlichen Verfahren sowie beim Baugeschehen« werden die Bahn in die Lage versetzen, größere Abschnitte der beiden großen Fernschnellstrecken Hannover–Würzburg und Mannheim–Stuttgart, und zwar voraussichtlich die Strecken Mannheim – Graben – Neudorf 1987 und Fulda–Würzburg 1988 in Betrieb zu nehmen.

Das sind neue Wege; doch welche neuen Fahrzeuge werden darauf fahren? Hier gilt ein alter Grundsatz, den schon Stephenson etwa so formuliert hat: Die Bahn ist so schnell, wie der Oberbau es erträgt. Einen Grundsatz, den der Erfinder der Bahn, Richard Trevithick, nicht begrifffen, oder wenigstens nicht beherzigt hat. Seine Lokomotiven entgleisten, weil sein Oberbau

Kasten XXI

SICHERHEITSSYSTEM

Mit der Zunahme der Geschwindigkeit wurde das gemütliche Fahren auf Sicht unmöglich. Heute wird nach dem Blocksystem gefahren. Ein Block ist ein durch Signale gesicherter Streckenabschnitt. Der Grundgedanke ist, daß sich innerhalb eines Streckenabschnittes immer nur ein Fahrzeug befinden darf. Wird dieser Grundsatz befolgt, ist ein Unfall

den Geschwindigkeiten nicht gewachsen war. Auch bei
der Bundesbahn war die allbekannte, schöne E-Lok
103 für 250 km/h gut; nur der Oberbau – Streckenausrüstung und Belastung, Gleisradien und die dazugehö-
rigen Sicherungseinrichtungen, haben schon die
Durchführung der früheren Versuche verboten.
Erst während der IVA 1965 wurde es unter Beachtung
strengster Sicherheitsvorkehrungen und Einbau eines
elektronischen Systems möglich gemacht, die Strecke
München–Augsburg mit 200 km/h einschließlich geringer Überschreitung der Geschwindigkeit nach Einbau

von Scheibenbremsen bei der Lokomotive zu befahren.
Große Aufmerksamkeit erregte der neue Triebwagen
ET 403, dessen motortechnische Daten – Einphasen-
Wechseltrom mit Thyristor-Anschnittsteuerung,
200 km/h – schnell, elegant und modern wirkten. ET
403/404 wurden 1973 ausgeliefert. Doch diese »Triebzüge für den Intercity-Verkehr« konnten offenbar nicht
ihren Zweck erfüllen (ET Seite 69). »Mit dem Entschluß zum Bau besonderer Neubaustrecken für Geschwindigkeiten über 200 km/h änderten sich die Voraussetzungen für den Bedarf an diesen Zügen, so daß
ein Serienbau unterblieb. Mit Einführung des Stunden-
taktes 1979 (bei dem Intercity-Verkehr) wurden die
Triebzüge ET 403/404 aus dem Plandienst genommen. Seitdem stehen sie für Sonderfahrten zur Verfügung.« (ET Seite 69 ff.)
Inzwischen wird der neue Rad-Schiene-Verkehr vorbereitet, der auf den Neubaustrecken verkehren soll. Das

Rollprüfstand der DB in München-Freimann; V-Lok auf dem Prüfstand

287

Magnetfahrzeug

geschieht im Rahmen einer seit 1978 bestehenden Forschungsgemeinschaft Rad/Schiene in Mannheim. Sie umfaßt außer der Deutschen Bundesbahn etwa 40 Mitglieder und Partner. In Abstimmung mit dem Bundesverkehrsminister und dem Bundesminister für Forschung und Technologie betreibt sie diese Forschung im Hinblick auf Fahrweg und Fahrzeug.

Als Endziel wird ein Fahrzeug angestrebt, das aus den gewonnenen Ergebnissen konstruktiv angereichert »für den kommerziellen Fernverkehrseinsatz« besonders geeignet sein wird.

Im einzelnen ist im Rahmen des Forschungsprogramms unter Einsatz des schon 1977 gebauten Rollprüfstandes geplant, die Teilbereiche des Rad/Schienensystems zu untersuchen.

Es handelt sich um die Bereiche »Fahrweg – Fahrzeug und Zusammenwirken Fahrzeug/Fahrweg, Betriebsleittechnik, Umweltfragen und Energietechnik«. Nach theoretischen Vorarbeiten sollen Labor- und Prüfstandsversuche zu Streckenfahrversuchen führen.

Da diese Höchstgeschwindigkeitsversuche verständlicherweise nicht im aktuellen Netz der Deutschen Bundesbahn stattfinden können, ist ein Streckenabschnitt (Rheine – Spelle – Freren (Osnabrück) vorgesehen. Von Mitte 1985 an »könnte auf der etwa 23 Kilometer langen Strecke mit Versuchsfahrten bis zu einer Höchstgeschwindigkeit von 350 km/h begonnen werden«. (ET Seite 252)

Das Rad-Schiene-Versuchs- und Demonstrationsfahrzeug (RS-VD) umfaßt zwei vierachsige Triebköpfe, einen Meßwagen und einen weiteren Mittelwagen für Demonstrationszwecke. Die Traktion ist Drehstromtechnik; die Triebköpfe sind »hochspannungsseitig durchgekuppelt«.

Die Zugsteuerung erfolgt auf Mikroprozessorbasis, die Informatiksysteme können mit den DTS-Anlagen zusammengehen, die Bremskombination ist UIC-passend.

Da die ersten neuen Strecken in Teilen bereits 1987/88 befahrbar sind, wird man, wenn die Entwicklungsarbeiten das zulassen, zwar nicht die ersten Triebzüge, so doch den RS-VD vorüberflitzen sehen. Wir lassen uns überraschen.

In diesem Zusammenhang muß bemerkt werden, daß überall in westlichen wie östlichen Industriestaaten die äußersten, um nicht zu sagen letzten Möglichkeiten des Rad/Schiene-Systems erprobt werden.

Zugleich laufen in Deutschland und an anderen Stellen Versuche mit Magnetschwebefahrzeugen und Linearantrieb. Auch sie sind erfolgversprechend.

Ein wenig erinnern einen dieser Kampf zwischen Rad/Schiene und Magnet an den Kampf der Dampflokgiganten gegen die Elektro- und Dieselloks. Dabei geht es nicht nur um die Geschwindigkeit (1977 hat ein unbenanntes Magnetfahrzeug 401,3 km/h erreicht), es geht um Anschaffungs-, Bau- und Unterhaltskosten, vor allem auch um Energiekosten, also um Wirtschaftlichkeit.

Hier eine Auswahl der Rad/Schiene-Schnellfahrrekorde der letzten Jahre:

deutscher Schnellfahrversuch bei Oelde (Westfalen)
253 km/h 1973
französischer Dreiwagenzug 331 km/h 1955
sensationell der Rekord auf der Neubaustrecke Paris–Lyon mit einem siebenteiligen TGV-Elektrotriebzug
380 km/h 1981.

Was aus diesen Überlegungen, Vorbereitungen und Versuchen geworden ist, das wird man auf den folgenden Seiten lesen.

XII Die neue Struktur der Deutschen Bundesbahn in der Bundesrepublik Deutschland

Der Status der Deutschen Bundesbahn heute gibt eine Vorstellung von dem, was aus der eingleisigen, Sechs-Kilometer-Strecke Nürnberg–Fürth von damals geworden ist. Was daraus werden kann, davon handeln die letzten Abschnitte dieses Buches.

Laut Gesetz ist die Deutsche Bundesbahn ein Verkehrsunternehmen des Bundes. Sie hat den Rechtscharakter eines nicht rechtsfähigen Sondervermögens des Bundes mit eigener Wirtschafts- und Rechnungsführung.

Von ihren obersten Führungsorganen (Verwaltungsrat und Vorstand) ist sie wie ein Wirtschaftsunternehmen mit dem Ziel bester Verkehrsbedienung nach kaufmännischen Grundsätzen zu führen. Gleichwohl hat sie auch gemeinwirtschaftliche Aufgaben im Interesse des Volkswohls zu erfüllen.

Das sind an sich zwei Prinzipien, die sich gegenseitig widersprechen und die in der Vergangenheit zu vielen Schwierigkeiten geführt haben. Das soll nun möglichst rasch geändert werden.

Auf diesem Wege stellt 1982 einen bemerkenswerten Einschnitt im Dasein der Deutschen Bundesbahn dar. Nachdem das Jublijahr und einige weitere Jahre vergangen waren, hatte der neue Vorstand, der im wesentlichen aus Managern der Privatwirtschaft bestand und noch besteht, sich eingearbeitet, und man konnte schon die ersten Früchte dieser Arbeit erkennen. Es ging vor allem darauf hinaus, Neuerungen einzuführen, die sich bewähren sollten, und einige alte Zöpfe abzuschneiden. Dazu zählen nicht nur moderne Uniformen des Personals, sondern auch eine Verwaltungsvereinfachung, mithin eine neue Organisation. Darüber hinaus erfolgte eine Reformation der Zuggattungen. Mit neuen Plänen und Ideen machte man sich auch daran, die Deutsche Bundesbahn vor

allem von dem hohen Schuldenberg zu entlasten, der auf ihr ruht.

Zu einem nicht weniger großen Einschnitt auf Dauer hat aber auch das Jahr 1989 beigetragen, vor allen Dingen mit der im November stattgefundenen »Revolution« in den sozialistisch geführten Staaten.

Wenn im folgenden Kapitel die Geschichte und Organisation der Deutschen Reichsbahn in der Deutschen Demokratischen Republik abgehandelt wird, so ist dieser Abschnitt heute bereits Geschichte geworden. Was aus der Deutschen Reichsbahn demnächst wird, ist im Einigungsvertrag (Artikel 26 Sondervermögen Deutsche Reichsbahn) festgelegt worden. Danach haben die Vorstände die Aufgabe, die beiden Bahnen technisch und organisatorisch zusammenzuführen.

Mit der Verwaltungsordnung der Deutschen Bundesbahn vom 21. Oktober 1988, veröffentlicht im Verkehrsblatt vom 29. April 1989, stellt sich die Organisation der Deutschen Bundesbahn wie folgt dar:

1. Zentralebene:
   Vorstand und Hauptverwaltung. Der Sitz des Vorstandes ist Frankfurt. Die Z HVB, also die Zentrale der DB, wird aus der Hauptverwaltung und den ihr zugeordneten Zentralstellen Absatz, Produktion, Technik, Datenverarbeitung und Rechnungswesen gebildet. Sie ist – ausgehend von den Ressorts – in Bereiche, Hauptabteilungen und Abteilungen gegliedert.
   Vorstandsmitglieder und Ressortvorstände sind keine Beamte. Sie haben ein vertraglich geregeltes, öffentlich-rechtliches Amtsverhältnis zum Bund.
2. Mittlere Ebene:
   Die mittlere und zugleich regionale Leitungsebene sind die zehn Bundesbahndirektionen und zentralen Stellen, drei Regionalleitungen DB-Gü-

terkraftverkehr Nord, Mitte und Süd, 18 Geschäftsbereiche Bahnbus, die beiden Zentralämter in Minden (Westfalen) und München, das Bundesbahnsozialamt in Frankfurt sowie die Fachhochschule des Bundes für öffentliche Verwaltung, Fachbereich Eisenbahnwesen, in Mainz.

3. Vollzugsebene:
Dienststellen des Außendienstes, also zum Beispiel Bahnhöfe, Güterabfertigungen, Fahrkartenausgaben, Bahnmeistereien, Bahnbetriebswerke.

Seit der Einführung der Sachgebietsverfassung im Oktober 1986 ist die Ämterinstanz (Betriebsämter, Maschinenämter usw.) aufgelöst und deren Aufgaben vor Ort weitgehend den Regionalabteilungen übertragen worden. Diese sind organisatorisch Abteilungen der Bundesbahndirektionen.

Dezernate sind jetzt Abteilungen und unterstehen der jeweiligen Hauptabteilung der Direktion.

Der bis 1986 bestehende Instanzenzug ist inzwischen von fünf auf drei Ebenen verkürzt worden:

Zentrale Ebene:
Die Zentrale der DB bestimmt die Unternehmenspolitik und -organisation, nimmt zentrale Führungs- und Durchführungsaufgaben wahr und steuert die nachgeordneten Leitungsebenen.

Regionale Ebene:
Die Bundesbahndirektionen bilden die regionale Leitungsebene und sind für alle Fragen zuständig, die nicht ausdrücklich der Zentrale vorbehalten sind. In den Direktionen sind alle Fachbereiche vertreten. Für die kommerziellen, betrieblichen sowie technischen Aufgaben besteht an wichtigen Orten eine Gebietspräsentanz durch Generalvertretung (GV) und Regionalabteilungen (organisatorische Abteilungen der Direktionen). Die Generalvertretungen wurden Anfang 1989 geschäftsorientiert in eigenständigen GVs für den Güter- und Personenverkehr aufgeteilt.

Operative Ebene:
Die örtliche Geschäftsabwicklung liegt bei den Dienststellen des Außendienstes der verschiedenen Fachrichtungen, zum Beispiel den Bahnhöfen, Fahrkartenausgaben, Güterabfertigungen, den maschinen- und bautechnischen Dienststellen usw.

Insgesamt hatte die Deutsche Bundesbahn 254 491 Mitarbeiter, darunter 15 802 weibliche, 10 863 ausländische Mitarbeiter.

Diese Zahlen sind dem Heft »Die Bahn in Zahlen, Ausgabe 1990« entnommen.

Bild 4: Elektrifiziertes Streckennetz der DB

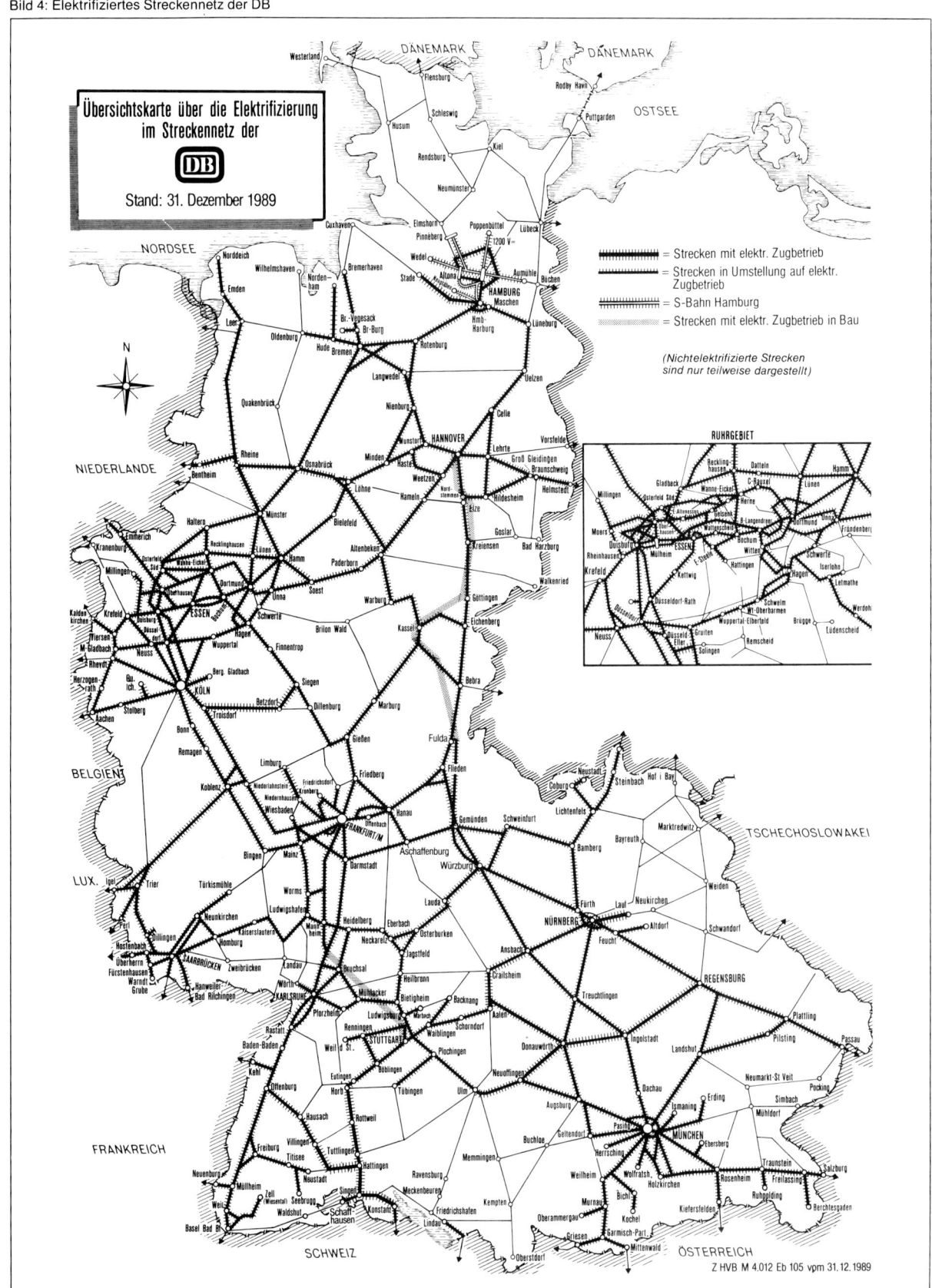

Neubau- und Ausbaustrecken

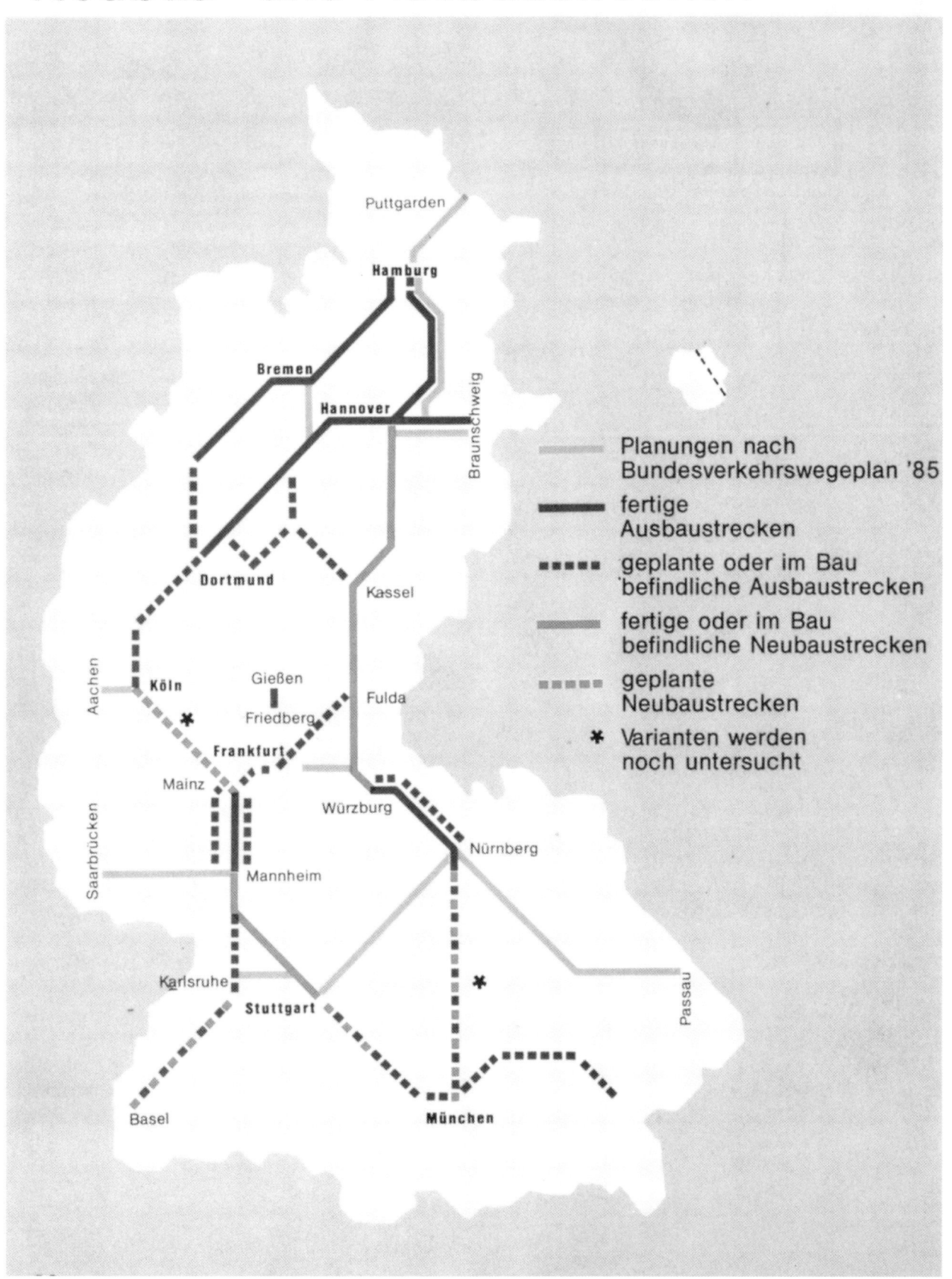

Planungen nach
Bundesverkehrswegeplan '85

fertige
Ausbaustrecken

geplante oder im Bau
befindliche Ausbaustrecken

fertige oder im Bau
befindliche Neubaustrecken

geplante
Neubaustrecken

* Varianten werden
noch untersucht

DB IN ZAHLEN

Die Streckenlänge

Normalspur und Schmalspur, beträgt
zur Zeit etwa   km 27 045
davon eingleisig   14 667
davon mehrgleisig   12 378
Von der gesamten Betriebslänge
werden elektrisch betrieben   11 688
Zahl der Privatgleisanschlüsse   9 884
Zahl der Mitbenutzer von
Privatgleisanschlüssen   3 900
Die Länge aller mit durchgehend
geschweißten Langschienen
versehenen Gleise beträgt   km 51 447
Bahnübergänge, technisch gesichert   4 270
ohne technische Sicherungen   1 085
Eisenbahnbrücken   23 770
Straßenbrücken (in Erhaltung der DB)   2 557
Tunnel   657

Nun zum eigentlichen Bestand, mit dem der Verkehr
der Bundesbahn vorgenommen wird.
Elektrische Lokomotiven   2 530
Diesellokomotiven   1 812
Kleinlokomotiven   1 626
Elektrische Triebwagen mit Stromzuführung
(Triebköpfe)   1 586
Akkumulatortriebwagen   42
Dieseltriebwagen   359
Schienenomnibusse   126

An Personenwagen verfügt die Bundesbahn 11 830,
die 862 379 Sitzplätze umfassen, an Gepäckwagen
774.
Güterverkehr
Güterwagen des öffentlichen Verkehrs   209 353
davon gedeckte Wagen   85 586
davon offene Wagen   61 368
davon Flachwagen   62 399
Ladekapazität insgesamt in 1 000 t   7 372
Privatgüterwagen, bei der DB eingestellt   51 478

Nun zu den Betriebsleistungen. Wir wollen dabei nicht
die Achskilometer, die Bruttolast erwähnen, sondern

für den Leser, der sich an Zügen direkt orientieren
möchte, die Zahl der Züge an einem Stichtag.

Es sind   21 601
davon Schnellzüge (IC, EC- und D-Züge)   948
Eilzüge   4 778
Nahverkehrszüge   11 038
S-Bahnen (ab 1981 einschl. Gleichstrom-S-Bahn
Hamburg)   4 622
sonstige Züge   215

Die beförderten Reisenden je Zug
an einem Stichtag   111

Die Zahl der Güterzüge
an einem Stichtag   8 575

Personenverkehr

Beförderte Personen
Schienenverkehr insgesamt in Millionen   1 016
darunter Berufsverkehr in Millionen   323
darunter Schülerverkehr in Millionen   167
darunter Fernverkehr (über 50 km) in Millionen   105
Bahnbusverkehr insgesamt in Millionen   297
darunter Berufsverkehr in Millionen   48
darunter Schülerverkehr in Millionen   163
Schiffsverkehr insgesamt in Millionen   10
Gesamtverkehr
(Schiene, Bus, Schiff) in Millionen   1 323
Alle Angaben sind auf das Jahr 1988 bezogen.

Sicherlich interessieren noch einige Angaben über den
Autoreisezug, den Kraftfahrzeug-Übersetz-, den Ge-
päck- und Expreßgutverkehr:
Reisegepäck in beförderten Tonnen je Tausend   85
Autoreiseverkehr in beförderten Pkw je Tausend   919
Kraftfahrzeug-Übersetzverkehr
(Ostsee-Fährverkehr und Bodensee-Verkehr)
in beförderten Pkw je Tausend   1 191
IC-Kurierdienst: Zahl der Sendungen   112 611
Im Expreßgutverkehr beläuft sich die
beförderte Menge auf Tonnen   265 973

Im frachtpflichtigen Gesamtgüterverkehr (einschließlich
Schiffs- und Güterkraftverkehr) wurden 1988 von der
DB befördert: 282 Millionen Tonnen.

Container mit Huckepackverkehr 1988

Bestand an bahneigenen Kleincontainern	56 349
Bestand an privaten Kleincontainern	8 930
Stellung insgesamt	821 736
darunter private	67 968
Bestand an bahneigenen Mittelcontainern	5 889
Bestand an privaten Mittelcontainern	754
Stellung insgesamt	117 475
Bestand an bahneigenen Großcontainern	4 367
Auf der Schiene befördert	
bahneigene und private insgesamt	1 223 830
davon beladen	826 182
davon leer	397 648
Beförderte Menge in Millionen Tonnen	12,6

Im Huckepackverkehr, das ist die sogenannte »rollende Landstraße« (komplette Lastzüge), zusammen mit Wechselbehältern und Sattelanhängern, stellen sich die beförderten Sendungen auf 663 307, die beförderte Menge in Millionen Tonnen auf 10,7.

Güterwagenstellung

Gesamtstellung	8 688 868
Wagenstellung für Kohle	1 324 065
Wagenstellung für Eisenerze	200 841
Wagenstellung für Schrott	300 782
Wagenstellung für Eisen und Stahl	846 328
Wagenstellung für Steine und Erden	565 701
Wagenstellung für Düngemittel	244 031
Wagenstellung für Zuckerrüben	91 132
Wagenstellung für chemische Produkte	129 959

Die Güterwagenumlaufzeit betrug 5,95 Tage.

Eine Anmerkung noch zum Schluß:
Aufträge der Deutschen Bundesbahn für die Wirtschaft 1988 sind insgesamt für 10 Millionen Mark ergangen. Endlich ist noch der Energieverbrauch der Verkehrsträger bei 50prozentiger Auslastung interessant. Die Zahlen im Güterverkehr verhalten sich wie 1 bei Zugverkehr zu 1,3 im Schiffsverkehr und 3 zu Lkw.
Im Personenverkehr verbraucht der InterCity eine elektrische Einheit im Vergleich zum Mittelklasse-Pkw mit drei Einheiten und zum Airbus mit 5,2 Einheiten.
Eine letzte Angabe, die man – obwohl makabrer Natur – nicht verschweigen soll, weil sie auch eine Gewissensfrage beinhaltet: Im Bahnverkehr 1988 sind 273 Reisende zu Tode gekommen.
Die Zahl der im Straßenverkehr in der Bundesrepublik Deutschland 1988 zu Tode gekommenen Personen beläuft sich auf 8 213, darunter 704 Kinder (Statistisches Bundesamt).
Jedermann ist bekannt, daß die Zahl der Schwerverletzten außerordentlich hoch ist und die Sachschäden Milliardenbeträge ausmachen. Sie sind nach Schätzungen zehnmal höher als das sogenannte Defizit der Bundesbahn, vor allem das echte Defizit (siehe Kasten »Trennungsrechnung«).

Unmittelbare Beteiligungen an verkehrswirtschaftlichen und Verkehrsbelangen dienenden Unternehmen

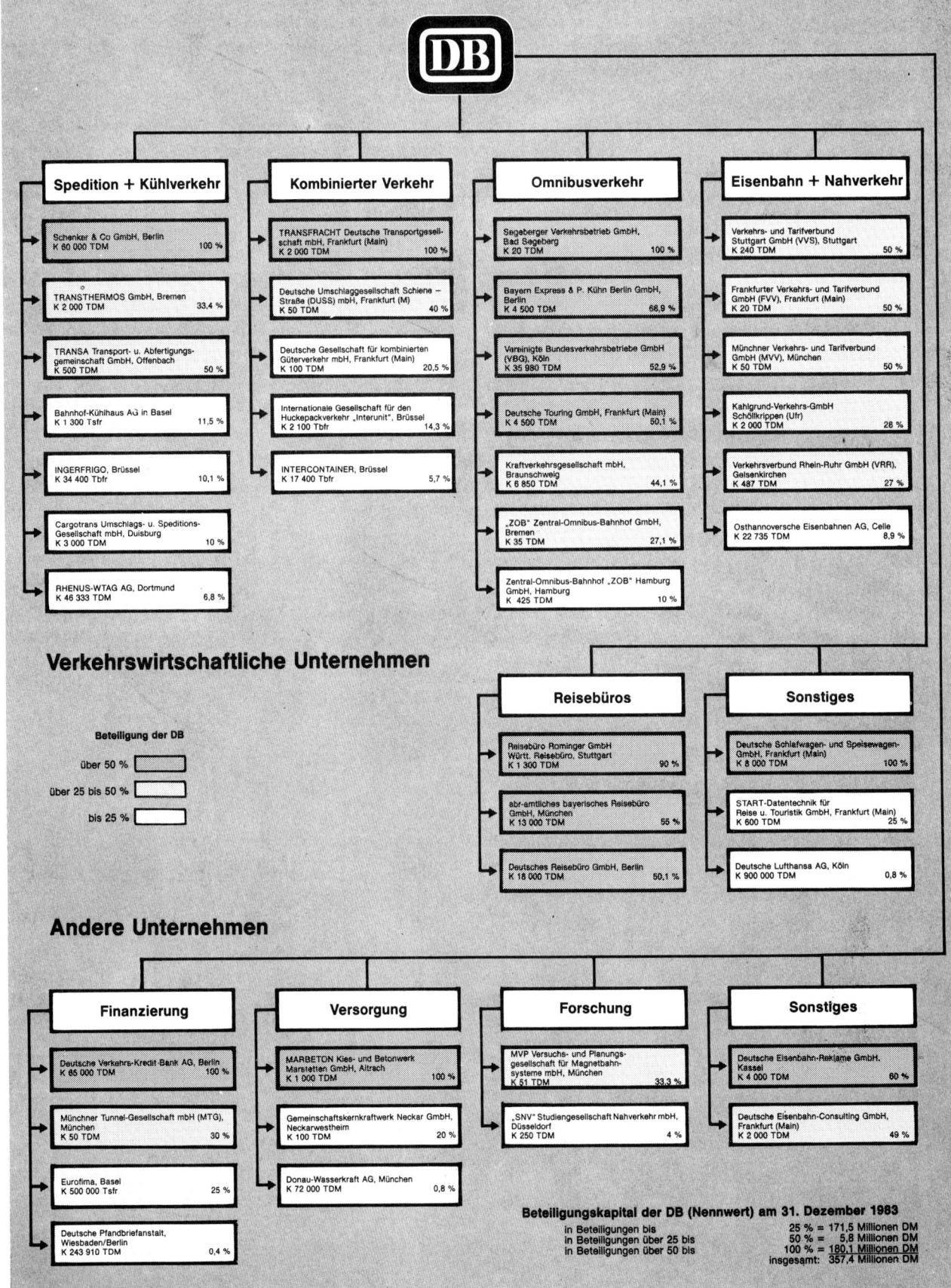

DB

Verkehrswirtschaftliche Unternehmen

Spedition + Kühlverkehr

| Schenker & Co GmbH, Berlin K 80 000 TDM | 100 % |

| TRANSTHERMOS GmbH, Bremen K 2 000 TDM | 33,4 % |

| TRANSA Transport- u. Abfertigungsgemeinschaft GmbH, Offenbach K 500 TDM | 50 % |

| Bahnhof-Kühlhaus AG in Basel K 1 300 Tsfr | 11,5 % |

| INGERFRIGO, Brüssel K 34 400 Tbfr | 10,1 % |

| Cargotrans Umschlags- u. SpeditionsGesellschaft mbH, Duisburg K 3 000 TDM | 10 % |

| RHENUS-WTAG AG, Dortmund K 46 333 TDM | 6,8 % |

Kombinierter Verkehr

| TRANSFRACHT Deutsche Transportgesellschaft mbH, Frankfurt (Main) K 2 000 TDM | 100 % |

| Deutsche Umschlaggesellschaft Schiene – Straße (DUSS) mbH, Frankfurt (M) K 50 TDM | 40 % |

| Deutsche Gesellschaft für kombinierten Güterverkehr mbH, Frankfurt (Main) K 100 TDM | 20,5 % |

| Internationale Gesellschaft für den Huckepackverkehr „Interunit", Brüssel K 2 100 Tbfr | 14,3 % |

| INTERCONTAINER, Brüssel K 17 400 Tbfr | 5,7 % |

Omnibusverkehr

| Segeberger Verkehrsbetrieb GmbH, Bad Segeberg K 20 TDM | 100 % |

| Bayern Express & P. Kühn Berlin GmbH, Berlin K 4 500 TDM | 66,9 % |

| Vereinigte Bundesverkehrsbetriebe GmbH (VBG), Köln K 35 980 TDM | 52,9 % |

| Deutsche Touring GmbH, Frankfurt (Main) K 4 500 TDM | 50,1 % |

| Kraftverkehrsgesellschaft mbH, Braunschweig K 6 850 TDM | 44,1 % |

| „ZOB" Zentral-Omnibus-Bahnhof GmbH, Bremen K 35 TDM | 27,1 % |

| Zentral-Omnibus-Bahnhof „ZOB" Hamburg GmbH, Hamburg K 425 TDM | 10 % |

Eisenbahn + Nahverkehr

| Verkehrs- und Tarifverbund Stuttgart GmbH (VVS), Stuttgart K 240 TDM | 50 % |

| Frankfurter Verkehrs- und Tarifverbund GmbH (FVV), Frankfurt (Main) K 20 TDM | 50 % |

| Münchner Verkehrs- und Tarifverbund GmbH (MVV), München K 50 TDM | 50 % |

| Kahlgrund-Verkehrs-GmbH Schöllkrippen (Ufr) K 2 000 TDM | 28 % |

| Verkehrsverbund Rhein-Ruhr GmbH (VRR), Gelsenkirchen K 487 TDM | 27 % |

| Osthannoversche Eisenbahnen AG, Celle K 22 735 TDM | 8,9 % |

Beteiligung der DB

über 50 %

über 25 bis 50 %

bis 25 %

Reisebüros

| Reisebüro Rominger GmbH Württ. Reisebüro, Stuttgart K 1 300 TDM | 90 % |

| abr-amtliches bayerisches Reisebüro GmbH, München K 13 000 TDM | 55 % |

| Deutsches Reisebüro GmbH, Berlin K 18 000 TDM | 50,1 % |

Sonstiges

| Deutsche Schlafwagen- und SpeisewagenGmbH, Frankfurt (Main) K 8 000 TDM | 100 % |

| START-Datentechnik für Reise u. Touristik GmbH, Frankfurt (Main) K 600 TDM | 25 % |

| Deutsche Lufthansa AG, Köln K 900 000 TDM | 0,8 % |

Andere Unternehmen

Finanzierung

| Deutsche Verkehrs-Kredit-Bank AG, Berlin K 65 000 TDM | 100 % |

| Münchner Tunnel-Gesellschaft mbH (MTG), München K 50 TDM | 30 % |

| Eurofima, Basel K 500 000 Tsfr | 25 % |

| Deutsche Pfandbriefanstalt, Wiesbaden/Berlin K 243 910 TDM | 0,4 % |

Versorgung

| MARBETON Kies- und Betonwerk Marstetten GmbH, Altrach K 1 000 TDM | 100 % |

| Gemeinschaftskernkraftwerk Neckar GmbH, Neckarwestheim K 100 TDM | 20 % |

| Donau-Wasserkraft AG, München K 72 000 TDM | 0,8 % |

Forschung

| MVP Versuchs- und Planungsgesellschaft für Magnetbahnsysteme mbH, München K 51 TDM | 33,3 % |

| „SNV" Studiengesellschaft Nahverkehr mbH, Düsseldorf K 250 TDM | 4 % |

Sonstiges

| Deutsche Eisenbahn-Reklame GmbH, Kassel K 4 000 TDM | 60 % |

| Deutsche Eisenbahn-Consulting GmbH, Frankfurt (Main) K 2 000 TDM | 49 % |

Beteiligungskapital der DB (Nennwert) am 31. Dezember 1983

in Beteiligungen bis	25 % = 171,5 Millionen DM
in Beteiligungen über 25 bis	50 % = 5,8 Millionen DM
in Beteiligungen über 50 bis	100 % = 180,1 Millionen DM
	insgesamt: 357,4 Millionen DM

XIII Zwischenspiel:
Kurze Geschichte und Organisation der Deutschen Reichsbahn in der ehemaligen DDR

Zwei Organisationen, die aus dem Zusammenbruch des Hitlerreiches hervorgegangen sind: die Deutsche Bundesbahn und die Deutsche Reichsbahn im Gebiet der Deutschen Demokratischen Republik. Die beiden Netze waren durch insgesamt sieben Grenz-Übergänge miteinander verbunden, auf denen Züge verkehrten. Die Übergänge lauteten Hof-Gutenfürst, Ludwigsstadt-Probstzella, Bebra-Gerstungen, Helmstedt-Marienborn (wohl der bekannteste der Übergänge), Wolfsburg-Oebisfelde, Büchen-Schwanheide, Lübeck-Herrnburg. Dazu kamen für den Güterverkehr die Übergänge Gerstungen-Heringen und Walkenried-Ellrich.

GESCHICHTE UND ORGANISATION DER EISENBAHN IN DER DDR

Die Geschichte der Deutschen Demokratischen Republik, ebenso wie die ihrer Eisenbahnorganisation, beginnt 1945 mit dem Zusammenbruch des Hitlerreichs.

Die Zerstörungen und Verwüstungen durch Bombenangriffe, Artilleriefeuer, Großbrände und sinnlose Sprengungen im östlichen Teil Deutschlands, insbesondere im Raum um Berlin, waren außerordentlich. Vor allem waren die Bahnanlagen betroffen. Bahnhöfe waren zerbombt, Lokomotiven zerschossen, Wagen verbrannt, Rangierbahnhöfe in Trümmerfelder verwandelt. Auch hier waren es wieder die Eisenbahner, die sich zuerst der Ruinen annahmen und Bilanz zogen, was noch brauchbar war oder zur Reparatur taugte.

Auch suchten die Eisenbahner ihre alten Dienststellen, soweit noch vorhanden, auf und begannen damit, eine Art erster Organisation aufzubauen.

Mit Befehl Nr. 8 übergab die sowjetische Militäradministration (SMAD) die Betriebsführung der Deutschen Reichsbahn mit dem wenigen, was davon noch übrig war, am 11. August 1945 den deutschen Eisenbah-

D 452 Frankfurt (Oder)–Mönchengladbach am 6. Juli 1982 am Fuße der Wartburg zwischen Eisenach und Förtha. Diesellokomotive 132 137

nern. Der Eisenbahnbetrieb sollte vom 1. September 1945 an unter deutscher Regie beginnen.

Zuvor waren 12 Zentralverwaltungen gebildet worden, darunter die Zentralverwaltung des Verkehrs, die auch die Hauptverwaltung der Deutschen Reichsbahn lenken und leiten sollte.

Bei der Gründung der Deutschen Demokratischen Republik 1949 entstand das neue Ministerium für Verkehr der DDR, dem die Deutsche Reichsbahn 1949 untergeordnet wurde. Nachdem vorübergehend ein Ministerium für das Eisenbahnwesen bestanden hatte, unterstand seit 1954 die Deutsche Reichsbahn dem Ministerium für Verkehrswesen (Eisenbahn, Schiffahrt und Kraftverkehr), das wiederum Teil des Ministerrats der Deutschen Demokratischen Republik war.

Im Ministerium für Verkehrswesen war die Deutsche Reichsbahn mit sechs Hauptverwaltungen präsent: Betriebs- und Verkehrsdienst, Maschinenwirtschaft, Wagenwirtschaft, Bahnanlagen, Sicherungs- und Fernmeldewesen. Der Hauptstab für die operative Betriebsleitung der Deutschen Reichsbahn hat seinen Sitz in Berlin.

Vierteiliger Triebwagenzug – Baureihe 175 V – am Grünauer Kreuz. Triebwagen 175 015-7 (VEB Waggonbau Görlitz 1968)

Dieselhydraulische Lok der Baureihe 118 mit Getreideganzzug von Rostock Überseehafen nach Berlin bei Birkenwerder. (Lok im VEB-Lokomotivbau »Karl Marx«, Babelsberg, gebaut).

E-Loks Baureihe 250 und 242 der Deutschen Reichsbahn vor Lokschuppen im Bahnbetriebswerk Leipzig-Wahren, 1980. Beide Loks hergestellt vom VEB-Kombinat Lokomotivbau – Elektrotechnische Werke »Hans Beimler«, Henninngsdorf

Großraumreisezugwagen zweiter Klasse Halberstadt (26,4 m)

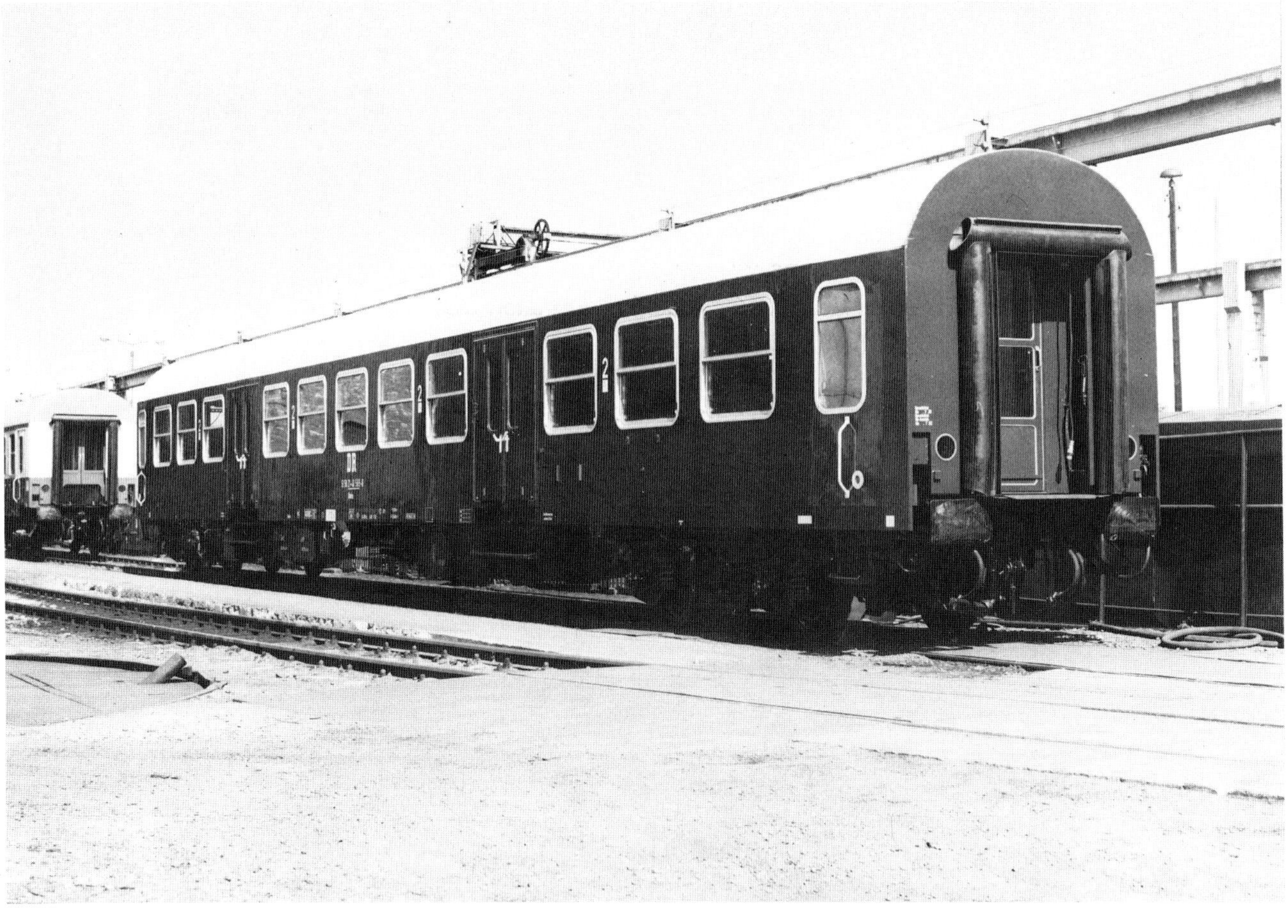

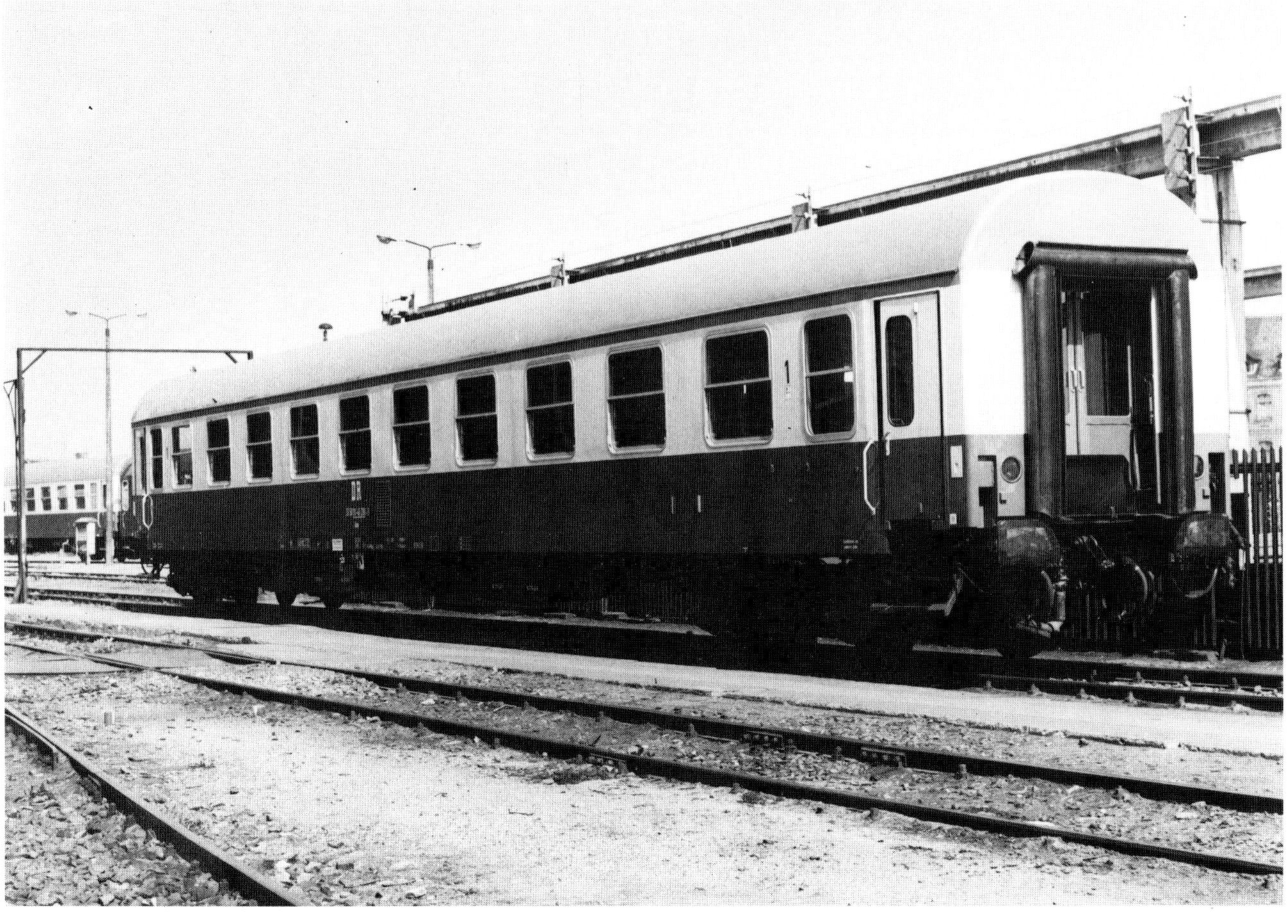

Die Deutsche Reichsbahn umfaßt seit dem 15. Oktober 1990 noch fünf Reichsbahndirektionen (RBD): Berlin, Schwerin, Dresden, Halle, Erfurt. Frühere Reichsbahndirektionen wurden als Direktionsbereiche angegliedert; Reichsbahnämter wurden aufgelöst.

Das Streckennetz besteht aus 14 000 Kilometern, wobei 80% der Gleise auf den Hauptstrecken lückenlos verschweißt sind. Mit modernen E-Loks und Diesel-loks, Städte-Expreßzügen (acht Systeme), Städte-Schnellbahnnetzen (acht), ihren 21 Großcontainer-Umschlagplätzen, mit modernen Sicherungssystemen, mit Elektrifizierung des Hauptstreckennetzes stellt die Deutsche Reichsbahn, die 244 000 Eisenbahner beschäftigt, das bei weitem wichtigste Transportmittel der alten DDR dar.

XIV Im Zeichen der Weiterentwicklung

EISENBAHNEN IN DER EG

Jeder Mensch, der Zeitungen liest oder Nachrichten hört, wird immer wieder kontaktiert mit dem Begriff »europäisches Haus«. Wir sollen alle miteinander in einem »europäischen Haus« mindestens vom Atlantik bis zum Ural zusammenleben, und das natürlich friedlich.

Ich erinnere mich aus früheren Zusammenkünften mit den Bahnen der in der UIC vertretenen mittel- und westeuropäischen Staaten, daß immer die Frage davon war, wie man sich zusammenschließen und gemeinsam organisieren könnte. Es gab auch einen Zusammenschluß der europäischen Bahnen, bei dem auch Rußland und die Tschechoslowakei und die anderen sozialistischen Staaten vertreten waren, in dem diese Frage erörtert wurde.

Nun werden 1993 in Europa die Märkte und Grenzen geöffnet, und diese Öffnung hat natürlich die Bahnen veranlaßt, darüber nachzudenken, wie in Zukunft ihr Statut und ihre Organisation gestaltet werden sollte.

Um im Wettbewerb besser bestehen zu können, haben sich die zwölf Bahnen der EG-Mitgliedstaaten, Österreich und der Schweiz zur »Gemeinschaft der europäischen Bahnen« zusammengetan.

Die gemeinsamen Ziele sind:
– die Interessen der Bahnen auf internationaler Ebene bei der EG zu vertreten,
– zur Entwicklung des Verkehrswesens in der EG und der Verkehrspolitik der EG-Institutionen beizutragen,

Kasten XXII

TRENNUNGSRECHNUNG

Im Anschluß an die Geschichte der ersten und zweiten Eisenbahn Stockton-Darlington (1825) und Liverpool-Manchester (1830) wurde in einem Begleitartikel (Kasten 1: Trennung von Netz und Betrieb?) daran erinnert, daß es bis zur Entscheidung eines englischen Parlamentsausschusses 1840 erlaubt war, die neuen Schienenwege wie jede öffentliche Fahrstrecke gegen Gebühr zu benutzen.

Dies geschah auch, wobei nur mit Mühe Zusammenstöße zwischen pferde-gezogenen Zügen und Lokzügen, die viel schneller waren, vermieden werden konnten. Nebenbei bemerkt: man fuhr damals auf Sicht, wie manche Straßenbahnsysteme heute noch.

Heute wird diese Kuriosität wieder aktuell, wenn man die merkwürdige Kritik des Finanzergebnisses der Bahn durch die Politiker und die Medien bedenkt. Hier wird nämlich der Bahn vorgehalten, wovon jeder Autofahrer, jeder Kanalschiffkapitän und jede Fluggesellschaft profitiert. Autofahrer und Busunternehmer halten, von Ausnahmen abgesehen, ihre Infrastruktur, nämlich Ampelanlagen, sechsspurige Autobahnen und den Verkehr regelnde Polizisten ohne nachzudenken als etwas Selbstverständliches, zumal sie für diese teuren Leistungen keinen adäquaten Ausgleich bezahlen müssen. Genauso wie Kanalschiffe und Flugzeuggesellschaften tadellos funktionierende Häfen und Kanalsysteme sowie Luftlinienüberwachung und Radarsysteme selbstverständlich für ihren Verkehr voraussetzen. Sicher, da gibt es Steuern und Abgaben. Aber niemals erreicht der Steuerabgabesatz den vollen Wert der vom Staat unterhaltenen und betriebenen Anlagen.

Die drei Pflichten der Bahn als Basis des Wettbewerbs sind bekannt: Betriebspflicht, Beförderungspflicht und Tarifpflicht.

Was die Rechnung gegenüber der Bundesbahn besonders ungerecht werden läßt, wird anhand der drei Hauptaufgaben der Bahn kommentiert.

Hier zuerst die drei Gruppen, aus denen sich die Bahnrechnung zusammensetzt; Ziffer 1 und 3 ohne Infrastruktur:

1. Der gemeinwirtschaftliche Aufgabenbereich, nämlich die sogenannte Daseinsvorsorge (zum Beispiel Personennahverkehr).

2. Der staatliche Aufgabenbereich – Bau, Bereitstellung und Instandhaltung des Schienensystems.

3. Der eigenwirtschaftliche Aufgabenbereich, wozu hauptsächlich der Unternehmensbereich des Angebotes im Personenfern- und Güterverkehr sowie andere Aufgaben gehören.

Zu 1. Wird diese Aufgabe von politischer Seite gestellt, hat der Staat als Eigentümer wie bei den anderen Verkehrsmitteln die vollen Kosten zu übernehmen. Bekanntlich ist der Personennahverkehr nur zwischen 20 und 40% kostendeckend – die Leerfahrten im Berufsverkehr und anderes bewirken das. Von einer vollen Kostendeckung durch den Staat kann keine Rede sein.

Zu 2. Bereithaltung eines betriebsfertigen Schienennetzes. Bei den Konkurrenten der Bahn – Auto, Binnenschiff, Flugzeug – ist die technische Infrastruktur, die benutzt wird, eindeutig staatliche Aufgabe. Die Konkurrenz hat kein Vorhaltungs- und Auslastungsrisiko, sie muß die Verkehrswege nicht finanzieren. Nachdem der Staat Eigentümer der Bahn ist, fragt man sich, warum dies nicht auch für die Bahn gilt. Reale und logische Folgerungen aus dieser Einsicht haben die Politiker bisher noch nicht gezogen.

Zu 3. Der eigenwirtschaftliche Aufgabenbereich ist der unternehmerische Bereich, in dem die Bundesbahn mit ihren Angeboten im Personen- und Güterverkehr in Konkurrenz zu den Mitanbietern Auto (Bus), Flugzeug und Schiff tritt. Hier sollen Kostendeckung, wenn möglich Überschüsse, erzielt werden, obwohl der Bahn auch hier nicht kostendeckende Leistungen obliegen, die gleichwohl volkswirtschaftlich verlangt werden.

Dennoch hat nach der Trennungsrechnung 1981 hier die Bahn einen beträchtlichen Überschuß erzielt, allerdings noch ohne Berücksichtigung einer Wegeabgabe. 1983/84 sieht diese Rechnung noch weit günstiger aus.

Insgesamt wird diese Trennungsrechnung dem neuen Vorstand, besetzt aus »Managern aus der privaten Wirtschaft«, die Basis für eine unternehmerisch geführte Bundesbahn sein.

Wenn, um es kurz zu fassen, angesichts dieser Lage immer noch, wie geschehen, über Defizite von 20 und mehr Milliarden Mark bei der Bundesbahn gesprochen wird, so kann es sich nur um nicht ausreichend informierte oder böswillige Betrachter handeln. Der in der Gewinn- und Verlustrechnung ausgewiesene Fehlbetrag der DB liegt in Wahrheit unter vier Milliarden Mark, eine Summe, die für die Vorhaltung einer krisensicheren Infrastruktur, verglichen mit anderen krisengefährdeten Verkehrsmitteln klein erscheint. Nebenbei bemerkt, sollte nicht verschwiegen werden, daß der Kraftverkehr im Laufe eines Jahres aus Unfällen der Volkswirtschaft und dem Steuerzahler einen weit mehr als zehnfachen Verlust einträgt!

Wer sich über die Trennungsrechnung näher informieren möchte, sei auf die informative Broschüre »Hintergründe« von Ulf Häusler, Dagmar Haase und Günter Lange, Würzburg, 1983, hingewiesen, ebenso auf den Artikel Dagmar Haases »Die Trennungsrechnung der DB« in »Die Bundesbahn« 5/83.

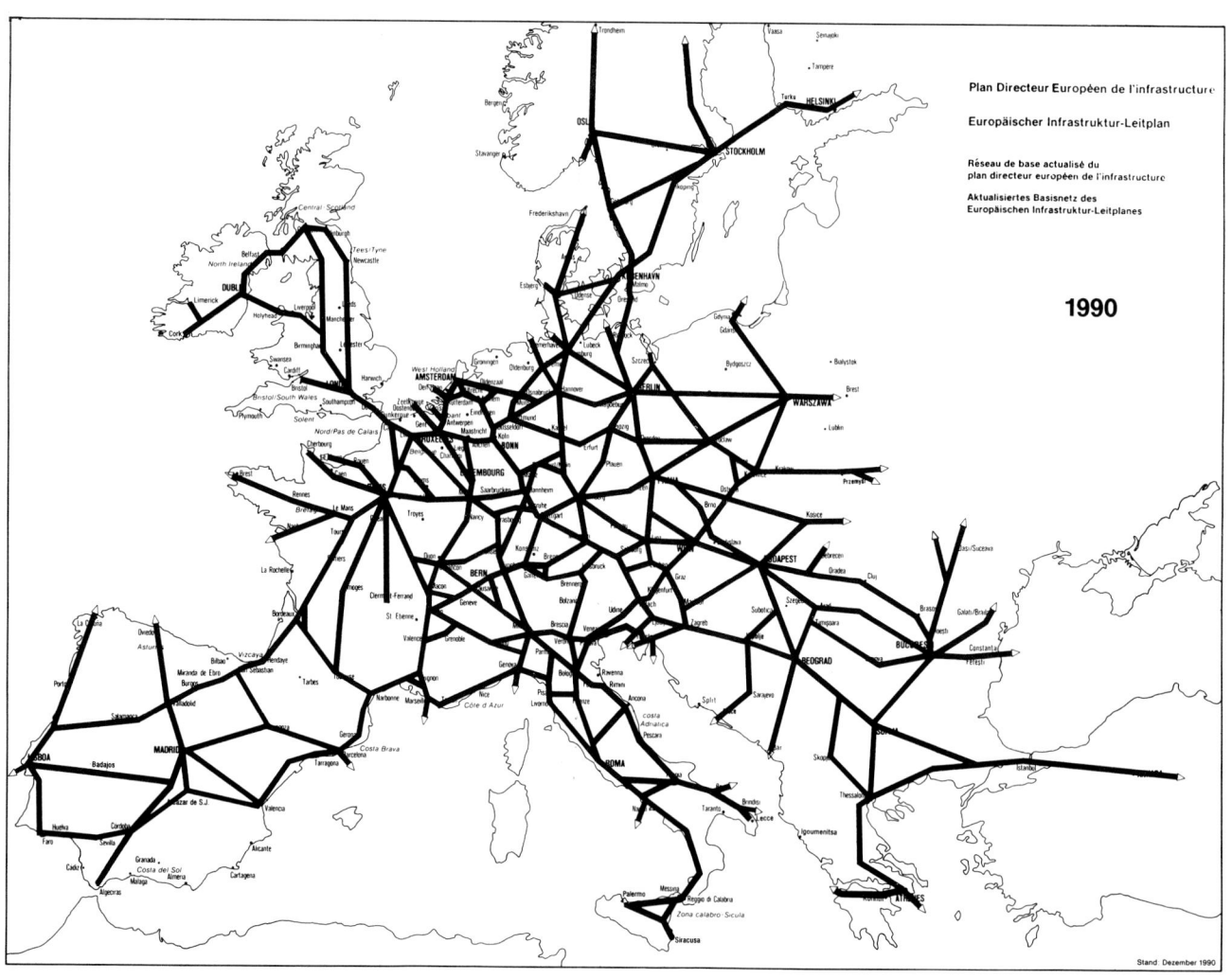

Plan Directeur Européen de l'infrastructure

Europäischer Infrastruktur-Leitplan

Réseau de base actualisé du
plan directeur européen de l'infrastructure

Aktualisiertes Basisnetz des
Europäischen Infrastruktur-Leitplanes

1990

Stand: Dezember 1990

– die Partnerschaft zwischen den Mitgliedsbahnen zu fördern.

Die Gemeinschaft der europäischen Bahnen wird von den Generaldirektoren aller zugehörigen Bahnunternehmen geleitet, aus deren Mitte der Vorsitzende gewählt wird. Die beteiligten Bahnen benennen Assistenten, die für EG-Angelegenheiten verantwortlich sind.

Die Gemeinschaft der europäischen Bahnen ist Teil des weltweiten internationalen Eisenbahnverbandes (UIC). Sie erhält Unterstützung vom UIC-Generalsekretariat sowie von den technischen und kommerziellen UIC-Ausschüssen, die sich mit Leistungen, Normen und Planung auf internationaler Ebene befassen.

Belgische Staatsbahnen	SNCB/NMBS
Britische Eisenbahnen	BR
Dänische Staatsbahnen	DSB
Deutsche Bundesbahn	DB
Französische Staatsbahnen	SNCF
Griechische Eisenbahnen AG	CH
Italienische Eisenbahnen	FS
Irische Transportgesellschaft	CIE
Luxemburgische Eisenbahnen	CFL
Niederländische Eisenbahnen	NS
Portugiesische Eisenbahnen	CP
Spanische Staatsbahnen	RENFE

Die beiden assoziierten Bahnen sind:

TOURISMUS UND BAHN

Der Tourismus ist heute Teil einer weltweiten Freizeitbewegung. Das gilt besonders für die Bewohner der Bundesrepublik Deutschland, die zu den reiselustigsten der ganzen Welt zählen. Mehr als zwei Drittel aller Bundesdeutschen (1989 = 66,8 Prozent der erwachsenen Bevölkerung) verreisen jährlich, darunter viele mehr als einmal. Diese 32,6 Millionen Reisenden teilen sich auf in regelmäßig jährlich Reisende und sogenannte Intervallreisende, die ein oder mehrere Jahre Pause zwischen ihre Reisen legen.

Während in den letzten Krisenjahren (Rezession 1981/82) die Zahl der Reisenden etwas gesunken war, hat die Zahl der Reisen insgesamt zugenommen, allerdings bei einem Rückgang im Umsatz.

Unter den Verkehrsmitteln dominiert im Reiseverkehr bei weitem das Auto mit 59 Prozent. Nimmt man als genau zu fassende Zahlen den Gesamtmarkt der Veranstalterreisen, so hat die Bahn im Jahre 1989 weitere Marktanteile an das Auto verloren. Von den Fernreisen zu außereuropäischen Zielen, die notwendigerweise die Bahn nicht erreichen kann, ist allerdings nichts zu befürchten. Abgesehen davon, daß diese Reisen – auch aus technischen Gründen – immer teurer werden, ist ihr Anteil am Gesamtauslandstourismus mit 6 Prozent äußerst klein. Die durchschnittliche Reisezielentfernung (ohne Flugtourismus) betrug 1978 800 Kilometer.

Erscheinung und Image des Tourismus unterliegen einem ständigen Wandel. Von der »Sommerfrische« vergangener Jahrzehnte über den »Fremdenverkehr« – in beiden Bereichen dominierte noch die Bahn – bis zum heutigen Urlaubsreiseverkehr sind immer wieder neue Variationen der Bedürfnisse entstanden. Wie wichtig indes der Wunsch zu reisen ist, zeigt sich aus der Rangliste der Bedürfnisse: Reisen kommt an dritter Stelle hinter Wohnung, Essen und Trinken – danach erst die Kleidung oder das Auto. So ist erklärlich, daß die Rezession keinen Rückgang, sondern nur eine Stagnation brachte.

Die Chancen der Bahn stehen im Zeichen zunehmenden Umweltbewußtseins der Nutzer wie auch eines kreativen Marketing des Unternehmens. Sonderangebote für Kinder und Senioren, aber auch die Beschleunigung der Züge, das Plus an Komfort und Betreuung sowie die Schnellstrecken werden den Bahntourismus mehren helfen. Reisen mit Angebotspäckchen für einen aktiven Urlaub, bei höchster Qualität in der Reise und beim Aufenthalt sind zunehmend gefragt. Anschluß und Umsteigen sowie die Sorge um das Reisegepäck verdienen erhöhte Aufmerksamkeit, vor allem auch die Weiterbeförderung der Reisenden und ihrer Habe an großen Endbahnhöfen. Auch bei fortschreitender Rationalisierung muß die Betreuung der Reisenden das oberste Anliegen der Bahn sein.

Wer sich eingehender über die Probleme des Tourismus informieren möchte, sollte zu den Schriften des Studienkreises für Tourismus, Starnberg, greifen.

| Österreichische Bundesbahnen | ÖBB |
| Schweizerische Bundesbahnen | SBB |

Die »Gemeinschaft der europäischen Bahnen in Zahlen« mögen dem Leser hier einen Überblick geben. Dazu ist zu sagen, daß immer mal wieder die Frage entsteht, ob es nicht eine gesamteuropäische Bahn geben könnte. Das ist heutzutage keine Unmöglichkeit mehr bei der schnellen Kommunikation, die zwischen den Bahnen besteht, und vor allem dem eingespielten

Verfahren, das die Bahnen untereinander pflegen. Man hat mir damals gesagt, daß es ganz unmöglich sei, bei den verschiedenartigen Zusammensetzungen und Voraussetzungen des Verkehrs der Bahnen etwas Derartiges zu unternehmen. Auch sei die Zeit einfach noch nicht so weit fortgeschritten, und die Differenzen zwischen den einzelnen Staaten ließen es nicht zu, daß sie sich sozusagen der Souveränität über ihre eigene Staatsbahn begeben könnten. Das hat mir damals eingeleuchtet, und auch heute sind wahrscheinlich die Zeiten noch nicht so weit, daß es dahin kommt, gewissermaßen wie in anderen Staaten oder wie bei anderen elektronischen Verbindungen.

In Teilbereichen wird diese Gemeinsamkeit heute schon praktiziert, zum Beispiel bei den großen Fernlinien. Die Antwort auf die Frage der Gemeinsamkeit wird eine Rolle spielen bei der Frage, inwieweit die Bahn eine Zukunft hat.

Bis zum Jahre 2000 wird mit einer Zunahme des Pkw-Verkehrs um ein Viertel, des Lkw-Aufkommens um 40 Prozent und des Flugverkehrs um 100 Prozent gerechnet. Hingegen wird ein Rückgang der Beförderungszahlen im Personennahverkehr um mindestens 10 Prozent erwartet.

Das sind Schätzungen des Heidelberger Umwelt- und Prognoseinstituts (UPI), das in diesem Zusammenhang mit Recht beklagt, daß ausgerechnet bei den umweltfeindlichsten Verkehrssystemen derartige Steigerungsraten zu verzeichnen sein werden, also beim Auto und – begrenzt – bei der Luftfahrt. Das UPI schlägt deshalb die Einführung eines »Öko-Bonus«-Systems vor, dessen Einzelmaßnahmen unter anderem die Schaffung von Anreizen finanzieller Art beinhalten, um auf umweltfreudliche Verkehrsmittel wie beispielsweise die Bahn umzusteigen.

Alle vernünftigen Forderungen zur Steigerung der Lebensqualität und eine echte Chance für die Eisenbahn sind damit gegeben. Das gilt für alle europäischen Bahnen; Europa wächst zusammen, politisch und verkehrsmäßig. Man denke dabei auch an den großen Tunnel zwischen Frankreich und Großbritannien, der, vor 100 Jahren schon geplant, immer wieder verhindert worden ist durch allerlei politische Ereignisse, vor allem auch die Sorge der Engländer vor Invasionen. 1993 soll der Tunnel schon fertig sein. Die Kosten für den Tunnel haben sich verdoppelt; aber inzwischen haben sich sowohl französische Unternehmen als auch englische Banken bereit gefunden, die Kosten zu übernehmen, um endlich den Kanaltunnel fertigzustellen.

Ein erster Durchbruch ist bereits erreicht worden. Die Bohrmannschaften beider Länder schüttelten sich unter dem Ärmelkanal die Hände.

Weitere Überlegungen werden auf die Dauer der Bahn einen besonderen Vorsprung im Verkehr geben. Dabei denkt man nicht nur an den Stop-and-go-Verkehr auf den Autobahnen in den Sommermonaten. Dazu gehören auch die überfüllten Flughäfen mit den lärmgestreßten Anwohnern und der Fülle von Fast-Zusammenstößen im überfüllten Luftraum. Es gehört dazu, daß Österreich bereits ein Nachtfahrverbot für Lkw's eingeführt hat, um seinen Bewohnern wenigstens nachts ein paar Stunden Ruhe zu gönnen. Eine weitere Zunahme des Lkw-Transits wird von den Alpenländern nicht mehr hingenommen, zumal die Prognosen für den alpenüberquerenden Verkehrsschnitt eine Steigerung des Güterverkehrs bis zum Jahre 2000 um 60 Prozent vorhersagen und bis zum Jahre 2020 wenigstens mit einer Verdoppelung rechnen.

Die logische Überlegung lautet hier: Güter sind verstärkt auf die Schiene zu verlagern. Hierzu wird bereits der Bau neuer Alpentunnels geplant. Eine Verständigung über einen Brenner-Basistunnel zeichnet sich ab. Er wird dann mit seinen 75 Kilometern der längste Tunnel der Welt sein; denn der Straßentunnel durch den St. Gotthard ist im Vergleich nur 17,1 Kilometer lang.

IM ZEICHEN DER WEITERENTWICKLUNG

Eine besonders wichtige Voraussetzung der Stärkung der Wettbewerbsfähigkeit der Deutschen Bundesbahn ist die Verbesserung der Infrastruktur. Die Bahn baut daher nicht nur neue Strecken, sie baut auch bereits bestehende aus.

Dazu muß bemerkt werden, daß eine Veränderung in den anderen Diensten der Bahn, vor allen Dingen im Personenverkehr, aber besonders auch im Güter- und Gepäckverkehr, stattgefunden hat. Diesen einzelnen Punkten gilt die Beschreibung der getroffenen neuen Maßnahmen.

Die wichtigsten Neubauten sind die Neubaustrecken Hannover – Würzburg und Mannheim – Stuttgart. Weitere Ausbaustrecken sind im Bau:

Hamburg – Bremen – Münster	287 km, davon 186 km Schnellfahrabschnitte
Hamburg – Hannover	181 km, davon 115 km Schnellfahrabschnitte
Dortmund – Hannover – Braunschweig	275 km davon 115 km Schnellfahrabschnitte

Gießen – Friedberg	32 km
Frankfurt – Mannheim	81 km
Würzburg – Nürnberg – Augsburg	240 km, davon 37 km Schnellfahrabschnitte

Es sind also 1 096 Kilometer Ausbaustrecke im Bau, von denen auf 469 Kilometern mit Höchstgeschwindigkeit gefahren werden wird.

Die rund 600 Einzelmaßnahmen, unter anderem mehrgleisiger Ausbau von Streckenabschnitten, Linienverbesserungen, Verbesserung von Streckenausrüstung, Bau schienenfreier Bahnübergänge, sind bereits größtenteils fertiggestellt. Bis Ende 1988 wurden hierfür 1,5 Milliarden Mark investiert.

Für das vom Bundeskabinett am 18. Mai 1985 beschlossene Schienennetz im Bundesverkehrswegeplan (BVWP '85) werden in den nächsten Jahren 35 Milliarden Mark ausgegeben werden. Davon sollen allein 21 Milliarden Mark in den Streckenausbau und -neubau, einschließlich Rangierbahnhöfen und Anlagen für den kombinierten Ladungsverkehr fließen.

Das alles sind gewaltige Investitionen, aber angesichts der jahrzehntelangen Vernachlässigung der Schiene zugunsten der Straße dringend notwendig.

Mit diesen Neu- und Ausbaustrecken werden entscheidende Engpässe im Schienenverkehr beseitigt, besonders in der Nord-Süd-Verbindung. Das historische Eisenbahnnetz hatte ja eine West-Ost-Richtung. Jetzt, nach der Vereinigung der beiden deutschen Staaten, müssen diese Verbindungen wiederhergestellt und auch die Metropolen Osteuropas angeschlossen werden. Durch die Neubauten wird das Schnellfahrnetz von heute 640 Kilometer auf 2000 Kilometer Länge für Geschwindigkeiten von 200 km/h bis 250 km/h bis zur Jahrtausendwende wachsen, die auf dem Gebiet der Deutschen Reichsbahn auszubauenden Strecken noch nich mitgerechnet.

ICE – DIE NEUE DIMENSION DES REISENS

Der neue InterCityExpress ist als Hochgeschwindigkeitszug gewissermaßen der König der Euro- und InterCity-Züge. Auf Seite 289 sind die ersten großen Versuche auf deutschen und französischen Bahnen erwähnt, die bis auf eine Geschwindigkeit von 253 km/h

ICE Bord-Treff Innenansicht

Großraumwagen 1. Klasse des neuen InterCityExpress der Deutschen Bundesbahn

Blick in den Seitengang eines Mittelwagens 1. Klasse des neuen InterCityExpress der Deutschen Bundesbahn

Blick in den Seitengang eines Mittelwagens 2. Klasse des neuen InterCityExpress der Deutschen Bundesbahn

Telefonkabine in einem Mittelwagen 2. Klasse im neuen InterCityExpress

Im Mittelwagen 2. Klasse des neuen InterCityExpress befindet sich ein rollstuhlgerechtes WC

Mailbox im Seitengang eines Reisezugwagens 2. Klasse des neuen InterCityExpress. Hier können die Reisenden Auskünfte über den Zug und den Fahrplan abfragen, sich über Serviceleistungen informieren oder Angebote für Bahnreisen einholen

1973 mit einem deutschen Rekord und einer neuen Höchstleistung von 380 km/h mit einem französischen siebenteiligen Elektrotriebzug gesteigert werden konnte.

Seither hat sich ein regelrechtes Rennen, und zwar um den Geschwindigkeitswettbewerb auf den deutschen und französischen Schienen entwickelt, wobei zunächst einmal der InterCity-Experimental (ICE) eingesetzt wurde, der am 1. Mai 1988 erstmalig in Deutsch-

land die Schallmauer von Tempo 400 km/h durchbrochen hat und mit 406,9 km/h einen Geschwindigkeitsweltrekord auf der Schiene aufstellte.

Es war genau 11.12 Uhr. Unsere Eisenbahner waren sehr stolz, als diese Grenze überschritten wurde.

Die Franzosen haben das Rennen fortgesetzt, und es ist noch kein Ende abzusehen. Inzwischen ist die 500-km/h-Grenze bereits überschritten, und man muß eigentlich täglich mit neuen Rekordmeldungen bei den Franzosen rechnen.

Mit dem Hochgeschwindigkeitszug der Deutschen Bundesbahn, dem ICE, werden die gegebenen Möglichkeiten der fertiggestellten Neubaustrecken voll ausgeschöpft. Mit diesem Zug wurde wieder ein neues Produkt der Bahn auf die Strecke geschickt, das die Entfernungen zwischen den Ballungsräumen der Republik, zunächst Hamburg – Hannover – Kassel – Fulda – Frankfurt – Mannheim – Stuttgart – Ulm und – München, gewaltig verkürzt. Es werden nun Reisezeiten erreicht, die den Vergleich zum Pkw und zum Flugzeug in der Tat nicht zu scheuen brauchen.

Früher legte der InterCity die Strecke von München nach Hamburg in sechs und dreiviertel Stunden zurück; jetzt sind es dank der Schnellfahrabschnitte Hamburg – Hannover und der Neubaustrecke Hannover – Würzburg nur sechs Stunden und drei Minuten. Die Strecke von Stuttgart nach Hamburg wurde 1990/91 in sechs Stunden und 54 Minuten zurückge-

InterCityExpress
1991

Präsentation am 31. Mai 1991
Stuttgart Hauptbahnhof

Veranstaltungsprogramm

Bundesbahndirektion
Stuttgart

**Deutsche
Bundesbahn**

Veranstaltungsprogramm der Bundesbahndirektion Stuttgart zur Präsentation des InterCityExpress am 31. Mai 1991

Ersttagsbrief der Deutschen Bundespost zur Einführung des InterCityExpress der Deutschen Bundesbahn

Teilansicht des Konferenzabteils im Mittelwagen 2. Klasse des neuen InterCityExpress

legt. Nun wurde die Fahrzeit auf vier Stunden und 58 Minuten verkürzt. Das ist eine Zeitreduzierung um 23 Prozent.

Noch gravierender ist die Zeitersparnis auf der Strecke von Stuttgart nach Mannheim: Statt einer Stunde und 16 Minuten wird diese Strecke nun in 38 Minuten bewältigt.

Im Vergleich zu den bisherigen Zügen benötigt der ICE zwei Triebköpfe, von denen der eine zieht und der andere schiebt. Eine geballte Ladung von High-Tech verbindet die beiden Zugenden: In jedem Triebkopf befinden sich zehn Rechner, die für den reibungslosen und wirtschaftlichen Ablauf der Fahrt sorgen.

Jeder ICE ist darüber hinaus per Funk auch mit dem ICE-Betriebswerk in Hamburg-Eidelstedt verbunden.

Durch ein extra für diesen superschnellen Zug neu entwickeltes Bremssystem kommt der ICE bei einer Vollbremsung »schon« nach 2,3 Kilometern zum Stehen. Aber nicht nur durch seine moderne Technik und Schnelligkeit überzeugt der ICE, sondern auch durch Kommunikation und Service. Den Reisenden erwarten völlig neu entwickelte Wagen: Da gibt es den Großraum wie im Flugzeug, Sitzmöglichkeiten gegenüber mit Tischen und schließlich auch die altbewährten Abteile. An jedem Sitzplatz können Rundfunk- und ICE-Musikprogramme mit Kopfhörern empfangen werden. Für Geschäftsreisende gibt es Konferenzräume mit schnurlosem Telefon, Kopier- und Telefaxgeräten. Mit Telefonkarte kann der Reisende telefonieren und, was neu ist, er kann im Zug auch angerufen werden.

Der Reisende speist nach Wahl entweder im First-Class-Restaurant oder im stimmungsvollen Bord-Treff. Erstmalig hat die Bahn auch an die Behinderten gedacht. So gibt es Extrasitze für Rollstuhlfahrer und ein behindertengerechtes WC. Dort befindet sich auch ein Wickeltisch für Babys.

IC UND EC – DAS RÜCKGRAT DES FERNVERKEHRS

Neben der laufenden Verbesserung des InterCityExpress wird auch die Struktur des InterCity-Verkehrs weiter perfektioniert.

Der Schienenschnellverkehr wurde von der Deutschen Bundesbahn seit jeher gepflegt. Kontinuierliche Innovationen vom »blauen F-Zug-Netz« der 50er Jahre bis hin zum roten »IC 79« mit dem Slogan: »Jede Stunde – jede Klasse« machten schließlich den InterCity zu einem hochakzeptierten Leitprodukt der Bahn. Seit 1983 wird an der Produktverbesserung für den InterCity gearbeitet. Verbesserung der Transportfunktionen wie Schnelligkeit, Linienführung und Pünktlichkeit sind dabei ebenso wichtig wie ein neues Service-Konzept für die intensive Kundenbetreuung im Zug. So kann man dort nicht nur seit langem schon telefonieren, sondern sich auch von den IC-Betreuern Getränke servieren lassen. Und das alles in den flotten neuen Uniformen des IC-Teams, weit weg von der Erinnerung an die Dampflokzeit, hin zum neuen Image der Bahn, das irgendwo zwischen Pkw und Flugzeug angesiedelt ist.

Die Stammbesetzung eines EC/IC setzt sich neben einem Lokführer zusammen aus einem IC-Chef und zwei Betreuern, die bei höherem Fahrgastaufkommen durch einen weiteren Betreuer unterstützt werden.

Die Reihenfolge der Wagen eines EC/IC-Zuges ist in der Regel folgende:

3 Wagen 1. Klasse, davon 1 Großraumwagen, dann folgen der Restaurantwagen und sodann 8 Wagen der 2. Klasse, wovon in der Regel 3 Großraumwagen sind.

Zu den Zielen der Gemeinschaft der europäischen Bahnen, in der sich die zwölf Bahnen der EG-Mitgliedstaaten sowie Österreich und die Schweiz zusammengeschlossen haben, gehört auch, zur Entwicklung des Gesamt-Verkehrswesens in der EG und der Verkehrspolitik der EG-Institutionen beizutragen.

Als Ergänzung zum IC-Zugrestaurant bietet die Deutsche Bundesbahn den Reisenden die Möglichkeit, sich an ihrem Platz mit Getränken und kleinen Gerichten bedienen zu lassen

In diesem Sinne haben die vierzehn westeuropäischen Bahnen eine gemeinsame, langfristige Planung für ein alle vierzehn Länder verbindendes Hochgeschwindigkeitsnetz vorgeschlagen. Dieses Netz soll nach dem Jahre 2015 realisiert sein und insgesamt 9100 Kilometer Neubaustrecken, 9900 Kilometer Ausbaustrecken, 6500 Kilometer Verknüpfungsstrecken und 4500 Kilometer Verlängerungsstrecken umfassen. Das sind zusammen 30 000 Kilometer Streckenlänge. Die Gesamtkosten werden sich auf etwa 220 Milliarden Mark belaufen und schließen die in mehreren Ländern schon vollzogenen oder geplanten Investitionen von rund 35 Milliarden Mark ein.

DIE NEUEN ZUGGATTUNGSBEZEICHNUNGEN ÜBERSICHTLICH DARGESTELLT

Dieser Text ist notwendig, um Klarheit zu schaffen über die neuen Bezeichnungen und über die neuen Qualitäten der Züge. Hier wird deshalb die neue Gesamtausgabe des Amtlichen Kursbuches der Deutschen Bundesbahn und der Deutschen Reichsbahn 1991/92 herangezogen. Erstmalig gilt das Kursbuch für ein ganzes Jahr.

ICE InterCityExpress (Besonderer Fahrpreis. Entgelt für Platzreservierung im Fahrpreis enthalten. Der Übergang aus anderen Zügen – außer ICE – ist nur gegen Zahlung des Preisunterschiedes möglich. Die Zahlung der Preisdifferenz kann auch im Zug erfolgen. Für Reisegruppen Platzreservierung erforderlich.)

EC EuroCity

IC InterCity
(EC/IC-Zuschlag grundsätzlich erforderlich; Ausnahmen nur, wenn die Kennzeichnung der Zuschlagpflicht links neben den Fahrplanzeiten nicht angegeben ist. Entgelt für Platzreservierung im EC/IC-Zuschlag enthalten. Für Reisegruppen Platzreservierung erforderlich.)

IR InterRegio,   zu Fahrausweisen bis 50 km (Zonen 1–7) sowie zu Streckenzeitkarten ist Schnellzugzuschlag erforderlich, wenn der Zug links neben den Fahrplanzeiten als zuschlagpflichtig gekennzeichnet ist.

FD Fern-Express,

D Schnellzug

M Messe-Schnellzug, nur 1. Klasse

RSB RegionalSchnellBahn

E Eilzug

CB CityBahn

S S-Bahn   Fahrplanzeiten

RB RegionalBahn   sind in magerer

ohne Buchstaben: Zug   Schrift gedruckt

des Nahverkehrs

Ferner sind Straßenbahnen der Großstädte tariflich mit den Regionalbahnen der Bundesbahn in Verkehrsverbünden zusammengeschlossen, das heißt, der Benutzer kann auf bestimmten Strecken mit seinem Fahrschein sowohl die Straßenbahn als auch den Zug benutzen.

Übrigens ist der EC der Nachfolger des legendären TEE, der zum Fahrplanwechsel 31. Mai 1987 endgültig verschwand. Die beiden Buchstaben stehen für ein neues Angebot im Fernverkehr: Die »EuroCity-Züge«. Die EuroCity-Züge ersetzen zwar nicht gerade die besonderen Luxuszüge, mit denen in den 60er und 70er Jahren internationale Zusammenarbeit auf der Schiene erfolgreich demonstriert wurde. Aber das vom InterCity her bekannte Komfortniveau wird dennoch gehalten.

Reisende in einem InterCity-Zug der Deutschen Bundesbahn. Beratung durch eine IC-Betreuerin im Abteil 1. Klasse

Nach den Worten des Vorstandschefs der Deutschen Bundesbahn sind das grenzüberschreitende Qualitätszüge, die zwanzig Qualitätskriterien hinsichtlich Fahrplan, Komfort, Service und Sauberkeit erfüllen müssen.

Die Zuggattungsbezeichnungen in den Fahrplänen der fremden Länder weichen zum Teil von den in Deutschland üblichen ab. Sie werden auf der Seite erklärt, auf der sie im Kursbuch vorkommen.

INTERREGIO: DIE NEUE ART ZU REISEN

Nach EuroCity und InterCity begegnet man im Zuggattungsverzeichnis einem neuen Namen, dem InterRegio. Es ist die neue Art zu reisen.

Am Sonntag, dem 25. September 1988, hatte frühmorgens kurz vor 6 Uhr in Göttingen ein neuer Markenartikel der Deutschen Bundesbahn Premiere, der InterRegio (IR). Mit dem neuen Zug schlägt die Bahn ein neues Kapitel im Fernreise-Verkehr auf. Knapp ein Jahrzehnt nach der Einführung des InterCity-Verkehrs unter dem Motto »Jede Stunde – jede Klasse« beginnt sie nun damit, ergänzend zum InterCity ein modernes, komfortables und schnelles Reisezug-Angebot für mittlere Reiseweiten aufzubauen.

Ein eigenständiges Produkt mit eigenem Profil, das ist der InterRegio (IR) als neuer Markenartikel der Bahn. Wie schon der InterCity (IC) bekommt auch der IR sein

Großraum/Abteilwagen 1. Klasse des InterRegio der Deutschen Bundesbahn

Großraum/Abteilwagen 2. Klasse des InterRegio der Deutschen Bundesbahn

Reisezugwagen 1. Klasse und Bistro-Café des InterRegio der Deutschen Bundesbahn

Reisezugwagen 1. Klasse des InterRegio. Rechts ersichtlich ein besonderer Sitzplatz für Rollstuhlfahrer

unverwechselbares »Gesicht«, wie beim IC sind auch beim IR Tempo und Takt im Liniendienst sowie gute Umsteigemöglichkeiten in bestimmten Knotenbahnhöfen die wesentlichen Produktmerkmale. Bis Ende 1992 bekommen knapp 200 größere Orte der Bundesrepublik Deutschland einen InterRegio-Systemhalt. Das bedeutet, daß diese Stationen regelmäßig alle zwei Stunden von einem IR angelaufen werden.

Diese Beschränkung der IR-Halte hat System. Der mittlere Haltabstand der neuen Züge liegt bei über 30 Kilometern, die D-Züge halten erheblich öfter. Die Folge ist, daß InterRegio-Züge wesentlich schneller sind als D-Züge, die sie mittelfristig ganz ablösen sollen.

Die Vergleiche von D-Zug und IR kommen nicht von ungefähr. Die Bahn hat in den letzten Jahren immer deutlicher erkannt, daß der D-Zug, der über Jahrzehnte das Rückgrat des Fernverkehrs war, immer

mehr an Attraktivität verloren hatte. Heute ist der D-Zug für die Bahn ein Verlustgeschäft. Zwar bringt er nach wie vor mehr Reisende ans Ziel als InterCity und EuroCity, belastet aber die Kassen der Bahn mit einem gewaltigen Loch (500 Millionen im Jahre 1987). IC und EC rollen effizienter, sie fahren schwarze Zahlen ein. InterRegio ist also ein neues hoffnungsvolles Produkt der Bahn, das die Regionen miteinander verbinden soll und bis 1992 Zug um Zug weiter ausgebaut wird.

Die InterRegio-Züge sind schon äußerlich von den sonstigen Zügen der Bahn zu unterscheiden: Hinter der roten Lokomotive präsentieren sich die Wagen beider Klassen im schmucken abgestuften Blau im Bereich der Fenster und hellem Grau darunter. Diese »Produktfarbe« kennzeichnet nach dem neuen Farbkonzept den Fernverkehr. Und diese neue Farbgebung ist keinesfalls nur eine Kosmetik. Aufeinander abgestimmte Pastelltöne im Inneren ergänzen den positiven

Reisezugwagen des neuen Angebots der Deutschen Bundesbahn im Regionalverkehr

Gesamteindruck. Die Einrichtung ist richtungsweisend für die Bahn der 90er Jahre, schickes Design, gleichermaßen zweckmäßiges und komfortables Ambiente im Zuginneren.

Gleiches gilt auch für die neue Gastronomie im Inter Regio. Jeder Zug bekommt sein Bistro-Café, in dem gepflegte Gastlichkeit ohne Plastik und Pappe großgeschrieben wird, Erlebnis-Gastronomie.

Das InterRegio-Netz ergänzt nicht nur sinnvoll das IC- und EC-Netz, sondern löst auch mittelfristig die D-Züge ab. Es berechtigt zu den größten Hoffnungen und findet bereits jetzt großen Anklang bei den Reisenden.

Kein Wunder also, daß bereits ab Sommerfahrplan 1990 zwei Zugpaare mit InterRegio-Qualität in die neuen Bundesländer fahren. Es sind dies der IR 400 von Nürnberg nach Leipzig bzw. der IR 402 von München nach Leipzig. Auch die Strecke Köln – Hannover – Berlin wird mit InterRegio bedient. Hier wird es künftig sicherlich noch weitere Verbindungen geben.

DAS NEUE ANGEBOT IM NAHVERKEHR

InterCity, EuroCity, FernExpress und InterRegio sind bereits Markenartikel mit spezifischen Standards und Qualitäten. Dieser Weg wird nun analog auch im Nahverkehr beschritten:

S-Bahn, CityBahn, RegionalSchnellBahn und RegionalBahn sind hier die Stichworte.

Während die S-Bahn der Markenartikel in den großen Ballungsräumen ist und im Takt von 20, 30 und 40 Minuten verkehrt, ist die CityBahn das Bahnangebot in Ballungs- und Verdichtungsräumen. Die CityBahn fährt im 60-Minuten-Takt mit neugestalteten Fahrzeugen mit Großraumabteilen und hat deutlich mehr Komfort als die S-Bahn.

Die RegionalSchnellBahn – RSB –, ein neues Symbol im Kursbuch der Deutschen Bundesbahn, fährt über Land und verbindet alle größeren Orte mit den nächsten Zentren und Fernverkehrsknoten. Die RSB sollen die Eilzüge ablösen. Sie regeln den Verkehr innerhalb der Region und leisten wichtige Zubringerdienste für die IC-, EC-, FD- und IR-Züge.

Auch die Regionalbahnen sind hier zu erwähnen, die ein individuelles Angebot für örtliche Verkehrsbedürfnisse darstellen. Neuerdings werden auch Fahrzeuge anderer Verkehrsunternehmungen, wie z. B. Stadtbahn-Triebwagen aus Karlsruhe auf der DB-Strecke Karlsruhe Hbf – Pforzheim Hbf eingesetzt.

Zusammenfassend werden hier noch einmal die Kennfarben der Fahrzeuge der Deutschen Bundesbahn für die vier Produktgruppen genannt, so wie die Züge künftig schon rein optisch zu erkennen sein werden:

1. EC/IC und ICE — Rot
2. übriger Fernverkehr — Blau
3. Nah- und Regionalverkehr — Grün
4. S-Bahn — Orange

ÖFFENTLICHER PERSONEN-NAHVERKEHR – ÖPNV

Der öffentliche Personen-Nahverkehr ist eindeutig das Stiefkind der Verkehrspolitik. Verbesserungen in den Ballungsräumen stehen Verschlechterungen in der Fläche gegenüber. Die Zahl der Fahrgäste in der Fläche geht zurück. Der Fahrplan wird entsprechend angepaßt: wirklich ein Teufelskreis. Immer wieder versuchen Gemeinden oder einzelne Firmen, diese notleidenden Strecken durch Zuschüsse aufrechtzuerhalten. Aber in vielen Fällen gelingt es eben auf die Dauer doch nicht, den Schwund auszugleichen. Patentrezepte gibt es nicht. Doch mehr als Streckenstillegungen sollte den Verantwortlichen, immerhin den Politikern, schon einfallen. ÖPNV darf nicht als Restgröße behandelt werden.

Glücklicherweise haben sich inzwischen in fast allen Großstädten und Ballungsräumen Verkehrsverbünde herausgebildet, in denen Straßenbahnen, Busse und Bahnen in gemeinsamer Absprache und zu gemeinsamen Tarifen über alle Schwierigkeiten hinweg zusammenfanden.

DER NEUE GEPÄCKDIENST: GEP

Zunehmend sind die Gepäckwagen aus den Zügen verschwunden, auch, um die Reisegeschwindigkeiten zu erhöhen. So mußte sich die Bahn für die Beförderung des Reisegepäcks und auch des Expressguts etwas Neues einfallen lassen. Die Lösung heißt GEP: Gepäck, Express und Post. Es ist ein neues Angebot der Bahn, das freie Kapazitäten nutzt. Zum Fahrplanwechsel 1990/91 wurde dieses neue Leistungsbild eingeführt. Das Prinzip ist die Beförderung des Gepäcks in Extrazügen über Nacht, so daß der Kunde seinen

Koffer am nächsten Tag bis 12 Uhr mittags hat. Voraussetzung ist die Abgabe des Gepäcks bis 18 Uhr am Vortage.

Das neue Leistungsbild der Deutschen Bundesbahn basiert auf 34 Knotenpunkten, Schnittstellen des Fern- und Bezirksverkehrs. Die Knoten sind direkt und weitgehend umladefrei mit einem eigenständigen Zugsystem über Nacht miteinander verbunden, fünfmal wöchentlich von Montag bis Samstag. Das geschieht mit besonderen Express-IC-Zügen und D-Zügen sowie einzelnen Nachtreisezügen.

Die Versandgüter, wozu auch Fahrräder gehören, sollen künftig in der Fläche bis 16 Uhr beim Versender abgeholt werden, an den Knotenpunkten bis 18 Uhr. Im Gegensatz zum Ist-Zustand, wo Rollgelder erhoben werden, beinhalten die neuen Tarife die Beförderung frei Haus. Eine zuverlässige Beförderung im neuen System setzt voraus, daß auch die festgelegten Fahrpläne des Schienenersatzverkehrs, insbesondere im Versand und Zulauf zu den GEP-Knoten, strikt eingehalten werden.

Diese neue Konzeption der Reisegepäck- und Expressgutbeförderung ist nur zu begrüßen, hat in der Form sicherlich eine gute Zukunft und paßt zum neuen Image der Bahn, die nicht nur Kosmetik an ihren Fahrzeugen und Anlagen betreibt, sondern moderne Problemlösungen anbietet, hier eben die Beförderung von Gepäck und Expressgütern von heute auf morgen. Der Eimer Tannenhonig aus dem Schwarzwald, bis 16 Uhr in Freudenstadt aufgegeben, ist am nächsten Tag spätestens um 12 Uhr in St. Peter-Ording.

DIE GÜTERBAHN IM DIENST DER WIRTSCHAFT

Während die Einnahmen der Deutschen Bundesbahn aus dem Personenverkehr steigend sind (Der Personenverkehr erwirtschaftete 1988 fast fünf Milliarden Mark gegenüber 4,75 Milliarden Mark 1982), sinken die Erträge aus dem Schienengüterverkehr kontinuierlich. 1982 wurden dort noch 8,4 Milliarden Mark verdient, 1988 waren es nur noch 7,8 Milliarden Mark.

Der Güterverkehr hat sich in den letzten Jahren zunehmend auf die Straße verlagert. Es besteht allerdings Grund zu der Hoffnung, daß angesichts der enormen

Kombinierter Ladungsverkehr der Deutschen Bundesbahn. Verladung von Lastzügen der Niederflurwagen im Umschlagbahnhof Köln-Eifeltor

Kombinierter Ladungsverkehr der Deutschen Bundesbahn. Verladung von Wechselbehältern auf Güterwagen im Umschlagbahnhof Hamburg-Rothenburgsort

Umweltbelastungen – Stichwort Waldsterben, Nachtfahrverbote für Lkw, schwere Chemieunfälle auf der Straße – dieser Trend gebrochen wird und Güter wieder vermehrt auf der Schiene transportiert werden. Wenn, ja wenn die Wirtschaft die entsprechenden Problemlösungen anbieten kann.

Verkehrsfachleute rechnen damit, daß Transportbedarf und Motorisierungsgrad in den nächsten Jahren in der Bundesrepublik Deutschland weiter steigen werden, ohne daß die Straßen-Infrastruktur noch im selben Maße mitwachsen kann. Zwangsläufig wird es deshalb zu Engpässen auf der Straße kommen. Diese können zum Teil durch Kapazitäten auf der Schiene wettgemacht werden. Und zwar mit der modernen Güterbahn, die sich mit ihren Leistungen nutzbringend und arbeitsteilig in ein Gesamtsystem der Verkehrsträger im Dienste der Wirtschaft integriert. Also auch hier Kooperation mit anderen Verkehrsträgern.

Die gewandelten Aufgabenstellungen der Wirtschaft schienen jahrelang einzig die Domäne des Lkw zu sein. Auf dem hervorragend ausgebauten Straßennetz erfüllt er flexibel und kostengünstig eine Vielzahl von Transportaufgaben. Die Bahn hingegen hat in den letzten Jahren ständig Marktanteile verloren, nicht zuletzt auch deshalb, weil sie für die Strukturwandlungen der Wirtschaft nicht gerüstet war. Doch sie holt auf, und das in einer Zeit, da die Kapazität auf den Straßen an Grenzen zu stoßen scheint. Die Bahn hat spezifische Systemvorteile, die sie in die Kreisläufe der Produktion sinnvoll einbringen kann.

Im Gesamtgüterverkehr erwirtschaftet die Deutsche Bundesbahn mit rund neun Milliarden Mark den größten Teil ihrer Erträge. Täglich sind etwa 9 500 Güterzüge unterwegs. Rund 209 000 DB-Güterwagen mit einer Ladekapazität von über acht Millionen Tonnen und weitere 50 000 Privatgüterwagen stehen der verladenden Wirtschaft zur Verfügung. Den größten Anteil am Transportaufkommen haben die Montangüter mit 52,4 Prozent. Das sind 266 Millionen Tonnen.

Der Massengutverkehr ist nach wie vor der Bereich der Güterbahn, wo sie ihre systembedingten Stärken ausspielen kann. Auf der Schiene lassen sich große Mengen Gut zwischen zwei Punkten besonders schnell, zuverlässig und kostengünstig transportieren. Neben der Montanindustrie sind es vor allem die Kraftwerkswirtschaft und die Mineralölgesellschaften, die den Massengutverkehr der Bahn in Anspruch nehmen. Die Bahn befördert im »Ganzzug« Kohle, Importerze, Mineralöl, Mineralölprodukte, Bau- und Rohstoffe.

Für die Bündelung von Güterverkehrsströmen auf der Schiene und zugleich eine sinnvolle Arbeitsteilung zwischen Schiene und Straße ist der »Kombinierte Ladungsverkehr« (KLV) ein Musterbeispiel. Er ist sehr erfolgreich; seit Jahren wächst das Verkehrsaufkommen ständig. 1987 waren jede Nacht bereits 6 000 Einheiten unterwegs – etwas mehr als die Hälfte davon Container, der Rest Huckepack-Sendungen, nämlich Wechselbehälter, Sattelauflieger und komplette Lastzüge der »Rollenden Landstraße«.

Der «Kombinierte Ladungsverkehr« ist in der Verkehrspolitik als umweltfreundliches Instrument geschätzt, das die vollen Autobahnen etwas freier macht.

Zudem partizipiert die Deutsche Bundesbahn auf diese Weise an Güterverkehrsteilmärkten, die ihr sonst weiterhin verschlossen blieben.

Im europäischen Rahmen gibt es zu EC und IC des Personenverkehrs inzwischen auch eine Entsprechung für den Güterverkehr. Unter dem Markennamen »Eurail« ist nach dem Muster von »InterCargo« ein Transportsystem in Vorbereitung, das europäische Wirtschaftszentren nach dem Vorbild des InterCargo-Services im Inland verbindet. Und zwar mit kürzesten Fahrzeiten und garantieren Lieferterminen.

Die Geschwindigkeit ist neben der Umweltverträglichkeit ein weiteres gutes Verkaufsargument der Deutschen Bundesbahn. Während vor 25 Jahren die Güterzüge noch mit gemütlicher 65-km/h-Höchstgeschwindigkeit durch die Landschaft bummelten, wurde 1986 immerhin schon europaweit Tempo 90 als neue Höchstgeschwindigkeit für die Masse der Güterzüge im Frachtenzugnetz erreicht.

Nunmehr diskutiert man eine weitere Anhebung auf 100 km/h und klopft sie auf ihre technische Realisierung hin ab.

Ungeachtet dessen sind die Top-Züge des Güternahverkehrs noch schneller. Die europaweit fahrenden TEEM-Züge als internationales Spitzenangebot werden ebenso wie die Züge des »Kombinierten Ladungsverkehrs« oder auch die InterCargo-Züge der Deutschen Bundesbahn längst mit Geschwindigkeiten bis zu 115 km/h gefahren. Inzwischen werden hier schon Geschwindigkeiten bis zu 160 km/h gefahren.

Es tut sich also etwas im Güterverkehr. Die Deutsche Bundesbahn hat die Zeichen der Zeit erkannt und ist bereit, ihre systembedingten Chancen voll zu nutzen.

AUTOREISEZÜGE –
EIN ANGEBOT MIT ZUWACHSRATEN

Auf die verstopften Straßen, besonders in der Ferienzeit, ist schon hingewiesen worden, auch auf die Tatsache, daß sich diese Situation trotz des Baus neuer Straßen nicht bessern wird. Es bleibt wie gehabt: Wenn für eine zu entlastende Straße daneben eine neue gebaut wird, sind beide voll. Neue Straßen erzeugen zusätzlichen Verkehr.

Da liegt es auf der Hand, daß ein Service der Bahn in den letzten Jahren deutliche Zuwachsraten aufweist. Es ist ein Service, der die Vorzüge des Individualverkehrs am Zielort mit denen des Schienenverkehrs im Fernreiseverkehr verbindet. Gemeint sind die Autoreisezüge, die allein im Jahre 1986 eine Zuwachsrate von 17 Prozent erreichten.

Das Rückgrat des Autoreisezug-Verkehrs bilden unverändert der »Auto-Traum-Express« von Bremen – Hamburg – Hannover nach München, der »Christoforus-Express« von Düsseldorf – Köln nach München und der »Hochrhein-Auto-Express« von Hamburg nach Lörrach im Inland. Im internationalen Verkehr hat Frankreich seine dominierende Stellung behauptet; mit Abstand folgen Österreich und Italien und dann, wiederum abgesetzt, Jugoslawien und die Schweiz. Spitzenreiter der ausländischen Ziele sind Narbonne, Villach, Avignon, Salzburg, Mailand und Saint Raphaël (Côte d'Azur).

Im Bereich der Deutschen Bundesbahn gibt es 16 Verladestellen, dazu die Autoverladeanlagen Berlin-Wannsee und Dresden-Neustadt bei der Deutschen Reichsbahn. Von den Autoreisezügen aus dem Bundesgebiet werden siebzehn Zielbahnhöfe angefahren.

DIE NACHTREISEZÜGE

Noch ein kurzes Wort zu den Nachtreisezügen. Die Deutsche Bundesbahn zählte zum Beispiel 1986 – Binnen- und internationaler Verkehr zusammengenommen – rund 0,9 Millionen Schlafwagen- und 2,2 Millionen Liegewagenreisende.

Da ein großer Teil des Nachtreiseverkehrs die Grenzen überschreitet und die Nachbarbahnen ähnliche Straßenprobleme haben, wurde im Komitee »Produkte« der UIC eine Arbeitsgruppe Nachtreiseverkehr gegründet, die die internationalen Dimensionen untersucht. Gleichzeitig haben sich im Internationalen Schlafwagenpool (TEN) die Bahnen gemeinsam mit der Frage des zukünftigen Schlafwagens befaßt. Zweifellos wird der Nachtreiseverkehr für die Geschäftsreisenden im Europa nach 1993 eine nicht unbedeutende Rolle spielen. Bei einem verbesserten Angebot können auch hier Zuwachsraten erwartet werden. So werden voraussichtlich ab 1992/93 sogenannte »Hotelzüge« im internationalen Verkehr eingesetzt, z. B. auf den Strecken Paris – Budapest, Zürich – Barcelona und Zürich – Berlin.

Wegen der Besonderheiten im Schlaf- und Liegewagenverkehr geben die Fahrkartenausgaben und die Auskunftsstellen der Deutschen Bundesbahn kostenlos einen Schlaf- und Liegewagenfahrplan ab.

DER TOURISTIKMARKT

Nach dem Zweiten Weltkrieg, in den 50er Jahren, waren Reisen mit der Bahn sehr beliebt. Außerdem bestand nach der schlimmen Zeit der Entbehrungen ein enormer Nachholbedarf. Es waren die Jahre, als bei Capri die rote Sonne im Meer versank und die Bundesbahn für ihre Reisenden nach Italien Hängematten zwischen die Gepäcknetze knüpfte.

Diese Zeiten der genialen Improvisation sind längst vorbei. Jetzt muß sich die Bahn schon einiges einfallen lassen, um Ferienreisende wieder in größerer Zahl auf die Schiene zu locken.

Nach dem strategischen Zielmodell der Deutschen Bundesbahn wird die künftige Bahntouristik von Kooperationen mit der gesamten Reisebranche geprägt sein. Diese erforderlichen Strategien bedingen

- die Konzentration der Deutschen Bundesbahn auf die Beförderung, also Carrier-Funktion,
- den sukzessiven Abbau der DB-Eigentouristik,
- die Innovation der Bahntouristik unter Beteiligung von Reiseveranstaltern und Reisebüros.

Von diesen Zielen ist der Abbau der Eigentouristik weitgehend verwirklicht, nachdem die »Städtetouren« und die »Reisepalette« auf die Bahntochter Ameropa übergegangen sind.

Zu den Markt- und Kooperationspartnern sind in erster Linie die Reiseveranstalter, aber auch andere Verkehrsträger, zum Beispiel Fluggesellschaften, Busunternehmen oder Reedereien zu zählen. Dadurch wird es der Deutschen Bundesbahn ermöglicht,

- sich auf die eigenen Stärken zu konzentrieren,
- die Kenntnisse der Partner zu nutzen und
- die Angebote auf breiter Basis mit Unterstützung der Partner zu vermarkten.

Die Deutsche Bundesbahn selbst veranstaltet nur noch das Programm »Der Schöne Tag« = Eintagssonderzüge im regionalen Bereich.

Die Nachfrage nach Sonderzügen für Sonderzugveranstalter, die sich auf Gruppenreisen spezialisiert haben, ist steigend. Das Reiseerlebnis in der Gruppe im Sonderzug mit Gesellschafts- und Tanzwagen erfreut sich besonderer Beliebtheit. In den Spitzenmonaten dieses Verkehrs, also Mai/Juni und September/Oktober, ist die Nachfrage so stark, daß das vorhandene Material oft nicht ausreicht, um alle Kundenwünsche zeitgerecht, meistens am Wochenende, zu befriedigen.

Die Preise berücksichtigen die Markt- und Kostenlage, insbesondere den Wettbewerb zum Bus, und sind nach Verkehrszeiten mit schwacher, normaler oder starker Nachfrage gestaffelt.

Erwähnenswert ist auch, wie die Bahn kurzfristig auf aktuelle Ereignisse reagiert und zum Beispiel Fans zu Open-air-Festivals berühmter Rockstars und -gruppen fährt oder Sonderzüge zu Messen oder Opernaufführungen bereitstellt. Auch den Transport der »Botschaftsflüchtlinge« aus Budapest und Prag bzw. die Beförderung der geflohenen Albaner von Bari nach Deutschland haben die Bahnen bewältigt.

Noch ein Wort zur Tarifgestaltung der Deutschen Bundesbahn. Sie ist inzwischen etwas unübersichtlich geworden, da der Markt ständig nach neuen Möglichkeiten getestet wird. Im Prinzip möchte man Viel- und Weitreisende durch Preisabschläge belohnen und verkehrsschwache Zeiten stärker nutzen, um auch hier die Züge zu füllen.

BAHN 2000

Um im Bild zu bleiben: Die Deutsche Bundesbahn hat in den letzten Jahren nicht nur ihre traditionellen Instrumente gut gestimmt. Sie hat sich auch neue angeschafft, um im Konzert der europäischen Eisenbahnen mitspielen zu können. Dabei sind die seit Jahrzehnten längst überfälligen und nun mit Nachdruck betriebenen Investitionen bei den Neu- und Ausbaustrecken wahre Trompetenstöße, die nicht zu überhören sind.

Neue »Markenartikel« wurden geschaffen — ICE, InterCity, EuroCity, InterRegio, RSB und CityBahn im

InterCargoExpress-Züge fahren ab Juni 1991 zunächst auf den Linien Hamburg–München und Bremen–Stuttgart. Jeder Wagen besitzt zwei verriegelbare Trennwände.

Pesonen-, InterCargo, EurailCargo und KLV im Güterverkehr. Die Bahn begreift sich mehr und mehr als ein Dienstleistungsunternehmen, das Reisende und Güter vor, während und nach der Reise betreut. Systembedingte Vorteile der Schiene werden konsequent genutzt, Kooperation mit anderen Verkehrsträgern gesucht. Der Service wurde verbessert und neue Techniken, zum Beispiel im Fahrkartenverkauf und in der Sicherheit, entwickelt. Das neue Image der Bahn ist keineswegs nur Kosmetik, sondern eine konsequente Weiterentwicklung der Möglichkeiten der Schiene in Wettbewerb und Zusammenarbeit mit anderen Verkehrsanbietern.

Angesichts des überfüllten Luftraumes über unseren Großstädten, der vollgestopften Straßen mit all den negativen Auswirkungen auf Umwelt und Gesellschaft – Stichworte Waldsterben, Tote und Verletzte im Straßenverkehr – ist eine Zuwendung zur umweltfreundlichen und sicheren Schiene geradezu zwangsläufig.

Es ist eine Binsenwahrheit: Wer mit der Bahn fährt, muß zum Bahnhof. Doch der Bahnhof ist vielerorts nicht mehr das »Tor zur Welt«, wie das früher einmal war. Im Zeitalter der Vollmotorisierung hat er diese Funktion längst verloren. Die moderne Eisenbahn braucht keine »Kathedralen«, keine Repräsentativbauten mehr. Moderne Bahnhöfe sind funktional und damit

Fruchtshop im »Markt am Bahnhof« in Frankfurt (M) Hbf der Deutschen Bundesbahn

Dienstleistung an sich. Das bedeutet aber nicht, daß sie lediglich den kürzesten Weg zwischen Straße und Gleisen überbrücken und irgendwo dazwischen den Kauf einer Fahrkarte ermöglichen. Nein, sie sind mehr. Sie sind, besonders natürlich in den Großstädten, lebende urbane Stätten der Begegnung, die täglich von Zigtausenden von Menschen passiert werden. Und zwar von Menschen, die nicht nur mit dem Zug abfahren wollen oder damit ankommen.

Mit dem Taxi-Service bietet die Deutsche Bundesbahn in einer Reihe von Bahnhöfen den Reisenden die Möglichkeit, sich auf Vorbestellung zum Bahnhof fahren und abholen zu lassen. Auf Wunsch wird das Handgepäck vom Taxifahrer zum Zug gebracht oder abgeholt – wie hier im Bahnhof Essen Hbf

Mit dem Gepäckträger-Service bietet die Deutsche Bundesbahn in einer Reihe von Bahnhöfen den Reisenden die Möglichkeit, sich auf Vorbestellung ihr Handgepäck vom und zum Zug tragen zu lassen – wie hier im Bahnhof Frankfurt (M) Hbf

Sie wollen schnell noch ein paar Besorgungen machen, einen Brief zur Post bringen, ein Feierabendbier trinken, in gepflegter Atmosphäre speisen oder das vergessene Brot in der »Markthalle« einkaufen. Vielerorts ist der Bahnhof eine multifunktionale Stätte der Begegnung und Bedürfnisse geworden, die an Lebendigkeit und in puncto Umsatz den City-Einkaufsstraßen der Großstädte in nichts nachsteht. Klug werden hier die gesetzlichen Vorteile genutzt: Am Bahnhof kann man nach 18.30 Uhr auch noch Wurst und Käse kaufen.

Folgerichtig bemüht sich die Deutsche Bundesbahn seit Jahren, nach und nach die großen Bahnhöfe in diesem Sinne umzugestalten. Die früheren »Nebenbetriebe« werden so zu modernen Restaurants, Supermärkten, ja, zu ganzen Markthallen und Einkaufspassagen umgewandelt. Die »Markthalle« in Düsseldorf war die erste ihrer Art und Vorbild für weitere Projekte, zum Beispiel in Frankfurt oder in Stuttgart.

Hier kann der Kunde, und nicht nur der Fahrgast, in gepflegter Umgebung einkaufen, Bier oder Kaffee trinken und Brot fürs Wochenende kaufen. Diese Markthallen erfreuen sich inzwischen großer Beliebtheit und haben sich längst vom verstaubten Schmuddelimage

der alten Bahnhofskioske gelöst.

Diese Entwicklung macht natürlich auch vor den Einrichtungen der Bahn nicht halt. So verschwanden nahezu überall die alten, überkommenen Schalteranlagen zugunsten moderner Reisezentren. Die trennenden Glasscheiben sind weggefallen; Kunde und Eisenbahner führen ihr Verkaufsgespräch über einen offenen Counter: Öffnung und Hinwendung zum Kunden wie im Flugverkehr. Auch die Fahrkarten sehen anders aus. Es sind keine kleinen Papptäfelchen mehr. Vielmehr werden die heutigen Fahrkarten nach EDV-Technik in den Terminals der modernen MOFA-Stationen ausgedruckt. MOFA steht für »modernisierter Fahrausweisverkauf«.

Doch schon sind diese MOFA-Stationen wieder veraltet. KURS '90 ist angesagt, das kundenfreundliche Reise-, Informations- und Verkaufssystem der 90er Jahre. Dahinter steht ein vielseitiges Verkaufs- und Informationssystem, das schlicht allwissend ist und von der Fahrplanauskunft über die Platzreservierung und die Fahrkartenerstellung bis hin zu Hotelbuchungen, Mietwagenreservierungen usw. alles aus einer Hand bieten kann. In Frankfurt arbeitet dieses System bereits mit Erfolg.

Eine Stewardess der DSG beim Servieren im Bordrestaurant eines InterCity der Deutschen Bundesbahn

Nun zum »Service im Zug«. Er ist in erster Linie Sache der Bahntochter DSG, der Deutschen Service Gesellschaft der Bahn. Dafür stellt die Deutsche Bundesbahn der DSG 40 Bord-Restaurant-Wagen, 24 Wagen mit Bistro-Cafés, 139 konventionelle Restaurantwagen, 6 Quick-Pick-Wagen, 3 Cafeteria-Wagen und 148 Schlafwagen sowie 240 Liegewagen zur Verfügung.

Für den Am-Platz-Service (vor allem in der zweiten Wagenklasse) hält die DSG etwa 330 Minibars in Betrieb.

Auch die Bewirtschaftung der Bundesbahn-Fährschiffe »Deutschland«, »Karl Carstens« und »Theodor Heuss« auf der Vogelfluglinie zwischen Puttgarden und Rødby in Dänemark läuft über die DSG, allerdings eine Tochtergesellschaft der »Puttgardener Fährschiff-Restaurant GmbH«.

Nicht unerwähnt sollen auch die vielen Bahnhofhotels bleiben, in den großen Städten sind es InterCity-Hotels, die nach InterCity-Standard ausgebaut und modernisiert worden sind. Auch sie zählen mittlerweile, ebenso wie die Bahnhofrestaurants, zu den guten Adressen jeder Stadt.

Ganz zum Schluß sollte noch das »Service-Team« genannt werden, das inzwischen in Frankfurt erprobt und dann in allen Großstädten Deutschlands eingerichtet wurde. Es ist ein Service vor Ort im Bahnhof und auf den Bahnsteigen. Die Mitglieder dieses Teams, an der Mütze mit der Aufschrift »Service« erkennbar, sollen hilfesuchende Reisende erspähen, vermitteln, helfen und informieren. Sie sind, wie es im Bahndeutsch heißt, »Hoffnungsträger und Mittler zwischen Kundschaft und Produktion«.

All dies zusammengenommen bedeutet: Die Bahn hat eine echte, große Chance!

Das Ziel der Deutschen Bundesbahn ist also mehr: höhere Kundenfreundlichkeit, Pünktlichkeit, kurz: ein größeres Wohlbefinden der Kunden vor, während und nach der Reise.

XV Deutsche Bundesbahn – Deutsche Reichsbahn auf dem Wege zur Vereinigung

Seit dem 1. Juli 1990 gibt es die Währungs-, Wirtschafts- und Sozialunion. Der erste »Arbeiter- und Bauernstaat« auf deutschem Boden hat praktisch aufgehört zu existieren. Das sozialistische Experiment ist gescheitert. Die Vereinigung beider Staaten, ein Wunschtraum seit 40 Jahren, wurde am 3. Oktober 1990 vollzogen.

Seit diesem Tage arbeiten Experten beider Verwaltungen auf allen Ebenen zusammen. Im Einigungsvertrag (Artikel 26) wurde festgelegt, daß es zunächst zwei Bahnverwaltungen geben wird, diese aber längerfristig zusammenzuführen sind. Ob es dann zukünftig noch Beamte geben wird oder die Bahn als reines Wirtschaftsunternehmen geführt werden wird, ist im Moment noch völlig offen.

Dabei darf nicht übersehen werden, daß sich in der DDR nach 40 Jahren sozialistischer Kommandowirtschaft ein enormer Nachholbedarf herausgebildet hat. Vieles ist veraltet; das Wagenmaterial und die Gebäude sind in keinem guten Zustand. Auch das zweite Gleis, als Reparationsforderung der UdSSR nach dem Kriege abgebaut, ist vielerorts noch nicht wieder verlegt worden. 40 Jahre Mangelwirtschaft haben ihre verheerenden Spuren hinterlassen. Doch dank der Improvisationsgabe der Eisenbahner konnte Schlimmeres verhütet werden.

Die Chancen für die Reichsbahn stehen nicht übel. Noch wird zwischen Thüringer Wald und Ostsee viel mit dem Zug gefahren, werden Güter hauptsächlich auf der Schiene transportiert. Das alles sind sehr gute Voraussetzungen für die Sanierung der Bahn in diesem Teil Deutschlands. Auch werden seit November 1989 schrittweise neue Reisezugverbindungen zwischen der Deutschen Bundesbahn und der Deutschen Reichsbahn hergestellt: Wiederaufnahme des Reisezugverkehrs von Northeim über Walkenried – Ellrich nach Nordhausen und Halle. Im Sommer 1991 wird die Weratalbahn Gerstungen – Herleshausen – Eisenach wieder in Betrieb genommen; ab Herbst 1991 werden die lange Zeit unterbrochenen Strecken Mellrichstadt – Rentwertshausen – Meiningen und Neustadt bei Coburg – Sonneberg in Thüringen wieder befahren.

Vergessen wir dabei auch nicht die Öffnung der Verkehrswege nach Osten, weiter nach Polen, Ungarn, Rumänien, die CSFR und die UdSSR. Die alten Ost-West-Schienenwege sollten wieder aktiviert werden, nach Berlin und weiter nach Warschau, Prag oder Moskau. Eine neue Schnellfahrstrecke von Hannover nach Berlin soll möglichst bis zum Jahr 1997 in Betrieb gehen. Seit Fahrplanwechsel 2. Juni 1991 gibt es bereits eine durchgehende IC-Verbindung von Karlsruhe nach Berlin Hbf sowie von Dresden nach Mannheim und weiter nach Paris. Hier wird man weiter überlegen müssen. Kleinliches Erbsenzählen ist nicht gefragt, sondern zukunftsweisende und mutige Entscheidungen. Der Weg nach Osten kann ein Weg der Schiene werden, der guten alten Eisenbahn, die vor mehr als 150 Jahren die Wirtschaftsräume Europas erschloß, Entfernungen verkürzte und die Menschen einander näherbrachte. Die 90er Jahre werden das Jahrzehnt der Eisenbahn, wenn, ja wenn jetzt die richtigen Weichen gestellt werden. Der Vernunft und der Umwelt zuliebe: Bundesbahn und Reichsbahn gemeinsam auf dem Weg in die Zukunft!

Bibliografie

Agricola, Georg: De re metallica libri XII, Basel 1556

Arnold, Gerhard: Bilder aus der Geschichte der Kraftmaschinen, München 1968

Autenrieth, Heinz: Die öffentliche Verkehrsverwaltung, Schwenningen 1949

Baader, Josef von: Fortschaffende Mechanik, München 1823

Baader, Josef von: Huskisson und die Eisenbahn, München 1830

Beckh, Max: Deutschlands erste Eisenbahn, Nürnberg 1935

Behrend, George: Große Expreßzüge Europas, Zürich 1967

Berghaus, Erwin: Auf den Schienen der Erde, München 1960

Bismarck, Otto von: Gedanken und Erinnerungen, München 1942

Böhme, Franz: Fünf Lokomotiven am Start, Leipzig 1957

Born, Erhard: Pioniere des Eisenbahnwesens, Darmstadt

Born, Erhard: Eisenbahnen, Hannover 1968

Braudel, Fernand: Civilisation matérielle, économie et capitalisme XVe – XVIIIe siècle, Paris 1979

Buchwald, Bruno: Die Technik des Bankbetriebs, Berlin 1915

Bundesbahndirektion Karlsruhe: Die Schwarzwaldbahn, Karlsruhe 1973

Cars, Jean des: Schlafwagen, Stuttgart 1984

Corti, Egon Conte: Das Haus Rothschild, 1932

Dahms, Hellmuth Günther: Kleine Geschichte Europas im 20. Jahrhundert, Berlin 1958

Darlegung über militärische Benutzung der Eisenbahnen, Berlin 1836

Das große Wunderwerk unserer Zeit (Manchester–Liverpool), Nürnberg 1832

Dickinson, H. V.: Richard Trevithick, Cambridge 1934

Die blauen Schlaf- und Speisewagen, Düsseldorf 1976

Die Diva und die Notbremse, München 1969

Die Eisenbahnen als militärische Operationslinien, Adorf 1842

Die Eisenbahn in der Kunst, Bonn 1958

Die Eisenbahn in der Malerei, Bonn 1970

Die großen Alpenpässe, München 1967

Die Lokomotive in Kunst, Witz und Karikatur, Hannover 1922

Dollinger, Hans: Die totale Autogesellschaft, München 1972

Dost, Paul: Der rote Teppich, Stuttgart 1965

Eisenbahnen und Eisenbahner (6 Bände), Frankfurt 1972

Engelhardt, Viktor: Die Kunst zu reisen, Aachen 1937

Esch, Arnold: Pietismus und Frühindustrialisierung, Göttingen 1978

ET = Die Eisenbahntechnik, Darmstadt 1982

Evans: Malta, Köln 1963

Ewald: Der deutsche Krieg 1870, Dresden 1872

Fabre, Maurice: Geschichte der Verkehrsmittel zu Lande, Lausanne 1964

Feldhaus: Technik der Vorzeit, München 1965

Festgabe: 25jähriges Bestehen der Ludwigs-Bahn, Nürnberg 1860

Finger, Hans-Joachim: Eisenbahngesetze, Berlin 1956

Fürst, Arthur: Die hundertjährige Eisenbahn, München 1925

Fuss, Karl: Geschichte des Reisebüros, Darmstadt 1960

Gall, Wilhelm: Kunst des zwanzigsten Jahrhunderts, Stuttgart 1983

Gerwin: Intelligente Automaten, Stuttgart 1964

Gottwaldt, Alfred: Alte Lokomotiv-Annoncen, Stuttgart 1976

Gröben, Hans-Joachim: Taschenbuch der Eisenbahngesetze, Darmstadt 1981

Große illustrierte Weltgeschichte, Gütersloh 1972

Gruhl, Herbert: Ein Planet wird geplündert, Frankfurt 1976

Grundgesetz der Bundesrepublik Deutschland, 1949

Grundmann, Siegfried: Und 80mal pfeift die Lok, Düsseldorf 1968

Hagen, Rudolf: Die erste deutsche Eisenbahn, Nürnberg 1885

Hamilton-Ellis, C.: Die Welt der Eisenbahn, Stuttgart 1972

Hauck, Eberhard: Joseph Ritter von Bader: Zeitung und Leben, Band VI, München 1933

Haustein, Werner: Die Freiheit im internationalen Verkehr, Darmstadt

Heinersdorff, Richard: Die K. u. K. Eisenbahnen, München

Helmholtz, Staby, Metzeltin: Entwicklung der Lokomotive im Gebiete des deutscher Eisenbahnverwaltungen, München-Berlin 1930/37

Hintergründe, Schienen statt Straßen, Würzburg 1983

Hölderlin, Friedrich: Stuttgarter Ausgabe, 1965

Hornstein, Anton von: Auf Schienen, München 1960

125 Jahre deutsche Eisenbahn, Festschrift, Bonn 1960

Hundert Jahre deutsche Eisenbahn, Berlin 1935

Hutzelmann, C.: Deutschlands erste Eisenbahn, Nürnberg 1885

Illustrierte Weltgeschichte, Zürich 1946

Jahrbuch des Eisenbahnwesens, Darmstadt 1967 bis 1983

Kirsch, Korn: Bahnhof, Ravensburg 1970

Kittel – Friebe – Hay: Die Eisenbahn-Verkehrsordnung, Berlin 1928

Kostolany, André: Geld, das große Abenteuer, München 1972

Krosigk, Schwerin von: Zeit des großen Feuers, 1952

Kürenberg, Joachim von: Menzel, Berlin 1935

Kuntzemüller, Albert: Die badischen Eisenbahnen, Karlsruhe 1953

Lardner, D.: The steam Engine, Philadelphia 1849

Leyen von der: Die Eisenbahnpolitik des Fürsten Bismarck, Berlin 1914

Lexikon der Eisenbahn, Berlin 1978

Lichte, Ernst-Günter: Mit Dampf und Diesel, Lübeck 1979

List, Friedrich: Das nationale System der politischen Ökonomie, Cotta 1925

List, Friedrich: Über ein sächsisches Eisenbahnsystem, Leipzig 1897

Lhote: Felsbilder der Sahara, Würzburg 1963

Lok-Magazin, Stuttgart, verschiedene Folgen

London, Jack: Abenteuer des Schienenstranges, München

Matschoss, C.: Männer der Technik, München 1954

Maedel, Karl-Ernst: Geliebte Dampflok, Stuttgart 1960

Mann, Thomas: Das Eisenbahnunglück, Berlin 1909

Marx, Karl: Das kommunistische Manifest, 1848

Mayer, Max: Esslinger Lokomotiven, Wagen und Bergbahnen, Berlin 1924

Mehltretter, I. M.: Dampflokomotiven, Stuttgart 1975

Mehltretter, I. M.: Die Lokomotiven der Deutschen Bundesbahn, Stuttgart 1973

Mühl, Albert: Die Großherzoglich Badischen Staatseisenbahnen, Stuttgart 1981

Mühl-Seidel: Die württembergischen Staatseisenbahnen, Stuttgart 1970

Müller-Karpe: Handbuch der Vorgeschichte, München 1976

Mit offenen Augen, Stuttgart 1951

Morton Frédéric: Die Rothschilds, Zürich 1962

Mück, Wolfgang Kurt: Die Ludwigsbahn, Nürnberg 1968

Neuburger, A.: Reisen im Wandel der Zeit, Esslingen 1922

Obermayer, Horst: Taschenbuch der Eisenbahn, Stuttgart 1975

Obst, Georg: Bankgeschäft, Stuttgart 1920

ÖBB-Handbuch, Wien 1983

Ostendorf, Rolf: Ungewöhnliche Dampflokomotiven 1803 bis heute, Stuttgart 1975

Perthes, Justus: Taschenatlas der ganzen Welt, Gotha 1952

Pierson, Kurth: Die Königlich-Preußische Militär-Eisenbahn, Stuttgart 1979

Pierson, Kurth: Kohlenstaub-Lokomotiven, Stuttgart 1967

Propyläen Weltgeschichte, Frankfurt/Berlin 1976

Röll, Viktor: Enzyklopädie des gesamten Eisenbahnwesens, Wien 1892

Rohde, Horst: Das deutsche Transportwesen im II. Weltkrieg, Stuttgart 1971

Rosegger, Peter: Der Waldbauernbub, München

Rossberg, Ralf Roman: Geschichte der Eisenbahn, Künzelsau 1977

Rotteck und Welcker: Staatslexikon 1887: Artikel Eisenbahnen und Kanäle von Friedrich List

Sarter: Die deutschen Eisenbahnen im Kriege, Berlin 1926

Sartorius: Sammlung von Reichsgesetzen, München 1931

Schadendorf, Wulf: . . . von Europas Eisenbahnen, München 1963

Schivelbusch, Wolfgang: Geschichte der Eisenbahnreise, München und Wien 1977

Schwarte, Max: Geschichte des Weltkrieges, Berlin 1932

Schulz, Fritz Traugott: Die Ludwigsbahn, Leipzig 1935

von Seydlitzsche Geografie, Breslau 1904

Signalbuch der Deutschen Bundesbahn, Hannover 1959

Snell, J. B.: Frühe Eisenbahnen, Stuttgart 1961

Stein, Werner: Kulturfahrplan, Berlin 1976

Steiner: Geschichte des Verkehrs, Prag 1880

Sternberger, Dolf: Panorama, Düsseldorf 1938

Stephan, Heinrich von: Das Verkehrsleben im Altertum und im Mittelalter, Goslar 1966

Stiehl, Ulrich: Semantik, Bern 1970

Stieler, Karl: Aus meinem Leben, Köln 1950

Stöckl, Fritz: Eisenbahnen der Erde (5 Bände), Wien 1961/65

Stöckl, Fritz: Vom Adler zum TEE, Heidelberg 1971

Ströhle, Albert: Der Vertrag von Versailles, Stuttgart 1921

Strössenreuther, Hugo: Nürnbergs Eisenbahnverkehr seit 1835, Nürnberg 1972

Stumpf, Berthold: Kleine Geschichte der deutschen Eisenbahn, Mainz 1960

Teutschlands Vertheidigung, Cotta, Stuttgart 1842

Thoma, Ludwig: Die Lokalbahn, München 1925

Traumschlösser König Ludwig II. von Bayern, Starnberg 1964

Treitschke, H. v.: Deutsche Geschichte im 19. Jahrhundert, Leipzig 1889

Treue, Wilhelm: Henschel und Sohn, Tradition, Zeitschrift Jahrgang 1974/75, Frankfurt

Trevithick, Francis: Life of Richard Trevithick, London 1872

Twain, Mark: Ein Kannibale auf der Eisenbahn, Stuttgart 1970

Ücker, Bernhard: Endstation 1920, München 1972

Union internationale des chemins de fer (UIC) Who's who, Paris 1976–1984

Uns gehören die Schienenwege (Festschrift der DDR), Berlin 1970

Verfassung des Deutschen Reiches, 1919

Vom Dampf zu Diesel und Strom, Wiesbaden 1960

Wagner, Friedrich A.: Die Urlaubswelt von morgen, Düsseldorf-Köln 1970

Währung und Wirtschaft in Deutschland 1975–1976, Frankfurt 1976

Walz, Werner: Die Eisenbahn in Baden-Württemberg, zweite Auflage, Stuttgart 1983

Walz, Werner: Die schönen Plakate der Deutschen Bundesbahn, Bonn 1971

Walz, Werner: Erlebnis Eisenbahn, die Geschichte der Bahn, zweite Auflage, Stuttgart 1983

Walz/Waitz: Verkehrsmärkte der Bahn, Darmstadt 1972

Weber, Max Maria von: Vom rollenden Flügelrade, Berlin 1882

Weigelt, Horst: Bayerische Eisenbahnen, Stuttgart 1982

Welt der Eisenbahn vor 100 Jahren, Mainz 1969

Wenger, William: Le Ferrovie del Mondo, Lausanne, 1969

Wildbur, Peter: Warenzeichen – Design, London 1966

Wölfel, Ernst: Die Ludwigsbahn – zur Unternehmerpersönlichkeit, Nürnberg 1933

Wortmann, Wilhelm: Eisenbahnbauarbeiter im Vormärz, Köln 1972

Zahlen von der Deutschen Bundesbahn, Pressedienst der HVB, Frankfurt 1974–1984

Periodika

Die Bundesbahn, monatliche Zeitschrift für aktuelle Verkehrsfragen, Darmstadt

Report, DB Frankfurt (mehrere Jahrgänge)

Werbemitteilungen, innerdienstliche Informationen für Werbung und Verkauf der Deutschen Bundesbahn, Mainz

Schöne Welt, Zeitschrift der Deutschen Bundesbahn für Reise und Touristik, München

Blickpunkt, Zeitung der Deutschen Bundesbahn, Frankfurt

wir, Zeitschrift der Deutschen Bundesbahn für ihre Mitarbeiter, Frankfurt

DB-Pressedienst, Frankfurt

DB-Kundenbrief, Mainz

Archiv des Verkehrsmuseums in Nürnberg

Städtische und staatliche Archive in Nürnberg und München

Militärgeschichtliches Archiv in Freiburg/Br.

Zeitungen, Zeitschriften und ein Nachrichtenmagazin

Bildnachweis

Archiv des Verkehrs-Museums, Nürnberg: 7
Autor: 3
Baader, Mechanik: 1
Beckh: 2
Belgische Eisenbahnen: 3
Bundespostmuseum, Frankfurt: 9
Daimler-Benz: 4
Deutsche Schlafwagen- und Speisewagen-Gesellschaft (DSG): 1
Deutsches Museum, München: 11
Engelhardt: 1
Ewald: 1
Französische Staatsbahnen: 1
Fremdenverkehrsamt Malta, Frankfurt: 1
Hagen: 1
Hauptstaatsarchiv Stuttgart: 1
Homeier, Dieter: 7
Internationale Schlafwagen- und Touristik-Gesellschaft (TSTG), Frankfurt: 3
Krauss-Maffei AG, München: 2
List: 2
Meyer: 7
Niederländische Staatsbahnen: 4

ÖBB: 4
Pressestelle des Ministeriums für Verkehrswesen der DDR: 6
Schweizer Verkehrsbüro, Frankfurt: 3
Science-Museum, London: 1
Seydlitz: 1
Steiner: 7
Thyssen-Henschel: 4
Ungarische Eisenbahnen: 5
Zentrale Presse- und Öffentlichkeitsarbeit der Deutschen Bundesbahn, Mainz: 23

Dank

Dank zuerst meiner lieben Frau für die Arbeit am Manuskript. Dank auch der Zentrale der Deutschen Bundesbahn, Presse- und Öffentlichkeitsarbeit, ihrem Chefredakteur, sowie dem Leiter der Film- und Bildstelle in Mainz; der Pressestelle der Bundesbahndirektion Stuttgart; Herrn Horst Fielbrand. Dank gebührt auch Herrn Dieter Homeier sowie Frau Verlegerin Dr. Patricia Scholten und ihren Mitarbeitern.

Deutsche Eisenbahngeschichte

Alfred B. Gottwaldt
Reichsbahn-Album

500 Bilder der deutschen Eisenbahn 1920 und 1940.

Hier dokumentiert der bekannte Fachautor die große Epoche der deutschen Eisenbahn zwischen 1920 und 1940. 500 einzigartige, stimmungsvolle Bilder zeigen wie es damals zuging auf Bahnhöfen und an den Strecken. Alles Typische ist hier vertreten: Läutewerke und Telegrafenhaus, Bahnhöfe und Personal.

426 Seiten, über 500 Abbildungen, Großformat, gebunden, 69,– Best.-Nr. 10447

Alfred B. Gottwaldt
Bundesbahn-Album 1945 bis 1960

500 Bilder von der Deutschen Bundesbahn

Die »Jugendjahre« der Deutschen Bundesbahn – zwischen 1945 und 1969. 500 eindrucksvolle Bilder zeigen lebendig die damalige Zeit: die Hamsterjahre, den Wiederaufbau, das Wirtschaftswunder u.v.m. Alles Typische ist hier vertreten: das blaue F-Zugnetz, die ersten großen Dieselmaschinen und der Rückzug des Dampfbetriebes.

376 Seiten, 500 Abbildungen, Großformat, gebunden, 69,– Best.-Nr. 10776

Werner Walz
Die Eisenbahn in Baden-Württemberg

Geschichte der Bahnen in Baden und Württemberg 1840 bis heute

Dieses Buch spannt einen Bogen von der Pionierzeit der beiden Staatsbahnen bis zum heutigen Bundesbahnnetz in Baden-Württemberg mit Blick in die Zukunft. Anekdoten und Hintergründe werden ausgebreitet. Seltene Bilder vermitteln einen nostalgischen Reiz. Sie sind zugleich ein Stück Geschichte der beiden Stammländer Baden und Württemberg.

196 Seiten, 110 Abbildungen, Großformat, gebunden, 39,– Best.-Nr. 10716

Werner Walz
Die Geschichte der Bahn Erlebnis Eisenbahn

Ereignis und Wirkung Lokomotiven und Wagen, Schienenstränge in aller Welt.

Dies ist die Geschichte der Eisenbahn, des ersten perfekten »Automaten«, der die Welt verwandelte wie keine andere technische Erfindung zuvor. Es ist überraschend zu sehen, wie eng die Geschichte der Bahn mit der Weltgeschichte verflochten ist! Fast hundert Jahre dominierte die Bahn als Hauptverkehrsmittel. Hier ist das fesselnde Mosaik der Eisenbahn von den Anfängen Mitte des vorigen Jahrhunderts bis in unsere Tage.

298 Seiten, 237 Abbildungen, geb., statt 48,– (Originalausgabe) jetzt als ungekürzte Sonderausgabe nur DM 28,– Best.-Nr. 10535

Hermann Bürnheim
Württembergische Eisenbahn-Gesellschaft WEG

Dr. Ing. Hermann Bürnheim recherchierte die Geschichte der privaten Württembergischen Eisenbahn-Gesellschaft von ihren Anfängen 1899 bis heute.

328 Seiten, 365 Abb., davon 23 farbig, Tabellen, Großformat, gebunden, 69,– Best.-Nr. 01145

Gottwaldt / Bündgen
Der Rheingold-Express

Der »Rheingoldexpress« war der prominenteste deutsche Luxuszug. In dieser exclusiv aufgemachten Sonderausgabe nimmt der legendäre Zug wieder Fahrt auf: Brillante Fotos aus den 20er bis 40er Jahren, von den Zügen und Loks, den Innenausstattungen der Wagen, von Bahnhöfen, den Strecken und Landschaften lassen die Atmosphäre dieses Luxuszuges wieder aufleben.

224 Seiten, 254 Abbildungen, gebunden, 28,– Best.-Nr. 01128

J. Michael Mehltretter
Die Lokomotiven der Deutschen Bundesbahn

Der Autor zeigt in diesem Buch alle Lokomotiven der Deutschen Bundesbahn, sowohl die modernen als auch die bereits ausgemusterten Baureihen. Ein umfangreicher Tabellenteil bietet alle Daten.

178 Seiten, 152 Abbildungen, 10 Vierfarbtafeln, gebunden, 49,– Best.-Nr. 10268

J. Michael Mehltretter
Dampflokomotiven – die letzten in Deutschland

Dampflokomotiven sind wohl die ausdrucksvollsten Vertreter der Technik! Beherrschten noch vor zwanzig Jahren diese schwarzen Giganten unbeschränkt das Bild der Bahn, brachte der fortschreitende Strukturwandel der Traktionsmittel der 50er Jahre die entscheidende Wende. Ein Bestseller!

235 Seiten, 170 Abbildungen, Großformat, gebunden, 69,– Best.-Nr. 10310

Horst Weigelt
Bayerische Eisenbahnen

Vom Saumpfad zum Intercity

Vom »Cursus Publicus« der Römer über die mittelalterlichen Handelsstraßen, schwerfällige Treibzüge auf der Donau, über mühseliges Reisen zu Fuß oder mit der Postkutsche, bis hin zur Spurbahn und Dampfmaschine, zu den Anfängen der Eisenbahn, zum TEE und Intercity – führt dieses besondere Buch. Mit allen wichtigen Details der Geschichte, Technik, Planung, Architektur.

240 Seiten, 240 Abb., davon 8 Seiten farbig, Großformat, gebunden, 45,– Best.-Nr. 10899

Wolfgang Klee
Nord-Süd

Die Nord-Süd-Eisenbahnverbindung mit ihrem Herzstück Hannover – Würzburg war die wichtigste Strecke in den alten Bundesländern. Diese Chronik dokumentiert ihre Geschichte, Ausbau und das »Jahrhundertwerk Neubaustrecke«.

176 Seiten, 232 Abbildungen, 25 farbig, gebunden, 59,– Best.-Nr. 01361

Änderungen vorbehalten

Der Verlag für Eisenbahnbücher
Postfach 10 37 43 · 7000 Stuttgart 10

Motor buch Verlag